Contraste insuffisant

NF Z 43-120-14

22
plin — pul
pas 1816.

RÉPERTOIRE

DE LA

LITTÉRATURE

ANCIENNE ET MODERNE.

IMPRIMERIE DE E. POCHARD,
RUE DU POT-DE-FER, N° 14, A PARIS.

RÉPERTOIRE

DE LA

LITTÉRATURE

ANCIENNE ET MODERNE,

CONTENANT :

1° LE LYCÉE DE LA HARPE, LES ÉLÉMENTS DE LITTÉRATURE DE MARMONTEL, UN CHOIX D'ARTICLES LITTÉRAIRES DE ROLLIN, VOLTAIRE, BATTEUX, etc.;

2° DES NOTICES BIOGRAPHIQUES SUR LES PRINCIPAUX AUTEURS ANCIENS ET MODERNES, AVEC DES JUGEMENTS PAR NOS MEILLEURS CRITIQUES, TELS QUE :

D'Alembert, Batteux, Bernardin de Saint-Pierre, Blair, Boileau, Chénier, Delille, Diderot, Fénelon, Fontanes, Ginguené, La Bruyère, La Fontaine, Marmontel, Maury, Montaigne, Montesquieu, Palissot, Rollin, J.-B. Rousseau, J.-J Rousseau, Thomas, Vauvenargues, Voltaire, etc.;

Et MM. Amar, Andrieux, Auger, Burnouf, Buttura, Chateaubriand, Dussault, Duviquet, Feletz, Gaillard, Le Clerc, Lemercier, Patin, Villemain, etc.;

3° DES MORCEAUX CHOISIS AVEC DES NOTES

TOME VINGT-DEUXIÈME.

A PARIS,

CHEZ CASTEL DE COURVAL, LIBRAIRE-ÉDITEUR,

RUE DE SAVOIE, N° 6, ET RUE DE RICHELIEU, N° 87.

M DCCC XXVI.

RÉPERTOIRE

DE LA

LITTÉRATURE

ANCIENNE ET MODERNE.

PLINE (CAIUS PLINIUS SECUNDUS) dit l'Ancien, pourrait être rangé parmi les historiens, ou plutôt encore parmi les philosophes qui ont traité de la physique; mais la multiplicité des matières dont il parle dans ses livres de l'*Histoire naturelle*, a fait que j'ai cru lui pouvoir donner place parmi les philologues.

Pline était de Vérone, et vivait dans le premier siècle sous Vespasien et Tite, qui l'honorèrent de leur estime, et l'employèrent en diverses affaires. Il porta les armes avec distinction : il fut agrégé dans le collége des augures, fut envoyé intendant en Espagne, et malgré le temps que lui dérobaient ses emplois, il en trouva suffisamment pour travailler à un grand nombre d'ouvrages, qui, malheureusement sont perdus, excepté celui de l'*Histoire naturelle*, compris en trente-sept livres : ouvrage, dit Pline le Jeune, d'une étendue, d'une érudition infinies, et presque aussi varié que la nature elle-même. En effet, étoiles, planètes ; grêle, vents, pluies ; arbres, plantes, fleurs ; métaux, minéraux ; animaux de toute espèce, terrestres, aquatiques, volatiles ; description, géographie de villes et de pays, il embrasse tout, et ne laisse dans la nature et dans les arts aucune partie qu'il n'examine avec soin. Pour composer cet ouvrage, il avait parcouru près de deux mille volumes.

Il a soin d'avertir qu'il prenait le temps de ce travail, non sur celui des affaires publiques dont il était chargé, mais sur son propre repos, et qu'il y employait seulement certaines heures perdues. Pline le Jeune, son neveu, nous apprend qu'il menait une vie simple et frugale, dormait peu et mettait tout le temps à profit : celui des repas, pendant lesquels il se faisait lire ; celui même des voyages, où il avait toujours à ses côtés son livre, ses tablettes, son copiste ; car il ne lisait rien dont il ne fît des extraits. Il comptait que ménager ainsi le temps, c'était prolonger sa vie, dont le sommeil abrège beaucoup la durée : « Pluribus horis vivimus : « profectò enim vita vigilia est. »

Pline était bien éloigné de la fastueuse vanité de certains auteurs, qui ne rougissent point de copier les autres sans les nommer. « Il me semble, dit-il, que la probité et l'honneur demandent que, par un aveu sincère, on rende une sorte d'hommage à ceux de qui l'on a tiré quelque secours et quelques lumières. » Il compare un auteur qui profite du travail d'autrui, à une personne qui emprunte de l'argent dont elle paye l'intérêt : avec cette différence pourtant, que le débiteur, par l'intérêt qu'il paye, n'acquitte point le fonds de la somme qu'on lui a prêtée; au lieu qu'un auteur, par l'aveu ingénu de ce qu'il emprunte, l'acquiert en quelque sorte, et se le rend propre. D'où il conclut qu'il y a de la petitesse d'esprit et de la bassesse, d'aimer mieux être surpris honteusement dans le vol, que d'avouer ingénument sa dette. Je me suis bien enrichi de la sorte, et à bon marché.

Il sentait parfaitement toute la difficulté et tous les inconvénients d'une entreprise comme la sienne, où la matière qu'on traite est par elle-même ingrate, stérile, ennuyeuse, et ne laisse aucun lieu de faire paraître de l'esprit. Mais il était persuadé qu'on sait quelque gré aux auteurs qui préfèrent le désir d'être utiles au public, à celui de plaire, et qui, dans cette vue, ont le courage de surmonter et de dévorer toutes les peines d'un travail ennuyeux et rebutant.

Il se flatte qu'on lui pardonnera toutes les fautes qui lui seront échappées, et on y en trouve beaucoup en effet, comme cela est inévitable dans un ouvrage d'une si vaste étendue et d'une si prodigieuse variété.

Pline dédia son ouvrage à Tite, alors associé presque à l'empire par Vespasien, son père, et qui devint depuis les délices du genre humain. Il en fait un éloge magnifique et abrégé, en lui disant : « Votre élévation n'a causé en vous d'autre changement, sinon de vous mettre en état de faire tout le bien que vous désirez, en égalant votre pouvoir à votre bonne

volonté : « Nec quicquam in te mutavit fortunæ am-
« plitudo, nisi ut prodesse tantumdem posses et
« velles. »

Pline le jeune nous apprend dans une lettre qu'il adresse à Tacite l'historien, le triste accident qui fit périr son oncle. Il était à Misène, où il commandait la flotte. Ayant appris qu'il paraissait un nuage d'une grandeur et d'une figure extraordinaires, il se mit sur mer, et s'aperçut bientôt qu'il sortait du mont Vésuve. Il se presse d'arriver au lieu d'où tout le monde fuyait, et où le péril paraissait le plus grand, mais avec une telle liberté d'esprit, qu'à mesure qu'il apercevait quelque mouvement extraordinaire, il faisait ses observations et les dictait : déjà sur ses vaisseaux volait la cendre plus épaisse et plus chaude à mesure qu'ils approchaient : déjà tombaient autour d'eux des pierres calcinées et des cailloux tout noirs, tout brûlés, tout pulvérisés par la violence du feu. Pline délibéra quelque temps s'il retournerait en arrière ; mais s'étant rassuré, il continua sa route, mit pied à terre à Stabie, et s'arrêta chez Pomponianus, son ami, qu'il trouva tout tremblant et qu'il tâcha d'encourager. Après le repas, il se coucha et dormit d'un profond sommeil. L'approche du danger obligea de l'éveiller. Les maisons étaient tellement ébranlées par les fréquents tremblements de terre, que l'on aurait dit qu'elles étaient arrachées de leurs fondements. Ils s'avancèrent tous dans la campagne. Je passe beaucoup de circonstances. La nuit sombre et affreuse qui couvrait tout, n'était un peu dissipée que par la lueur de l'incendie. Des flammes qui parurent plus grandes, et une odeur de soufre qui annonçait leur approche, mirent le monde en fuite. Pline se lève appuyé sur deux valets, et dans le moment tombe mort, suffoqué apparemment par l'épaisseur de la fumée.

Telle fut la fin du savant Pline. On ne peut savoir mauvais gré à un neveu d'avoir peint en beau la mort de son oncle, et de n'y avoir vu que de la force, du courage, de l'intrépidité et de la grandeur d'âme. Mais, si nous en voulons juger sainement, peut-on excuser de témérité une entreprise, où un homme expose sa vie, et ce qui est encore plus condamnable, celle des autres, pour satisfaire une simple curiosité?

ROLLIN, *Histoire ancienne.*

JUGEMENTS.

I.

Il me reste, pour terminer cet article, à dire un mot du style de Pline : il lui est tout particulier, et ne ressemble à aucun autre. Il ne faut pas s'attendre à y trouver ni la pureté, ni l'élégance, ni l'admirable simplicité du siècle d'Auguste, dont il n'était pourtant éloigné que d'assez peu d'années. Son caractère propre est la force, l'énergie, la vivacité, je puis même dire la hardiesse, tant pour les expressions que pour les pensées, et une merveilleuse fécondité d'imagination pour peindre et rendre sensibles les objets qu'il décrit : mais il faut avouer aussi que son style est dur et serré, et par-là souvent obscur, que ses pensées sont fréquemment poussées au-delà du vrai, outrées, et même fausses : j'essayerai d'en donner quelques exemples.

Pline développe les merveilles renfermées dans la matière dont les voiles de vaisseaux sont composées. L'homme jette dans la terre une petite semence qui lui servira à se rendre maître des vents et à les convertir à ses besoins. Sans parler d'une infinité de secours qu'on tire du lin ou du chanvre pour tous les usages de la vie, quoi de plus merveilleux que de voir une herbe rapprocher l'Égypte de l'Italie, malgré la mer qui les sépare ? et quelle herbe encore ? petite, mince, faible, qui s'élève à peine de terre, qui d'elle-même ne forme ni corps, ni substance ferme, et qui a besoin pour servir à nos usages, d'être brisée et réduite à la souplesse de la laine. C'est à cette plante, toute médiocre qu'elle est, qu'on doit la facilité de se transporter d'un bout du monde à l'autre : « Seritur linum. Sed
« in quâ non occurrit vitæ parte ? quodve miracu-
« lum majus, herbam esse quæ admoveat Ægyptum
« Italiæ..... Denique tam parvo semine nasci, quod
« orbem terrarum ultrò citròque portet, tam gra-
« cili avenâ, tam non altè à terrâ tolli ; neque id vi-
« ribus suis necti, sed passum, tusumque, et in mol-
« litiem lanæ coactum ! »

Il donne une idée magnifique de la grandeur et de la majesté de l'empire romain. Rome, selon lui, est en même temps la mère de l'univers et lui doit sa nourriture ; choisie exprès par les dieux pour illustrer le ciel même, pour réunir tous les empires épars çà et là dans le monde, pour adoucir les mœurs, pour réduire à un seul et même langage les langues barbares et discordantes de tant de nations, pour établir entre elles par ce moyen un salutaire et facile commerce, pour rappeler l'homme aux loix de l'humanité ; en un mot, pour rendre cette ville la patrie commune de tous les peuples de l'univers : « Terra (Italia) omnium terrarum « alumna, eadem et parens ; numine deûm electa, « quæ cœlum ipsum clarius faceret, sparsa congre- « garet imperia, ritusque molliret, et tot populo- « rum discordes ferasque linguas sermonis com- « mercio contraheret ad colloquia et humanitatem « homini daret, breviterque una cunctarum gentium « in toto orbe patria fieret. »

Je n'ajouterai plus ici qu'un seul endroit, mais qui m'a paru bien remarquable, et qui nous regarde tous. C'est avec raison, dit Pline, qu'on donne à l'homme le premier rang parmi toutes les créatures, lui pour qui la nature semble les avoir toutes formées ; mais elle lui fait acheter bien cher tous ses présents, de sorte qu'on ne sait si on a plus lieu de la regarder à son égard comme une mère indulgente, que comme une dure marâtre. Tous les autres animaux naissent couverts chacun d'une manière différente ; l'homme est le seul qui ait besoin d'un secours étranger pour se couvrir. Il est jeté, en naissant, tout nu sur la terre aussi nue que lui. Le premier signe de vie qu'il donne sont des cris, des pleurs, des larmes, ce qui n'arrive à aucun des autres animaux. A ce premier usage qu'il a fait de

la lumière, succèdent les liens et les langes dont on serre et on enveloppe tous ses membres, ce qui ne lui est pas moins particulier. C'est dans cet état que se trouve, aussitôt après sa naissance, le roi des animaux, destiné à leur commander, pieds et mains liés, et poussant des gémissements. Il commence sa vie par les supplices, coupable uniquement parce qu'il est né. Peut-on comprendre la folie des hommes, de croire, après de tels commencements, qu'ils soient nés pour le faste et l'orgueil ? « Princi-
« pium jure tribuetur homini, cujus causâ videtur
« cuncta alia genuisse natura, magnâ sæva mercede
« contra tanta sua munera; non sit ut satis æstimare,
« parens melior homini, an tristior noverca fuerit. An-
« te omnia, unum animantium cunctorum alienis ve-
« lat opibus : ceteris variè tegmenta tribuit.... Homi-
« nem tantùm nudum, et in nudâ humo, natali die
« adjicit ad vagitus statim et ploratum, nullumque
« tot animalium aliud ad lacrymas, et has protinùs
« vitæ principio.... Ab hoc lucis rudimento, quæ ne
« feras quidem inter nos genitas, vincula excipiunt,
« et omnium membrorum nexus. Itaque feliciter
« natus jacet, manibus pedibusque devinctis, stans
« animal ceteris imperaturum ; et à supliciis vitam
« auspicatur, unum tantùm ob culpam, quia na-
« tum est. Heu dementiam ab his initiis existiman-
« tium ad superbiam se genitos ! » Les païens sentaient bien la misère de l'homme dès sa naissance, mais il n'en connaissaient la cause, comme le remarque saint Augustin, en parlant de Cicéron : *rem vidit, causam non vidit.*

Ce peu d'endroits de Pline que j'ai rapportés ici, et que j'ai traduits du mieux qu'il m'a été possible, sans pouvoir rendre l'énergie de l'original, peut suffire pour donner quelque idée de son style et de son caractère. Je dois faire remarquer, avant que de finir, l'art industrieux de l'auteur dont je parle. Son ouvrage, qui embrasse toute l'histoire naturelle, et qui traite dans un détail exact une infinité de sujets, absolument nécessaires pour son plan, mais tout-à-fait ennuyeux par eux-mêmes, est rempli presque partout de ronces et d'épines, qui n'offrent rien d'agréable au lecteur, et qui sont fort capables de le rebuter. Pline, en homme habile, pour prévenir, ou du moins pour diminuer cet ennui et ce dégoût, a eu soin de répandre çà et là quelques fleurs, de jeter dans certains récits beaucoup d'agrément et de vivacité, et d'orner de belles et solides réflexions presque toutes les préfaces qu'il met à la tête de chacun de ses livres.

Le même, Ibid.

II.

Pline, qu'on a nommé *le naturaliste*, pour le distinguer du précédent, appartient plus, comme ce titre l'indique assez, à la physique et aux sciences naturelles qu'à la littérature ; mais, à ne le considérer même que comme écrivain, l'éloquence qu'il a répandue dans son ouvrage, l'imagination qui anime et colorie son style, lui donnent une place éminente parmi les auteurs du dernier âge des lettres romaines. On ne peut douter, et c'est son plus grand éloge, qu'il n'ait servi de modèle au célèbre auteur de notre *Histoire naturelle*, qui, par la noblesse et l'élévation des idées, l'énergie de la diction, la richesse des peintures et la variété des détails, semble avoir voulu lutter contre lui. Lisez dans Pline la description de l'éléphant et du lion, et vous croirez lire Buffon. Mais l'écrivain français l'emporte par la pureté du goût : l'on ne peut lui reprocher, comme à l'auteur latin, de tomber dans la déclamation, et d'être quelquefois dur et obscur en cherchant la précision et la force : ce sont là les défauts de Pline le Naturaliste. Son livre d'ailleurs est un monument précieux à tous égards; on l'a nommé avec raison l'*Encyclopédie des Anciens*. Il a servi à marquer pour nous le terme de leurs connaissances. Tout s'y trouve, astronomie, géométrie, physique générale et particulière, botanique, médecine, anatomie, minéralogie, agriculture, arts mécaniques, arts de luxe. La seule nomenclature des ouvrages que l'auteur cite, le nombre de ceux qu'il dit avoir lus, la plupart perdus aujourd'hui, et qui forment des milliers de volumes suffit pour donner une idée effrayante de son travail; et quand on pense qu'il avait composé une foule d'autres ouvrages que nous n'avons plus, que ce même homme fut occupé toute sa vie des affaires publiques, fit la guerre, fut chargé pendant plusieurs années du gouvernement d'une province, et qu'il mourut à cinquante-six ans, on ne concevrait pas comment il a pu suffire à tant d'objets, de lectures, de recherches et de fatigues, si Pline le Jeune, en nous traçant le plan de vie que suivait son oncle, ne nous eût fait voir en lui l'homme le plus laborieux qui ait jamais existé. Il faut jeter les yeux sur ce tableau pour apprendre ce que c'est que le travail ; et l'on ne sera pas étonné que celui qui le traçait s'accusât lui-même de paresse, en comparaison d'un semblable modèle. Assurément peu d'hommes seront capables des travaux de l'oncle et des scrupules du neveu. Voici comme ce dernier s'explique dans une de ses lettres.

« Vous me faites un grand plaisir de lire avec tant
« de passion les ouvrages de mon oncle, et de vou-
« loir les connaître tous. Je ne me contenterai pas
« de vous les indiquer, je vous marquerai encore dans
« quel ordre ils ont été faits : c'est une connais-
« sance qui n'est pas sans agrément pour les gens
« de lettres. Lorsqu'il commandait une brigade de
« cavalerie, il a composé un livre *de l'art de lancer*
« *le javelot à cheval*; et dans ce livre l'esprit et
« l'exactitude se font également remarquer : deux
« autres, *de la vie de Pomponius Secundus*. Il en
« avait été singulièrement aimé, et il crut devoir
« cette marque de reconnaissance à la mémoire de son
« ami. Il nous en a laissé vingt autres des *Guerres d'Al-*
« *lemagne*, où il a renfermé toutes celles que nous
« avons eues avec les peuples de ces pays. Un songe lui
« fit entreprendre cet ouvrage. Lorsqu'il servait dans
« cette province, il crut voir en songe Drusus Né-
« ron, qui, après y avoir fait de grandes conquêtes,
« y était mort : ce prince le conjurait de ne le pas
« laisser enseveli dans l'oubli. Nous avons encore

« de lui trois livres intitulés l'*Homme de lettres*, que
« leur grosseur obligea mon oncle de partager en
« six volumes : il prend l'orateur au berceau et ne le
« quitte point qu'il ne l'ait conduit à la plus haute
« perfection ; huit livres sur *les Façons de parler*
« *douteuses* : il fit cet ouvrage pendant les dernières
« années de l'empire de Néron, où la tyrannie ren-
« dait dangereux tout genre d'étude plus libre et plus
« élevé ; trente et un pour servir de suite à l'histoire
« qu'Aufidius Bassus a écrite ; trente-sept de l'*His-
« toire naturelle*. Cet ouvrage est d'une étendue et
« d'une érudition infinies, et presque aussi varié
« que la nature elle-même. Vous êtes surpris qu'un
« homme dont le temps était si rempli ait pu écrire
« tant de volumes, et y traiter tant de différents su-
« jets, la plupart si épineux et si difficiles. Vous
« serez bien plus étonné quand vous saurez qu'il a
« plaidé pendant quelque temps, et qu'il n'avait
« que cinquante-six ans quand il est mort. On sait
« qu'il en a passé la moitié dans les travaux que
« les plus importants emplois et la confiance des
« princes lui ont imposés. Mais c'était une péné-
« tration, une application, une vigilance incroya-
« ble. Il commençait ses veilles aux fêtes de Vulcain,
« dans le mois d'août, non pas pour chercher dans
« le ciel des présages, mais pour étudier. Il se
« mettait à l'étude, en été, dès qu'il était nuit close,
« en hiver, à une heure du matin, au plus tard à
« deux, souvent à minuit. Il n'était pas possible de
« moins donner au sommeil, qui quelquefois le
« prenait et le quittait sur ses livres. Avant le jour

« il se rendait chez l'empereur Vespasien, qui faisait
« aussi un bon usage des nuits : de là il allait s'ac-
« quitter de tout ce qui lui avait été ordonné. Ses
« affaires faites, il retournait chez lui, et ce qui lui
« restait de temps était encore pour l'étude. Après
« le dîner (toujours très simple et très léger, sui-
« vant la coutume de nos pères), s'il se trouvait
« quelques moments de loisir, en été, il se cou-
« chait au soleil. On lui lisait quelques livres : il en
« tirait des remarques et des extraits; car jamais il
« n'a rien lu sans extraire. Aussi avait-il coutume
« de dire qu'il n'y a si mauvais livre où l'on ne
« puisse apprendre quelque chose. Après s'être re-
« tiré du soleil, il se mettait le plus souvent dans
« le bain d'eau froide. Il mangeait un morceau, et
« dormait très peu de temps. Ensuite, et comme si
« un nouveau jour eût recommencé, il reprenait
« l'étude jusqu'au souper. Pendant qu'il soupait,
« nouvelle lecture, nouveaux extraits, mais en cou-
« rant. Je me souviens qu'un jour, le lecteur ayant
« mal prononcé quelques mots, un de ceux qui
« étaient à table l'obligea de recommencer. *Quoi ne
« l'avez-vous pas entendu?* dit mon oncle. *Pardon-
« nez-moi*, reprit son ami. *Et pourquoi donc*, reprit-
« il, *le faire répéter? Votre interruption nous coûte
« plus de dix lignes.* Voyez si ce n'était pas être bon
« ménager du temps. L'été, il sortait de table avant
« que le jour nous eût quittés; en hiver, entre sept
« et huit; et tout cela, il le faisait au milieu du tu-
« multe de Rome, malgré toutes les occupations
« que l'on y trouve, et le faisait comme si quelque

« loi l'y eût forcé. A la campagne, le seul temps du
« bain était exempt d'étude : je veux dire le temps
« qu'il était dans l'eau ; car pendant qu'il en sortait
« et qu'il se faisait essuyer, il ne manquait pas de
« lire ou de dicter. Dans ses voyages, c'était sa seule
« application : comme si alors il eût été plus déga-
« gé de tous les autres soins, il avait toujours à ses
« côtés son livre, ses tablettes et son copiste. Il
« lui faisait prendre ses gants en hiver, afin que la
« rigueur même de la saison ne pût dérober un
« moment à l'étude. C'était par cette raison qu'à
« Rome il n'allait jamais qu'en chaise. Je me sou-
« viens qu'un jour il me reprit de m'être promené.
« *Vous pouviez*, dit-il, *mettre ces heures à profit;*
« car il comptait pour perdu tout le temps que l'on
« n'employait pas aux sciences. C'est par cette pro-
« digieuse assiduité qu'il a su achever tant de vo-
« lumes, et qu'il m'a laissé cent soixante tomes
« remplis de ses remarques, écrites sur les pages
« et sur les revers en très petits caractères; ce qui
« les multiplie beaucoup. Il me contait qu'il n'avait
« tenu qu'à lui, pendant qu'il était procurateur en
« Espagne, de les vendre à Lartius Lucinius quatre
« cent mille sesterces ; et alors ces mémoires n'é-
« taient pas tout-à-fait en si grand nombre. Quand
« vous songez à cette immense lecture, à ces ou-
« vrages infinis qu'il a composés, ne croiriez-vous
« pas qu'il n'a jamais été ni dans les charges ni dans
« la faveur des princes? Et quand on vous dit tout
« le temps qu'il a ménagé pour les belles-lettres, ne
« commencez-vous pas à croire qu'il n'a pas encore

« assez lu et assez écrit ? Car, d'un côté, quels obs-
« tacles les charges et la cour ne forment-elles point
« aux études ; et de l'autre, que ne peut point une si
« constante application ! C'est donc avec raison que
« je me moque de ceux qui m'appellent studieux, moi
« qui, en comparaison de lui, suis un vrai fainéant.
« Cependant je donne à l'étude tout ce que les de-
« voirs et publics et particuliers me laissent de
« temps. Et qui, parmi ceux mêmes qui consacrent
« toute leur vie aux belles-lettres, pourra soutenir
« cette comparaison, et ne pas rougir, comme si
« le sommeil et la mollesse partageaient ses jours ?
« Je m'aperçois que mon sujet m'a emporté plus loin
« que je ne m'étais proposé. Je voulais seulement
« vous apprendre ce que vous désirez savoir, quels
« ouvrages mon oncle a composés. Je m'assure pour-
« tant que ce que je vous ai mandé ne vous fera
« guère moins de plaisir que leur lecture. Non-seu-
« lement cela peut piquer encore davantage votre
« curiosité, mais vous piquer vous-même d'une no-
« ble émulation. »

Nous avons une traduction complète de l'*Histoire naturelle* de Pline, traduction médiocre en elle-même, mais précieuse par les recherches d'érudition et de physique dont elle est accompagnée, et qui sont en partie le fruit des veilles de plusieurs savants, encouragés, il y a environ trente ans, à cette tâche pénible, par un de nos plus respectables magistrats [*], qui, chargé alors de présider à la littérature, semblait être placé dans le département que son

---

[*] M. de Malesherbes.

goût aurait choisi et que la nature lui aurait indiqué, et qui, appelé aux grandes places par la renommée et par le choix du monarque, leur a préféré ce loisir noble et studieux, cette liberté à la fois paisible et active, qui, pour les âmes douces et pures, sensibles à l'amitié, à la nature et aux arts, est la source de jouissances que rien ne peut corrompre, et d'un bonheur que rien ne peut troubler.

Cette traduction, en douze volumes in-4°, est plus faite pour les savants et les littérateurs que pour les gens du monde. Mais heureusement c'est à ceux-ci qu'on a songé lorsqu'on nous a donné un volume * composé des morceaux les plus curieux de *Pline le naturaliste*, choisis avec goût, classés avec méthode, et traduits avec une pureté, une élégance et une noblesse qui prouvent une connaissance réfléchie des deux langues. Cet ouvrage, qui est un véritable service rendu aux amateurs, est de M. l'abbé Gueroult, professeur de rhétorique au collège d'Harcourt, et fait honneur à l'Université, qui compte l'auteur parmi ses membres les plus distingués. On y trouve cette foule de détails instructifs sur les mœurs domestiques des Romains, sur

* Ce recueil a été porté à deux et à trois volumes dans des éditions subséquentes, où l'auteur a progressivement perfectionné son beau travail, regardé avec raison comme le chef-d'œuvre de la traduction en prose, du moins pour notre langue. La Harpe, dans un autre passage de son *Cours de Littérature*, a rendu un témoignage non moins honorable au talent de M. Gueroult et de son frère, qui a suivi la même carrière, s'est occupé des mêmes travaux, et a fait preuve d'un mérite, sinon égal, du moins assez semblable à celui du traducteur de Pline l'Ancien.

H. P.

leurs arts, sur leur luxe, et cette multitude de particularités historiques qui donne un si grand prix à ce vaste monument que Pline nous a transmis. Les bornes qui me sont prescrites ne me permettent pas d'en rien citer; je ne puis que renvoyer à l'abrégé dont je viens de parler les curieux d'antiquités, et je me contenterai de transcrire un ou deux morceaux, qui peuvent donner quelque idée des beautés de Pline, et en même temps de ses défauts; car ceux-ci se trouvent quelquefois à côté des beautés mêmes, et le traducteur n'a pas dû les faire disparaître. Je choisis, par exemple, l'endroit du premier livre où Pline parle de la terre.

« La terre est le seul des élements à qui nous ayons
« donné, pour prix de ses bienfaits, un nom qui
« offre l'idée respectable de la maternité. Elle est le
« domaine de l'homme, comme le ciel est le domaine
« de Dieu. Elle le reçoit à sa naissance, le nourrit
« quand il est né, et, du moment où il a vu le jour,
« elle ne cesse plus de lui servir de soutien et d'appui;
« enfin, nous ouvrant son sein quand déjà le
« reste de la nature nous a rejetés, mère alors plus que
« jamais, elle couvre nos dépouilles mortelles, nous
« rend sacrés comme elle l'est elle-même; et c'est
« sur-tout à ce titre qu'elle est pour nous un objet
« saint et vénérable. Elle fait plus encore : elle porte
« nos titres et nos monuments, étend la durée de
« notre nom, et prolonge notre mémoire au-delà
« des bornes étroites de la vie. C'est la dernière divinité
« qu'invoque notre colère : nous la prions de
« s'appesantir sur ceux qui ne sont plus, comme si

« nous ne savions pas qu'elle seule ne s'irrite jamais
« contre l'homme. Les eaux s'élèvent pour retom-
« ber en pluies orageuses ; elles se durcissent en
« grêle, se gonflent en vagues, se précipitent en
« torrents ; l'air se condense en nuées, se déchaîne
« en tempêtes; mais la terre est bienfaisante, douce,
« indulgente, toujours empressée à servir les mor-
« tels. Que de tributs nous lui arrachons ! que de
« présents elle nous offre d'elle-même ! quelles
« couleurs, quelles saveurs, quels sucs ! quels tou-
« chers ! quelles odeurs ! Comme elle est fidèle à
« payer l'intérêt du dépôt qu'on lui confie! combien
« d'êtres elle nourrit pour nous ! S'il existe des ani-
« maux venimeux, l'air qui leur donne la vie en
« est seul coupable. Elle est contrainte d'en recevoir
« le germe, et de les soutenir lorsqu'ils sont éclos;
« mais elle répand en tous lieux les herbes salutai-
« res : toujours elle est en travail pour l'homme,
« et peut-être les poisons mêmes sont-ils un don de
« sa pitié. »

Ce morceau est d'un ton absolument oratoire, et même poétique. Il est brillant; mais toutes les idées en sont-elles bien justes ? Est-il vrai que la terre (en lui attribuant tout le pouvoir que l'auteur lui donne figurément) ne fasse jamais de mal à l'homme ? Et quand les volcans ouvrent leur sein pour y engloutir des villes entières ? quand les tremblements de terre bouleversent un royaume? De plus, tout le bien qu'elle fait lui appartient-il exclusivement? Sans ces pluies dont parle Pline pour s'en plaindre fort injustement, sans le soleil dont il ne parle pas, que deviendrait cette terre si bienfaisante? Avouons-le : il fallait laisser aux poètes exalter la divinité de la terre aux dépens de quelques autres ; mais un philosophe devait plutôt nous faire voir cette harmonie des éléments, qui, ne pouvant rien pour nous l'un sans l'autre, se combinent pour nous être utiles, et dont la concorde éternelle produit l'éternelle fécondité. Je n'étendrai pas plus loin la critique sur ce morceau, qui a de l'intérêt et de l'éclat, mais qui n'est pas exempt, comme on le voit, de déclamation ; car on appelle ainsi tout ce qui tend à agrandir les objets aux dépens de la vérité.

Cicéron nous a fait tant de plaisir, que nous devons en trouver aussi à voir quel hommage lui a rendu Pline, lorsqu'en parlant des honneurs que les lettres et les talents de l'esprit ont reçus des Romains, il lui adresse cette éloquente apostrophe : « Pourrai-« je, sans crime, passer ton nom sous silence, ô « Cicéron? Que célébrerai-je en toi comme le titre « distinctif de ta gloire? Ah! sans doute, il suffira « d'attester cet hommage flatteur qu'un peuple en-« tier, qu'un peuple tel que celui de Rome rendit « à tes sublimes talents, et de choisir dans toute la « suite d'une si belle vie les seules actions qui signa-« lèrent ton consulat. Tu parles, et les tribus ro-« maines renoncent à la loi agraire, à cette loi qui « leur assurait les premiers besoins de la vie. Tu « conseilles, elles pardonnent à Roscius, auteur de « la loi qui réglait les rangs au spectacle, et con-« sentent à une distinction injurieuse pour elles. « Tu persuades, et les enfants des proscrits se con-

« damnent eux-mêmes à ne plus prétendre aux
« honneurs. Catilina fuit devant ton génie : c'est toi
« qui proscris Marc-Antoine. Reçois mon hommage,
« ô toi qui le premier fut nommé Père de la patrie,
« toi qui le premier méritas le triomphe sans quitter
« la toge, et le premier obtins les lauriers de la vic-
« toire avec les seules armes de la parole ; toi, le
« père de l'éloquence et des lettres latines ; toi enfin,
« pour me servir des expressions de César, autrefois
« ton ennemi, toi qui remportas le plus beau
« de tous les triomphes, puisqu'il est plus glorieux
« d'avoir étendu pour les Romains les limites du génie
« que d'avoir reculé les bornes de leur empire. »

La Harpe, *Cours de Littérature.*

III.

J'ose assurer qu'il n'y a pas de lecture plus curieuse ni plus instructive que celle de cet auteur ; toutes les connaissances de l'antiquité se trouvent réunies dans son livre, avec toute l'exactitude que l'on peut attendre de l'écrivain le plus laborieux ; et cette précieuse exactitude est souvent accompagnée de pensées et de vues qui annoncent un esprit éminemment philosophique. Quel spectacle que celui de tous les phénomènes de physique, de tous les faits d'histoire naturelle, observés et recueillis par les Anciens ! Quelle comparaison féconde en réflexions profondes, ou du moins en jouissances flatteuses, ne pouvons-nous pas établir entre leur science et la nôtre !

Comme écrivain, ce grand auteur est digne encore de l'attention de tous les siècles ; plein de feu, de vigueur et de verve, rapide, énergique, toujours précis, souvent sublime, animé de ce génie qui aperçoit avec étendue les objets dans tout leur ensemble, et qui les peint avec force jusque dans leurs derniers détails, il a mérité de servir de modèle à cet illustre écrivain, dont la gloire est un des titres de la France, et qui, recueillant parmi nous le double héritage et les traditions combinées du précepteur d'Alexandre et du naturaliste romain, joignit à l'avantage d'être venu tant de siècles après eux, celui de les surpasser par la beauté du style et par l'éclat de l'éloquence. Pline apprit à M. de Buffon, ce que veulent contester quelques savants sans imagination, quelques anatomistes étrangers aux lettres, qu'il ne suffit pas d'analyser et de disséquer la nature, mais qu'il faut encore la peindre, parce que la nature n'est pas un cadavre, mais un ouvrage vivant.

Doué du plus heureux génie, Pline écrivit malheureusement dans un siècle où la pureté du bon goût commençait à se corrompre : sa diction, quelquefois dure et forcée, tourmentée et pesante, entortillée, pénible et obscure, porte l'empreinte d'un temps de décadence ; ses morceaux les plus éloquents ne sont pas exempts d'exagération, d'enflure, de subtilité, d'emphase, de tout ce qui constitue les vices de la déclamation; mais il n'est aucune des tirades d'ornement et d'apparat dont il a semé son ouvrage où l'on ne voie briller les éclairs d'un talent sublime.

Dussault, *Annales littéraires.*

IV.

Pline a voulu tout embrasser, et il semble avoir mesuré la nature, et l'avoir trouvée trop petite encore pour l'étendue de son esprit. Son *Histoire naturelle* comprend, indépendamment de l'histoire des animaux, des plantes et des minéraux, l'histoire du ciel et de la terre, la médecine, le commerce, la navigation, l'histoire des arts libéraux et mécaniques, l'origine des usages, enfin toutes les sciences naturelles et tous les arts humains; et, ce qu'il y a d'étonnant, c'est que dans chaque partie Pline est également grand. L'élévation des idées, la noblesse du style relèvent encore sa profonde érudition: non-seulement il savait tout ce qu'on pouvait savoir de son temps, mais il avait cette facilité de penser en grand qui multiplie la science : il avait cette finesse de réflexion de laquelle dépendent l'élégance et le goût, et il communique à ses lecteurs une certaine liberté d'esprit, une hardiesse de penser, qui est le germe de la philosophie. Son ouvrage, tout aussi varié que la nature, la peint toujours en beau : c'est, si l'on veut, une compilation de tout ce qui avait été écrit avant lui, une copie de tout ce qui avait été fait d'excellent et d'utile à savoir; mais cette copie a de si grands traits, cette compilation contient des choses rassemblées d'une manière si neuve, qu'elle est préférable à la plupart des ouvrages originaux qui traitent des mêmes matières.

Buffon, *Premier Discours sur l'Histoire naturelle.*

V.

L'*Histoire naturelle* est le seul ouvrage de Pline qui soit arrivé jusqu'à nous. Il est en même temps l'un des monuments les plus précieux que l'antiquité nous ait laissés, et la preuve d'une érudition bien étonnante dans un homme de guerre et un homme d'état. Pour apprécier avec justice cette vaste et célèbre composition, il est nécessaire d'y distinguer le plan, les faits et le style. Le plan en est immense. Pline ne se propose point d'écrire seulement une histoire naturelle dans le sens restreint où nous prenons aujourd'hui cette science, c'est-à-dire un traité plus ou moins détaillé des animaux, des plantes et des minéraux ; il embrasse l'astronomie, la physique, la géographie, l'agriculture, le commerce, la médecine et les arts, aussi bien que l'histoire naturelle proprement dite, et il mêle sans cesse à ce qu'il en dit des faits relatifs à la connaissance morale de l'homme et à l'histoire des peuples, en sorte qu'à beaucoup d'égards, on a pu dire de cet ouvrage qu'il était l'*Encyclopédie* de son temps. Après avoir donné, dans son premier livre, une sorte de table des matières et les noms des auteurs dont il s'appuie, il parle, dans le second, du monde, des éléments, des astres et des principaux météores. Les quatre suivants forment une géographie des trois parties du monde alors connu. Le septième traite des différentes races d'hommes et des qualités distinctives de l'espèce humaine, des grands caractères qu'elle a produits, et des plus remarquables de ses inventions. Quatre livres sont consacrés ensuite aux animaux terrestres, aux poissons, aux oiseaux et aux insectes. Les espèces de chaque classe y sont rangées d'après leur grandeur et leur importance. Il y est question de leurs mœurs, de leurs qualités utiles ou nuisibles et des propriétés plus ou moins singulières qu'on leur attribue. A la fin du livre des insectes, il est parlé de quelques-unes des substances produites par les animaux, et des parties qui composent le corps humain. La botanique est ce qui occupe le plus de place. Dix livres sont employés à faire connaître les plantes, leur culture et leur emploi dans l'économie domestique et dans les arts, et cinq à énumérer les remèdes qu'elles fournissent. Cinq autres traitent des remèdes que l'on tire des animaux. Enfin, dans les cinq derniers, Pline décrit les métaux et leur exploitation, les terres, les pierres et leurs usages pour les besoins de la vie, pour le luxe et pour les beaux-arts; citant à propos des couleurs les tableaux les plus célèbres, et, à propos des pierres et des marbres, les plus belles statues et les pierres gravées les plus estimées. Il était impossible qu'en parcourant même rapidement ce nombre prodigieux d'objets, l'auteur ne fît pas connaître une multitude de faits remarquables, et devenus pour nous d'autant plus précieux, qu'il est aujourd'hui le seul écrivain qui les rapporte. Malheureusement la manière dont il les a recueillis et exposés, leur fait perdre beaucoup de leur prix, par le mélange du vrai et du faux, qui s'y trouvent en quantité presque égale; mais sur-tout par la difficulté, et même, dans la plupart des cas, l'impossibilité de reconnaître de quels êtres il a précisément voulu parler. Pline n'a point été un observateur tel qu'Aristote, encore moins un homme de génie, capable, comme ce grand philosophe, de saisir les lois et les rapports d'après lesquels la nature a coordonné ses productions. Il n'est, en général, qu'un compilateur, et même, le plus souvent, un compilateur qui, n'ayant point par lui-même d'idées des choses sur lesquelles il rassemble les témoignages des autres, n'a pu apprécier la vérité de ces témoignages, ni même toujours comprendre ce qu'ils avaient voulu dire. C'est, en un mot, un auteur sans critique, qui, après avoir passé beaucoup de temps à faire ses extraits, les a rangés sous certains chapitres, en y joignant des réflexions qui ne se rapportent point à la science proprement dite, mais offrent alternativement les croyances les plus superstitieuses, ou les déclamations d'une philosophie chagrine, qui accuse sans cesse l'homme, la nature et les dieux eux-mêmes. On ne doit donc point considérer les faits qu'il accumule, dans leurs rapports avec l'opinion qu'il s'en faisait ; mais il faut les rendre par la pensée, aux écrivains dont il les a tirés, et y appliquer les règles de la critique, d'après ce que nous savons de ces écrivains, et des circonstances où ils se sont trouvés. Étudiée ainsi, l'*Histoire naturelle* de Pline nous offre encore une mine des plus fécondes, puisqu'elle se compose, d'après son propre témoignage, des extraits de plus de 2,000 vol. dus à des auteurs de tous genres, voyageurs, historiens, géographes, philosophes, médecins; auteurs dont nous ne possédons plus qu'environ quarante : encore n'avons-nous de plusieurs que des fragments ou des ouvrages différents de ceux où Pline a puisé, et même parmi ceux qui ne nous sont pas restés, il en est un grand nombre dont les noms et l'existence n'ont échappé à l'oubli qu'à cause des citations qu'il en a faites. La comparaison de ses extraits avec les originaux que nous avons encore, et sur-tout avec Aristote, fait connaître que Pline était loin de prendre de préférence dans ces auteurs, ce qu'ils avaient de plus important et de plus exact. En général, il s'attache aux choses singulières ou merveilleuses, à celles qui se prêtent davantage aux contrastes qu'il aime à établir, ou aux reproches qu'il aime à faire à la Providence. Il est vrai qu'il n'ajoute pas une foi égale à tout ce qu'il rapporte ; mais c'est au hazard qu'il doute ou qu'il affirme, et les contes les plus puérils ne sont pas ceux qui provoquent le plus son incrédulité. Il n'est, par exemple, aucune des fables des voyageurs grecs, sur les hommes sans tête, sans bouche, sur les hommes à un seul pied, sur les hommes à grandes oreilles, qu'il ne place dans son septième livre, et avec tant de confiance, qu'il en termine l'énumération par cette remarque : « Hæc atque talia ex « hominum genere, ludibria sibi, nobis miracula, « ingeniosa fecit natura. » Que l'on juge, d'après cette facilité à répéter des récits absurdes sur l'espèce humaine, du discernement qu'il a pu mettre à choisir les témoignages sur des animaux étrangers ou peu connus. Aussi les animaux les plus fabuleux, les mantichores à tête humaine et à queue de scorpion, les chevaux aîlés, le catoplébas, dont la vue seule fait périr, y jouent-ils leur rôle à côté de l'éléphant et du lion. Cependant tout n'est pas faux, même dans ceux de ses articles qui sont le plus remplis de faussetés. On peut quelquefois remonter aux vérités qui leur ont servi de base, en se rappelant que ce sont des extraits de voyageurs, et en supposant que l'ignorance et l'amour du merveilleux des voyageurs anciens, les ont entraînés dans les mêmes exagérations et leur ont dicté les mêmes descriptions vagues et superficielles dont nous sommes choqués dans un si grand nombre de voyageurs modernes. Un autre défaut très grave de Pline, c'est qu'il ne rend pas toujours le vrai sens des auteurs qu'il traduit, sur-tout quand il s'agit de la désignation des espèces. Malgré le peu de moyens qui nous restent aujourd'hui, pour juger avec certitude de ce genre d'erreurs, il est facile de prouver qu'en plusieurs occasions il a substitué au mot grec, qui désignait un animal dans Aristote, un mot latin qui appartenait à un autre. Il est vrai qu'une des grandes difficultés qu'éprouvaient les anciens naturalistes, était celle de fixer la nomenclature; et le vice de leurs méthodes se fait sentir dans Pline, plus que dans tout autre. Les descriptions, ou plutôt les indications incomplètes qu'il donne, sont presque toujours insuffisantes pour reconnaître les espèces, quand la tradition n'en a pas conservé les noms; et même il en est un très grand nombre dont il cite les noms sans y joindre aucun caractère, aucun moyen quelconque de les distinguer. Si l'on pouvait douter encore des avantages des méthodes imaginées par les modernes, on s'en convaincrait en voyant que presque tout ce que les Anciens ont dit des vertus de leurs plantes, est perdu pour nous, faute de pouvoir distinguer à quelles plantes ils les attribuent. Au reste, ces regrets s'affaiblissent beaucoup par le peu de soin que les Anciens, et Pline en particulier, ont mis à constater les vertus médicales qu'ils préconisent dans ces plantes. Ils en attribuent tant de fausses et mêmes d'absurdes à celles que l'on connaît, qu'il nous est permis d'être assez indifférents sur les vertus de celles que l'on ne connaît pas. A en croire la partie de l'ouvrage de Pline, qui traite de la matière médicale, il ne serait aucune incommodité humaine pour laquelle la nature n'eût préparé vingt remèdes; et malheureusement, pendant deux siècles, après la naissance des lettres, les médecins ont semblé se plaire à répéter toutes ces puérilités. Dioscoride et lui ont fait le fonds d'une infinité d'ouvrages remplis de recettes que la pédanterie seule a pu y reproduire si long-temps, mais que les véritables lumières ont enfin banni de la médecine. Il faut donc l'avouer, Pline, sous le rapport des faits, n'a plus aujourd'hui d'intérêt véritable, que relativement aux mœurs et aux usages des Anciens, aux procédés qu'ils ont suivis dans les arts, et à quelques traits d'histoire, ou à quelques détails de géographie que l'on ignorerait sans lui. La partie des arts serait celle qui mériterait le plus qu'on l'étudiât à fond. Il en suit les progrès, il en décrit les productions principales ; il nomme les artistes les plus célèbres ; il indique la manière dont ils travaillaient à leurs ouvrages ; et l'on ne peut guère douter que, si l'on parvenait à l'entendre, on ne retrouvât quelques-uns des secrets au moyen desquels les Anciens exécutaient des choses que nous n'avons pu encore parfaitement imiter : mais ici se reproduisent toutes les difficultés de la nomenclature ; il nomme des substances nombreuses ; ce sont ces substances qu'il faudrait faire entrer dans les compositions, ou soumettre aux opérations de l'art, et on ne les connaît point ; à peine en devine-t-on quelques-unes, d'après des caractères équivoques, aussi peut-on dire qu'il n'existe point encore de véritable commentaire sur l'*Histoire naturelle* de Pline; et que ce serait de tous les travaux d'érudition, le plus difficile à bien faire, puisqu'il faudrait pour y réussir, unir à la connaissance la plus complète des écrits des Anciens, à celle des monuments de tous genres qu'ils nous ont laissés, une connaissance non moins complète des productions de la nature qui ont pu être à leur disposition. Si Pline a pour nous, aujourd'hui, peu de mérite comme critique et comme naturaliste, il n'en est pas de même de son talent comme écrivain, ni du trésor immense de termes et de locutions latines dont l'abondance des matières l'a obligé de se servir, et qui ont fait de son ouvrage l'un des plus riches dépôts de la langue des Romains. On a eu raison de dire que, sans Pline, il aurait été impossible de rétablir la latinité; et cela doit s'entendre non-seulement des mots, mais de la variété de leurs acceptions, et de celle des tours et de tous les mouvements du style. Il est certain aussi que partout où il lui est possible de se livrer à des idées générales ou à des vues philosophiques, son langage prend de l'énergie et de la vivacité, et ses pensées, quelque chose de hardi et d'inattendu, qui dédommage de la sécheresse de ses énumérations, et peut lui faire trouver grace près du grand nombre de lecteurs pour l'insuffisance de ses indications scientifiques. Peut-être cherche-t-il trop les pointes et les oppositions, et n'évite-t-il pas toujours l'emphase; on lui trouve parfois de la dureté, et, dans plusieurs endroits, une obscurité qui tient moins au sujet qu'au désir de paraître pressant et serré : mais il est toujours noble et grave, et partout plein d'amour pour la justice et de respect pour la vertu; d'horreur pour la cruauté et pour la bassesse dont il avait sous les yeux de si terribles exemples; enfin, de mépris pour le luxe effréné, qui, de son temps, avait si profondément corrompu le peuple romain. On ne peut trop louer Pline sous ces divers rapports; et, malgré les défauts que nous sommes obligés de lui reconnaître, quand nous le considérons comme naturaliste, nous ne le regardons pas moins comme l'un des auteurs les plus recommandables et les plus dignes d'être placés au nombre des classiques, parmi ceux qui ont écrit après le règne d'Auguste.

CUVIER, *Biographie universelle.*

PLINE LE JEUNE (Caius Cæcilius PLINIUS SECUNDUS), neveu et fils adoptif de Pline l'Ancien, naquit à Côme, ville d'Italie, l'an 61 et mourut l'an 113, à l'âge de cinquante-deux ans. Pline est assez connu*; on sait qu'il fut un des premiers orateurs de son siècle. Il était trop vertueux, pour n'avoir rien à craindre sous Domitien; mais la mort du tyran le sauva. Nerva et Trajan le chérirent; et, ce qui met le comble à sa gloire, il fut le rival et l'ami de Tacite. Tous deux également célèbres, et tous deux jouissant de la gloire l'un de l'autre, ils goûtaient ensemble dans le commerce de l'amitié et des lettres, ce bonheur si pur que ne donnent ni les dignités ni la gloire, et qu'on trouve encore moins dans ce commerce d'amour-propre et de caresses, d'affection apparente et d'indifférence réelle, qu'on a nommé si faussement du nom de société, commerce trompeur qui peut satisfaire les âmes vaines, qui amuse les âmes indifférentes et légères, mais repousse les âmes sensibles, et qui sépare et isole les hommes, bien plus encore qu'il ne paraît les unir. Il faut voir dans les *Lettres* de Pline même, tous les détails de cette union si douce ; l'on partage et l'on envie les charmes de leur amitié : ils voulaient vivre, ils voulaient mourir ensemble : ils désiraient, quand ils ne seraient plus, que la postérité unît encore leurs noms, comme leurs âmes l'avaient été pendant la vie. Qu'on me pardonne de m'être arrêté un mo-

---

* Rollin, dans son *Histoire ancienne*, a consacré un article très étendu à la vie de cet auteur et à l'examen de ses ouvrages. Nous y renvoyons nos lecteurs.　　　　　　　　　　　　　　　　F.

ment sur le spectacle d'une amitié si touchante ; il est doux, même en écrivant, de pouvoir se livrer quelquefois aux mouvements de son cœur : et j'aime encore mieux un sentiment qui me console, qu'une vérité qui m'éclaire.

JUGEMENTS.

I.

Pline était consul quand il prononça le célèbre *Panégyrique de Trajan*. On a dit que, pour le mériter, il n'avait manqué à Trajan que de ne pas l'entendre : heureusement il ne fut pas prononcé comme il est écrit. Ce n'était d'abord qu'un remercîment, avec quelques éloges : mais Pline, avant que de le publier, le travailla. Il en fit presqu'un nouvel ouvrage, et lui donna par degrés cette étendue que la plupart des hommes ne pardonneraient pas même à une satire. Pour bien juger de son mérite ou de ses défauts, il faudrait le lire soi-même. Ceux qui ont reçu de la nature une âme forte, ceux qui ont eu le bonheur ou le malheur de sentir tout avec énergie, ceux qui admirent avec transport et s'indignent de même, ceux qui voient tous les objets de très haut, qui les mesurent avec rapidité et s'élancent ensuite ailleurs, qui s'occupent beaucoup plus de l'ensemble des choses que de leurs détails, ceux dont les idées naissent en foule, tombent et se précipitent les unes sur les autres, et qui veulent un genre d'éloquence fait pour leur manière de sentir et de voir, ceux-là sans doute ne seront pas contents de l'ouvrage de Pline ; ils y trouveront peut-être peu d'élévation, peu de chaleur, peu de rapidité, presqu'aucun de ces traits qui vont chercher l'âme et y laissent une impression forte et profonde; mais aussi il y a des hommes dont l'imagination est douce et l'âme tranquille, qui sont plus sensibles à la grace qu'à la force, qui veulent des mouvements légers et point de secousses, que l'esprit amuse, et qu'un sentiment trop vif fatigue; ceux-là ne manqueront pas de porter un jugement différent. Ils aimeront dans Pline la grace du style, la finesse des éloges, souvent l'éclat des idées. Ils ne seront pas entraînés, mais ils s'arrêteront partout avec plaisir. Si chaque idée n'est pas nouvelle, ils la trouveront chaque fois présentée d'une manière piquante. Souvent elle ressemblera pour eux à ces figures qui s'embellissent encore par le demi-voile qui les couvre. Alors ils goûteront le plaisir d'entendre ce que l'orateur ne dit pas, et de lui surprendre, pour ainsi dire, son secret. On sent que c'est là en même temps, et un plaisir de l'esprit, parce qu'il s'exerce sans se fatiguer, et un plaisir d'amour-propre, parce qu'on travaille avec l'orateur, et qu'on se rend compte de ses forces, en faisant avec lui une partie de son ouvrage. Mais aussi ce genre d'agrément tient à des défauts. Plus on veut être piquant, et moins on est naturel. Il arrive dans les ouvrages ce qu'on voit en société, le désir éternel de plaire rapetisse l'âme et lui ôte le sentiment et l'énergie des grandes choses. Cette recherche importune des agréments arrête les mouvements libres et fiers de l'imagination, et l'oblige sans cesse à ralentir sa marche. Le style devient agréable et froid. Ajoutez la monotonie même que produit l'effort continuel de plaire, et le contraste marqué entre une petite manière et de grands objets.

Il serait à souhaiter qu'on ne fût pas en droit de faire à Pline une partie de ces reproches; peut-être en mérite-t-il à d'autres égards. Jusque dans les louanges que le consul donne au prince, il y a un détail minutieux de petits objets; j'ose même dire que le ton n'a pas toujours la noblesse qu'il devrait avoir. Des Romains dans ce panégyrique, ont l'air d'esclaves à peine échappés de leurs fers, qui s'étonnent eux-mêmes de leur liberté, qui tiennent compte à leur maître de ce qu'il veut bien ne pas les écraser, et daigne les compter au rang des hommes; mais c'est bien plus la faute du temps que de l'orateur. Telle est l'influence du gouvernement sur l'éloquence et sur les arts. Des âmes qui ont été long-temps abattues, ne se relèvent pas aisément; et l'habitude d'avoir été courbé sous des chaînes se remarque même quand on peut marcher en liberté. Tacite lui-même, Tacite dont l'âme était si fière et si haute, sentait ce malheur, et il s'en plaignait. « Telle est la faiblesse humaine, disait-il, partout les remèdes sont plus lents que les maux, et il est bien plus facile d'étouffer le génie que de le ranimer. »

Malgré ces remarques générales, il y a dans le *Panégyrique* de Pline plusieurs endroits d'une véritable éloquence, et où l'on remarque de l'élévation et de la force. Tel est celui où il parle de la vie farouche et solitaire de Domitien, qu'il peint « en-

« fermé dans son palais, comme une bête féroce
« dans son antre, tantôt s'y abreuvant, pour ainsi
« dire, du sang de ses proches, tantôt méditant le
« meurtre des plus illustres citoyens, et s'élançant
« au dehors pour le carnage. L'horreur et la menace
« gardaient les portes du palais, et l'on tremblait
« également d'être admis et d'être exclu. On n'osait
« approcher; on n'osait même adresser la parole à
« un prince toujours caché dans l'ombre, et fuyant
« les regards, et qui ne sortait de sa profonde solitu-
« de que pour faire de Rome un désert. Cependant
« dans ces murs même et dans ces retraites profon-
« des auxquelles il avait confié sa sûreté, il enferma
« avec lui un dieu vengeur des crimes. » (*Panég.*
XLVIII et XLIX.) Et un moment après, il nous peint les statues de Domitien abattues, une foule empressée, le fer et la hache à la main, ardente à mutiler ces images d'or, comme si leurs coups tombaient sur le tyran. Il nous montre ces figures, autrefois menaçantes, dévorées par les flammes, et l'effroi public changeant de forme, pour servir désormais à l'usage et aux plaisirs des citoyens. (*Ibid. XII.*)

Pour achever de faire connaître le caractère et le genre d'éloquence de Pline, je vais citer quelques pensées détachées de ce *Panégyrique* qui, avec ses défauts, est encore un des ouvrages les plus estimables de l'antiquité.

« Notre empereur, dit-il, est d'autant plus grand,
« qu'il croit n'être qu'un citoyen comme nous. Il se
« souvient qu'il est homme, il se souvient qu'il com-
« mande à des hommes. » (*Panég. II.*)

« Les riches ont d'assez grands motifs pour donner
« des citoyens à l'état, il n'y a qu'un bon gouver-
« nement qui puisse encourager les pauvres à de-
« venir pères. Que les bienfaits du prince soutien-
« nent ceux que la confiance de ses vertus a fait
« naître; négliger le peuple pour les grands, c'est
« croire que la tête peut subsister en affamant le
« corps, c'est hâter la chute de l'état. » (*Ibid. XXVII.*)

« Les libéralités et les secours peuvent sans doute
« beaucoup, pour exciter à avoir des enfants; mais
« l'espérance de la liberté et de la sûreté peuvent
« encore plus. Que le prince ne donne rien, pourvu
« qu'il n'ôte rien; qu'il ne nourrisse pas, mais aussi
« qu'il ne tue point, et les enfants naîtront en foule. »
(*Ibid.*)

« En détruisant les délateurs, votre sage sévérité
« a empêché qu'une ville fondée sur les lois, ne fût
« renversée par les lois. » (*Ibid. XXXIV.*)

« Ce serait déjà bien assez que la vertu ne fût pas
« funeste à ceux qui l'ont : vous faites plus, elle leur
« est utile. » (*Ibid. XLIV.*)

« Vos prédécesseurs aimaient mieux voir autour
« d'eux le spectacle des vices que des vertus; d'a-
« bord parce qu'on désire que les autres soient ce
« qu'on est soi-même; ensuite parce qu'ils croyaient
« trouver plus de soumission à l'esclavage, dans
« ceux qui ne méritaient en effet que d'être es-
« claves. » (*Ibid. XLV.*)

« Le prince qui permet d'être vertueux, fait peut-
« être plus pour les mœurs, que celui qui l'or-
« donne. » (*Ibid.*)

« Du moment qu'on est prince, on est condamné à l'immortalité; mais il y en a deux, celle des vertus et celle du crime; le prince n'a que le choix. » (*Ibid. LV.*)

« Prince! pour juger des hommes, rapportez-vous-en à la renommée; c'est elle qu'il faut croire, et non pas quelques hommes : car quelques hommes peuvent et séduire et être séduits, mais personne n'a trompé un peuple entier, et un peuple entier n'a jamais trompé personne. » (*Ibid. LXII.*)

« Sous un prince plus grand que ses aïeux, ceux qui ont créé leur noblesse seraient-ils donc moins honorés que ceux qui n'ont qu'hérité de la leur? » (*Ibid. LXX.*)

« Quand on est dans la première place du monde, on ne peut plus s'élever qu'en abaissant sa propre grandeur. » (*Ibid. LXXI.*)

« Trop long-temps les sujets et le prince ont eu des intérêts différents; aujourd'hui le prince ne peut plus être heureux sans les sujets, ni les sujets sans le prince. » (*Ibid. LXXII.*)

« Dans certaines assemblées, ce qui est approuvé avec transport de tous, est ce qui déplaît le plus sûrement à tous. » (*Ibid. LXXVI.*)

« Vous avez des amis parce que vous l'êtes vous-même; car on commande tout aux sujets, excepté l'amour. De tous les sentiments, l'amour est le plus fier, le plus indépendant et le plus libre. Un prince peut-être peut inspirer la haine sans la mériter et la sentir; mais à coup sûr il ne peut être aimé, s'il n'aime lui-même. » (*Ibid. LXXXIII.*)

On voit dans tous ces morceaux qu'elle est l'âme et le tour d'esprit de l'orateur; ce sont des pensées toujours vraies, et quelquefois fortes, aiguisées en épigrammes, et relevées toujours par un contraste, ou de mots, ou d'idées. On peut assurément blâmer ce genre d'éloquence, qui n'est point le meilleur, mais il n'en faut pas moins estimer les vérités utiles et nobles, dont cet ouvrage est rempli. Gardons-nous de pousser trop loin cette attention subalterne, qui pèse les phrases dans une balance, et fait plus d'attention aux mots qu'aux idées. Il importe encore plus, je crois, d'être bon citoyen, qu'excellent orateur; et s'il est utile de ne pas corrompre le goût, il vaut encore mieux ne pas corrompre les hommes et les princes.

Thomas, *Essai sur les Éloges.*

II.

Son *Panégyrique de Trajan* est le sel monument qui nous reste de ce siècle, et le seul qui puisse servir d'objet de comparaison avec le siècle précédent. Il se plaint souvent, dans ses ouvrages, de la décadence des lettres et du goût, ainsi que Tacite, son ami, qui même écrivit sur ce sujet un ouvrage en dialogue, dont nous avons perdu une partie. Mais Tacite a l'avantage de n'être inférieur à personne dans le genre où il a travaillé. Pline, à qui l'on reprochait de son temps son admiration pour Cicéron, et sa sévérité pour ses contemporains; Pline, qui s'était proposé Cicéron pour modèle, est bien loin de l'égaler. Nous ne pouvons pas apprécier ses plaidoyers que nous n'avons plus; mais à juger par son *Panégyrique*, s'il suivait son goût en admirant Cicéron, il avait, en composant une manière toute différente et qui a déjà l'empreinte d'un autre siècle. Il a infiniment d'esprit : on ne peut même en avoir davantage, mais il s'occupe trop à le montrer et ne montre rien de plus. Il cherche trop à aiguiser toutes ses pensées, à leur donner une tournure piquante et épigrammatique ; et ce travail continuel, cette profusion de traits saillants, cette monotonie d'esprits produit bientôt la fatigue. Il est comme Sénèque, meilleur à citer par fragments qu'à lire de suite. Ce n'est plus comme dans Cicéron, ce ton naturellement noble et élevé, cette abondance facile et entraînante, cet enchaînement et cette progression d'idées, ce tissu où tout ce tient et se développe, cette foule de mouvements, ces constructions nombreuses, ces figures heureuses qui animent tout : c'est un amas de brillants, une multitude d'étincelles qui plaît beaucoup pendant un moment, qui excite même une sorte d'admiration, ou plutôt d'éblouissement, mais dont on est bientôt étourdi. Il a tant d'esprit et il en faut tant pour le suivre, qu'on est tenté de lui demander grace et de lui dire : En voilà assez. On s'est souvent étonné que Trajan ait eu la patience d'entendre ce long discours où la louange est épuisée ; mais on oublie, ce que Pline nous apprend lui-même, que celui qu'il prononça dans le sénat lorsque Trajan l'eut déclaré consul n'était qu'un remercîment fort court, adapté au lieu et aux circonstances. Ce n'est qu'au bout de quelques années qu'il le publia aussi étendu que nous

l'avons. Si quelque chose pouvait rendre cette longueur excusable, c'est qu'il louait Trajan et son bienfaiteur; mais il faut de la mesure dans tout, et principalement dans la louange. Au reste, s'il a excédé les bornes, il n'a pas été au-delà de la vérité. Il a le rare avantage de louer par des faits, et tous les faits sont attestés. L'histoire est d'accord avec le *Panégyrique*; et, ce qu'il y a de plus heureux, au portrait d'un bon prince il oppose celui des tyrans qui l'avaient précédé, et particulièrement de Domitien. On conçoit ce double plaisir que doit sentir une âme honnête à faire justice du crime en rendant hommage à la vertu, et à comparer le bonheur présent aux malheurs passés : ce contraste est le plus grand mérite de son ouvrage. Je citerai les morceaux qui m'ont paru les mieux faits, les plus intéressants, et qui offrent des leçons et des exemples utiles à présenter en tous les temps. Mais il faut voir auparavant de quelle manière l'auteur lui-même parle de son ouvrage dans les lettres qu'il nous a laissées : « Un des devoirs de mon consulat était de
« rendre des actions de grace à l'empereur au nom
« de la république; et, après m'en être acquitté
« suivant la convenance du lieu et du moment, j'ai
« cru qu'il était digne d'un bon citoyen de déve-
« lopper dans un ouvrage plus étendu ce que je
« n'avais fait qu'effleurer dans un remercîment;
« d'abord pour rendre à un grand prince l'hom-
« mage qu'on doit à ses vertus; ensuite afin de
« présenter à ses successeurs, non pas des règles
« de conduite, mais un modèle qui leur apprenne

« à mériter la même gloire par les mêmes moyens.
« En effet, dire aux souverains ce qu'ils doivent être
« est beau sans doute, mais c'est une tâche pénible,
« et même une sorte de prétention ; au lieu que de
« louer celui qui fait bien, de manière que son éloge
« soit une leçon pour les autres, et comme une lu-
« mière qui leur montre le chemin, est une entre-
« prise non moins pénible et plus modeste. »

L'auteur du *Panégyrique*, après avoir rappelé la bassesse et la lâcheté de ces vils empereurs qui n'arrêtaient les incursions des barbares qu'en leur donnant de l'argent, et en achetaient des captifs pour en faire l'ornement d'un triomphe illusoire, fait voir dans son héros une conduite bien différente. « Main-
« tenant on a renvoyé chez les ennemis de l'empire
« la terreur et la consternation. Ils apprennent de
« nouveau à être dociles et soumis, ils croient revoir
« dans Trajan un de ces héros de l'ancienne Rome,
« qui n'obtenaient le titre d'empereur qu'après
« avoir couvert les champs de carnage et les mers
« de leurs triomphes. Nous recevons aujourd'hui des
« otages, et nous ne les achetons pas. Ce n'est point
« par des largesses honteuses, qui épuisent et avi-
« lissent la république, que nous marchandons le
« faux titre de vainqueurs ; ce sont les ennemis qui
« demandent, qui supplient ; c'est nous qui accor-
« dons ou refusons, et l'un et l'autre est digne de
« la majesté de l'empire. Ils nous rendent grace de
« ce qu'ils ont obtenu ; ils n'osent se plaindre de ce
« qu'ils n'obtiennent pas. L'oseraient-ils, quand ils
« se souviennent de vous avoir vu camper près des

« nations les plus féroces, dans la saison la plus
« favorable pour elles, la plus périlleuse pour nous,
« lorsque les glaces amoncelées rejoignaient les deux
« rives du Danube, lorsque ce fleuve pouvait à tout
« moment nous apporter la guerre sur ses eaux en-
« durcies par les hivers, lorsque nous avions contre
« nous, non-seulement les armes de ces peuples sau-
« vages, mais le ciel et leurs frimats? Il semblait alors
« que notre présence eût changé l'ordre des saisons :
« c'étaient eux qui se renfermaient dans leurs re-
« traites, et nos troupes tenaient la campagne, par-
« couraient les rivages, et n'attendaient que vos or-
« dres pour saisir l'occasion de fondre sur eux, en
« passant sur ces mêmes glaces qui faisaient jusqu'a-
« lors leurs forces et leur défense.... Mais votre mo-
« dération est d'autant plus digne de louanges, que,
« nourri dans la guerre, vous aimez la paix; qu'ayant
« pour père un triomphateur dont les lauriers ont
« été consacrés dans le Capitole le jour même de
« votre adoption, ce n'a pas été une raison pour
« vous de rechercher avidement toutes les occasions
« de triompher. Vous ne redoutez pas la guerre, et
« vous ne la provoquez pas. Il est beau de camper
« sur les rives du Danube, sûr de vaincre si vous
« le passez, et de ne pas forcer au combat des en-
« nemis qui le refusent. L'un est l'ouvrage de votre
« valeur, l'autre celui de votre sagesse; celle-ci fait
« que vous ne voulez pas combattre; celle-là, que
« vos ennemis ne l'osent pas. Le Capitole verra donc
« enfin, non pas un triomphe fantastique ni un vain
« simulacre de victoire, mais un empereur nous rap-

« portant une gloire véritable, la paix et la tran-
« quillité, et de la part de nos ennemis une telle
« soumission, qu'il n'a pas été besoin de les vaincre.
« Voilà ce qui est plus beau que tous les triomphes;
« car jamais nous n'avons pu vaincre que ceux qui
« avaient d'abord méprisé notre empire. Si quelque
« roi barbare porte son audace insensée jusqu'à
« s'attirer votre courroux et votre indignation, c'est
« alors qu'il sentira que l'intervalle des mers, la
« largeur des fleuves, la barrière des montagnes,
« seront de si faibles obstacles contre vous, que
« les monts, les fleuves, les mers, sembleront avoir
« disparu pour laisser passer, je ne dis pas vos ar-
« mées, mais Rome entière avec vous. »

Chaque empereur, à son avènement, avait coutume de faire au peuple romain une distribution d'argent appelée *congiarium*. L'orateur s'exprime, ce me semble, avec noblesse et intérêt sur les circonstances qui accompagnèrent cette libéralité de Trajan.

« A l'approche du jour marqué pour cette dis-
« tribution, on voyait ordinairement le peuple en
« foule et une multitude d'enfants remplir les rues
« et attendre le prince à son passage. Leurs parents
« s'empressaient de les lui faire voir, les portaient
« dans leurs bras, leur apprenaient à lui adresser
« des prières flatteuses et des caresses suppliantes.
« Ces enfants répétaient ce qu'on leur avait appris,
« le plus souvent à des oreilles sourdes et insensi-
« bles; chacun ignorait ce qu'il pouvait espérer:
« vous, au contraire, vous n'avez pas même voulu
« qu'on vous priât; et quoique le spectacle de toute

« cette génération naissante eût de quoi flatter votre
« sensibilité, vos dons leur étaient assurés, leur
« partage était réglé avant que vous les eussiez vus
« ou entendus. Vous avez voulu que dès leur en-
« fance ils s'aperçussent que tous avaient en vous
« un père, qu'ils pussent croître par vos bienfaits
« en croissant pour vous, qu'ils fussent vos élèves
« avant d'être vos soldats, et que chacun d'eux vous
« fût aussi redevable qu'à ses propres parents. Il est
« digne de vous, César, de nourrir de votre trésor
« l'espérance du nom romain. Il n'y a point de dé-
« pense plus convenable à un prince qui veut être
« immortel, que les bienfaits répandus sur la posté-
« rité. Les riches ont par eux-mêmes tout à gagner
« en élevant des enfants, et trop à perdre quand ils
« n'en ont pas; mais les pauvres, pour en avoir et
« en élever, n'ont qu'un motif d'encouragement :
« la bonté du souverain. C'est à lui de leur inspirer
« cette confiance, de les soutenir par ses dons, s'il
« ne veut hâter la ruine de l'état. Les grands n'en
« sont que la tête : et quand les soins du prince ne
« s'étendent que sur eux, elle chancelle, et tombe
« bientôt avec un corps affaibli et languissant. Aussi,
« quelle a dû être votre joie quand vous avez été
« accueilli par les acclamations réunies des pères
« des enfants et des vieillards; quand vous avez en-
« tendu les premiers cris de cet âge débile, à qui
« les largesses impériales n'ont point fait de grace
« plus marquée que de le dispenser même des de-
« mandes et des supplications ! Le comble de votre
« gloire est de vous montrer tel, que, sous votre

« règne, tout citoyen désire d'être père, et se trouve
» heureux de l'être. Nul aujourd'hui ne craint autre
« chose pour son fils que les accidents inséparables
« de l'humanité : l'oppression arbitraire n'est plus
« comptée parmi les maux inévitables; et s'il est
« doux de voir dans ses enfants l'objet des libérali-
« tés du prince, il est encore plus doux de les élever
« pour être libres et tranquilles: Que l'empereur ne
« donne rien, c'est assez, pourvu qu'il n'ôte pas;
« qu'il ne se charge pas de nourrir, n'importe,
« pourvu qu'il ne détruise pas. Mais s'il enlève d'un
« côté pour donner de l'autre, s'il nourrit ceux-ci
« et frappe ceux-là, la vie devient pour tous une
« charge importune. Ainsi donc, ô César! ce que
« je loue le plus dans votre magnificence, c'est que
« vous ne donnez que ce qui est à vous: on ne dira pas
« de vous que vous nourrissez nos enfants, comme
« les petits des bêtes féroces, de sang et de carnage,
« et c'est là ce qui fait le plus de plaisir à ceux qui
« reçoivent vos dons. Ce que vous leur donnez, ils
« savent que vous ne l'avez pris à personne; ils sa-
« vent, quand vous les enrichissez, que vous n'ap-
« pauvrissez que vous seul; que dis-je? pas même vous;
« car celui de qui tous les autres tiennent ce qu'ils
« ont, possède lui-même ce qui est à tous les autres. »

Un autre objet de la magnificence des empereurs,
c'étaient les jeux et les spectacles qu'ils donnaient
au peuple romain, qui en était toujours idolâtre, au
point de justifier ce mot si connu de Juvénal : *Que
faut-il aux maîtres du monde? du pain et des spectacles.* Si quelque chose avait pu les en dégoûter,

c'eût été la démence atroce des tyrans nommés Césars, qui trouvaient jusque dans ces amusements du théâtre, dans ces combats du cirque, une occasion de plus de faire sentir leur despotisme et d'exercer leur cruauté. Ils se passionnaient pour un cocher ou un gladiateur, au point de faire périr ceux qui ne pensaient pas comme eux et favorisaient un parti opposé. On sait que, sous les empereurs grecs, cette rage insensée fut poussée à un tel excès, que la faction des *Bleus* et des *Verts*, appelée ainsi de la livrée des cochers du cirque, occasiona plus d'une fois d'horribles massacres dans Constantinople. Avant le temps où Pline écrivait, Caligula, Néron, Domitien, avaient signalé leur folle passion pour les gladiateurs ou les pantomimes par les excès les plus monstrueux. On pense bien que les jeux donnés par Trajan avaient un autre caractère, et ce morceau du *Panégyrique*, suivi du tableau de la punition des délateurs, est d'une telle beauté, que, si Pline avait toujours écrit de ce style, on pourrait peut-être le comparer à Cicéron. Mais je choisis ce qu'il y a de meilleur; et après avoir marqué les défauts dominants, j'aime mieux vous présenter les beautés que les fautes. Celles-ci mêmes, dans un discours latin, tenant en partie à la diction, ne peuvent guère être senties que par ceux qui entendent la langue, et les beautés peuvent l'être par tout le monde.

« Nous avons eu des spectacles, non de mollesse
« et de corruption, et faits, non pour énerver les
« courages, mais pour inspirer un généreux mé-

« pris de la mort, en montrant les blessures hono-
« rables, l'amour de la gloire et l'ardeur de vaincre,
« jusque dans des esclaves fugitifs et des criminels
« condamnés. Et quelle noblesse vous avez fait voir,
« César, dans ces fêtes populaires! quelle justice!
« Combien vous avez fait sentir que toute partialité
« était au-dessous de vous! Le peuple a obtenu en
« ce genre tout ce qu'il demandait : on lui a même
« offert ce qu'il ne demandait pas. Vous l'avez in-
« vité vous-même à désirer et à choisir, et vous
« avez rempli ses vœux sans les avoir prévus. Quelle
« liberté dans les suffrages des spectateurs! avec
« quelle sécurité chacun a pu suivre son goût et ses
« inclinations! Personne n'a passé pour impie, n'a
« été criminel, pour s'être déclaré contre un gla-
« diateur; personne n'a expié par les supplices de
« misérables amusements, et, de spectateur qu'il
« était, n'est devenu lui-même un spectacle. O in-
« sensé et ignorant du véritable honneur, le sou-
« verain qui peut chercher jusque dans l'arène des
« crimes de lèse-majesté, qui se croit méprisé et
« avili si l'on ne respecte pas ses histrions, qui re-
« garde leurs injures comme les siennes, qui croit
« la divinité violée dans leur personne, et qui, s'es-
« timant autant que les dieux, estime ses gladia-
« teurs autant que lui! Combien ces affreux spec-
« tacles étaient différents de celui que vous nous
« avez donné? Assez long-temps nous avions vu une
« troupe de délateurs exercer dans Rome leurs bri-
« gandages : abandonnant les grands chemins et les
« forêts à des brigands d'une autre espèce, ceux-là

« assiégeaient les tribunaux et le sénat. Il n'y avait
« plus de patrimoine assuré, plus de testament res-
« pecté ; qu'on eût des enfants ou qu'on n'en eût
« pas, le danger était le même, et l'avarice du prince
« encourageait ces ennemis publics. Vous avez tourné
« vos regards sur ce fléau de l'état, et après avoir
« rendu la paix et la sécurité à nos armées, vous l'avez
« ramenée dans le Forum ; vous avez extirpé cette
« peste qui le désolait, et votre sévérité prévoyante
« a empêché qu'une république fondée sur les lois
« ne fut renversée par l'abus de ces mêmes lois.
« Aussi, quoique votre fortune et votre générosité
« vous aient mis à portée de nous faire voir dans
« le cirque ce que la force et le courage ont de plus
« remarquable, des monstres indomptables ou ap-
« privoisés, et ces merveilles du monde avant vous
« rares et cachées, et graces à vous devenues com-
« munes, rien n'a paru plus agréable au peuple
« romain ni plus digne de votre règne que de voir
« l'insolent orgueil des délateurs renversé dans la
« poussière. Nous les reconnaissions tous, nous
« jouissions tous en voyant ces victimes expiatoires
« des alarmes publiques passer dans le cirque sur
« les cadavres sanglants des criminels, pour être
« traînés à un supplice plus grand et plus terrible.
« Jetés pêle-mêle dans de mauvaises barques, on les
« a livrés aux flots et aux tempêtes. Qu'ils s'éloignent,
« qu'ils fuyent de ces contrées que désola leur mé-
« chanceté. Si les vagues les rejettent sur des rochers,
« qu'ils habitent des terres sauvages et inhospita-
« lières ; qu'ils y vivent dans les tourments de l'in-

« quiétude et du besoin, et que, pour comble de
« douleur, ils regardent autour d'eux le genre hu-
« main qu'ils sont forcés de laisser tranquille. Quel
« spectacle mémorable que cette flotte chargée de
« coupables abandonnés à tous les vents, sans guide
« et sans secours, et forcés d'obéir aux flots irrités,
« sur quelque plage inhabitée qu'il plaise à la mer
« de les porter! Avec quelle joie nous avons vu tous
« ces frêles bâtiments dispersés en sortant du port,
« comme si la mer eût voulu rendre graces à l'em-
« pereur, qui la chargeait du supplice de ces mi-
« sérables qu'il dédaignait de punir lui-même! Alors
« on a pu connaître quel changement s'était fait dans
« la république, quand les méchants n'ont eu pour
« asyle que ces mêmes rochers sur lesquels aupara-
« vant tant d'innocents étaient relégués ; quand les
« déserts, auparavant peuplés de sénateurs, ne l'ont
« plus été que par leurs délateurs et leurs bourreaux. »

Tout le monde doit reconnaître ici les deux vers de Racine dans *Britannicus* :

Les déserts, autrefois peuplés de sénateurs,
Ne sont plus habités que par leurs délateurs.

C'est une traduction littérale de ce passage de Pline. Il continue et félicite Trajan d'avoir aboli les accusations de lèse-majesté, qui mettaient le couteau dans la main des plus vils scélérats pour égorger les plus honnêtes gens, et qui grossissaient le trésor impérial de la dépouille des victimes. « Com-
« ment se fait-il que vos prédécesseurs, qui dévo-
« raient tout, qui ne laissaient rien à personne, aient

« été pauvres au milieu de leurs rapines, et que
« vous qui donnez tout et ne ravissez rien, vous
« soyez riche au milieu de vos libéralités ? Sans cesse
« autour d'eux des conseillers sinistres veillaient
« avec un front sévère et sourcilleux aux intérêts
« du fisc; les princes eux-mêmes, tout avides, tout
« rapaces qu'ils étaient, et quoiqu'ils eussent si peu
« besoin de pareils maîtres, apprenaient d'eux ce-
« pendant tout ce qu'on pouvait faire contre nous.
« Mais vous, César, vous avez fermé votre oreille
« à toute espèce d'adulation, et sur-tout à celles
« qui s'adressent à la cupidité. La flatterie est muette,
« et il n'y a plus personne pour donner de mau-
« vais conseils, depuis que le prince ne les écoute
« plus; en sorte que nous vous sommes également
« redevables, et pour les mœurs que vous avez, et
« pour le bien que vous avez fait aux nôtres. C'était
« sur-tout ce crime unique et extraordinaire de lèse-
« majesté, inventé pour perdre ceux qui étaient
« exempts de tout crime : c'est là ce qui enrichis-
« sait le fisc; vous nous avez délivrés de cette crainte,
« content de cette grandeur réelle que n'eurent ja-
« mais ceux qui s'attribuaient une majesté imagi-
« naire. Par là vous avez rendu la fidélité aux amis,
« la piété filiale aux enfants, la soumission aux
« esclaves. Nos esclaves ne sont plus les amis de
« César : c'est nous qui le sommes; et le père de la
« patrie ne croit plus qu'il leur soit plus cher qu'à
« nous. Vous nous avez délivrés tous d'un accusa-
« teur domestique; vous avez élevé un signe de sa-
« lut qui a détruit parmi nous la guerre des maîtres

« et des esclaves; vous leur avez rendu un service
« égal en rendant les uns tranquilles et les autres
« fidèles. Vous ne voulez cependant pas qu'on vous
« loue de cette justice, et peut-être en effet ne le
« doit-on pas; mais du moins c'est une pensée bien
« douce pour ceux qui se rappellent celui de vos
« prédécesseurs qui subornait lui-même les esclaves
« contre les maîtres, et leur fournissait des accu-
« sations pour avoir un prétexte de punir les crimes
« qu'il avait inventés; destinée affreuse et inévita-
« ble qu'il fallait subir toutes les fois qu'il se trou-
« vait un esclave aussi méchant que l'empereur. »

Trajan avait vécu long-temps dans une condition privée : il avait vu le règne abominable et la fin tragique de Domitien. Adopté par Nerva, qui avait remplacé Domitien, et qui régna peu, il lui avait bientôt succédé. Un homme qui avait autant d'esprit que Pline, ne pouvait manquer de saisir cette circonstance si heureuse et les réflexions qu'elle fait naître.

« Combien il est utile de passer par l'adversité
« pour arriver aux grandeurs ! Vous avez vécu avec
« nous. Vous avez partagé nos périls, vous avez
« comme nous vécu dans les alarmes : c'était alors
« le sort de l'innocence. Vous avez su par vous-même
« combien les méchants princes sont détestés, même
« de ceux qui contribuent à les rendre plus méchants.
« Vous vous souvenez des vœux et des plaintes
« que vous formiez avec nous. Ainsi les lumières du
« particulier servent en vous à éclairer le prince,
« et vous avez fait plus même que vous n'auriez dé-
« siré d'un autre; et nous, dont tous les vœux se

« bornaient à n'avoir pas pour empereur le pire des
« hommes, vous nous avez accoutumés à ne pou-
« voir en supporter un qui ne serait pas le meilleur
« de tous. C'est ce qui fait qu'il n'y a personne qui
« vous connaisse assez peu et se connaisse assez
« peu lui-même pour désirer votre place. Il est plus
« aisé de vous succéder que de s'en croire capable.
« Qui voudrait en effet supporter le même fardeau?
« Qui ne craindrait pas de vous être comparé? Qui
« sait mieux que vous quelle charge on s'impose en
« remplaçant un bon prince? Et cependant vous
« aviez l'excuse de votre adoption. Quel règne à
« imiter, que celui sous lequel personne n'ose fon-
« der sa sûreté sur son abjection! Nul aujourd'hui
« ne craint rien ni pour sa vie ni pour sa dignité,
« et l'on ne regarde plus comme un trait de sagesse
« de se cacher dans les ténèbres. Sous un prince tel
« que vous, la vertu a les mêmes récompenses et
« les mêmes honneurs que dans un état libre, et
« ce n'est plus le temps où elle n'avait d'autre prix
« que le témoignage de la conscience. Vous aimez
« la fermeté dans les citoyens; vous ne cherchez
« pas, comme on faisait autrefois, à étouffer le cou-
« rage, à intimider la droiture; vous l'excitez, vous
« l'animez. Ce serait assez qu'il n'y eût pas de dan-
« ger à être homme de bien; il y a même de l'avan-
« tage. C'est aux honnêtes gens que vous offrez les
« dignités, les sacerdoces, les gouvernements; votre
« amitié, votre suffrage les distingue. Les fruits qu'ils
« recueillent de leur intégrité et de leurs travaux
« encouragent ceux qui leur ressemblent, et invi-

« tent à leur ressembler; car, il n'en faut pas douter,
« les hommes sont bons ou méchants, selon le prix
« qu'ils en attendent. Il en est peu d'une âme assez
« élevée pour ne pas juger par le succès de ce qui
« est honnête et honteux. La plupart, quand ils
« voient donner à l'indolence le prix du travail, au
« luxe celui de la frugalité, cherchent à se procurer
« les mêmes avantages par la même voie; ils veu-
« lent être tels que ceux qui les ont obtenus : et dès
« qu'ils le veulent, ils le deviennent. Vos prédéces-
« seurs, si l'on excepte votre père, et avant lui un
« ou deux tout au plus, aimaient mieux les vices
« des citoyens que leurs vertus, d'abord parce que
« chacun est porté à aimer son semblable, et, de
« plus, parce qu'ils pensaient que ceux-là suppor-
« taient le plus patiemment la servitude, qui étaient
« en effet dignes d'être esclaves. C'est dans leur sein
« qu'ils déposaient tout; quant aux bons citoyens,
« ils les reléguaient dans l'obscurité et dans l'inac-
« tion, et ce n'étaient que les délations et les dan-
« gers qui les faisaient connaître. Vous, César, vous
« choisissez pour amis les hommes les plus estimés;
« et véritablement il est juste que ceux qui étaient
« les plus odieux au tyran soient les plus chers à
« un bon prince. Vous le savez, César : comme rien
« n'est si différent que l'autorité et la tyrannie, on
« est d'autant plus attaché à l'une, qu'on déteste plus
« l'autre. C'est donc les bons que vous élevez, que
« vous montrez au reste de l'empire, comme les
« garants des principes que vous avez embrassés et
« des choix que vous savez faire. »

L'orateur compare l'affabilité de Trajan, toujours ouvert et accessible, à l'effrayante et impénétrable retraite où vivaient les tyrans de Rome. «Avec quelle
« bonté vous accueillez, vous entendez tout le mon-
« de! Comme au milieu de tant de travaux vous sem-
« blez être presque toujours de loisir! Nous venons
« dans votre palais, non plus comme autrefois, trem-
« blants d'être venus trop tard aux ordres de l'em-
« pereur, mais joyeux et tranquilles, et à l'heure
« qu'il nous convient. Il nout est permis, même
« quand vous êtes prêt à nous recevoir, de nous
« refuser à cet honneur si nous avons autre chose
« à faire. Nous sommes toujours excusés à vos yeux,
« et nous devons l'être sans doute; car vous savez
« assez que chacun de nous s'estime d'autant plus
« qu'il vous voit, vous fréquente davantage; et c'est
« encore une raison pour vous de vous prêter plus
« volontiers à ce désir. Ce n'est pas un instant d'au-
« dience suivi de la désertion et de la solitude :
« nous restons, nous vivons avec vous dans ce palais
« qu'un peu auparavant une bête féroce environnait
« de la terreur, lorsque, retirée comme dans une
« caverne, elle s'abreuvait du sang de ses proches,
« ou n'en sortait que pour dévorer nos plus illustres
« citoyens. Alors veillaient aux portes la menace et
« l'épouvante : alors tremblaient également ceux
« qui étaient admis et ceux qu'on éloignait. Lui-
« même ne se présentait que sous un aspect for-
« midable : l'orgueil était sur son front, la fureur
« dans ses yeux, personne n'osait l'aborder ni lui
« parler dans les ténèbres où il se renfermait; et il

« ne sortait de sa solitude que pour la retrouver
« partout. Mais pourtant, dans ces mêmes murailles
« dont il se faisait un rempart, il enferma avec
« lui la vengeance et la mort, et le dieu qui punit
« les crimes. Ce châtiment alla jusqu'à lui à travers
« les barrières dont il s'entourait. Que lui servit alors
« sa divinité prétendue, et le secret de cette demeure
« inaccessible où l'exilaient son orgueil et sa haine
« pour le genre humain? Combien cette même de-
« meure est aujourd'hui plus assurée et plus tran-
« quille, depuis qu'on n'y voit plus les satellites de
« la tyrannie et de la cruauté, depuis qu'elle n'a plus
« de garde que notre amour, et de défense que la
« multitude qu'elle reçoit! Quel exemple peut mieux
« vous convaincre que la garde la plus sûre et la
« plus fidèle des princes, c'est leur propre vertu,
« ou plutôt que jamais ils ne sont mieux défendus
« que lorsqu'ils n'ont pas besoin de défense. »

Il justifie avec beaucoup d'élévation et d'énergie la manière dont il parle des tyrans qui avaient opprimé Rome avant que Trajan la rendît heureuse. « Tout ce que j'ai dit, pères conscrits, des autres
« princes que nous avons eus, n'a d'autre but que
« de vous faire voir combien notre père commun a
« changé et corrigé l'esprit du gouvernement, si
« long-temps corrompu et dépravé. Cette compa-
« raison sert à mieux marquer et le mérite et la re-
« connaissance. De plus, le premier devoir des ci-
« toyens envers un empereur tel que le nôtre, c'est
« de flétrir ceux qui ne lui ressemblent pas. On
« n'aime point assez les bons princes quand on ne

« hait pas les mauvais. Enfin une des plus grandes
« obligations que nous ayons à notre digne empe-
« reur, c'est la liberté de tout dire contre les tyrans.
« Pourrions-nous oublier que tout récemment Do-
« mitien a voulu venger Néron? Est-ce donc le ven-
« geur de sa mort qui aurait permis qu'on fît justice
« de sa vie? Il prendrait pour lui-même tout ce qu'on
« dirait contre son modèle. Pour moi, César, je re-
« garde comme un de vos plus grands bienfaits que
« nous puissions à la fois, et nous venger du passé,
« et influencer sur l'avenir; qu'il nous soit permis
« d'annoncer par avance aux méchants princes qu'en
« aucun temps, en aucun lieu, leur mânes coupa-
« bles ne seront à l'abri des reproches et des exécra-
« tions de la postérité. Croyez-moi donc, pères cons-
« crits, montrons avec confiance et fermeté nos
« douleurs et notre joie. Gémissons sur ce que nous
« avons souffert autrefois, jouissons de ce que nous
« voyons aujourd'hui. Voilà ce que nous devons
« faire en public comme en secret, dans les actions
« de graces solennelles comme dans les conversa-
« tions particulières. Souvenons-nous que le mal
« que nous dirons de nos tyrans est l'éloge de notre
« bienfaiteur. Lorsqu'on n'ose pas parler des mau-
« vais princes, c'est une preuve que celui qui règne
« leur ressemble. »

Nous avons de Pline, outre ce *Panégyrique*, un recueil de *Lettres*, composé de dix livres, que l'auteur mit en ordre et publia, nous dit-il, à la prière de ses amis; c'est dire que ces lettres sont un ouvrage, et c'en est un en effet. Il ne faut donc pas s'attendre à y trouver cette aisance familière, cet épanchement intime, cet abandon qui est du genre épistolaire proprement dit. Ce ne sont point ici des lettres qui n'étaient pas faites pour être lues, et dont le charme tient sur-tout à cette curiosité naturelle à l'esprit humain, qui aime beaucoup à entendre ceux qui ne croient pas qu'on les écoute. Madame de Sévigné nous plaît dans ses lettres, parce qu'elle donne de l'intérêt aux plus petites choses; Cicéron, parce qu'il révèle le secret des grandes. Pline est auteur dans les siennes; mais il l'est avec beaucoup d'agrément et de variété. Tous ses billets sont écrits pour la postérité; mais elle les a lus, et cette lecture fait aimer l'auteur.

Si les *Lettres* de Pline font honneur à son esprit par la manière dont elles sont écrites, les noms de ceux à qui elles sont adressées suffiraient pour faire l'éloge de son caractère. Ce sont les plus honnêtes gens et les hommes les plus célèbres par leurs talents, leur mérite et leurs vertus; et les sentiments qu'il exprime sont dignes de ces liaisons. Il intéresse également, et par les amis dont il regrette la perte, tels qu'un Helvidius, un Arulénus, un Sénécion, les victimes de Domitien; et par ceux qui jouissent avec lui du règne de Trajan, tels que Tacite, Quintilien, Macer, Suétone, Martial, etc. Il ne peut pas nous attacher, comme Cicéron, par le détail des intrigues et des révolutions du siècle le plus orageux de la république. Un règne heureux et tranquille ne peut fournir cette espèce d'attrait à l'imagination et cet aliment à la curiosité. En ce genre, tout ce qu'on peut faire du bonheur, c'est d'en jouir : car il en est de l'histoire à peu près comme du théâtre, où rien n'intéresse moins que les gens heureux. Mais on trouve du moins dans Pline des traits et des anecdotes qui peignent les mœurs et les caractères. On y voit particulièrement la malignité cruelle des délateurs sous Domitien, et leur bassesse rampante sous Trajan; car rien n'est si lâche et si vil que le méchant, dès qu'il ne peut plus faire du mal; c'est une bête féroce à qui l'on a arraché les griffes et les dents, et qui lèche quand elle ne peut plus mordre. Tel était un certain Régulus, sur lequel Pline s'exprime ainsi dans une de ses lettres, qui présente un tableau frappant de vérité qu'on voit toujours avec plaisir, celui de l'humiliation d'un méchant homme.

« Avez-vous vu quelqu'un plus humble et plus
« timide que Régulus depuis la mort de Domitien,
« sous lequel il n'a pas commis moins de crimes
« que sous Néron, mais avec plus de précaution et
« de secret? Il a eu peur que je n'eusse du ressen-
« timent contre lui, et il ne se trompait pas ; j'en
« avais. Je l'avais vu échauffer la persécution contre
« Arulénus, et triompher de sa mort au point de
« réciter et de répandre dans le public un libelle
« où il l'appelait *un singe des stoïciens qui portait*
« *encore les stigmates de Vitellius.* Vous reconnaissez
« là le style de l'homme. Il y déchire aussi Sénécion,
« et avec tant de fureur, que Métius Carus (autre
« homme de la même trempe) lui dit à cette occa-
« sion: *Quel droit avez-vous sur mes morts? Est-ce*

« *que je vais remuer les cendres de votre Crassus et de
« votre Camérinus ?* » (Deux victimes des délations
de Régulus sous Néron.)

On est forcé de s'arrêter pour admirer l'énergique impudence et l'atrocité de ce mot : *Mes morts.*
Ce sont là de ces expressions de métier, qui en représentent toute l'horreur. Ces misérables regardaient ceux qu'ils avaient fait périr comme des possessions et des titres : on croirait entendre des fossoyeurs se disputer un cadavre. Poursuivons.

« Régulus craignait donc que sa conduite ne m'eût
« vivement blessé, aussi s'est-il donné de garde de
« me mettre au nombre de ses auditeurs lorsqu'il
« fit la lecture de son libelle. De plus, il se ressou-
« venait dans quel péril il m'avait mis moi-même de-
« vant les centumvirs. Il n'y allait de rien moins
« que de ma vie. A la prière d'Arulénus, j'étais venu
« témoigner pour Arionilla, femme de Timon, et
« j'avais en tête Régulus. Je m'appuyais, dans un
« des points de la défense, sur l'avis de Modestus,
« alors exilé par Domitien. Régulus m'interrompt :
« *Que pensez-vous*. me dit-il, *de Modestus ?* Si j'a-
« vais dit *du bien*, vous voyez quel danger : si j'a-
« vais dit *du mal*, quelle honte. Tout ce que je puis
« dire, c'est que les dieux vinrent à mon secours et
« m'inspirèrent. *Je répondrai*, lui dis-je, *à votre
« question, si les centumvirs la regardent comme un
« des points du procès.* Il insiste. *Il me semble,* pour-
« suivis-je, *que la coutume est d'interroger les té-
« moins sur les accusés, et non pas sur ceux qui sont
« déjà condamnés. Je demande,* reprend Régulus,

« *ce que vous pensez, non pas précisément de Mo-*
« *destus, mais de son attachement pour le prince.*
« *Et moi,* dis-je alors, *je crois qu'il n'est pas même*
« *permis de faire une question sur ce qui a déjà été*
« *jugé.* Il se tut, et tout le monde me félicita de ce
« que, sans rien dire pour ma sûreté qui pût com-
« promettre mon honneur, je m'étais débarrassé de
« son insidieuse interrogation. Aujourd'hui, que Ré-
« gulus ne se sent pas la conscience nette, il a été
« trouver d'abord Cécilius Celer et Fabius Justus,
« pour les prier de le reconcilier avec moi. Non con-
« tent de cela, il s'est adressé à Spurinus, et d'un
« ton suppliant (vous savez comme il est bas quand
« il craint): *Je vous conjure,* lui a-t-il dit, *de voir*
« *Pline, demain matin, mais de grand matin; car je*
« *ne puis vivre dans l'inquiétude où je suis, et, de*
« *quelque manière que ce soit, faites en sorte qu'il*
« *ne soit plus fâché contre moi.* Je venais de me le-
« ver : on vient me dire que Spurinus envoie chez
« moi m'annoncer sa visite. *Non,* dis-je, *je vais chez*
« *lui.* Comme nous allions l'un vers l'autre, je le
« rencontre sous le portique de Livie. Il m'expose
« sa commission, et ajoute quelques prières, mais
« avec beaucoup de réserve, et comme il convient
« à un honnête homme parlant pour celui qui ne
« l'est pas. *C'est à vous de voir,* lui dis-je, *ce que*
« *vous devez répondre à Régulus. Il ne faut pas*
« *vous tromper. J'attends Maurice* (il n'est pas en-
« *core revenu d'exil*) : *je ne veux rien vous dire*
« *sans l'avoir vu, ni rien faire sans son consente-*
« *ment. C'est à lui de me guider, et à moi de le sui-*

« vre. Quelques jours après, Régulus lui-même vint
« me trouver dans la salle du préteur; et après m'a-
« voir suivi quelque temps, il me tira à l'écart. *Je
« crains*, me dit-il, *que vous n'ayez sur le cœur la
« manière dont je me suis expliqué devant les cen-
« tumvirs, lorsqu'en plaidant contre vous et Satrius
« Rufus, il m'échappa de dire : Satrius Rufus est
« cet orateur qui se pique d'imiter Cicéron, et qui
« n'est pas content de l'éloquence de notre siècle.* Je
« lui répondis que c'était lui qui m'apprenait qu'il y
« avait de la mauvaise intention dans ses paroles,
« que, sans son aveu, j'aurais pu les prendre pour
« une louange ; car, ajoutais-je, *je me pique en effet
« d'imiter Cicéron, et ne goûte pas infiniment l'élo-
« quence de notre siècle. Je crois qu'il est insensé de
« ne pas se proposer pour modèle en tous genres ce
« qu'il y a de mieux. Mais puisque vous vous souve-
« nez si bien de cette plaidoirie devant les centumvirs,
« comment avez-vous oublié celle où vous m'interro-
« geâtes sur Modestus ?* Ici mon homme devint plus
« pâle encore qu'il n'avait coutume de l'être, et tout
« en balbutiant me dit que ce n'était pas à moi qu'il
« en voulait alors, mais à Modestus. Vous voyez le
« caractère du personnage qui avoue l'envie qu'il a
« eue de nuire à un malheureux exilé. Au surplus
« il m'en donna une exellente raison : *Modestus,*
« dit-il, *avait écrit de moi, dans une lettre qui
« fut lue à Domitien, ces propres mots : Régulus, le
« plus méchant des bipèdes.* Vous verrez que Modes-
« tus avait grand tort. Ce fut à peu près là toute
« notre conversation : je ne voulus pas m'engager

« plus avant, pour me réserver toute ma liberté
« jusqu'au retour de mon ami Maurice. Je sais fort
« bien qu'un Régulus n'est pas un homme aisé à
« détruire. Il est riche et intrigant; bien des gens le
« considèrent; la plupart le craignent, et la crainte
« est un sentiment souvent plus fort que l'amitié
« même. Cependant il peut arriver que toute cette
« fortune déjà ébranlée tombe entièrement, car le
« pouvoir et le crédit des méchants sont aussi trom-
« peurs qu'eux-mêmes. Mais, comme je vous le dis,
« j'attends Maurice : c'est un homme de poids, un
« homme de sens, instruit par l'expérience, et que
« le passé peut éclairer sur l'avenir. C'est d'après
« ses conseils que je prendrai le parti d'agir ou de
« rester tranquille. Je vous ai fait tout ce détail,
« parce que notre amitié mutuelle exige que je vous
« fasse part, non-seulement de mes actions, mais
« de mes pensées. »

Dans une de ses lettres à Tacite, il peint avec des traits aussi nobles que touchants l'union qui règne entre eux, et qui devrait régner entre tous ceux que les talents rendent supérieurs aux autres hommes, et ne rendent pas toujours supérieurs à l'envie.

« J'ai lu votre ouvrage, et j'ai remarqué avec le
« plus de soin qu'il m'a été possible ce qui m'a paru
« devoir être ou changé ou retranché. J'ai coutume
« de dire la vérité, et vous aimez à l'entendre; car
« personne ne souffre plus patiemment la critique
« que ceux qui méritent la louange. A présent c'est
« votre tour, et j'attends vos remarques sur l'ou-
« vrage que je vous ai confié. O l'honorable et le

« charmant commerce que cette réciprocité de lu-
« mières et de secours ! Qu'il m'est doux de penser
« que, si la postérité s'occupe de nous, on saura
« à jamais combien il y a eu entre nous d'union,
« de confiance et de franchise ! Ce sera un exemple
« rare et remarquable, que deux hommes à peu
« près du même âge et du même rang, et de quel-
« que nom dans les lettres (car il faut bien que je
« parle modestement de vous, puisque je parle en
« même temps de moi), se soient aidés et soutenus
« mutuellement dans leurs études. Dans ma pre-
« mière jeunesse, et lorsque vous aviez déjà de la
« réputation et de la gloire, toute mon ambition
« était de suivre vos traces, de loin il est vrai, mais
« du moins de plus près que tout autre. Il y avait
« d'autres hommes célèbres par leur génie; mais
« vous me paraissiez, par un rapport naturel entre
» nous deux, celui que je pouvais et que je devais
» imiter. C'est ce qui fait que je m'applaudis tant
« de ce que mon nom est cité avec le vôtre lors-
« qu'il est question des gens de lettres, de ce qu'on
« pense à moi lorsqu'on parle de vous. Ce n'est pas
« qu'il n'y ait des écrivains qu'on nous préfère ;
« mais il m'importe peu dans quel rang on nous
« mette ensemble, parce qu'à mon gré, le premier
« de tous est celui qui vient après vous. Il y a plus :
« vous devez avoir remarqué que dans les testaments
« on nous laisse des legs semblables à l'un et à
« l'autre, à moins que le testateur n'ait été l'ami
« particulier de l'un des deux. Je conclus que nous
« devons nous en aimer d'avantage, puisque les

« études, les mœurs, la réputation, et enfin les der-
« nières volontés des hommes, nous unissent par
« tant de liens. »

Quelquefois ces lettres ne contiennent que des
anecdotes plaisantes, telles que celle-ci : « Vous
« n'avez pas été témoin d'une assez singulière aven-
« ture, ni moi non plus : mais on m'en a parlé
« comme elle venait de se passer. Polliénus Paulus,
« chevalier romain des plus distingués et des plus
« instruits, compose des élégies ; c'est chez lui un
« talent de famille, car il est de la même ville muni-
« cipale que Properce, et il le compte parmi ses an-
« cêtres. Il récitait publiquement ses élégies, dont
« la première commence ainsi : *Vous m'ordonnez,
« Priscus....* Javolénus Priscus, l'un de ses meilleurs
« amis, qui était présent, se mit à dire tout d'un
« coup : *Moi, je n'ordonne rien.* Imaginez les ris et
« les plaisanteries. Ce Priscus n'a pas la tête bien
« saine, mais pourtant il remplit les devoirs publics,
« il est admis dans les conseils, et professe même le
« droit civil : en sorte que cette saillie n'en fut que
« plus ridicule et plus remarquable, et refroidit
« beaucoup la lecture de Paulus. Avouez que ceux
« qui lisent en public ont bien des soins à prendre :
« il faut qu'ils répondent non-seulement de leur bon
« sens, mais aussi de celui de leurs auditeurs. »

Une autre lettre contient un acte de bienfaisance,
également honorable pour celui qui en était l'auteur, et pour celui qui en était l'objet. Elle est de
la plus grande simplicité, et c'est ce qui en fait le
mérite. Pline écrit à Quintilien : « Quoique vous

« soyez très simple et très modeste dans votre ma-
« nière de vivre, et que vous ayez élevé votre fille
« dans les vertus convenables à la fille de Quintilien
« et à la petite-fille de Tutilius, cependant aujour-
« d'hui qu'elle épouse Nonius Céler, homme de dis-
« tinction, et à qui ses emplois et ses charges impo-
« sent la nécessité de vivre dans un certain éclat,
« il faut qu'elle règle son train et ses habits sur le
« rang de son mari. Ces dehors n'augmentent pas
« notre dignité réelle, mais ils la relèvent aux yeux
« du public. Je sais que vous êtes très riche des
« biens de l'âme, beaucoup moins des biens de la
« fortune. Je prends donc sur moi une partie de vos
« obligations, et, comme un second père, je donne
« à notre chère fille cinquante mille sesterces. Je ne
« me bornerais pas là, si je n'étais persuadé que la
« modicité du présent sera pour vous la seule rai-
« son de le recevoir. »

Le récit de la mort volontaire de son ami Corellius Rufus offre des circonstances intéressantes, et
la peinture d'un caractère mâle et ferme, digne des
anciens Romains.

« J'ai fait une cruelle perte, si c'est dire assez
« pour exprimer le malheur qui nous enlève un si
« grand homme. Corellius Rufus est mort, et, ce
« qui m'accable davantage, il est mort parce qu'il
« l'a voulu. Ce genre de mort, que l'on ne peut re-
« procher ni à l'ordre de la nature ni au caprice de
« la fortune, me semble le plus affligeant de tous.
« Lorsque la maladie emporte nos amis, ils nous
« laissent au moins un sujet de consolation dans

« cette inévitable nécessité qui menace tous les
« hommes. Mais ceux qui se livrent eux-mêmes à la
« mort ne nous laissent que l'éternel regret de pen-
« ser qu'ils auraient pu vivre long-temps. Une sou-
« veraine raison, qui tient lieu de destin aux sages,
« a déterminé Corellius Rufus. Mille avantages con-
« couraient à lui faire aimer la vie; le témoignage
« d'une bonne conscience, une haute réputation,
« un crédit des mieux établis, une femme, une fille,
« un petit-fils, des sœurs très aimables, et, ce qui
« est encore plus précieux, de véritables amis.
« Mais ses maux duraient depuis si long-temps, ils
« étaient devenus si insupportables, que les raisons
« de mourir l'emportaient sur tant d'avantages qu'il
« trouvait à vivre. A trente-trois ans il fut attaqué
« de la goutte : je lui ai ouï dire plusieurs fois qu'il
« l'avait héritée de son père; car les maux comme
« les biens nous viennent souvent par succession.
« Tant qu'il fut jeune, il trouva des remèdes dans
« le régime et dans la continence; plus avancé en
« âge et plus accablé, il se soutint par sa vertu et
« par sa constance. Un jour que les douleurs les plus
« aiguës n'attaquaient plus les pieds seuls, comme
« auparavant, mais se répandaient sur tout le corps,
« j'allai le voir à sa maison près de Rome : c'était
« du temps de Domitien. Dès que je parus, les va-
« lets de Corellius se retirèrent : il avait établi cet
« ordre chez lui, que, quand un ami de confiance
« entrait dans sa chambre, tout en sortait, jusqu'à
« sa femme, quoique d'ailleurs très capable du se-
« cret. Après avoir jeté les yeux de tous côtés : *Sa-*

« *vez vous bien*, dit-il, *pourquoi je me suis obstiné*
« *à vivre si long-temps malgré des maux insuppor-*
« *tables ? C'est pour survivre au moins d'un jour à ce*
« *monstre de Domitien.* Pour faire lui-même ce qu'il
« désirait qu'on fît, je suis sûr qu'il ne lui manqua
« que des forces égales à son courage. Mais les dieux,
« du moins, exaucèrent son vœu, et le tyran fut
« tué. Alors satisfait et tranquille, sûr de mourir
« libre, il fut en état de rompre les liens nombreux,
« mais plus faibles, qui l'attachaient encore à la vie.
« Il avait essayé d'adoucir par la diète les douleurs
« qui étaient redoublées; mais comme elles conti-
« nuaient, sa fermeté sut y mettre un terme. Quatre
« jours s'étaient passés sans qu'il prît aucune nour-
« riture, quand Hispala, sa femme, envoya notre
« ami commun, C. Géminius, m'apporter la triste
« nouvelle que Corellius avait résolu de mourir;
« que les larmes d'une épouse, les supplications de
« sa fille ne gagnaient rien sur lui; que j'étais le seul
« qui pût le rappeler à la vie. J'y cours : j'arrivais
« lorsque Julius Atticus, de nouveau dépêché vers
« moi par Hispala, me rencontre, et m'annonce que
« l'on avait perdu toute espérance, même celle que
« l'on avait en moi, tant Corellius paraissait affermi
« dans sa résolution. Ce qui désespérait, c'était la
« réponse qu'il avait faite à son médecin, qui le pres-
« sait de prendre des aliments : *l'arrêt est prononcé*;
« parole qui me remplit tout à la fois d'admiration
« et de douleur. Je ne cesse de penser quel homme,
« quel ami j'ai perdu. Il avait passé soixante et sept
« ans, terme assez long, même pour les hommes ro-

« bustes. Il est délivré de toutes les douleurs d'une
« maladie continuelle; il a eu le bonheur de laisser
« florissante, et sa famille, et la république, qui
« lui était plus chère encore que sa famille. Je me
« le dis, je le sais, je le sens; cependant je le re-
« grette comme s'il m'eût été ravi dans la fleur de
« son âge et dans la plus brillante santé. Mais
« (dussiez-vous m'accuser de faiblesse) je le re-
« grette, particulièrement pour l'amour de moi.
« J'ai perdu le témoin, le guide, le juge de ma con-
« duite. Vous ferais-je un aveu de ce que j'ai déjà
« fait à notre ami Calvisius dans les premiers trans-
« ports de ma douleur? je crains de vivre désormais
« avec moins d'attention sur moi-même : vous voyez
« quel besoin j'ai que vous me consoliez. Il ne s'agit
« pas de me représenter que Corellius était vieux,
« qu'il était infirme; il me faut d'autres consola-
« tions: il me faut de ces raisons que je n'ai point
« encore trouvées ni dans le commerce du monde
« ni dans les livres. Tout ce que j'ai entendu dire,
« tout ce que j'ai lu, me revient assez dans l'esprit;
« mais mon affliction n'est pas d'une nature à se
« rendre à des considérations communes.

Si cette lettre est triste, en voici une qui peut
amuser; car les histoires d'apparitions et de fantômes amusent toujours, même ceux à qui elles font
peur. Celle du spectre d'Athènes, que Pline rapporte le plus sérieusement du monde, paraît être
l'original de tous ces contes de revenants, répétés
et retournés en mille manières, attendu que chacun peut raconter à sa fantaisie ce qui n'est jamais

arrivé. Quoi qu'il en soit, les mauvais plaisants ne pourront pas dire cette fois que c'est ici une histoire d'esprit faite par quelqu'un qui n'en a guère. C'est Pline qui parle ; écoutons :

« Le loisir dont nous jouissons vous permet d'en-
« seigner et me permet d'apprendre. Je voudrais
« donc bien savoir si les fantômes ont quelque chose
« de réel, s'ils ont une vraie figure, si ce sont des
« génies, ou seulement de vaines images qui se tra-
« cent dans l'imagination troublée par la crainte. Ce
« qui me ferait pencher à croire qu'il y a de vérita-
« bles spectres, c'est ce qu'on m'a dit être arrivé à
« Curtius Rufus. Dans le temps qu'il était encore
« sans fortune et sans nom, il avait suivi en Afrique
« celui à qui le gouvernement en était échu. Sur le
« déclin du jour, il se promenait sous un portique,
« lorsqu'une femme d'une taille et d'une beauté
« plus qu'humaine se présente à lui ; la peur le sai-
« sit. *Je suis*, dit-elle, *l'Afrique ; je viens te prédire*
« *ce qui doit t'arriver. Tu iras à Rome, tu rempliras*
« *les plus grandes charges, et tu reviendras ensuite*
« *gouverner cette province, où tu mourras.* Tout
« arriva comme elle l'avait prédit. On conte même
« qu'abordant à Carthage, et sortant de son vais-
« seau, la même figure se présenta devant lui,
« et vint à sa rencontre sur le rivage. Ce qu'il y a
« de vrai, c'est qu'il tomba malade, et que, jugeant
« de l'avenir par le passé, et du malheur qui le me-
« naçait par la bonne fortune qu'il avait éprouvée,
« il désespéra de sa guérison, malgré la bonne opi-
« nion que tous les siens en avaient conçue. Mais

« voici une autre histoire qui ne vous paraîtra pas
« moins surprenante, et qui est bien plus horri-
« ble; je vous la donnerai telle que je l'ai reçue.
« Il y avait à Athènes une maison fort grande et fort
« logeable, mais décriée et déserte. Dans le plus
« profond silence de la nuit, on entendait un bruit
« de fer qui se choquait contre du fer, et si l'on
« prêtait l'oreille avec plus d'attention, un bruit de
« chaînes qui paraissait d'abord venir de loin, et
« ensuite s'approcher. Bientôt on voyait un spectre
« fait comme un vieillard très maigre, très abattu,
« qui avait une longue barbe, des cheveux hérissés,
« des fers aux pieds et aux mains, qu'il secouait
« horriblement : de là des nuits affreuses et sans
« sommeil pour ceux qui habitaient cette maison :
« l'insomnie à la longue amenait la maladie, et la
« maladie, en redoublant la frayeur, était suivie de
« la mort; car, pendant le jour, quoique le spectre
« ne parût plus, l'impression qu'il avait faite le re-
« mettait toujours devant les yeux, et la crainte
« passée en donnait une nouvelle. A la fin, la maison
« fut abandonnée et laissée tout entière au fantôme.
« On y mit pourtant un écritau pour avertir qu'elle
« était à louer ou à vendre, dans la pensée que
« quelqu'un peu instruit d'un inconvénient si ter-
« rible pourrait y être trompé. Le philosophe Athé-
« nodore vient à Athènes : il aperçoit l'écriteau, en
« demande le prix; la modicité le met en défiance.
« Il s'informe : on lui dit l'histoire, et, loin de lui
« faire rompre le marché, elle l'engage à le con-
« clure sans remise. Il s'y loge, et sur le soir il or-

« donne qu'on lui dresse son lit dans l'appartement
« sur le devant, qu'on lui apporte ses tablettes, sa
« plume et de la lumière, et que ses gens se retirent
« au fond de la maison. Lui, de peur que son ima-
« gination libre n'allât, au gré d'une crainte frivole,
« se figurer des fantômes, il applique son esprit,
« ses yeux et sa main à écrire. Au commencement
« de la nuit un profond silence règne dans cette
« maison comme partout ailleurs; ensuite il entend
« des fers s'entre-choquer, des chaînes qui se heur-
« tent; il ne lève pas les yeux, il ne quitte point sa
« plume, ne songe qu'à bien affermir son cœur et
« à se garantir de l'illusion de ses sens. Le bruit
« s'augmente, s'approche : il semble qu'il se fasse
« près de la porte, et bientôt dans la chambre même.
« Il regarde, il aperçoit le spectre, tel qu'on le lui
« avait dépeint : ce spectre était debout, et l'appe-
« lait du doigt. Athénodore lui fait signe de la main
« d'attendre un peu, et continue à écrire comme
« si de rien n'était. Le spectre recommence son fra-
« cas avec ses chaînes, qu'il fait sonner aux oreilles
« du philosophe. Celui-ci regarde encore une fois,
« et voit que l'on continue à l'appeler du doigt.
« Alors, sans tarder davantage, il se lève, prend la
« lumière et suit. Le fantôme marche d'un pas lent,
« comme si le poids des chaînes l'eût accablé. Mais
« apres qu'il est arrivé dans la cour de la maison,
« il disparaît tout à coup, et laisse là notre philo-
« sophe, qui ramasse des feuilles et des herbes, et
« les place à l'endroit où il avait été quitté, pour le
« pouvoir reconnaître. Le lendemain il va trouver

« les magistrats, et les supplie d'ordonner que l'on
« fouille en cet endroit. On le fait : on y trouve des
« os encore enlacés dans des chaînes; le temps
« avait consumé les chairs. Après qu'on les eut soi-
« gneusement rassemblés, on les ensevelit publi-
« quement; et depuis que l'on eut rendu au mort
« les derniers devoirs, il ne troubla plus le repos
« de cette maison. Ce que je viens de dire, je le
« crois sur la foi d'autrui; mais voici ce que je puis
« assurer aux autres sur la mienne. J'ai un affran-
« chi, nommé Marcus, qui n'est point sans instruc-
« tion. Il était couché avec son jeune frère; il lui
« sembla voir quelqu'un assis sur le lit, et qui ap-
« prochait des ciseaux de sa tête, et même lui cou-
« pait les cheveux au-dessus du front. Quand il fut
« jour, on aperçut qu'il avait le haut de la tête
« rasé, et ses cheveux furent trouvés répandus près
« de lui. Peu après, pareille aventure arrivée à un
« de mes gens ne me permit plus de douter de la
« vérité de l'autre. Un de mes jeunes esclaves dor-
« mait avec ses compagnons dans le lieu qui leur est
« destiné. Deux hommes vêtus de blanc (c'est ainsi
« qu'il le racontait) vinrent par les fenêtres, lui ra-
« sèrent la tête pendant qu'il était couché, et s'en
« retournèrent comme ils étaient venus. Le lende-
« main, lorsque le jour parut, on le trouva rasé
« comme on avait trouvé l'autre, et les cheveux
« qu'on lui avait coupés épars sur le plancher. Ces
« aventures n'eurent aucune suite, si ce n'est peut-
« être que je ne fus point accusé devant Domitien,
« sous l'empire de qui elles arrivèrent. Je ne l'eusse

« pas échappé, s'il eût vécu; car on trouva dans
« son porte-feuille une requête donnée contre moi
« par Métius Carus : de là on peut conjecturer que,
« comme la coutume des accusés est de négliger
« leurs cheveux et de les laisser croître, ceux que
« l'on avait coupés à mes gens marquaient que j'é-
« tais hors de danger. Je vous supplie donc de met-
« tre ici toute votre érudition en œuvre. Le sujet
« est digne d'une profonde méditation, et peut-être
« ne suis-je pas indigne que vous me fassiez part de
« vos lumières. Si, selon votre coutume, vous ba-
« lancez les deux opinions contraires, faites pourtant
« que la balance penche de quelque côté pour me
« tirer de l'inquiétude où je suis; car je ne vous
« consulte que pour n'y plus être. »

La première réflexion qui se présente sur ce récit (car on ne peut pas entendre des histoires de revenants sans en dire son avis), c'est qu'il n'y a qu'un seul fait, celui des cheveux coupés, dont Pline se rende le garant, sans qu'on sache pourquoi, car il ne le rapporte que sur la foi d'un affranchi et d'un esclave; et quand l'un et l'autre auraient été trompés par la frayeur, ou auraient eux-mêmes trompé leur maître, il n'y aurait rien de merveilleux : cela même est un peu plus facile à supposer qu'il ne l'est de croire qu'un esprit vêtu de blanc vienne faire l'office de barbier. Il se présente un autre objet de réflexion : la consultation très sérieuse que Pline demande à son ami, le ton dont il s'exprime, l'apparition du mauvais génie de Brutus rapportée par le grave et judicieux Plutarque, plusieurs endroits du penseur Tacite, nous font voir que de très grands esprits, des écrivains philosophes, n'ont pas cru les apparitions impossibles. Voilà un beau texte à commenter; mais comme, après avoir parlé long-temps, on pourrait bien n'en pas savoir davantage; comme d'ailleurs ce sujet, selon la manière dont on l'envisage, peut paraître ou trop frivole pour être mêlé à des objets serieux, ou trop sérieux pour être traité légèrement, ces raisons m'imposent silence, et cet article de Pline finira comme toutes les conversations sur les esprits, où chacun fait son histoire et écoute celle des autres, sans que personne soit obligé d'en rien croire. J'observerai seulement que, dans une lettre suivante, Pline, écrivant à son ami Tacite, commence ainsi : « J'au-« gure (et cet augure-là n'est pas trompeur) que « vos ouvrages seront immortels. » Assurément la prédiction s'est bien vérifiée jusqu'ici. Je serais tenté d'en conclure que Pline raisonnait mieux sur les écrits de Tacite que sur les histoires des revenants.

Une autre lettre fort courte roule sur une observation morale dont l'application n'est pas si générale, il est vrai, que Pline semble le croire, mais qui le plus souvent est fondée : quiconque a été gravement malade peut en juger.

« Ces jours passés, la maladie d'un de mes amis « me fit faire cette réflexion, que nous sommes « fort gens de bien quand nous sommes mala-« des ; car quel est le malade que l'avarice ou « l'ambition tourmente? Il n'est plus enivré d'a-« mour, entêté d'honneurs; il néglige le bien; quel-

« que peu qu'on en ait, il y en a toujours assez
« quand on se croit près de le quitter. Le malade
« croit des dieux, et se souvient qu'il est homme;
« il n'envie, il n'admire, il ne méprise la fortune de
« personne. Les médisances ne lui font ni impres-
» sion, ni plaisir : toute son imagination n'est oc-
« cupée que de bains et de fontaines. Tout ce qu'il
« se propose (s'il en peut échapper), c'est de me-
« ner à l'avenir une vie douce et tranquille, une vie
« innocente et heureuse. Je puis donc nous faire ici
« à tous deux, en peu de mots, une leçon dont les
« philosophes font des volumes entiers. Persévérons
« à être pendant la santé ce que nous nous propo-
« sons de devenir quand nous sommes malades. »

Une lettre à Maxime, qui allait commander dans la Grèce, nous fait connaître combien Pline chérissait cette contrée qui avait été le berceau des arts, et dont le nom seul a dû être cher dans tous les temps à quiconque était né avec le goût des lettres. Ce morceau d'ailleurs montre un homme pénétré de ces principes d'humanité et de douceur qui convenaient à un philosophe, à un ami de Trajan, et qui peuvent servir de leçon à tous ceux que leurs charges et leurs emplois mettent au-dessus des autres. Il est peu de lettres où Pline ait fait voir un caractère plus aimable, et où la raison s'exprime avec plus de grace et de délicatesse.

« L'amitié que je vous ai vouée m'oblige, non pas
« à vous instruire (car vous n'avez pas besoin de
« maître), mais à vous avertir de ne pas oublier ce
« que vous savez déjà, de le pratiquer, ou même

« de le savoir encore mieux. Songez que l'on vous
« envoie dans l'Achaïe, c'est-à-dire dans la véritable
« Grèce, dans la Grèce par excellence, où la poli-
« tesse, les lettres, l'agriculture même, ont pris
« naissance; que vous allez gouverner des hommes
« libres, dont les vertus, les actions, les alliances,
« les traités, la religion, ont eu pour principal ob-
« jet la conservation du plus beau droit que nous
« tenions de la nature. Respectez les dieux, leurs
« fondateurs, respectez l'ancienne gloire de cette
« nation, et cette vieillesse des états qui est sa-
« crée comme celle des hommes est vénérable.
« Faites honneur à leur antiquité, à leurs exploits
« fameux, à leurs fables même. N'entreprenez rien
« sur la dignité, sur la liberté, ni même sur la va-
« nité de personne. Ayez continuellement devant les
« yeux que nous avons puisé notre droit dans ce
« pays; que nous n'avons pas imposé des lois à ce
« peuple après l'avoir vaincu? mais qu'il nous a
« donné les siennes après que nous l'en avons prié.
« C'est Athènes où vous allez, c'est à Lacédémone
« que vous devez commander. Il y aurait de l'inhu-
« manité, de la cruauté, de la barbarie, à leur ôter
« l'ombre et le nom de liberté qui leur restent.
« Voyez comme en usent les médecins : quoique
« par rapport à la maladie il n'y ait point de diffé-
« rence entre les hommes libres et les esclaves, ils
« traitent pourtant les premiers plus doucement et
« plus humainement que les autres. Souvenez-vous
« de ce que fut autrefois chaque ville, mais que ce
« ne soit point pour insulter à ce qu'elle est au-

« jourd'hui. Ne croyez point vous rendre méprisa-
« ble en ne vous montrant pas dur et altier. Celui
« qui est revêtu de l'autorité et armé de la puis-
« sance ne peut jamais être méprisé, à moins qu'il
« ne soit sordide et vil, et qu'il ne se méprise le
« premier. C'est faire une mauvaise épreuve de son
« pouvoir, que de s'en servir pour offenser. La ter-
« reur est un moyen peu sûr pour s'attirer la vé-
« nération, et l'on obtient beaucoup plus par l'a-
« mour que par la crainte; car, pour peu que vous
« vous éloigniez, la crainte s'éloigne avec vous,
« mais l'amour reste; et comme la première se change
« en haine, le second se tourne en respect......»

Je terminerai cet extrait par l'aventure d'un enfant d'Hippone, fort agréablement racontée, et qui
prouve cette inclination que l'on attribue aux dau-
phins pour l'espèce humaine. Pline raconte le fait
à un poète de ses amis nommé Carinius, parce qu'il
croit le sujet susceptible des couleurs de la poésie,
et il n'a pas tort [*].

« J'ai découvert un sujet de poème : c'est une
« histoire, mais qui a tout l'air d'une fable. Il mé-
« rite d'être traité par un homme comme vous, qui
« ait l'esprit agréable, élevé, poétique. J'en ai fait
« la découverte à table, où chacun contait à l'envi
« son prodige. L'auteur passe pour très fidèle, quoi-
« qu'à dire vrai, qu'importe la fidélité à un poète ?
« Cependant c'est un auteur tel, que vous ne refu-

[*] Je ne sais si Carinius répondit à l'invitation de Pline; mais ce sujet a
depuis été traité en épisode, par Oppien, à la fin du Ve livre de son
poème de *la Pêche*. Voy. l'article consacré à ce poète, dans notre XXe vol,
pag. 410 et suiv.   H. P.

« seriez pas de lui ajouter foi, si vous écriviez l'his-
« toire. Près de la colonie d'Hippone, qui est en
« Afrique sur le bord de la mer, on voit un étang
« navigable, d'où sort un canal, qui, comme un
« fleuve, entre dans la mer ou retourne à l'étang
« même, selon que le flux l'entraîne ou que le re-
« flux le repousse. La pêche, la navigation, le bain,
« y sont des plaisirs de tous les âges, sur-tout des
« enfants, que leur inclination porte au divertisse-
« ment et à l'oisiveté. Entre eux ils mettent l'hon-
« neur et le mérite à laisser le rivage bien loin
« derrière eux, et celui qui s'en éloigne le plus,
« et qui devance tous les autres, en est le vain-
« queur. Dans cette sorte de combat, un enfant,
« plus hardi que ses compagnons, s'étant fort avan-
« cé, un dauphin se présente, et tantôt le précède,
« tantôt le suit, tantôt tourne autour de lui, enfin
« charge l'enfant sur son dos, puis le remet à l'eau,
« une autre fois le reprend et l'emporte tout trem-
« blant, d'abord en pleine mer, mais peu après il
« revient à terre et le rend au rivage et à ses com-
« pagnons. Le bruit s'en répand dans la colonie :
« chacun y court, chacun regarde cet enfant comme
« une merveille : on ne peut se lasser de l'interro-
« ger, de l'entendre raconter ce qui s'est passé. Le
« lendemain tout le monde court à la rive; ils ont
« tous les yeux sur la mer ou sur ce qu'ils prennent
« pour elle; les enfants se mettent à la nage, et
« parmi eux celui dont je vous parle, mais avec
« plus de retenue. Le dauphin revient à la même
« heure, et s'adresse au même enfant. Celui-ci prend

« la fuite avec les autres : le dauphin, comme s'il
« voulait le rappeler et l'inviter, saute, plonge, et
« fait cent tours différents. Le jour suivant, celui
» d'après et plusieurs autres de suite, même chose
« arrive, jusqu'à ce que ces gens nourris sur la mer
« se font une honte de leur crainte. Ils approchent
« du dauphin, ils l'appellent, ils jouent avec lui,
« ils le touchent, il se laisse manier. Cette épreuve
« les encourage, sur-tout l'enfant qui le premier en
« avait couru le risque ; il nage auprès du dauphin
« et saute sur son dos. Il est porté et rapporté ; il se
« croit reconnu et aimé ; il aime aussi, et ni l'un ni
« l'autre ne ressent ni n'inspire la frayeur. La con-
« fiance de celui-là augmente, et en même temps la
« docilité de celui-ci ; les autres enfants l'accompa-
« gnent en nageant, et l'animent par leurs cris et
« par leurs discours. Avec ce dauphin on en voyait
« un autre (et ceci n'est pas moins merveilleux) qui
« ne servait que de compagnon et de spectateur. Il
« ne faisait, il ne souffrait rien de semblable, mais
« il menait et ramenait l'autre dauphin comme les
« enfants menaient et ramenaient leur camarade.
« L'animal, de plus en plus apprivoisé par l'habi-
« tude de jouer avec l'enfant et de le porter, avait
« coutume de venir à terre ; et après s'être séché
« sur le sable, lorsqu'il venait à sentir la chaleur,
« il se rejetait à la mer. Octavius Avitus, lieutenant
« du proconsul, emporté par une vaine superstition,
« prit le temps que le dauphin était sur le rivage
« pour faire répandre sur lui des parfums : la nou-
« veauté de cette odeur le mit en fuite et le fit sau-

« ter dans la mer. Plusieurs jours s'écoulèrent depuis
« sans qu'il parût. Enfin il revint, d'abord languis-
« sant et triste; et peu après ayant repris ses pre-
« mières forces, il recommença ses jeux et ses tours
« ordinaires. Tous les magistrats des lieux circon-
« voisins s'empressaient d'accourir à ce spectacle :
« leur arrivée et leur séjour engageaient cette ville,
« qui n'est déjà pas trop riche, à de nouvelles dé-
« penses qui achevaient de l'épuiser. Ce concours
« de monde y troublait d'ailleurs et y dérangeait
« tout. On prit donc le parti de tuer secrètement le
« dauphin qu'on venait voir. Ne pleurez-vous pas
« son sort? De quelles expressions, de quelles figu-
« res vous enrichirez cette histoire, quoiqu'il ne
« soit pas besoin de votre art pour l'embellir, et
« qu'il suffise de ne rien ôter à la vérité. »

La Harpe, *Cours de Littérature*.

PLOTIN, né à Lycopolis, en 205, fut disciple d'Ammonius Saccas, l'un des fondateurs de la philosophie alexandrine. L'histoire de sa vie est enveloppée de beaucoup d'incertitudes. Ses doctrines philosophiques ont été recueillies et en partie rédigées par Porphyre, dans cinquante-quatre livres intitulés *Ennéades*, parce qu'ils sont divisés en six classes de neuf sections chacune. La traduction latine de Marsile Ficin se trouve en regard du texte grec dans l'édition de Bâle, 1580, in-fol. Le texte complet n'a été imprimé que cette fois.

Un des prosélytes les plus célèbres d'Ammonius, Plotin, Égyptien de Lycopolis, homme bizarre, mais vertueux et austère, parcourut l'Orient, étonna Rome par son génie, et devint l'apôtre du néo-platonisme. Ceux qui entendent ses *Ennéades*, mises en ordre et publiées par Porphyre, y surprennent les secrets et les vœux de cette secte ambitieuse. Les succès de Plotin furent rapides : il vivait encore, qu'il passait déjà pour demi-dieu ; c'était bien plus que prophète.

Porphyre, au chap. VII de la vie de son maître, raconte qu'un prêtre égyptien, se trouvant à Rome, voulut montrer à Plotin, dans le temple d'Isis, son démon ou son génie ; mais qu'au lieu d'un simple démon familier, il apparut un dieu, le dieu qui veillait sur les destinées de Plotin, un dieu tel que celui de Socrate. Le seul témoin, admis à l'évocation par les deux thaumaturges, eut tant de peur, que les oiseaux sacrés, qu'il tenait alors, furent étouffés dans sa main. *O mortel fortuné*, s'écria l'Égyptien, *tu as pour protecteur, non pas un démon, mais un dieu!* Marsile Ficin voit ici une opération magique, et Th. Gale, un pacte avec le diable. Il est bien plus simple d'y voir un impudent mensonge.

Mais si nous lisons sans préjugé les ouvrages singuliers de cet homme, qu'il ne faut pas accuser du délire ou de l'imposture de son historien, nous trouverons peut-être, au moins quand nous croirons l'entendre, que les néo-platoniciens ne s'écartent pas autant qu'on le pense de l'ancienne Académie, *éclectique* elle-même, puisqu'elle avait formé un tout des opinions éparses en Égypte, en Asie, et de celles de Pythagore, d'Héraclite et de Socrate. Le principal caractère de ses nouveaux sectateurs fut de s'attacher de préférence à ce qu'elle avait de pythagorique, c'est-à-dire, de merveilleux. La trinité divine, formée du *bien* suprême et créateur, de l'*intelligence*, âme du monde idéal, et d'un autre *Verbe*, âme du monde sensible; les *démons*, ou visibles comme les astres, ou invisibles comme les dieux, être intermédiaires, causes secondes, génies tutélaires de notre âme; cette âme, exilée sur la terre dans un corps mortel, mais contemporaine du monde, une, libre, et qui doit mériter par la vertu son retour dans sa patrie céleste; la métempsycose, ou les diverses fortunes de l'âme coupable, condamnée à expier ses fautes en restant attachée aux diverses modifications de la matière: tout cela est implicitement dans Platon. L'imagination de ses successeurs n'a fait qu'adopter avec enthousiasme les conséquences de ses fables métaphysiques; elle a voulu croire plus qu'il n'avait cru lui-même. Pardonnons à ces erreurs de la foi: on ne sait pas assez quel est le despotisme des esprits supérieurs dans les siècles d'illusion. Souvent l'admiration devient superstitieuse; souvent les hommes de génie exercent une puissance funeste sur les faibles hommes, qui les voient si loin au-dessus d'eux. Homère a des temples, des sacrificateurs, des fêtes publiques; Platon, des disciples magiciens et prophètes.

Jos.-Vict. Le Clerc, *Histoire abrégée du Platonisme.*

PLUTARQUE naquit à Chéronée, ville de Béotie, l'an de J.-C. 48, cinq ou six ans avant la mort de l'empereur Claude, autant qu'on le peut conjecturer. La Béotie était décriée chez les Anciens comme un pays qui ne portait point d'hommes d'esprit ni de mérite. Plutarque, sans parler de Pindare et d'Épaminondas, est une bonne réfutation de cet injuste préjugé, et une preuve évidente qu'il n'y a point de terroir, comme il le dit lui-même, où l'esprit et la vertu ne puissent naître.

Il descendait d'une des plus honnêtes et des plus considérables familles de Chéronée. On ignore le nom de son père : il en parle comme d'un homme d'un grand mérite et d'une grande érudition. Son aieul s'appelait Lamprias, à qui il rend ce témoignage, qu'il était très éloquent, qu'il avait une imagination fertile, et qu'il se surpassait lui-même lorsqu'il était à table avec ses amis : car alors son esprit s'animait d'un nouveau feu, et son imagination toujours heureuse, devenait plus vive et plus féconde ; et Plutarque nous a conservé ce bon mot que Lamprias disait de lui-même : « Que la cha-
« leur du vin faisait sur son esprit le même effet
« que le feu produit sur l'encens, dont il fait éva-
« porer ce qu'il a de plus fin et de plus exquis. »

Plutarque nous apprend qu'il recevait des leçons de philosophie et de mathématiques sous le philosophe Ammonius à Delphes, pendant le voyage que Néron fit en Grèce : il pouvait alors avoir dix-sept ou dix-huit ans.

Il paraît que les talents de Plutarque éclatèrent de bonne heure dans son pays : car, encore jeune, on le députa avec un autre citoyen vers le proconsul pour quelqu'affaire importante. Son collègue étant demeuré en chemin, il acheva seul le voyage, et fit ce que portait leur commission. A son retour, comme il se disposait à en rendre compte au public, son père le prenant en particulier, lui parla de la sorte : « Mon fils, dans le rapport que vous allez faire, gardez-vous bien de dire : *je suis allé, j'ai parlé, j'ai fait* ; mais dites toujours : *nous sommes allés, nous avons parlé, nous avons fait*, en associant votre collègue à toutes vos actions, afin que la moitié du succès soit attribuée à celui que la patrie a honoré de la moitié de la commission, et que par ce moyen vous écartiez de vous l'envie qui suit presque toujours la gloire d'avoir réussi. » C'est ici une leçon bien sage, et rarement pratiquée par ceux qui ont des collègues, ou dans le commandement des armées, ou dans l'administration des affaires, ou dans quelque commission que ce soit ; à qui il arrive souvent, par un amour-propre mal entendu, et par une bassesse d'âme odieuse et méprisable, de vouloir s'attribuer à eux seuls l'honneur d'un succès qui leur est commun avec leurs collègues. Ils ne font pas réflexion que la gloire suit ordinairement ceux qui la fuyent, et qu'elle leur rend avec usure ce qu'ils en ont bien voulu communiquer aux autres. Il fit plusieurs voyages en Italie : on en ignore le sujet. On peut seulement conjecturer avec beaucoup de fondement que le dessein d'achever et de perfectionner son ouvrage des *Vies des hommes illustres*, l'obligea à faire un plus grand séjour à Rome, qu'il n'aurait fait sans cela. Ce qu'il dit dans la *Vie de Démosthène*, appuie cette conjecture. « Selon lui, un homme qui a entrepris de rassembler des faits et d'écrire une histoire composée d'évènements qui ne sont ni sous sa main, ni arrivés dans son pays, mais étrangers, divers, épars çà et là dans plusieurs écrits, différents a besoin d'être dans une grande ville bien peuplée, et où règne le goût des belles choses. Un tel séjour le met en état d'avoir quantité de livres en sa disposisition, et de s'instruire, par la conversation, de toutes les particularités qui ont échappé aux écrivains, et qui s'étant conservées dans la mémoire des hommes, n'en ont acquis que plus d'autorité par cette espèce de tradition. C'est le moyen de ne pas faire un ouvrage imparfait, et qui manque de ses principales parties. »

Il est impossible de dire précisément en quel temps il fit ses voyages. On peut seulement assurer qu'il n'alla à Rome pour la première fois qu'à la fin du règne de Vespasien, et qu'il n'y alla plus après celui de Domitien : car il paraît qu'il fut fixé dans sa patrie peu de temps après la mort du dernier, et qu'il s'y retira à l'âge de quarante-quatre ou quarante-cinq ans.

Le motif qui le porta à y fixer sa retraite pour toujours, est digne de remarque. « Je suis né, disait-
« il, dans une ville fort petite ; et pour l'empêcher
« de devenir encore plus petite, j'aime à m'y tenir. »
En effet, quelle gloire ne lui a-t-il pas procurée !
Caton d'Utique ayant persuadé, non sans peine, au

philosophe Athénodore de venir avec lui d'Asie à Rome, fut si flatté et si content de cette conquête, qu'il la regarda comme un exploit plus grand, plus éclatant et plus utile que ceux de Luculle et de Pompée, qui avaient triomphé des nations et des royaumes de l'Orient. Si un étranger, célèbre par sa sagesse, fait tant d'honneur à une ville où il n'est point né, quel relief ne donne point un grand philosophe, un grand écrivain, à la ville qui l'a porté, et où il a choisi de finir ses jours, quoiqu'il pût trouver ailleurs de plus grands avantages !

Plutarque a si bien illustré sa patrie, qu'on nomme Chéronée, que personne presque ne se souvient que ce fut là que Philippe remporta sur les Athéniens et sur les Béotiens, cette grande victoire qui le rendit maître de la Grèce ; mais une infinité de gens disent : C'est là que Plutarque est né, c'est où il a fini ses jours, et où il a écrit la plupart de ses beaux traités qui seront éternellement utiles au genre humain.

Pendant le séjour qu'il fit à Rome, sa maison était toujours remplie d'amateurs des belles connaissances, parmi lesquels on comptait les plus illustres personnages de la ville, qui allaient entendre ses discours sur les différentes matières de philosophie. Car, dans ce temps-là, les premières personnes de l'état, et les empereurs même, se faisaient un honneur et un plaisir d'assister aux leçons des grands philosophes et des rhéteurs de réputation. On peut juger de l'empressement avec lequel ces discours publics de Plutarque étaient écoutés, et de l'attention qu'on lui donnait, par ce qu'il raconte lui-même dans son traité *de la Curiosité.* « Autrefois à Rome, dit-il, un jour que je parlais en public, Arulénus Rusticus, celui que Domitien fit mourir ensuite à cause de l'envie qu'il portait à sa gloire, était du nombre de mes auditeurs. Comme j'étais au milieu de mon discours, un officier entra, et lui rendit une lettre de César (apparemment de Vespasien). D'abord un grand silence régna dans l'assemblée, et je m'arrêtai pour lui donner le temps de lire sa lettre, mais il ne le voulut point, et n'ouvrit sa lettre qu'après que j'eus achevé, et que l'assemblée fut congédiée. »

Plutarque ne faisait ses dissertations qu'en grec : car, quoique la langue latine fût en usage dans tout l'empire, il ne la connaissait pas assez pour la parler. Il nous dit lui-même, dans la *Vie de Démosthène*, que pendant son séjour à Rome et dans les autres villes d'Italie, il n'avait pas eu le temps de l'apprendre à cause des affaires publiques dont il était chargé, et du grand nombre de personnes qui allaient tous les jours chez lui pour s'entretenir de la philosophie ; qu'il ne commença que fort tard à lire les écrits des Romains, et que les termes de cette langue n'avaient pas tant servi à lui faire entendre les faits, que la connaissance qu'il avait déjà des faits l'avait conduit à entendre les termes. Mais la langue grecque était fort connue à Rome, et elle était même, à proprement parler, la langue des sciences, témoin les ouvrages de l'empereur Marc-Aurèle, qui écrivit en grec ses admirables

Réflexions. Ce défaut de connaissance de la langue latine a fait commettre à Plutarque quelques fautes que l'on remarque dans ses écrits.

Il eut dans sa patrie les charges les plus considérables ; car il fut archonte, c'est-à-dire, premier magistrat. Mais il avait exercé auparavant des emplois inférieurs, et les avait exercés avec le même soin, la même application et la même satisfaction qu'il exerça ensuite les plus importants. Il était persuadé, et il enseignait, par son exemple, que, dans les emplois dont la patrie nous charge, quelque bas qu'ils paraissent, il n'y a rien qui nous rabaisse ; et qu'il dépend d'un homme de bien et d'un homme sage de les ennoblir par la manière dont il s'en acquitte, ce qu'il prouve par l'exemple d'Épaminondas.

Comme Plutarque remplit exactement tous les devoirs de la vie civile, et qu'il fut en même temps bon fils, bon frère, bon père, bon mari, bon maître, bon citoyen, il eut la joie aussi de trouver dans son domestique et dans l'intérieur de sa famille, toute la paix et la satisfaction qu'il pouvait désirer, bonheur qui n'est pas commun, et qui est le fruit d'un esprit sage, modéré et complaisant. Il parle fort avantageusement de ses frères, de ses sœurs, et de sa femme. Elle était des meilleures familles de Chéronée, et on la regardait comme un modèle de sagesse, de modestie et de vertu. Elle s'appelait Timoxène. Il en eut quatre garçons de suite, et une fille. Il perdit deux de ses fils, et cette fille mourut à l'âge de deux ans, après deux de ses par les actions d'éclat, qui font beaucoup de bruit et qui attirent l'admiration du vulgaire et du plus grand nombre des hommes. Il juge des choses ordinairement par ce qui en fait le véritable prix. Les sages réflexions qu'il mêle dans ses écrits, accoutument ses lecteurs à en juger de la même sorte, et leur apprennent en quoi consistent la véritable grandeur et la solide gloire. Il refuse inflexiblement ces titres honorables à tout ce qui ne porte point le caractère de justice, de vérité, de bonté, d'humanité, d'amour du bien public, et qui n'en a que les apparences. Il ne s'arrête point aux actions extérieures et brillantes, où les princes, les conquérants et tous les grands de la terre, attentifs à se faire un nom, jouent chacun leur rôle sur la scène du monde, y représentent, pour ainsi dire, un personnage passager, et réussissent à se contrefaire pour un temps. Il les démasque, il les dépouille de tout l'appareil étranger qui les environne, il les montre tels qu'ils sont en eux-mêmes ; et pour les mettre hors d'état de se dérober à sa vue perçante, il les suit avec son lecteur jusque dans l'intérieur de leurs maisons, les examine, s'il était permis de s'exprimer ainsi, dans leur déshabillé, prête l'oreille à leurs conversations les plus familières, les considère à table, où l'on ne sait ce que c'est que de se contraindre, et dans le jeu où l'on se gêne encore moins : voilà ce qu'il y a de merveilleux dans Plutarque et ce qui est, ce me semble, trop négligé par nos historiens, qui évitent comme bas et rampant un certain détail d'actions communes, qui font pourtant mieux connaître les hommes que les plus éclatantes. Ces détails, loin de défigurer les *Vies* de Plutarque, sont précisément ce qui en rend la lecture et plus agréable et plus utile.

Pour ce qui regarde le style de cet écrivain, sa diction n'est ni pure ni élégante : mais en récompense elle a une force et une énergie merveilleusement propres à peindre en peu de mots de vives images, à lancer des traits perçants et à exprimer des pensées nobles et sublimes. Il emploie assez fréquemment des comparaisons qui jettent beaucoup de grace et de lumière dans ses réflexions et dans ses récits. Il a des harangues d'une beauté inimitable, presque toujours dans le style fort et véhément.

Le même, *Ibid.*

II.

Parallèle de Plutarque et de Sénèque.

Les Opuscules de Plutarque et les Épîtres de Sénèque sont la plus belle partie de leurs écrits et la plus profitable. Il ne faut pas grande entreprise pour m'y mettre, et les quitter où il me plaît : car elles n'ont point de suite ni dépendances des unes aux autres. Ces auteurs se rencontrent en la plupart des opinions utiles et vraies; comme aussi leur fortune les fit naître environ dans le même siècle ; tous deux précepteurs de deux empereurs romains; tous deux venus de pays étrangers; tous deux riches et puissants. Leur instruction est de la crême de la philosophie, et présentée d'une simple façon et pertinente. Plutarque est plus uniforme et constant;

Sénèque plus ondoyant et divers. Celui-ci se peine, se roidit et se tend, pour armer la vertu contre la faiblesse, la crainte et les vicieux appétits; l'autre semble n'estimer pas tant leurs efforts, et dédaigner d'en hâter son pas et se mettre sur sa garde. Plutarque a les opinions platoniques, douces et accommodables à la société civile; l'autre les a stoïques et épicuriennes, plus éloignées de l'usage commun, mais, selon moi, plus commodes en particulier et plus fermes; il paraît en Sénèque qu'il prête un peu à la tyrannie des empereurs de son temps; car je tiens pour certain que c'est d'un jugement forcé qu'il condamne la cause de ces généreux meurtriers de César; Plutarque est libre partout; Sénèque est plein de pointes et de saillies; Plutarque de choses; celui-là vous échauffe plus et vous émeut; celui-ci vous contente davantage et vous paye mieux; il nous guide; l'autre nous pousse.

Montaigne, *Essais*.

III.

Plutarque excelle par ces mêmes détails dans lesquels nous n'osons plus entrer. Il a une grace inimitable à peindre les grands hommes dans les petites choses; et il est si heureux dans les choix de ses traits, que souvent un mot, un sourire, un geste lui suffit pour caractériser son héros. Avec un mot plaisant, Annibal rassure son armée effrayée, et la fait marcher en riant à la bataille qui lui livra l'Italie. Agésilas, à cheval sur un bâton, me fait aimer le vainqueur du grand roi. César, traversant un pauvre village, et causant avec ses amis, décèle, sans y penser, le fourbe qui disait ne vouloir être que l'égal de Pompée. Alexandre avale une médecine et ne dit pas un seul mot; c'est le plus beau moment de sa vie. Aristide écrit son propre nom sur une coquille, et justifie ainsi son surnom. Philopœmen, le manteau bas, coupe du bois dans la cuisine de son hôte. Voilà le véritable art de peindre. La physionomie ne se montre pas dans les grands traits, ni le caractère dans les grandes actions; c'est dans les bagatelles que le naturel se découvre. Les choses publiques sont, ou trop communes, ou trop apprêtées; et c'est presque uniquement à celles-ci que la dignité moderne permet à nos auteurs de s'arrêter.

J.-J. Rousseau, *Emile*.

IV.

« Évoque devant moi les grands hommes : je « veux les voir et converser avec eux, » disait un jeune prince, plein d'imagination et d'enthousiasme, à une pythonisse célèbre qui passait dans l'Orient pour évoquer les morts. Un sage, qui n'était pas loin de là, et qui passait sa vie dans la retraite, approcha et lui dit : « Je vais exécuter ce que tu « demandes : tiens, prends ce livre; parcours avec « attention les caractères qui le composent; à mesure « que tu liras, tu verras s'élever autour de toi les « ombres des grands hommes, et elles ne te quitte- « ront plus. » Ce livre était les *Hommes illustres* du philosophe de Chéronée.

C'est là en effet que toute l'antiquité se trouve; là, chaque homme paraît tour à tour avec son génie, et les talents et les vertus qui ont influé sur le sort des peuples. Naissance, éducation, mœurs, principes, ou qui tiennent au caractère, ou qui le combattent ; concours de plusieurs grands hommes qui se développent en se choquant; grands hommes isolés, et qui semblent jetés hors des routes de la nature dans les temps de faiblesse et de langueur ; lutte d'un grand caractère contre les mœurs avilies d'un peuple qui tombe; développement rapide d'un peuple naissant à qui un homme de génie imprime sa force ; mouvement donné à des nations par les lois, par les conquêtes, par l'éloquence ; grandes vertus, toujours plus rares que les talents; les unes impétueuses et fortes, les autres calmes et raisonnées, desseins tantôt conçus profondément et mûris par les années ; tantôt inspirés, conçus, exécutés presque à la fois, et avec cette vigueur qui renverse tout, parce qu'elle ne donne le temps de rien prévoir; enfin des vies éclatantes, des morts illustres et presque toujours violentes ; car, par une loi inévitable, l'action de ces hommes qui remuent tout, produit une résistance égale dans ce qui les entoure ; ils pèsent sur l'univers, et l'univers sur eux ; et derrière la gloire est presque toujours caché l'exil, le fer ou le poison ; tel est à peu près le tableau que nous offre Plutarque.

A l'égard du style et de la manière, c'est celle d'un vieillard plein de sens, accoutumé au spectacle des choses humaines, qui ne s'échauffe pas, qui ne s'éblouit pas, admire avec tranquillité et blâme sans indignation. Sa marche est mesurée, et il ne la précipite jamais. Semblable à une rivière calme, il s'arrête, il revient, il suspend son cours, il embrasse lentement un terrain vaste ; il sème tranquillement, et comme au hasard, sur sa route tout ce que sa mémoire vient lui offrir. Enfin, partout il converse avec le lecteur : c'est le *Montaigne* des Grecs, mais il n'a point, comme lui, cette manière pittoresque et hardie de peindre ses idées, et cette imagination de style que peu de poètes même ont eue comme Montaigne. A cela près, il attache et intéresse comme lui, sans paraître s'en occuper.

Son grand art sur-tout est de faire connaître les hommes par les petits détails. Il ne fait donc point de ces portraits brillants dont Salluste le premier donna des modèles, et que le cardinal de Retz, par ses *Mémoires*, mit si fort à la mode parmi nous ; il fait mieux, il peint en action. On croit voir tous ces grands hommes agir et converser ; toutes ces figures sont vraies et ont les proportions exactes de la nature. Quelques personnes pensent que c'est dans ce genre qu'on devrait écrire tous les éloges. On éblouirait peut-être moins, disent-elles, mais on satisferait plus ; et il faut savoir quelquefois renoncer à l'admiration pour l'estime.

THOMAS, *Essai sur les Éloges.*

V.

Plutarque aussi paraît avoir été un des hommes de l'antiquité qui eut le plus de connaissances variées, et qui traita le plus facilement différents genres de philosophie et d'érudition. Nous l'avons déjà vu dans un rang distingué parmi les historiens, et au premier des biographes; mais ses autres écrits, qu'on peut appeler une véritable polyergie, font voir que, s'il fut un homme de grand sens, il fut aussi écrivain de grand travail, et que, s'il jugeait bien les hommes, il ne savait pas moins apprécier les choses, à commencer par la plus précieuse de toutes, le temps. Ce n'est pas que, dans cette multitude de petits traités, tout soit en général suffisamment approfondi, ou même assez choisi : on voit seulement que, toujours curieux et studieux, il aimait à se rendre compte de tout et à jeter sur le papier toutes les idées qui l'occupaient, et tous les résultats de ses lectures. Ainsi ses *Questions physiques* ou *métaphysiques* ne sont guère que des extraits raisonnés d'Aristote, de Platon et des autres philosophes, plus ou moins d'accord avec ces deux coryphées des écoles, et n'offrant conséquemment que le même mélange de vérités et d'erreurs. Autant il goûtait la doctrine de ces deux grands hommes, autant il avait d'aversion pour celle des stoïciens, dont il a réfuté les paradoxes. Ses *Questions de Table* roulent souvent sur des points d'érudition historique assez frivoles, et ressemblent beaucoup à quelques morceaux de nos *Mémoires de l'Académie des Belles-Lettres*, où l'utilité des recherches ne semble pas proportionnée à ce qu'elles ont coûté : ce qui n'empêche pas qu'en total cette collection, peut-être trop négligée par les littérateurs, ne soit un très bon répertoire de science, quoiqu'on y désirât un peu plus de cet agrément dont tous les sujets sont, jusqu'à certain point, susceptibles, et que les Anciens ont rarement négligé. La forme du dialogue que Platon mit à la mode, soit qu'il en ait été le premier auteur d'après les leçons de Socrate, ou seulement le modèle d'après son talent, cette forme heureuse, adoptée par Cicéron et Plutarque, a contribué plus que tout le reste à rendre agréable par la forme ce qui n'est pas toujours fort attachant ou fort instructif pour le fond. Le *Banquet des sept sages* et les *Questions de Table* en sont un exemple : dans ces dernières sur-tout, la matière est souvent assez futile, mais l'entretien est amusant, parce que les interlocuteurs ont une physionomie, et que cet assemblage de raisonnement sans aigreur et de gaieté sans bouffonnerie, de saillies et de sentences, d'historiettes et de discussions, forme un tout qui ne fatigue pas plus l'esprit qu'une conversation d'honnêtes gens.

Je ne vois dans Plutarque qu'un seul ouvrage où il ait montré de l'humeur ; c'est celui qui a pour titre : *De la Malignité d'Hérodote*, que pourtant, de l'aveu de Plutarque lui-même, on n'aurait pas cru fort malin, et qui en effet ne paraît pas l'avoir été, même dans les endroits où Plutarque l'a convaincu de méprise ; et quel historien ne s'est jamais trompé ? L'on convient assez que, dans ce qui regarde les anciennes dynasties de l'Orient et des siècles reculés, Hérodote, en s'approchant de l'époque et du pays des fables, ne pouvait guère y trouver les monuments authentiques de l'histoire, quand presque tout était tradition. Il ne pouvait guère avoir de mauvaise volonté contre les Assyriens et les Scythes, et l'on ne voit pas même pourquoi, dans les temps postérieurs et plus voisins de lui, il en aurait eu contre les Béotiens et les Corinthiens. C'est pourtant là le procès que lui intente Plutarque; mais il faut savoir aussi que jamais personne ne fut plus attaché que lui à sa patrie, et ne porta plus loin l'amour du sol natal. Ce sentiment est naturel à tous les hommes; mais c'était chez lui une passion; et l'on peut dire à son honneur que c'en était pour lui une fort belle, par les idées qu'elle lui inspira et l'influence qu'elle eut sur sa vie entière. Ses talents et sa réputation le mirent à portée de choisir son séjour où il aurait voulu, et particulièrement dans quelqu'une des cités célèbres qui étaient un théâtre pour les hommes supérieurs, dans Rome même, sans comparaison la première de toutes, et où l'on avait voulu le fixer quand il y fut député par ses concitoyens. Mais il ne voulut jamais quitter la petite ville de Béotie où il avait pris naissance, Chéronée, où il renferma tous ses désirs et toute son ambition, et dont il remplit toutes les charges municipales. On lui remontrait en vain que, dans cette vaste étendue de la domination romaine, Chéronée était un petit coin fort obscur, imperceptible aux yeux de la renommée; il répondait que si Chéronée n'avait jusque-là aucun lustre, il lui donnerait du moins celui qu'elle pouvait tenir de lui, quel qu'il fût, et lui ferait tout le bien qu'il lui pourrait faire. C'est là sans doute la plus louable de toutes les ambitions, et la meilleure preuve du bon esprit de Plutarque, dans ses actions comme dans ses écrits. Vous lui pardonnerez sans doute, d'après ces dispositions, sa colère contre Hérodote, qui, selon lui, n'avait pas rendu justice aux peuples du Péloponèse; et sur le Péloponèse, le bon Plutarque ne trouvait rien d'indifférent pour lui. Il aurait dû pourtant être d'autant plus indulgent sur les inexactitudes de faits, de dates et de noms, que lui-même, comme j'ai dû le dire à l'article des historiens, en est moins exempt que personne; et les raisons que j'en ai données, et que tout le monde connaît, attestent aussi qu'il n'y avait dans ses erreurs aucune mauvaise intention, non plus que dans Hérodote, et encore moins d'inconvénients, parce qu'elles étaient beaucoup plus faciles à rectifier.

Mais, en morale, je ne sais si parmi les Anciens quelqu'un est préférable à Plutarque, au moins dans cette morale usuelle, accommodée à toutes les conditions et à toutes les circonstances. Ce n'est pourtant pas qu'il manque d'élévation et de noblesse : vous en verrez des traits dans mes citations, et ce ne sont pas, à beaucoup près, les seuls qu'offrent ses écrits. Mais son caractère particulier, c'est de rapprocher toujours ses idées de la pratique, plutôt que de les étendre en spéculations; et de là, non-seulement son mérite propre, mais aussi les défauts qui s'y mêlent. C'était peut-être l'esprit le plus naturellement moral qui ait existé, et c'est la base de ses admirables *Parallèles;* mais c'est aussi la cause de ses fréquentes excursions, qui n'ont pas toujours assez de mesure et de motif. De même, dans ses ouvrages philosophiques, il ramène tout à ce qui est de tous les hommes et de tous les jours; il veut tout rendre sensible, et abonde en comparaisons physiques, au point que la pensée ne marche presque jamais seule chez lui, et qu'on peut toujours s'attendre à voir arriver à sa suite une similitude quelconque : méthode agréable par elle-même, il est vrai, et chez lui le plus souvent très ingénieuse, mais qui a quelque chose aussi de trop uniforme en soi, et ressemble quelquefois chez lui à l'envie de mettre en avant tout ce qu'il sait : abus assez commun, et peut-être endémique chez les Grecs. Joignez-y de temps en temps le défaut de choix, ou même de justesse dans les comparaisons, et vous aurez à peu près tout ce qui se mêle de défectueux à l'excellente morale de Plutarque, et ce que la réflexion aperçoit sans presque rien ôter au plaisir et à l'instruction.

Dans cette multitude de petits *Traités*, tous utiles et estimables, on peut distinguer ceux-ci : *Sur la Manière de lire les poètes ; sur la Manière d'écouter ; sur la Distinction entre l'ami et le flatteur ; sur l'Utilité qu'on peut tirer de ses ennemis ; sur la Curiosité ; sur l'Amour des richesses ; sur l'Amour fraternel ; sur les Babillards ; sur la Mauvaise honte; sur les Occasions où il est permis de se louer de soi-même ; sur les Délais de la justice divine par rapport aux méchants.* Tout est généralement sain et substantiel dans ces morceaux d'élite, et il serait bien à souhaiter que quelque bonne plume se chargeât, en faveur de la jeunesse, d'en composer un petit volume à part, en laissant à un âge plus avancé ce qui n'est pas aussi pur ou ce qui est hors de la portée des adolescents.

Je vous ai promis quelques maximes de Plutarque; et en voici qui sont prises à l'ouverture du livre, et qui peuvent faire désirer d'en voir davantage.

« Les enfants ont plus besoin de guides pour lire « que pour marcher. »

« La perfection de la vertu se forme de trois « choses, du naturel, de l'instruction et des habi-« tudes. »

« C'est dans l'enfance que l'on jette les fondements « d'une bonne vieillesse. »

« Se taire à propos vaut souvent mieux que de « bien parler. »

« Il n'y a d'homme libre que celui qui obéit à la « raison. »

« Celui qui obéit à la raison obéit à Dieu. »

« L'homme ne saurait recevoir, et Dieu ne sau-« rait donner rien de plus grand que la vérité. »

« L'autorité est la couronne de la vieillesse. »

« Un ennemi est un précepteur qui ne nous coûte « rien. »

« Le silence est la parure et la sauvegarde de la « jeunesse. »

« Pour savoir parler, il faut savoir écouter. »

« Sachez écouter, et vous tirerez parti de ceux « même qui parlent mal. »

« Ceux qui sont avares de la louange prouvent « qu'ils sont pauvres en mérite. »

« Je fais plus de cas de l'abeille qui tire du miel

« des fleurs, que de la femme qui en fait des
« bouquets. »

« Quand mon serviteur bat mes habits, ce n'est
« pas sur moi qu'il frappe : il en est de même de
« celui qui me reproche les accidents de la nature
« ou de la fortune. »

« Il n'en est pas de l'esprit comme d'un vase : il
« ne faut pas le remplir jusqu'aux bords. »

« L'équitation est ce qu'un jeune prince apprend
« le mieux, parce que son cheval ne le flatte pas. »

« Celui qui affecte de dire toujours comme vous
« dites et de faire toujours comme vous faites, n'est
« pas votre ami ; c'est votre ombre. »

« Le caméléon prend toutes les couleurs, excepté
« le blanc : le flatteur imite tout, excepté ce qui est
« bien. »

« Le flatteur ressemble à ces mauvais peintres qui
« ne savent pas rendre la beauté des traits, mais
« saisissent parfaitement les difformités. »

« Il y a des hommes qui, pour fuir les voleurs
« ou le feu, se jettent dans un précipice ; il en est
« de même de ceux qui, pour éviter la superstition,
« se jettent dans le triste et odieux système de
« l'athéisme, passant ainsi d'un extrême à l'autre,
« et laissant la religion qui est au milieu. »

« L'endurcissement dans le crime pourrit le cœur,
« comme la rouille pourrit le fer. »

Malgré cette aptitude marquée à donner à sa pensée un tour précis et nerveux, l'affectation du style sententieux lui est entièrement étrangère. Vous sentez que ces passages détachés ici sont répandus chez lui dans divers traités, et jamais accumulés nulle part. Sa diction même est habituellement liée et périodique, et sa composition progressive; mais il connaît l'usage et la variété des mouvements, et atteint même le style sublime, soit par la grandeur des idées et des rapports, soit par l'énergie des tournures et des expressions, témoins ces deux passages sur le flatteur : « Il dit à la colère, venge-toi; « à la passion, jouis; à la peur, fuyons; au soupçon, « crois tout. »

« Patrocle, en se couvrant des armes d'Achille, « n'osa pas prendre sa lance, qu'Achille seul pouvait « manier. Ainsi, la flatterie emprunte tout ce qui « est de l'amitié, hors la sincérité courageuse; celle-« ci est une armure trop pesante, l'amitié seule « peut la porter. »

Quand il se rencontre dans la poésie épique ou dramatique des maximes perverses ou des sentiments vicieux, Plutarque veut qu'on inspire aux jeunes gens qui les lisent encore plus d'horreur de ces paroles que des choses mêmes qu'elles expriment. Il a raison, et ce précepte est d'un moraliste profond : car un mauvais principe fait plus de mal qu'une mauvaise action : d'abord, parce qu'il y a une foule de mauvaises actions renfermées dans un mauvais principe, et de plus parce que les mauvaises actions admettent le repentir, et qu'un mauvais principe le repousse. Vous apercevez ici le motif de cette inexprimable horreur qui se perpétuera dans toutes les générations futures pour la doctrine *révolutionnaire*, qui avait mis en axiome de morale et de législation beaucoup plus que les poètes n'avaient osé mettre en imitation ou en invention théâtrale dans la bouche des tyrans et des scélérats.

Vous croirez sans peine que la doctrine de Plutarque sur la Divinité et la Providence est absolument la même que vous avez vue dans Platon, et que vous retrouverez dans Cicéron. Voici comme il prouve, par cette méthode comparative qui lui est si familière, que nous devons nous abstenir de juger les desseins de la Providence, et qu'il faut s'en remettre à elle de la disposition des choses de ce monde. « Celui qui ne sait pas la médecine ne
« saurait assigner les raisons qu'a pu avoir le mé-
« decin pour employer tel remède plutôt que tel
« autre, et aujourd'hui plutôt que demain. De mê-
« me, il ne convient pas à l'homme, dont la justice
« est si imparfaite et la législation si défectueuse,
« de rien prononcer sur la conduite de Dieu à notre
« égard, par cela seul, que lui seul sait parfaitement
« en quel temps il faut appliquer la punition comme
« on applique un remède. Il se sert des méchants
« pour en punir d'autres; il s'en sert comme de mi-
« nistres publics et d'exécuteurs de sa justice, et en-
« suite les écrase et les anéantit...... Quand les peu-
« ples ont besoin de frein et de châtiment, il leur
« envoie des princes cruels ou des tyrans impitoya-
« bles, et il ne détruit ces instruments d'affliction
« et de désolation que quand le mal qu'il fallait
« guérir est extirpé. C'est ainsi que le règne de Pha-
« laris fut proprement une médecine pour les Sici-

« liens, comme le règne de Marius en fut une pour
« les Romains. »

Il cite avec applaudissement un passage de Pindare, qui fait voir que les grands poètes ont pensé là-dessus comme les grands philosophes. « Dieu,
« l'auteur et le maître de tout, est aussi l'auteur et
« le maître de la justice; à lui seul appartient de
« statuer quand, comment et jusqu'où chacun doit
« être puni du mal qu'il a fait. »

Mais je vous disais que ces comparaisons, souvent si belles, ne sont pas toujours justes; comme lorsqu'il compare l'ami généreux et délicat, qui oblige sans vouloir être connu, à la Divinité qui aime faire du bien aux hommes sans qu'ils s'en aperçoivent, parce qu'elle est bienfaisante de sa nature. Or, il est bien vrai que nous ne savons ni ne pouvons savoir tout le bien que nous fait Dieu; mais, bien loin qu'il veuille que nous ne nous en apercevions pas autant qu'il nous est possible, il veut au contraire que nous sentions les biens que nous recevons de lui, et nous en fait un devoir comme il nous en fait un de l'aimer; non pas en effet qu'il ait aucun besoin de notre amour et de notre reconnaissance, mais parce que cet amour et cette reconnaissance nous rendent meilleurs; et Plutarque pouvait aller jusque-là, puisqu'il cite avec éloge ce mot de Pythagore : « Quand nous approchons de Dieu par la
« prière, nous devenons meilleurs. »

Mais, s'il n'a pas été toujours aussi loin qu'il pouvait aller, il a plus d'une fois devancé les modernes; de manière à les faire rougir d'avoir préféré les vieilles erreurs de quelques rêveurs décriés, à des vérités reconnues par les hommes les plus sages de tous les temps. Le paradoxe renouvelé de nos jours, et dont il sera question dans la suite de nos séances, que l'homme n'était le plus intelligent des animaux que parce qu'il avait des mains, n'appartient pas même à Helvétius, comme on l'a cru : il est d'Anaxagore l'Athée; et Plutarque, qui le cite, répond judicieusement que la proposition d'Anaxagore est l'inverse de la vérité : que c'est précisément parce que l'homme est doué de raison que la nature lui a donné des mains, qui sont des instruments proportionnés à son intelligence.

Il se trouva aussi à Rome, du temps de Plutarque, un homme qui se prétendait philosophe, et qui raisonnant comme Helvétius et nos autres matérialistes, n'attachait aucune conséquence morale aux liens de la nature et du sang, et n'y reconnaissait que des relations purement physiques. Comme le bon Plutarque l'en réprimandait fortement, et d'autant plus qu'il voulait le réconcilier avec un frère envers qui ses mauvais procédés étaient conséquents à ses principes; comme il lui alléguait les droits sacrés naturellement inhérents à la paternité, à la maternité, à la fraternité: *Allez*, lui dit cet homme, *allez prêcher votre doctrine à des ignorants ; quant à moi je ne vois pas ce que je puis devoir à un autre homme, parce que lui et moi nous sommes sortis du sein d'une même femme.* C'est absolument le même abus de l'analyse métaphysique que l'on trouve dans les mêmes termes en vingt ouvrages de ce siècle. Plutarque, indigné qu'on se servît si insidieusement d'une partie de la philosophie pour détruire l'autre, et qu'on abusât à ce point de la métaphysique pour saper la morale ; se contenta de lui répliquer, sans raisonner davantage : *Et moi je vois fort bien que vous ne comprenez pas même la différence qu'il peut y avoir à être né d'une femme ou d'une chienne.* Cet homme, au reste, était philosophe comme il était frère.

Un de ses écrits le plus spirituel et le plus piquant, c'est celui *Sur les Babillards*. Jamais ce vice de l'esprit n'a été mieux combattu, et c'est là surtout que l'on s'aperçoit que les poètes comiques pourraient ainsi lire Plutarque avec fruit; car ce n'est pas le seul endroit où il soit pittoresque et dramatique, à la façon de notre La Bruyère. Il a saisi toutes les habitudes des babillards, et les peint avec une vivacité de couleurs qui ferait croire que sa sagesse avait rencontré en son chemin cette espèce de folie, et en avait été heurtée. Vous concevez que, parmi les babillards, il comprend, comme de raison, les nouvellistes, car l'un ne va pas sans l'autre, et tout nouvelliste est babillard, comme tout babillard est nouvelliste. Plutarque, pour caractériser cette passion (car c'en est une), rapporte deux aventures très avérées, qui en marquent si bien la force impérieuse, et qui sont par elles-mêmes si amusantes, que sans doute vous ne me saurez pas mauvais gré de les reproduire ici. Voici d'abord la plus gaie; je la raconterai dans les termes de l'auteur:

« Les barbiers sont l'espèce la plus bavarde de

« toutes : comme les plus grands bavards affluent
« chez eux, et y tiennent leurs séances, il faut que
« les barbiers le deviennent par imitation et par ha-
« bitude. Le roi Archélaüs ayant eu besoin d'un bar-
« bier, celui-ci, en lui arrangeant la serviette au
« cou, lui demanda comme il voulait être rasé ; *Sans*
« *rien dire*, répondit le prince. Ce fut aussi un bar-
« bier qui répandit le premier dans Athènes la nou-
« velle de la grande défaite de Nicias en Sicile. Il la
« tenait d'un esclave débarqué au Pirée avec quel-
« ques autres fugitifs. Mon homme quitte aussitôt sa
« boutique, et court à toutes jambes à la ville, pour
« ne pas laisser à un autre l'honneur de lui enlever
« sa nouvelle. Grande rumeur ; on s'assemble dans
« la place, et le peuple veut savoir quel est l'auteur
« d'un bruit de cette nature. On traîne dans l'assem-
« blée notre barbier, qui ne peut pas même dire de
« qui venait son rapport ; car il ne s'était pas donné
« le temps de s'informer du nom de l'esclave. Le
« peuple irrité, s'écrie : *C'est une invention de ce mi-*
« *sérable. Quel autre que lui a entendu rien de sem-*
« *blable ? Qu'on le mette à la question.* On l'attache
« aussitôt sur une roue ; mais en ce même moment
« le fait se confirmait de tous côtés par ceux qui ar-
« rivaient du Pirée, et chacun, occupé des siens, court
« pour en savoir des nouvelles. La place est bientôt
« déserte, et le malheureux barbier y reste seul sur
« la roue ; il y reste jusqu'au soir : enfin pourtant le
« bourreau vient le délier. Mais devinez quel fut sa
« première parole pendant qu'on le déliait ? *Et Ni-*
« *cias, sait-on comment il a péri ?* C'est ainsi qu'il

« était corrigé, tant le babil du nouvelliste est une
« maladie incurable. »

L'autre aventure est plus sérieuse : le dénouement en est très moral, et peut se joindre à tant d'exemples du même genre, qui prouvent que la Providence se sert des moyens les plus inattendus pour conduire les criminels à se trahir eux-mêmes et à devenir les instruments de leur perte. « A Lacédé-
« mone, on trouva un jour que le temple de Pallas
« venait d'être pillé, et que les voleurs y avaient
« laissé une bouteille récemment vidée. On s'assem-
« ble sur le lieu, et l'on s'épuise en conjectures sur
« cette bouteille. *Si vous le voulez*, dit un de ceux
« qui étaient présents, *je vous dirai bien, moi, ce*
« *que j'en pense. Je crois que les sacrilèges n'ont osé*
« *s'exposer à un si grand péril qu'après avoir, à tout*
« *évènement, avalé de la ciguë, et qu'ils ont appor-*
« *té du vin pour en boire tout de suite, dans le cas*
« *où ils auraient fait leur coup sans être vus, atten-*
« *du que le vin est un antidote contre la ciguë, et en*
« *détruit l'effet ; au lieu que, s'ils avaient été pris, la*
« *ciguë aurait agi assez à temps pour les dérober aux*
« *tortures et au supplice*. Cette explication parut
« trop ingénieuse pour n'être qu'une conjecture, et
« l'on conclut que celui qui venait de parler n'avait
« rien deviné, mais savait tout. Chacun l'interroge :
« *Qui es-tu ? d'où tiens-tu ce que tu viens de dire,*
« *et de qui es-tu connu ici ?* On le presse, et il
« finit par avouer qu'il est un des auteurs de ce
« vol sacrilège. » Ainsi la tentation de parler et
« de montrer de l'esprit le conduisit au supplice. »

Au reste personne n'ignore que les écrits de Plutarque sont un magasin d'histoires, de contes et d'apologues, où tout le monde s'est approvisionné; et La Fontaine, entre autres, en a tiré plusieurs de ses fables.

Après avoir donné des exemples de la démangeaison de parler, il en donne aussi de l'exactitude à se taire : le plus singulier est celui d'un esclave qui sut la porter jusqu'à confondre son maître, et tourner contre lui ses ordres d'une manière très piquante. « Le rhéteur Pison, ne pouvant souffrir
« d'être interrompu dans ses pensées, avait défendu
« à ses esclaves de lui parler jamais sans être inter-
« rogés. Quelque temps après il fait apprêter un fes-
« tin splendide pour traiter un de ses amis, Clo-
« dius, qui venait d'être nommé à une magistrature,
« et il l'envoie prier à souper. A l'heure marquée,
« les autres convives arrivent tous, et Clodius seul
« se fait attendre. Pison envoie coup sur coup au-
« devant de lui pour voir s'il venait, et le faire hâ-
« ter. Cependant l'heure se passe, la nuit vient, et
« l'on se met à table. *N'est-tu pas allé inviter Clo-*
« *dius de ma part?* dit Pison à son esclave. — *Oui.*
« — *Pourquoi donc ne vient-il pas?* — *C'est qu'il*
« *a dit qu'il ne pouvait pas venir.* — *Et pourquoi ne*
« *me l'as-tu pas dit?* — *C'est que vous ne me l'avez*
« *pas demandé.* Le maître resta la bouche close;
« mais aussi cet esclave était Romain : un esclave
« grec n'en ferait jamais autant. »

Plutarque distingue trois manières de répondre : la réponse de nécessité, la réponse de politesse, la

réponse de babil; et c'est un des endroits où il peint très comiquement celui des Athéniens. « Socrate y
« est-il? L'esclave de mauvaise humeur dira : Il n'y
« est pas; ou même s'il se pique de laconisme, il
« dira simplement : Non; comme les Lacédémoniens,
« qui, recevant de Philippe une grande lettre pour les
« engager à le laisser entrer dans leur ville, lui en-
« voyèrent en réponse une grande pancarte où il
« n'y avait que ce monosyllabe, mais en lettres énor-
« mes : NON. Si l'esclave est plus poli, il dira : So-
« crate n'y est pas, il est allé chez son banquier; et
« s'il veut montrer de la courtoisie, il ajoutera : Parce
« qu'il y attend des hôtes qui lui arrivent. Mais
« l'Athénien jaseur dira : Socrate est chez le ban-
« quier, où il attend des hôtes d'Ionie, sur la recom-
« mandation d'Alcibiade, qui lui a écrit de Milet, où
« il est auprès de Tissapherne, oui, Tissapherne, le
« satrape du grand roi, auparavant l'ami et l'allié des
« Lacédémoniens; mais Alcibiade l'a retourné, et à
« présent il est tout Athénien; car Alcibiade meurt
« d'envie de revenir, etc. Et il lui récitera de
« suite tout ce que nous voyons dans le huitième livre
« de Thucydide : il inondera son homme d'un dé-
« luge de paroles, et ne le laissera pas aller que
« Milet ne soit pris et Alcibiade exilé une seconde
« fois. »

On ne peut rien lire de plus instructif que les leçons de Plutarque, pour apprendre à écouter, à se taire et à ne parler qu'à propos; et cette science n'est ni petite, ni commune. Les conseils qu'il donne et les moyens qu'il prescrit montrent une connaissance réfléchie de nos diverses habitudes, et de la manière dont elles se forment ou se réforment. On reconnaît en lui un esprit observateur, à ce qu'il vous rappelle souvent ce que vous aviez vu sans l'observer, et qui se trouve à l'examen d'accord avec ses remarques. Il s'est aperçu, par exemple, que les gens curieux ne vont guère à la campagne, ou s'y ennuient bientôt. « Il leur faut toute une ville, des « théâtres, des tribunaux, des lieux publics, un port « de mer. » Rien n'est plus vrai, et rien n'explique mieux ce que nous avons souvent oui dire de certaines personnes, qu'*elles ne pouvaient se passer de Paris.*

Je ne puis me refuser à citer encore un de ces traits historiques dont Plutarque est plein, dussiez-vous dire que je me laisse aller avec lui à l'habitude facile de conter. Elle est facile sans doute, mais très morale quand elle a un but, et que les faits sont bien choisis. Celui-ci est tel, que je n'en connais pas de plus frappant, ni même de plus extraordinaire sur la puissance du remords. D'ailleurs je ne dois pas dissimuler, ce qui n'est que trop vrai et trop attesté depuis long-temps, que, si le goût de la lecture est plus général que jamais, il est plus que jamais frivole. *On ne lit point*, disait Voltaire, et il avait raison; car il voulait dire qu'on ne lit guère ce qu'il faut lire et comme il faut lire. Je viens à mon histoire, et ce sera la dernière, au moins dans cet article; car je ne veux pas trop m'engager pour le reste.

« Bessus le Péonien avait tué son père, et son « crime fut long-temps caché. Un jour qu'il allait

« souper chez un de ses hôtes avec quelques amis,
« il entend crier des petits d'hirondelle ; et, avec
« une pique qu'il tenait à la main, il abat le nid et
« écrase les petits oiseaux. On s'étonne, comme de
« raison, d'une action si brutale, et on lui en de-
« mande le motif. *Quoi?* répond-il, *vous ne voyez pas*
« *que ce sont de faux témoins? vous ne les entendez*
« *pas crier à mes oreilles que j'ai tué mon père?* On
« alla sur le champ rendre compte du fait au roi,
« qui le fit arrêter ; il fut bientôt convaincu et
« supplicié. »

Je ne saurais me résoudre à mettre au rang des ouvrages philosophiques de Plutarque ses deux morceaux, l'un *sur la Fortune des Romains*, l'autre, *sur la Fortune d'Alexandre*, qui ne me paraissent autre chose que des essais d'un jeune homme dans le genre oratoire, tels que ceux que nous appelons dans nos classes *amplifications*, et que les Anciens appelaient *déclamations*. Ce n'est pas qu'il n'y ait beaucoup d'esprit, et même assez d'éloquence proprement dite, pour faire voir que Plutarque aurait pu briller, s'il l'eût voulu, parmi les orateurs. C'est sur-tout une idée très brillante, que de personnifier la Vertu et la Fortune disputant à qui des deux a plus fait pour la grandeur des Romains ; et les détails de la discussion n'ont pas moins d'éclat et de pompe que cette prosopopée. Mais c'est précisément tout cet appareil, non-seulement oratoire, mais presque poétique, et fort étranger au goût de l'auteur comme aux convenances des sujets qu'il traite, et au ton habituel qu'il y prend ; c'est cette disparate vraiment étrange qui seule me persuaderait que ce n'est pas là une composition de Plutarque, historien et philosophe, mais un des cahiers de sa rhétorique; et cette opinion approche de la certitude, si l'on considère le fond d'un de ses morceaux, celui qui regarde Alexandre. Comment concevoir qu'un esprit si sage et si éloigné de la manie du paradoxe et du besoin de la singularité ait entrepris de prouver que toute l'expédition d'Alexandre n'était qu'un système de civilisation générale? qu'il n'avait d'autre but que de faire adopter dans tout l'Orient les mœurs, les lois et les lettres grecques? qu'en un mot toute son ambition ne fut que de la philosophie? C'est là évidemment un jeu d'esprit que Plutarque n'a pu se permettre que comme un amusement de jeunesse Celui qui a écrit si judicieusement la vie d'Alexandre, et qui ne dissimule ni ses fautes, ni ses passions, ni ses vices, n'a sûrement pas voulu le flatter si grossièrement, ni inventer un genre de flatterie si maladroit et si ridicule. De plus, il était lui-même trop bon philosophe pour ne pas savoir que le projet de ranger tous les gouvernements du monde sous un même niveau, et de donner à tous les peuples de tous les climats les mêmes habitudes politiques et sociales, ne pouvait entrer que dans la tête d'un fou, et même d'un fou tel qu'il ne s'en est jamais rencontré; puisque parmi les conquérants, qui ne sont pas les plus sages de tous les hommes, il n'y en eut jamais un qui ait songé à un pareil nivellement, et que tous au contraire ont eu assez de sens commun pour laisser à chaque peuple ce qu'on ne saurait jamais lui ôter par la force, ses mœurs, ses coutumes, ses opinions, qui ne peuvent jamais être changées que par le pouvoir insensible du temps, qui change tout. S'il était possible que Plutarque eût écrit cela sérieusement, on ne pourrait décider s'il aurait voulu, dans cette supposition, faire l'éloge ou la satire d'Alexandre. Heureusement l'un n'est pas plus vraisemblable que l'autre; mais j'ai cru cette remarque nécessaire pour faire voir que dans la lecture des Anciens il faut distinguer avec attention, non-seulement ce qui est reconnu pour leur appartenir, ou ce qui leur a été attribué sans preuve et sans authenticité, mais encore dans ce qui est réellement sorti de leur plume, le temps où ils ont écrit, et la nature et l'époque de leurs ouvrages, qui n'ont pas toujours été recueillis avec assez de précaution et de discernement.

La Harpe, *Cours de Littérature.*

POÉSIE. On a écrit les révolutions des empires; comment n'a-t-on jamais pensé à écrire les révolutions des arts, à chercher dans la nature les causes physiques et morales de leur naissance, de leur accroissement, de leur splendeur et de leur décadence? Nous allons en faire l'essai sur la partie la plus brillante de la littérature; considérer la poésie comme une plante; examiner pourquoi, indigène dans certains climats, on l'y a vue naître et fleurir d'elle-même; pourquoi, étrangère partout ailleurs, elle n'a prospéré qu'à force de culture; ou pourquoi, sauvage et rebelle, elle s'est refusée aux soins qu'on a pris de la cultiver; enfin pourquoi, dans le même climat, tantôt elle a été florissante et féconde, tantôt elle a dégénéré.

En recherchant les causes de ces révolutions, on a trop accordé, ce me semble, aux caprices de la nature et à ses inégalités. On croit avoir tout expliqué lorsqu'on a dit que la nature, tour à tour avare et prodigue, tantôt s'épuise à former des génies, tantôt se repose et languit dans une longue stérilité. Mais la nature n'est point avare, la nature n'est point prodigue, la nature ne s'épuise point : ce sont des mots vides de sens. Imaginer qu'elle s'est accordée avec Périclès, Alexandre, Auguste, Léon X, Louis-le-Grand, pour faire de leur siècle celui des muses et des arts, c'est donner, comme on fait souvent une métaphore pour une raison. Il est plus que probable que, sous le même ciel, dans le même espace de temps, la nature produit la même quantité de talents de la même espèce. Rien n'est fortuit, tout a sa cause, et d'une cause régulière tous les effets doivent être constants.

La différence des climats a quelque chose de plus réel. On sait qu'en général les hommes, dans certains pays, naissent avec des organes plus délicats et plus sensibles, une imagination plus vive et plus féconde, un génie plus inventif. Mais pourquoi tout l'Orient n'aurait-il pas reçu la même influence du ciel et les mêmes dons que la Grèce; pourquoi dans la Grèce, des climats différents, comme la Thrace, la Béotie et Lesbos, auraient-ils produit, l'un des

Amphion et des Orphée, l'autre des Pindare et des Corinne, l'autre des Alcée et des Sapho ? Et s'il est vrai qu'Achille avait pris à Thèbes la lyre sur laquelle il chantait les héros; si la lyre thébaine, dans les mains de Pindare fut couronnée de lauriers, est-ce au naturel du pays qu'en est la gloire ? Ne savons-nous pas quelle idée on avait du génie des Béotiens ? Tout donner et tout refuser à l'influence du climat, sont deux excès de l'esprit de système.

Cependant, si les Grecs n'ont pas été le seul peuple de l'univers ingénieux et sensible, pourquoi, dans l'art d'imiter et de feindre, n'a-t-on jamais pu l'égaler qu'en marchant sur ses traces et qu'en adoptant ses idées, ses images, ses fictions ?

Voyez dans l'Europe moderne, quand la paix, l'abondance, le luxe, la faveur des rois, le goût des peuples ont attiré les muses; voyez-les, dis-je, arriver en étrangères fugitives, chargées de leurs propres richesses et portant avec elles les dieux de leurs pays. Quoi de plus marqué que ce penchant pour les lieux qui les ont vu naître ? Que les Romains aient imité les Grecs, dont ils étaient les disciples, cela est simple et naturel; mais que, dans aucun de nos climats, la poésie n'ait été florissante qu'autant qu'on lui a laissé le caractère et les mœurs antiques, qu'elle soit depuis trois mille ans fidèle au culte de sa première patrie; que des mœurs nouvelles et des sujets récents elle n'aime que ce qui ressemble à ce qu'elle a vu dans la Grèce; voilà ce qui prouve qu'elle tient par essence aux qualités de son pays natal. Pourquoi cela ? c'est ce que nous cherchons.

Horace donne, au succès des arts et de la poésie dans la Grèce, la même cause qu'il eut à Rome.

> Ut primum positis nugari Græcia bellis
> Cœpit, et in vitium fortuna labier æqua.

Mais si ce goût fut, chez les Romains, le présage ou l'effet de la corruption qui suivit la prospérité, il n'en fut pas de même chez les Grecs. Les muses, pour fleurir chez eux, n'attendirent ni le loisir de la paix ni les délices de l'abondance. Le temps le plus orageux de la Grèce, et le plus fécond en héros, fut aussi le plus fécond en hommes de génie. Depuis la naissance d'Eschyle jusqu'à la mort de Platon, l'espace d'un siècle présente ce que la Grèce a produit de plus célèbre dans les armes et dans les lettres. On couronnait sur le théâtre d'Athènes l'un des héros de Marathon; Cratinus et Cratès amusaient les vainqueurs de Platée et de Salamine; Charillus les chantait; les Miltiade, les Thémistocle, les Aristide, les Périclès applaudissaient les chefs-d'œuvre des Sophocle et des Euripide, et au milieu même des discordes nationales, des guerres de Corinthe et du Péloponèse, de Thèbes contre Lacédémone et de celle-ci contre Athènes, ou plutôt d'Athènes contre la Grèce entière, la poésie prospérait encore et s'élevait comme à travers les ruines de sa patrie.

Il y avait donc, pour rendre la poésie florissante dans ces climats, des causes indépendantes de la bonne ou de la mauvaise fortune; et la première de ces causes fut le naturel d'un peuple vif, sensible, passionné pour les plaisirs de l'esprit et de l'âme, autant que pour les voluptés des sens. Je dis le naturel, et en cela les Grecs différaient des Romains. Ceux-ci ne se polirent qu'après s'être amollis, au lieu que ceux-là furent tels dans toute la vigueur de leur génie et de leurs vertus. La gloire des talents et la gloire des armes, l'amour des plaisirs et de la paix, et le courage et la constance dans les travaux de la guerre ne sont incompatibles, que lorsque ceux-ci tiennent plus à la rudesse et à l'austérité des mœurs qu'à la vigueur et l'activité de l'âme. Rien n'est plus dans la nature, témoins César, Alcibiade et mille autres guerriers, qu'un homme vaillant et sensible, voluptueux et infatigable, également passionné pour la gloire et pour les plaisirs. C'est à quoi se trompaient les Lacédémoniens, en méprisant les mœurs d'Athènes; c'est à quoi font aussi semblant de se méprendre des peuples jaloux des Français.

Caton avait raison de reprocher à Rome d'être devenue une ville grecque. Mais si Athènes eût voulu prendre les mœurs de l'antique Rome, elle y eût perdu de vrais plaisirs et acquis de fausses vertus, ainsi que Rome, en devenant grecque, avait perdu ses vertus naturelles, pour acquérir des plaisirs factices qu'elle ne goûta jamais bien.

De cela seul que les Grecs étaient doués d'une imagination vive et d'une oreille sensible et juste, il s'ensuivit d'abord qu'ils eurent une langue naturellement poétique. La poésie demande une langue figurée, mélodieuse, riche, abondante, variée et habile à tout exprimer; dont les articulations douces, les sons harmonieux, les éléments dociles à se combiner en tous sens, donnent au poète la facilité de mélanger ses couleurs primitives, et de tirer de ce mélange une infinité de nuances nouvelles : telle fut la langue des Grecs. Mais sans parler des mots composés dont cette langue poétique abonde, et dont un seul fait souvent une image, ni de l'inversion qui lui est commune avec la langue des Latins, ni de la liberté du choix de ses dialectes, privilège qui la distingue et dont elle seule a joui; ne parlons que de sa prosodie et du bonheur qu'elle eut d'abord d'être soumise par la musique aux lois de la mesure et du mouvement.

Le goût du chant est l'un de ces plaisirs que la nature a ménagés à l'homme pour le consoler de ses peines, le soulager dans ses travaux et le sauver de l'ennui de lui-même. Dans tous les temps et dans tous les climats, l'homme, sensible au nombre et à la mélodie, a donc pris plaisir à chanter.

Or, par un instinct naturel, tous les peuples, et les sauvages mêmes, chantent et dansent en mesure et sur des mouvements réglés. Il a donc fallu que la parole appliquée au chant ait observé la cadence, soit par un nombre de syllabes égal au nombre des sons de l'air, et dont l'air décidait lui-même ou la vitesse ou la lenteur (ce fut la poésie rhythmique); soit par un nombre de temps égaux, résultant de la durée relative et correspondante des sons de l'air et des sons de la langue (c'est ce qu'on appelle la poésie métrique). Dans la première, nul égard à la longueur naturelle et absolue des syllabes; on les suppose toutes égales en durée, ou plutôt susceptibles d'une égale vitesse ou d'une égale lenteur: telle est la poésie des sauvages, celle des Orientaux, celle de tous les peuples de l'Europe moderne. Dans l'autre, nul égard au nombre des syllabes, on les mesure au lieu de les compter, et les temps donnés par leur durée décident de l'espace qu'elles peuvent remplir, telle fut la poésie des Grecs et celle des Latins, dont les Grecs furent les modèles.

Les Grecs, doués d'une oreille juste, sensible et délicate, s'étaient aperçus que, parmi les sons et les articulations de leur langue, il y en avait qui, naturellement plus lents ou plus rapides, suivaient aussi facilement l'impression de lenteur ou de rapidité que la musique leur donnait. Ils en firent le choix, ils trouvèrent des mots qui formaient eux-mêmes des nombres analogues à ceux du chant; ils les divisèrent par classes; et en les combinant les uns avec les autres, ce fut à qui donnerait au vers la forme la plus agréable. La poésie épique, la poésie élégiaque, le poésie dramatique eut le sien, et chaque poète lyrique se distingua par une mesure analogue au chant qu'il s'était fait lui-même et sur lequel il composait: le vers d'Anacréon, celui de Sapho, celui d'Alcée, portent le nom de ces poètes. Ainsi, leur langue ayant acquis les mêmes nombres que la musique, il leur fut aisé, dans la suite, de modeler le mètre sur la phrase du chant, et dès-lors l'art des vers et l'art du chant, réglés, mesurés l'un sur l'autre, furent parfaitement d'accord.

Que ce soit ainsi que s'est formé le système prosodique de la langue d'Orphée et de Linus, c'est de quoi l'on ne peut douter. Et qui jamais se fût avisé de mesurer les sons de la parole, sans le plaisir qu'on éprouva en essayant de la chanter? Ce plaisir une fois senti, on fit un art de le produire : l'oreille s'habitua insensiblement à donner une valeur fixe et relative aux sons articulés; la langue retint les mouvements que la musique lui imprimait; et l'usage ayant confirmé les décisions de l'oreille, leurs lois formèrent un système de prosodie régulier et constant.

Il est donc bien certain que chez les Grecs la poésie, considérée comme un langage harmonieux, dut la naissance à la musique, et reçut d'elle ses premières lois : la mesure et le mouvement.

Qu'on prenne la marche opposée, comme on a fait chez les modernes, c'est-à-dire que l'on commence par la poésie, et que la musique ne vienne que long-temps après la plier aux règles du chant; elle n'y trouvera que des nombres épars, sans précision, sans symétrie, et tels que le hasard aura pu les former.

La prosodie donnée par la musique fut donc, je le répète, le premier avantage de la poésie chez les Grecs; et qui sait le temps qu'il fallut à l'usage pour la fixer? Les Latins, par imitation, se firent une prosodie; et quoiqu'elle leur fût transmise, encore ne fut-ce pas sans peine que leur oreille s'y forma.

> Græcia capta ferum victorem cepit, et artes
> Intulit agresti Latio; sic horridus ille
> Defluxit numerus saturnius.

Ce vers brut et grossier du siècle de Saturne n'est

autre chose que le vers rhythmique, tel qu'on l'a renouvelé dans la basse latinité.

Mais que l'on s'imagine avec quelle lenteur les Grecs, sans modèle et sans guide, essayant les sons de leur langue et en appréciant la valeur, durent combiner ce système, qui prescrivait à la parole des temps fixes et réguliers : quelle longue habitude, quelle ancienne alliance entre la poésie et la musique un tel accord ne suppose-t-il pas? et combien ces deux arts avaient dû s'exercer pour former la langue d'Homère !

Homère est sur les bornes les plus reculées de l'antiquité, comme est sur l'horizon une tour élevée, au-delà de laquelle on ne voit plus rien, et qui semble toucher au ciel. On est tenté de croire qu'il a tout inventé; mais quand il n'avouerait pas lui-même que la poésie lyrique florissait long-temps avant lui, la seule prosodie de sa langue en serait une preuve évidente.

Le chant fut le modèle des vers. La poésie lyrique fut donc la première inventée; et l'on sait combien dans les fêtes, dans les jeux solennels, et à la table des rois, de beaux vers, chantés sur la lyre, étaient applaudis et vantés.

Le caractère distinctif des Grecs, entre tous les peuples du monde, fut l'importance et le sérieux qu'ils attachaient à leurs plaisirs. Idolâtres de la beauté, de la volupté en tout genre, tout ce qui avait le don de charmer leurs sens était divin pour eux : un sculpteur, un peintre, un poète les ravissait d'admiration; Homère avait des temples. Une courtisane, célèbre par la beauté de sa taille, est enccinte ; voilà un beau modèle perdu, le peuple est dans la désolation, on appelle Hippocrate pour la faire avorter : il la fait tomber ; elle avorte ; Athènes est dans la joie ; le modèle de Vénus est sauvé. Phryné est accusée d'impiété devant l'aréopage : l'orateur la voit convaincue ; il arrache son voile, et dit aux vieillards : « Eh bien, faites donc périr tant de beautés. » Phryné est renvoyée.

Voilà le peuple chez qui les arts et la poésie ont dû naître.

Mais de ses organes le plus sensible, le plus délicat, c'était l'oreille. Périclès demandait aux dieux tous les matins, non pas les lumières de la sagesse, mais l'élégance du langage, et qu'il ne lui échappât aucune parole qui blessât les oreilles du peuple athénien.

Or, si telle fut la sensibilité des Grecs pour la simple mélodie de la parole, qu'elle faisait presque tout le charme, toute la force de l'éloquence, et que la philosophie elle-même employait plus de soins à bien dire qu'à bien penser, sûre de gagner les esprits si elle captivait les oreilles, quel devait être l'ascendant d'une poésie éloquente secondée par la musique, et d'une belle voix chantant des vers sublimes sur des accords harmonieux ? Nous croyons entendre des fables, lorsqu'on nous dit que, chez les Grecs, une corde ajoutée à la lyre était une innovation politique ; que les sages mêmes en auguraient un changement dans les mœurs, une révolution dans l'état ; que, dans un plan de gouvernement ou dans un système de lois, on examinait sérieusement si tel ou tel mode de musique y serait admis ou en serait exclu : et cependant rien n'est plus vrai ni plus naturel chez un peuple qui était dominé par les sens.

Un poète lyrique fut donc, chez les Grecs, un personnage recommandable : ces peuples révéraient en lui le pouvoir qu'il avait sur eux; et de la haute idée qu'ils en avaient conçue résulte naturellement les progrès que fit ce bel art. (*Voyez* LYRIQUE.)

C'est donc bien chez les Grecs que la poésie lyrique a dû naître, fleurir, et servir de prélude à la poésie épique et dramatique, dont elle avait formé la langue, et, si j'ose le dire, accordé l'instrument.

La poésie enfin put se passer du chant, et son langage harmonieux lui suffit pour charmer l'oreille. Mais, en quittant la lyre, elle prit le pinceau : ce fut alors qu'elle dut sentir tous les avantages du climat qui l'avait vu naître. Quel amas de beautés pour elle !

Dans le physique, une variété, une richesse inépuisable : les plus beaux sites, les plus grands phénomènes, les plus magnifiques tableaux; des fleuves, des montagnes, des mers, des forêts, des vallons fertiles et délicieux; des villes, des ports florissants, des états dont les arts les plus dignes de l'homme, l'agriculture et le commerce, faisaient la force et l'opulence; tout cela, dis-je, rassemblé comme sous les yeux du poète ! Non loin de là, et comme en perspective, le contraste des fertiles champs de l'Égypte et de la Lybie, avec de vastes et de brûlants déserts peuplés de tigres et de lions ; plus près, le magnifique spectacle de vingt royaumes répandus sur les côtes de l'Asie mineure ; d'un côté, ce riant et superbe tableau des îles de la mer Égée, de l'autre, les monts enflammés et l'affreux détroit de Sicile ; enfin tous les aspects de la nature et l'abrégé de l'univers, dans l'espace qu'un voyageur peut parcourir en moins d'un an : quel théâtre pour la poésie épique !

Dans le moral, tout ce que pouvait offrir de curieux à peindre un nombreux assemblage de colonies de diverse origine, transplantées sous un même ciel, ayant chacune ses dieux tutélaires, ses coutumes, ses lois, ses fondateurs et ses héros ; à chaque pas des mœurs nouvelles et souvent opposées, mais partout un caractère décidé, voisin de la nature par son ingénuité, par la franchise et le relief des passions, des vertus et des vices ; ici, plus doux et plus sensible ; là, plus vigoureux, plus austère ; ailleurs, sauvage et un peu féroce ; mais naturel, simple, énergique, et facile à peindre à grands traits ; l'influence des peuples dans l'administration, source de troubles pour un état et d'incidents pour un poëme ; le mélange des esclaves et des hommes libres, usage barbare, mais fécond en aventures pathétiques ; l'exil volontaire après le crime, sorte d'expiation qui, de tant de héros, faisait d'illustres vagabons ; l'hospitalité, ce devoir si précieux à l'humanité et si favorable à la poésie ; la piété envers les étrangers, le respect pour les suppliants, le caractère inviolable qu'imprimait la mort aux volontés dernières; la foi que l'on donnait aux songes, aux présages, aux prédictions des mourants; la force des serments, l'horreur attachée au parjure; la religieuse terreur qu'inspirait aux enfants la malédiction des pères, et l'imprécation des malheureux à ceux qui les faisaient souffrir, dernières armes de la faiblesse, dernier frein de la violence, dernière ressource de l'innocence, qui, dans son abattement même, était par-là redoutable aux méchants : d'un autre côté, les récompenses attachées à la gloire et à la vertu, les éloges de la patrie, des statues ou des tombeaux; enfin la vie modeste et retirée des femmes, cette décence austère, cette simplicité, cette piété domestique, ces devoirs d'épouse et de mère si religieusement remplis; et parmi ces mœurs dominantes, des singularités locales; dans la Thrace, une ardeur, une audace guerrière qui relevait encore l'éclat de la beauté; à Lacédémone une fierté qui ne rougissait que de la faiblesse, une vertu sévère et mâle, une honnêteté sans pudeur; la chasteté milésienne, et la volupté de Lesbos : tous extrêmes que la poésie est si heureuse d'avoir à peindre, parce qu'elle y emploie ses plus vives couleurs.

Dans le génie, la liberté qui élève l'âme des poëtes comme celle des citoyens; l'esprit patriotique, sans cesse aiguillonné par la rivalité et la jalousie de vingt républiques voisines; l'ivresse de la prospérité, qui, en même temps qu'elle ôte la sagesse du conseil, donne l'audace de la pensée; la vanité des Grecs, qui avait prodigué l'héroïque et le merveilleux pour illustrer leur origine; leur imagination, qui animait tout dans la nature, qui ennoblissait jusqu'aux détails les plus familiers de la vie; leur sensibilité, qui leur faisait préférer à tout le plaisir d'être émus, et qui semblait aller sans cesse au devant de l'illusion, en admettant sans répugnance tout ce qui la favorisait, en écartant toute réflexion qui en aurait détruit le charme; un peuple enfin dominé par ses sens, livré à leur séduction, et passionnément amoureux de ses songes.

Dans les connaissances humaines, ce mélange d'ombre et de lumière, si favorable à la poésie lorsqu'il se combine avec un génie inquiet et audacieux, parce qu'il met en activité les forces de l'âme et la curiosité de l'esprit : la physique et l'astronomie couvertes d'un voile mystérieux, et laissant imaginer aux hommes tout ce qu'ils voulaient, pour suppléer aux lois de la nature et à ses ressorts qu'ils ne connaissaient pas; une curiosité impuissante d'en pénétrer les phénomènes, source intarissable d'erreurs ingénieuses et poétiques, car l'ignorance fut toujours mère et nourrice de la fiction.

Dans les arts, la manière de combattre et de s'armer de ces temps-là, où l'homme livré à lui-même, se développait au yeux du poète avec tant de noblesse, de grace et de fierté; la navigation plus périlleuse et par là plus intéressante; où le courage, au défaut de l'art, était sans cesse mis à l'épreuve des dangers les plus effrayants; où ce qui nous est devenu familier par l'habitude était merveilleux par la nouveauté; où la mer, que l'industrie humaine semble avoir aplanie et domptée, ne présentait aux yeux des matelots que des abymes et des écueils : le peu de progrès des mécaniques; car l'homme n'est jamais plus intéressant et plus beau que lorsqu'il agit par lui-même ; et ce que disait un Spartiate en voyant paraître à Samos la première machine de guerre, *c'est fait de la valeur*, on put le dire aussi de la poésie épique, dès que l'homme apprit à se passer d'être robuste et vigoureux.

Dans l'histoire, une tradition mêlée de toutes les fables qu'elle avait pu recueillir en passant par l'imagination des peuples, et susceptible de tout le merveilleux que les poètes y voulaient répandre, le peu de connaissance que l'on avait alors du passé leur laissait la liberté de feindre, sans jamais être démentis.

Enfin une religion qui parlait aux yeux et qui animait tout dans la nature, dont les mystères étaient eux-mêmes des peintures délicieuses, dont les cérémonies étaient des fêtes riantes ou des spectacles majestueux ; un dogme où ce qu'il y a de plus terrible, la mort et l'avenir, était embelli par les plus brillantes peintures; en un mot, une religion poétique, puisque les poètes en étaient les oracles, et peut-être les inventeurs. Voilà ce qui environnait la poésie épique dans son berceau.

Mais, ce qui intéresse plus particulièrement la tragédie que le poème épique, une foule de dieux, comme je l'ai dit ailleurs, passionnés, injustes, violents, divisés entre eux et soumis à la destinée; des héros issus de ces dieux, servant leur haine et leur fureur, et les intéressant eux-mêmes dans leurs querelles ou leurs vengeances; les hommes esclaves de la fatalité, misérables jouets des passions des dieux et de leur volonté bizarre; des oracles obscurs, captieux et terribles; des expiations sanguinaires; des sacrifices de sang humain; des crimes avoués, commandés par le ciel; un contraste éternel entre les lois de la nature et celles de la destinée, entre la morale et la religion; des malheureux placés comme dans un détroit sur le bord de deux précipices, et n'ayant bien souvent que le choix des remords : voilà sans doute le système religieux le plus épouvantable, mais par là même le plus poétique, le plus tragique qui fut jamais. L'histoire ne l'était pas moins.

La Grèce avait été peuplée par une foule de colonies, dont chacune avait eu pour chef un aventurier courageux. La rivalité de ces fondateurs, dans des temps de férocité, avait produit des discordes sanglantes. La jalousie des peuples et leur vanité avaient grossi tous les traits de l'histoire de leurs pays, soit en exagérant les crimes des ancêtres de leurs voisins soit en rehaussant les vertus et les faits héroïques de leurs propres ancêtres. De là ce mélange d'horreur et de vertus dans les mêmes héros. Chaque famille avait ses forfaits et ses malheurs héréditaires; le rapt, le viole, l'adultère, l'inceste, le parricide formaient l'histoire de ces premiers brigands, histoire abominable, et d'autant plus tragique. Les Danaïdes, les Pélopides, les Atrides, les fables de Méléagre, de Minos, de Jason, les guerres de Thèbes et de Troie, sont l'effroi de l'humanité et les trésors du théâtre; trésors d'autant plus précieux, que ces horreurs étaient ennoblies par le mélange du merveilleux. Pas un de ces illustres scélérats qui n'eût un dieu pour père ou pour complice : c'était la réponse et l'excuse que ces peuples donnaient sans doute au reproche qu'on leur faisait sur les crimes de leurs aïeux : la volonté des dieux les décrets de la destinée, un ascendant irrésistible, une erreur fatale, avaient tout fait. Et ce fut là comme la base de tout le système tragique : car la fatalité, qui laisse la bonté morale au coupable, qui attache le crime à la vertu et le remords à l'innocence, est le moyen le plus puissant qu'on ait imaginé pour effrayer et attendrir l'homme sur le destin de son semblable. Aussi l'histoire fabuleuse des Grecs est-elle la seule vraiment tragique dans les annales du monde entier; et ce mélange en est la cause.

Mais ce qui tenait de plus près encore aux évènements politiques, c'est cette ivresse de la gloire et des prospérités que les Athéniens avaient rapportée de Marathon, de Salamine et de Platée; sentiment qui exaltait les âmes, et sur-tout celles des poètes : c'est ce même orgueil, ennemi de toute domination et charmé de voir dans les rois les jouets de la destinée, cet orgueil, sans cesse irrité par la menace des monarques de l'Orient et par le danger de tomber sous les griffes de ces vautours, c'est là, dis-je, ce qui donna une impulsion si rapide et si forte au génie tragique, et lui fit faire en un demi-siècle de si incroyables progrès.

Du côté de la comédie, les mœurs grecques avaient

aussi des avantages qui leur sont propres et qu'on ne retrouve point ailleurs. Chez un peuple vif, enjoué, naturellement satirique et dont le goût exquis pour la plaisanterie a fait passer en proverbe le sel piquant et fin dont il l'assaisonnait; chez ce peuple républicain et libre censeur de lui-même, que l'on s'imagine un théâtre où il était permis de livrer à la risée de la Grèce entière non-seulement un citoyen ridicule ou vicieux, mais un juge inique et vénal, un dépositaire du bien public négligent, avare, infidèle, un magistrat sans talent ou sans mœurs, un général d'armée sans capacité, un riche ambitieux qui briguait la faveur du peuple, ou un fripon qui le trompait; en un mot, le peuple lui-même, qui se laissait traduire en plein théâtre, comme un vieillard chagrin, bizarre, crédule, imbécile, esclave et dupe de ces brigands publics, qui le flattaient et l'opprimaient : qu'on s'imagine ces personnages d'abord exposés sur la scène et nommés par leur nom, ensuite (lorsqu'il fut défendu de nommer) si bien désignés par leurs traits et par toute espèce de ressemblance, qu'on les reconnaissait en les voyant paraître : et qu'on juge de là combien le génie comique, animé par la jalousie et la malignité républicaine, devait avoir à s'exercer [*].

Ainsi la poésie trouva tout disposé comme pour elle dans la Grèce, et la nature, la fortune, l'opinion, les lois, les mœurs, tout s'était accordé pour la favoriser.

---

[*] Ce morceau peut passer pour un éloge d'Aristophane, dont Marmontel parle assez légèrement en d'autres endroits. (*Voy.* l'art. ARISTOPHANE.) H. P.

Il sera bien aisé de voir à présent dans quel autre pays du monde elle a trouvé plus ou moins de ces avantages.

J'ai déjà dit que, chez les Romains, elle s'était fait une prosodie modelée sur celle des Grecs; mais n'ayant ni la lyre dans la main des poètes, pour soutenir et animer les vers, ni les mêmes objets d'éloquence et d'enthousiasme, ni ce ministère public qui la consacrait chez les Grecs, la poésie lyrique ne fut à Rome qu'une stérile imitation, souvent froide et frivole, presque jamais sublime. (*Voyez* LYRIQUE).

La gravité des mœurs romaines s'était communiquée au culte : une majesté sérieuse y régnait; la sévère décence en avait banni les graces, les plaisirs, la volupté, la joie. Les jeux à Rome n'étaient que des exercices militaires ou des spectacles sanglants; ce n'étaient plus ces solennités où vingt peuples venaient en foule voir disputer la couronne olympique. Un poète, qui, dans le cirque, serait venu sérieusement célébrer le vainqueur au jeu du disque ou de la lutte, aurait excité la risée des vainqueurs du monde. Rome était trop occupée de grandes choses pour attacher de l'importance à de frivoles jeux : elle les aimait, comme on aime quelquefois une maîtresse, passionnément et sans l'estimer.

Si quelquefois la poésie lyrique célébrait dans Rome des triomphes ou des vertus, ce n'était point le ministère d'un homme inspiré par les dieux ou avoué par la patrie; c'était le tribut personnel d'un poète qui faisait sa cour, et quelquefois l'hommage d'un complaisant ou d'un flatteur.

POÉSIE.

On voit donc bien qu'en supposant Rome peuplée de génies faits pour exceller dans cet art, les causes morales qui auraient dû les faire éclore et les développer n'étant pas les mêmes que dans la Grèce, ils n'auraient jamais pris le même accroissement.

La poésie épique trouva dans l'Italie une partie des avantages qu'elle avait eus dans la Grèce, moins de variété pourtant, moins d'abondance et de richesses, soit dans les descriptions physiques, soit dans la peinture des mœurs; mais ce qu'elle eut à regretter sur-tout, ce fut l'obscurité des temps appelés héroïques.

Les évènements passés demandent, pour être agrandis aux yeux de l'imagination, non-seulement une grande distance, mais une certaine vapeur répandue dans l'intervalle. Quand tout est bien connu, il n'y a plus rien à feindre. Depuis Numa jusqu'à Auguste, l'enchaînement des faits était écrit et consigné. Le petit nombre des fables répandues dans les annales était sans suite comme sans importance. Si le poète eût voulu exagérer les faits et leur donner des causes étonnantes et merveilleuses, non-seulement la sincérité de l'histoire, mais la vue familière des lieux où ces faits étaient arrivés, les eût réduits à leur juste valeur. Comment exagérer aux yeux de Rome la défaite des Volsques ou celle des Sabins? Le seul sujet vraiment épique qu'il fût possible de tirer des premiers temps de Rome, est celui que Virgile a pris, parce qu'il est un des derniers rameaux de l'histoire fabuleuse des Grecs.

Les évènements, dans la suite, eurent plus de grandeur, mais de cette grandeur réelle que la vérité historique présente tout entière et met au-dessus de la fiction. Les guerres puniques, celles d'Asie, celles d'Epire, d'Espagne et des Gaules, la guerre civile elle-même, ne laissaient à la poésie, sur l'histoire, que l'avantage de décrire les mêmes faits et de peindre les mêmes hommes d'un style plus élevé, plus harmonieux, plus animé peut-être et plus haut en couleur; mais ni les causes, ni les moyens, ni les détails intéressants, rien ne pouvait se déguiser.

Les auspices et les présages pouvaient entrer pour quelque chose dans les résolutions et influer sur les évènements; mais si l'on eût vu Neptune se déclarer en faveur des Carthaginois, et Mars en faveur des Romains, Vénus en faveur de César, Minerve en faveur de Pompée, la gravité romaine aurait trouvé puérils ces vains ornements de la fable, dans des récits dont la vérité simple avait par elle-même tant d'importance et de grandeur.

Ainsi Varius et Pollion n'étaient guère plus libres dans leurs compositions, que Tite-Live et que Tacite. On voit même que le jeune Lucain, avec tout le feu de son génie, et quoiqu'il eût pris pour sujet de de son poème un évènement dont l'importance semblait justifier l'entremise des dieux, ne les y a montrés que de loin, en philosophe plus qu'en poète, comme spectateurs, comme juges, mais sans les engager et sans les faire agir dans la querelle de ses héros.

Les évènements et les mœurs que nous présente

l'histoire romaine semblent avoir été plus favorables à la tragédie. Mais si l'on considère que les mœurs romaines n'étaient rien moins que passionnées ; que le courage et la grandeur d'âme, l'amour de la gloire et de la liberté, en étaient les vertus ; que l'orgueil, la cupidité, l'ambition en étaient les vices ; que les exemples de constance, de générosité, de dévouement qui nous frappent dans l'héroïsme des Romains, étant des actes volontaires, ne pouvaient en faire un objet ni pitoyable ni terrible ; que les deux causes de malheur qui dominent l'homme et qui le rendent véritablement misérable, l'ascendant de la destinée et celui de la passion, n'entraient pour rien dans les scènes tragiques dont l'histoire romaine abonde ; qu'il était même de l'essence du courage romain d'opposer au malheur une froideur stoïque qui dédaignait la plainte et qui séchait les larmes ; on reconnaîtra que les Régulus, les Caton, les Porcie, les Cornélie étaient propres à élever l'âme, mais nullement à l'émouvoir ni de terreur ni de pitié.

Qu'on examine les sujets romains les plus forts, les plus pathétiques : on peut tirer de ceux de Coriolan, de Scévole, de Manlius, de Lucrèce, de César, une ou deux situations dignes d'un grand théâtre ; mais cette continuité d'action véhémente et pathétique des sujets grecs, où la trouver ? Les sujets romains ne sont grands, ou plutôt leur grandeur ne se soutient que par les mœurs et les sentiments que Corneille en a tirés ; et ce n'étaient pas des mœurs, des sentiments et des maximes, mais des tableaux peints à grands traits, qu'il fallait sur de grands théâtres, comme ceux de Rome et d'Athènes. (*Voyez* TRAGÉDIE.)

Une seule époque dans Rome fut favorable à la tragédie, ce fut celle de la tyrannie et de la servitude, des délateurs et des proscrits. Alors, sans doute, le tableau de ces calamités aurait attendri Rome; et la faiblesse et l'innocence fugitives dans les déserts, réfugiées dans les tombeaux, poursuivies, arrachées de ces derniers asyles, traînées aux pieds d'un monstre couronné, et livrées au fer des licteurs, ou réduites au choix du supplice; ce contraste d'une férocité et d'une obéissance également stupides; cet abattement inconcevable d'un peuple qui avait tant de fois bravé la mort, qui la bravait encore, et qui tremblait devant des maîtres aussi lâches qu'impérieux; ce mélange d'un reste d'héroisme avec une bassesse d'esclaves abrutis, cette chute épouvantable de Rome libre et maîtresse du monde, sous le joug des plus vils des hommes, des plus indignes de régner et de vivre, d'un Claude, d'un Caligula, qui auraient été le rebut des esclaves s'ils étaient nés parmi les esclaves; ces deux extrémités des choses humaines, rapprochées sur un théâtre, auraient été sans doute le tableau le plus pitoyable et le plus effrayant de nos misérables destinées. Mais en faisant verser des larmes, elles auraient peut-être fait songer à verser du sang; Rome, en se voyant elle-même dans ce tableau épouvantable, aurait frémi de l'excès de ses maux; la honte et l'indignation pouvaient ranimer son courage; et ses oppresseurs n'avaient garde de lui présenter le miroir. On voit que sous Tibère, Emilius Scaurus, pour avoir fait dire, peut-être innocemment, dans le tragédie d'Atrée, ces paroles d'Euripide: « Il faut supporter la folie de « celui qui commande (stultitiam imperantis), » fut condamné à se donner la mort.

Ainsi, dans les temps de liberté, les mœurs romaines n'avaient rien de tragique; et, dans les temps de calamité, la tragédie n'était plus libre. De là vient que, sous Auguste même, le seul temps où la tragédie fleurit à Rome*, la plupart des poètes ne faisaient qu'imiter les Grecs, et transporter sur le théâtre romain les sujets de celui d'Athènes, en observant sans doute avec un soin timide d'éviter les allusions.

Les mœurs romaines étaient encore moins propres à la comédie. Dans les premiers temps, elles étaient simples et austères; et quand la corruption s'y mit, elles furent encore trop sérieusement vicieuses pour être ridicules. Des parasites, des flatteurs, des fâcheux désœuvrés, curieux, babillards, étaient quelque chose pour une satire, peu pour une intrigue comique. Il n'y eut de comique sur le théâtre de Rome que ce qu'on avait pris du théâtre des Grecs, des valets fourbes, des jeunes gens crédules, inconstants, prodigues, libertins; des vieillards soupçonneux, avares, chagrins, difficiles, grondeurs;

---

* Ceci n'est pas tout-à-fait exact. Les Pacuvius, les Accius, et beaucoup d'autres imitateurs de la scène grecque, sont d'une époque bien antérieure. Du reste, cette observation ne détruit en rien la remarque de Marmontel.

H. P.

des courtisanes artificieuses, qui ruinaient les pères et trompaient les enfants : voilà Plaute et Térence, d'après Ménandre et Cratinus.

L'impudence d'Aristophane et ses satires diffamantes contre les femmes n'eurent point d'imitateurs à Rome ; on peut même observer qu'Horace, dans son *Épître sur l'Art poétique*, en indiquant les mœurs et les caractères à peindre, ne dit des femmes que ces deux mots, à propos de la tragédie : « Aut matrona potens, aut sedula nutrix »; et pas un mot à propos du comique.

Ce n'est pas que, du temps d'Horace, les mœurs des dames romaines ne fussent déjà bien dignes de censure ; on peut voir comme il les a peintes ; et sous les empereurs la licence n'eut plus de frein. Mais cette licence donnait prise à la satire plus qu'à la comédie ; car celle-ci veut se jouer des caractères qu'elle imite ; la folie, la vanité, les travers de l'esprit, les séductions et les méprises de l'amour-propre, les vices les plus méprisables et les moins dangereux, ceux dont l'homme est plutôt la dupe que la victime, voilà ses objets favoris. Or les dames romaines ne s'amusaient pas à être ridicules ; et des mœurs frivoles ne sont pas celles que nous a peintes Juvénal : le vice était trop impudent, trop hardi, pour être risible.

Ainsi, la tragédie et la comédie furent également étrangères dans Rome, et, par la même raison que le génie en était emprunté, le goût n'en fut jamais sincère. Horace, qui accorde aux Romains assez d'amour et de talent pour la tragédie,

« Et placuit sibi natura sublimis et acer,
« Nam spirat tragicum satis et feliciter audet, »

(*Epist.* II, 1.)

Horace ne laisse pas de se plaindre que la jeunesse romaine n'était sensible qu'au vain plaisir de la décoration théâtrale. L'âme des chevaliers, dit-il, avait passé de leurs oreilles dans les yeux :

« Verum equitis quoque jam migravit ab aure voluptas
« Omnis ad incertos oculos, et gaudia vana.

Encore avait-on beau donner à la pompe du spectacle toute la magnificence possible, l'attention des Romains ne pouvait être captivée par des fables qui leur étaient étrangères. Le bruit des cabales du peuple et des chevaliers, pour et contre la pièce, l'interrompait à chaque instant. Les acteurs élevaient la voix et suppliaient les spectateurs de vouloir bien encore écouter quelque chose ; mais ils n'étaient point entendus. Souvent, au milieu de la scène la plus pathétique, on demandait un combat d'animaux ou d'athlètes.

« . . . . . Media inter carmina poscunt
« Aut ursum aut pugiles. . . . .
« . . . . . Nam quæ pervincere voces
« Evaluere sonum, referunt quem nostra theatra?
« Garganum mugire putes nemus, aut mare Tuscum,
« Tanto cum strepitu ludi spectantur, et artes,
« Divitiæque peregrinæ, quibus oblitus actor
« Cùm stetit in scena, concurrit dexterâ levæ.
« Dixit adhuc aliquid? Nil sane. Quid placet ergo?

Id.

La comédie ne les attachait guère davantage, pour peu qu'elle fût sérieuse. On sait que l'*Hécyre* de Térence fut abandonnée pour des danseurs de corde et des gladiateurs.

Enfin l'on vit les pantomimes chasser les comédiens de Rome, tant il est vrai que, chez les Romains, le goût de la poésie dramatique ne fut qu'un goût de fantaisie, de vanité, d'ostentation, un goût léger, capricieux, comme sont tous les goûts factices, un plaisir aussi peu sensible qu'il leur était peu naturel.

Les seuls genres de poésie qui pouvaient naître et fleurir dans l'ancienne Rome, comme analogues à son génie, étaient la poésie morale ou philosophique, la poésie pastorale, l'élégie amoureuse et la satire; tout le reste y fut transplanté.

Vers la fin du XI.ᵉ siècle, on vit la poésie commencer en Provence, en langage roman, ou romain corrompu, comme elle avait fait dans la Grèce, par des chants héroïques et satiriques; ensuite essayer le dialogue et vouloir même imiter l'action. Plusieurs de ses poètes, appelés *troubadours*, étaient bons gentilshommes, quelques-uns princes couronnés; le plus grand nombre ambulants comme Homère, vivaient à peu près comme lui : ils étaient accueillis dans les petites cours des ducs et des comtes de ce temps-là, quelquefois même favorisés des dames. Mais c'en était assez pour donner lieu à des gentillesses naïves, non pour exciter le génie à s'élever sans modèle et sans guide et à créer un art qui lui était inconnu. Ainsi la poésie, après avoir été vagabonde et accueillie çà et là, durant l'espace de deux cent cinquante ans, sans aucun établissement fixe, sans aucun point de ralliement, aucun objet public d'émulation et d'enthousiasme, aucun théâtre élevé à sa gloire, aucune fête, aucun spectacle où elle pût se signaler, abandonna sa nouvelle patrie à la fin du XIIIe siècle, et en passant en Italie, où commençaient à renaître les arts, elle y porta l'usage de la rime et les écrits des troubadours, premiers modèles des Italiens.

Des universités sans nombre, fondées dans toute l'Europe; l'étude des langues grecque et latine mise en vigueur; les récompenses des souverains et les dignités de l'Eglise accordées aux hommes célèbres par leur savoir, par leurs talents; plus que tout cela, l'invention de l'imprimerie, annonçaient la renaissance des lettres en Europe; et quoique les premiers rayons de cette aurore eussent éclairé la France, ce fut vraiment en Italie que la lumière se répandit : soit à la faveur du commerce de l'Orient et du voisinage de la Grèce, d'où les arts et les lettres passèrent à Venise, et de Venise à Rome et à Florence; soit à cause de la considération plus singulière que l'Italie accordait aux muses et du triomphe poétique rétabli dans Rome, où, depuis Théodose, il était aboli; soit par l'inestimable facilité qu'eurent bientôt les talents de puiser dans les sources de l'antiquité, dont les précieux restes avaient été recueillis et déposés dans les bibliothèques de Florence et de Rome; soit enfin grace à l'amour éclairé, sincère et généreux dont Léon X et les ducs de Florence, les Médicis, honoraient les lettres.

Mais quoique l'Italie moderne fût, à quelques égards, plus favorable à la poésie que l'ancienne Rome, par la jalousie et la rivalité des petits états qui la composaient, par la diversité et la singularité des mœurs de ses peuples, par l'importance qu'ils attachaient aux arts et la gloire qu'ils avaient mise à s'effacer l'un l'autre en les faisant fleurir; les deux grandes sources de la poésie ancienne, l'histoire et la religion, n'étant plus les mêmes, le génie se ressentit de la sécheresse de l'une et de l'autre, et le laurier de la poésie, après avoir poussé quelques rameaux, périt sur ce terroir ingrat.

Dans l'Italie moderne, la poésie, dès sa naissance, s'était consacrée à la religion; mais, par un zèle mal entendu, on lui fit donner des spectacles pieusement ridicules; au lieu de l'initier aux cérémonies religieuses et de l'appeler dans les temples, où elle aurait produit des hymnes et des chœurs sublimes.

L'erreur de toute l'Europe fut que les mystères de la religion pouvaient prendre la place des spectacles profanes. J'ai déjà fait voir que le merveilleux de ces mystères ineffables n'était rien moins que dramatique. C'était à la poésie lyrique à les célébrer; ils étaient réservés pour elle: car l'éloquence et l'harmonie peuvent donner aux idées un caractère imposant, auguste et sublime, auquel l'imitation théâtrale ne saurait s'élever. Comment peindre aux yeux, sur la scène, l'*In sole posuit tabernaculum suum*, ou le *Volavit super pennas ventorum?*

Il est donc bien étonnant que l'Italie, ayant mis tant de magnificence à décorer ses temples, ayant porté si loin la pompe de ses fêtes, ayant employé les peintres, les sculpteurs, les musiciens les plus célèbres à donner plus d'éclat à ses solennités, ayant toléré même le sacrifice le plus cruel de la nature pour conserver de belles voix, n'ait pas daigné proposer des prix et le triomphe poétique à qui célébrerait dans les plus beaux cantiques ou les mystères de la foi ou les vertus de ses héros.

La langue vulgaire était bannie des solennités de l'église, et la naïve simplicité des hymnes déjà consacrées ne laissa rien désirer de plus beau : peut-être aussi que, dans les rites, on craignit les innovations. Quoiqu'il en soit, les arts qui ne parlaient qu'aux sens furent tous appelés à décorer le culte; et le seul qui parlait à l'âme fut dédaigné comme inutile, ou négligé comme superflu.

Dans le profane, la poésie lyrique n'eut pas plus d'émulation. Les guerres civiles dont l'Italie avait été déchirée, les schismes, les séditions, les révolutions sanglantes dont elle venait d'être le théâtre, l'ascendant et la domination du saint siège sur tous les trônes de l'Europe, et les secousses que les deux puissances se donnaient réciproquement et si fréquemment l'une à l'autre, auraient offert à des nouveaux Tyrtées des circonstances favorables pour naître et pour se signaler. Mais ce que j'ai dit de l'ancienne Rome je le dis de l'Italie moderne et de tout le reste de l'Europe : pour donner de la dignité et de l'importance au talent du poète, et faire de lui comme dans la Grèce, un homme public révéré, il eût fallu des peuples aussi sérieusement passionnés que les Grecs pour les charmes de la poésie. Or, soit que la nature n'eût pas donné aux Italiens une oreille aussi délicate et une imagination aussi vive, soit que la musique ne fût pas encore en état d'ajouter aux charmes des vers, soit que les circonstances qui décident le goût, la mode, l'opinion publique, ne fussent pas assez favorables, il est certain qu'un poète lyrique qui, dans l'Italie, à la renaissance des lettres, et dans les temps même où elles y ont fleuri, se serait érigé en orateur public, aurait été reçu comme un histrion d'autant plus ridicule que l'objet de ses chants aurait été plus sérieux.

La poésie épique fut plus heureuse dans l'Italie moderne. Elle avait fait ses premiers essais en Provence vers le onzième siècle ; elle trouva dans l'Italie une langue plus riche et plus mélodieuse, espèce de latin altéré, affaibli, mais qui dans sa corruption, avait retenu du latin pur un grand nombre de mots, quelques inversions, et des traces de prosodie. Aux avantages de cette langue déjà cultivée par Dante, Bocace et Pétrarque, se joignaient, en faveur de la poésie épique, l'esprit de superstition, dont l'Italie était le centre ; les mœurs de la chevalerie, qui avaient été l'héroïsme gaulois, et qui restaient encore à peindre ; et l'intérêt vif et récent de l'expédition des croisades, sujet héroïque et sacré, et d'un intérêt à la fois religieux et profane, sujet par là peut-être unique dans toute l'histoire moderne.

L'Arioste, dans un poème héroï-comique, le Tasse, dans un poème sérieux et vraiment épique, profitèrent de ces avantages, tous deux en hommes de génie. L'un, se jouant de l'héroïsme et de la galanterie chevaleresque, et sur-tout du merveilleux de la magie, employa l'imagination la plus brillante et la plus féconde à renchérir sur la folie des romans ; et par le brillant colloris de sa poésie, la gaîté qu'il mêle aux récits des aventures de ses héros, la grace, la variété, la facilité de son style, il a fait, d'une composition insensée, un modèle de poésie, d'agrément et de goût. L'autre, plus sage et plus sévère, au lieu de se jouer de l'art, en a subi les lois et vaincu les difficultés par la force de son génie : plus animé que l'*Énéide*, plus varié que l'*Iliade*, et d'un intérêt plus touchant, si son poème n'a pas des beautés aussi sublimes que ses modèles, il en a de plus attrayantes et se soutient à côté d'eux. L'Arioste et le Tasse firent donc oublier Boyardo et le Pulci, qui leur avaient ouvert la route ; mais en puisant dans les nouvelles sources, ils les tarirent pour jamais.

L'héroïsme chevaleresque n'a qu'un seul caractère, c'est de consacrer la valeur au service de la faiblesse, de l'innocence et de la beauté, et de mettre la gloire des hommes à défendre celle des femmes. Il suit de là que lorsque dans un poème sérieux ou comique, on a fait rompre vingt fois des lances pour les intérêts de l'amour, les aventures romanesques sont épuisées, et qu'on ne peut plus revenir sur cette espèce d'héroïsme sans repasser sur les mêmes traces ; et c'est en effet ce qui est arrivé.

Le merveilleux de la magie, celui de la religion

même, considérés poétiquement, ne sont pas des sources plus abondantes, et la mythologie a sur l'une et sur l'autre des avantages infinis. (*Voyez* MERVEILLEUX.)

Si l'Italie n'eut que deux poëmes épiques, ce n'est donc point parce qu'elle n'eut que deux génies propres à réussir dans ce genre élevé; mais parce qu'un troisième après eux aurait trouvé la carrière épuisée, et qu'il en est de l'histoire et de la théurgie modernes comme de ces terrains superficiellement fertiles, que ruinent une ou deux moissons.

Comme l'action du poëme dramatique ne demande ni la même importance du côté de l'évènement historique, ni les mêmes ressources du côté du merveilleux, et que les deux grands intérêts de la tragédie, la compassion et la terreur, naissent des grandes calamités, il semble que l'Italie, dans les temps désastreux qui avaient précédé la renaissance des lettres, ayant été, presque sans relâche un théâtre sanglant de discorde, de guerres politiques et religieuses, étrangères et domestiques, de haines et de factions, de séditions, de complots et de crimes, la tragédie, dans aucun pays ni dans aucun siècle, n'a dû trouver un champ plus vaste et plus fécond. De tous les pays de l'Europe, l'Italie est pourtant celui où elle a eu le moins de succès, jusqu'au temps où elle y a paru secondée par la musique; et alors même ce n'a pas été dans l'histoire moderne qu'elle a pris ses sujets. Une singularité si frappante doit avoir ses causes dans la nature, et les voici :

Point d'effort de génie sans émulation; point de

progrès dans un art sans un concours d'artistes animés à s'effacer les uns les autres. Or le concours des poètes dramatiques et leur émulation supposent des théâtres élevés à leur gloire, et un peuple nombreux, passionné pour leur art, assemblé pour les applaudir. Ce n'est pas assez qu'un sénat, comme celui de Venise, ou qu'un souverain, comme un duc de Florence, de Mentoue, de Ferrare, favorise un art tel que la tragédie, pour en obtenir des succès : combien de pays en Europe, où les rois font les frais d'un superbe spectacle, où cependant il ne peut naître un poète pour l'occuper? C'est l'enthousiasme d'une nation entière qui sert d'aliment au génie, et qui fait faire aux talents mille efforts, dont quelques-uns, par intervalle et de loin à loin, sont heureux. Si l'Italie avait marqué pour la tragédie la même passion qu'elle a pour la musique, si, sans avoir comme la Grèce, une ville, un théâtre, et des jours solennels où elle se fût assemblée, elle eût fait au moins pour la tragédie ce qu'elle a fait depuis pour l'opéra; si Rome, Naples, Milan, Venise et Florence, à l'envi, l'avaient tour à tour appelée, s'étaient disputé la gloire de faire naître, d'honorer, de récompenser les talents qui auraient excellé dans ce grand art, l'Italie aurait eu des poètes tragiques, comme elle a eu des musiciens; mais encore n'auraient-ils pas pris leurs sujets dans l'histoire de leur patrie.

La tragédie ne veut pas seulement des crimes et des malheurs; elle veut des crimes ennoblis et des malheurs illustres. Or, les personnages, bons ou méchants, ne sont ennoblis que par leurs mœurs; et le malheur ne nous étonne que dans des hommes destinés à de grandes prospérités, soit par une haute naissance, soit par d'héroïques vertus.

Et dans l'histoire de l'Italie moderne, combien peu de ces hommes dont l'âme, le génie ou la fortune annoncent de hautes destinées ? De tant de guerres intestines, de tant de brigandages, de fureurs, de forfaits, que reste-t-il, qu'une impression d'horreur ? Deux siècles de calamités et de révolutions ont-ils laissé le souvenir d'un illustre coupable, ou d'un fait héroïque ? Des trahisons, des atrocités lâches, des haines sourdes et cruelles, assouvies par des noirceurs, des empoisonnements ou des assassinats; tout cela fait une impression de douleur pénible et révoltante, sans aucun mélange de plaisir. L'âme est flétrie et n'est point élevée : on compatit, comme à une boucherie de victimes humaines que l'on voit massacrer; mais ce pathétique n'est pas celui qui doit régner dans la tragédie. (*Voyez* INTÉRÊT.)

Ajoutons que dans la peinture des mœurs tragiques, il se mêle souvent des traits d'une philosophie politique ou morale qui contribue grandement à élever les sentiments par la noblesse des maximes, et que cette partie de l'art suppose une liberté de penser que les poètes n'ont jamais eue dans les temps et dans les pays où la superstition et l'intolérance ont dominé. Car tel est l'effet de la crainte sur les esprits, que non seulement elle leur ôte la hardiesse de passer les bornes prescrites, mais qu'au dedans même de ces bornes, elle leur interdit la faculté d'agir avec force et franchise : pareils au voyageur timide qui en voyant à ses côtés deux précipices effrayants, ne va qu'à pas tremblants dans le même sentier, où il marcherait d'un pas ferme s'il ne voyait pas le péril.

Ainsi, quoique les mœurs de l'Italie moderne, comme du reste de l'Europe, permissent à la tragédie une imitation plus vraie que ne l'était celle des Grecs ; quoique, sur les nouveaux théâtres, les acteurs de l'un et de l'autre sexe, sans masque, ni cothurne, ni porte-voix, ni aucune des monstrueuses exagérations de la scène antique, pussent représenter l'action théâtrale au naturel ; la tragédie ayant fait d'inutiles efforts pour s'élever sur les théâtres d'Italie, a été obligée de les abandonner[*], et la comédie elle-même n'y a pas eu un plus heureux sort.

La vanité est la mère des ridicules, comme l'oisiveté est la mère des vices ; et c'est le commerce habituel d'une société nombreuse qui met en action et en évidence les vices de l'oisiveté et les ridicules de la vanité : voilà l'école de la comédie. Il est donc bien aisé de voir dans quel pays elle a dû fleurir.

En Italie, ce ne fut ni manque d'oisiveté, ni manque de vanité, mais ce fut manque de société que la comédie ne trouva point des mœurs favorables à peindre. Tous les débats de l'amour-propre s'y réduisirent presque aux rivalités amoureuses ; et les

---

[*] Ceci est encore à peu près vrai malgré les efforts du génie d'Alfieri, pour donner un théâtre tragique à sa patrie. H. P.

seuls objets du comique furent les artifices et les folies des amants, l'adresse des femmes à se jouer des hommes, la fourberie des valets, l'inquiétude, la jalousie, et la vigilance trompée des pères, des mères, des tuteurs et des maris. Le comique italien n'a donc été qu'un comique d'intrigue : mais par la constitution politique de l'Italie, divisée en petits états malignement envieux l'un de l'autre, il s'est joint au comique d'intrigue un comique de caractère national : en sorte que ce n'est pas le ridicule, ou plutôt le caractère exagéré de tel peuple, du Vénitien, du Napolitain, du Florentin, qu'on a joué. Il suit de là que, du côté des mœurs, toutes les comédies italiennes se ressemblent, et ne diffèrent que par l'intrigue, ou plutôt par les incidents.

Les Italiens, n'ayant donc ni tragédie ni comédie régulière et décente, inventèrent un genre de spectacle qui leur tînt lieu de l'une et de l'autre, et qui, par un nouveau plaisir, pût suppléer à ce qui manquerait à leur poésie dramatique. J'ai déjà eu lieu d'examiner par quelles causes ce nouveau genre, favorisé en Italie, y dut prospérer et fleurir, par quelles causes les progrès en ont été bornés ou ralentis; et pourquoi, s'il n'est transplanté, il y touche à sa décadence *. (*Voyez* OPÉRA.)

Ce que j'ai dit de l'ode et du poème lyrique des Grecs, à l'égard de l'ancienne Rome et de l'Italie

---

* On peut rapprocher de ce que dit ici Marmontel, de la nullité du théâtre italien et de ceux qui l'ont produite, les judicieuses réflexions de Schlegel dans son *Cours de Littérature dramatique*, et de Sismondi, dans son *Essai sur la Littérature des peuples du Midi*; de Mad. de Stael, dans sa *Corinne*. H. P.

moderne, doit, à plus forte raison, s'entendre de tout le reste de l'Europe : et si, dans un pays où la musique a pris naissance, où les peuples semblaient organisés pour elle, où la langue, naturellement flexible et sonore, a été si docile au nombre et aux modulations du chant, il ne s'est pas élevé un seul poète qui, à l'exemple des Anciens, ait réuni les deux talents, chanté ses vers, et soutenu sa voix par des accords harmonieux ; bien moins encore, chez des peuples où la musique est étrangère et la langue moins douce et moins mélodieuse, un pareil phénomène devait-il arriver.

La galanterie espagnole en a cependant fait l'essai : l'ingénieuse nécessité, l'amour, non moins ingénieux qu'elle, ont fait imaginer aux espagnols ces sérénades où un amant, autour de la prison d'une beauté captive, vient, aux accords d'une guitare, soupirer des vers amoureux ; mais on sent bien que, par cette voie, l'art ne peut guère s'élever ; et quand, par miracle, il trouverait un Anacréon ou une Sapho, il serait encore loin de trouver un Alcée.

Le climat d'Espagne semblait plus favorable à la poésie épique et dramatique : cette contrée a été le théâtre des plus grandes révolutions, et son histoire présente plus de faits héroïques que tout le reste de l'Europe ensemble. Les invasions des Vandales, des Goths, des Arabes, des Maures, dans ce pays tant de fois désolé ; ses divisions intérieures en divers états ennemis ; les incursions, les conquêtes des Espagnols, soit en-deçà des monts, soit au-delà des mers ; leur domination en Afrique, en Italie, en Flandre et dans le Nouveau-Monde; la superstition même et l'intolérance, qui, en Espagne, ont allumé tant de bûchers et fait couler tant de sang, sont autant de sources fécondes d'évènements tragiques; et si, dans quelques pays de l'Europe moderne, la poésie héroïque a pu se passer des secours de l'antiquité, c'est en Espagne : la langue même lui était favorable; car elle est nombreuse, sonore, abondante, majestueuse, figurée et riche en couleurs.

Ce n'est donc pas sans raison que l'on s'étonne qu'un pays qui a produit un Pélage, un comte Julien, un Gonzalve, un Cortez, un Pizarre, n'ait pas eu un beau poème épique : car je compte pour peu de chose celui de l'*Araucana* ; et dans la *Lusiade* même, le poète portugais n'a que très peu de beauté locales.

Mais les arts, je l'ai déjà dit, ne fleurissent et ne prospèrent que chez un peuple qui les chérit : ce n'est qu'au milieu d'une foule de tentatives malheureuses que s'élèvent les grands succès. Il faut donc pour cela des encouragements; il en faut sur-tout au génie : c'est l'émulation qui l'anime; c'est, si j'ose le dire, le vent de la faveur publique qui enfle ses voiles, et qui le fait voguer. Or l'Espagne, plongée dans l'ignorance et dans la superstition, ne s'est jamais assez passionnée en faveur de la poésie, pour faire prendre à l'imagination des poètes le grand essor de l'épopée.

Ajoutons que, dans leur histoire, le merveilleux des faits était presque le seul que la poésie pût employer. Le Camoëns a imaginé une belle et grande allégorie pour le cap de Bonne-Espérance : mais l'allégorie n'a qu'un moment ; et l'ont sait dans quelles fictions ridicules ce même poète s'est perdu, lorsqu'il a voulu employer la fable.

Le goût des Espagnols pour le spectacle donna plus d'émulation à la poésie dramatique ; et la tragédie pouvait encore trouver des sujets dignes d'elle dans l'histoire de leur pays.

Cet esprit de chevalerie qui a fait, parmi nous, de l'amour une passion morale, sérieuse, héroïque, en attachant à la beauté une espèce de culte, en mêlant au penchant physique un sentiment plus épuré, qui de l'âme s'adresse à l'âme et s'élève au-dessus des sens; ce roman de l'amour enfin, que l'opinion, l'habitude, l'illusion de la jeunesse, l'imagination exaltée et séduite par les désirs, ont rendu comme naturel, semblait offrir à la tragédie espagnole des peintures plus fortes, des scènes plus terribles : l'amour étant lui-même, en Espagne, plus fier, plus fougueux, plus jaloux, plus sombre dans sa jalousie, et plus cruel dans ses vengeances, que dans aucun autre pays du monde.

Mais l'héroïsme espagnol est froid : la fierté, la hauteur, l'arrogance tranquille en est le caractère; dans les peintures qu'on en a faites, il ne sort de sa gravité que pour donner dans l'extravagance : l'orgueil alors devient de l'enflure ; le sublime, de l'ampoulé; l'héroïsme, de la folie. Du côté des mœurs, ce fut donc la vérité, le naturel, qui manquèrent à la tragédie espagnole ; du côté de l'action, la simplicité et la vraisemblance. Le défaut du génie espagnol est de n'avoir su donner des bornes ni à l'imagination ni au sentiment ; avec le goût barbare des Vandales et des Goths pour des spectacles tumultueux et bruyants où il entre du merveilleux, s'est combiné l'esprit romanesque et hyperbolique des Arabes et des Maures : de là le goût des Espagnols.

C'est dans la complication de l'intrigue, dans l'embarras des incidents, dans la singularité imprévue de l'évènement, qui rompt plutôt qu'il ne dénoue les fils embrouillés de l'action ; c'est dans un mélange bizarre de bouffonnerie et d'héroïsme, de galanterie et de dévotion, dans des caractères outrés, dans des sentiments romanesques, dans des expressions emphatiques, dans un merveilleux absurde et puéril, qu'ils font consister l'intérêt et la pompe de la tragédie ; et lorsqu'un peuple est accoutumé à ce désordre, à ce fracas d'aventures et d'incidents, le mal est presque sans remède : tout ce qui est naturel lui paraît faible, tout ce qui est simple lui paraît vide, tout ce qui est sage lui paraît froid.

Quant à ce mélange superstitieux et absurde du sacré avec le profane, que le peuple espagnol aime à voir sur la scène, nous le trouvons majestueux et terrible chez les Grecs, et chez les Espagnols absurde et ridicule, soit parce qu'il est mieux employé, soit parce qu'il est vu de plus loin et que nous sommes plus familiarisés avec les démons qu'avec les furies : « Major e longinquo reverentia. » (*Tacit.*)

La même façon de compliquer l'intrigue, et de la

charger d'incidents romanesques et merveilleux, fait le succès de la comédie espagnole : les diables en sont les bouffons.

Lopez de Vega et Calderon étaient nés pour tenir leur place auprès de Molière et de Corneille; mais dominés par la superstition, par l'ignorance et par le faux goût des orientaux et des barbares, que l'Espagne avait contracté, ils ont été forcé de s'y soumettre. C'est ce que Lopez de Vega lui-même avouait dans ces vers, qu'a pris la peine de traduire une plume qui embellit tout :

Les Vandales, les Goths, dans leurs écrits bizarres,
Dédaignèrent le goût des Grecs et des Romains :
Nos aïeux ont marché dans ces nouveaux chemins;
 Nos aïeux étaient des barbares.
L'abus règne, l'art tombe, et la raison s'enfuit :
 Qui veut écrire avec décence,
Avec art, avec goût, n'en recueille aucun fruit;
Il vit dans le mépris et meurt dans l'indigence.
Je me vois obligé de servir l'ignorance,
 D'enfermer sous quatre verrous
 Sophocle, Euripide et Térence.
J'écris en insensé, mais j'écris pour des fous.

. . . .

Le public est mon maître, il faut bien le servir;
Il faut pour son argent lui donner ce qu'il aime :
 J'écris pour lui, non pour moi-même,
Et cherche des succès dont je n'ai qu'à rougir [*].

---

[*] Voyez, sur le Théâtre espagnol, les ouvrages de Schlegel et Sismondi, de Mad. de Staël, cités p. 152, et sur-tout l'*Histoire de la Littérature espagnole*, par Bouterwek.   H. P.

Un peuple sérieux, réfléchi, peu sensible aux plaisirs de l'imagination *, peu délicat sur les plaisirs des sens, et chez qui une raison mélancolique domine toutes les facultés de l'âme; un peuple dès longtemps occupé de ses intérêts politiques, tantôt à secouer les chaînes de la tyrannie, tantôt à s'affermir dans les droits de la liberté; ce peuple chez qui la législation, l'administration de l'état, sa défense, sa sûreté, son élévation, sa puissance, les grands objets de l'agriculture, de la navigation, de l'industrie et du commerce ont occupé tous les esprits, semble avoir dû laisser aux arts d'agrément peu de moyens de prospérer chez lui.

Cependant ce même pays, qui n'a jamais produit un grand peintre, un grand statuaire, un bon musicien; l'Angleterre, a produit d'excellents poètes : soit parce que l'Anglais aime la gloire, et qu'il a vu que la poésie donnait réellement un nouveau lustre au génie des nations; soit parce que, naturellement porté à la méditation et à la tristesse, il a senti le besoin d'être ému et dissipé par les illusions que ce bel art produit; soit enfin parce que son génie, à certains égards, était propre à la poésie, dont le succès ne tient pas absolument aux mêmes facultés que celui des autres talents.

En effet, supposez un peuple à qui la nature ait refusé une certaine délicatesse dans les organes, ce sens exquis dont la finesse aperçoit et saisit,

---

* Cette assertion paraît démentie par le grand nombre de poètes et de bons poètes qu'il a produits. Marmontel semble, à cet égard, s'accuser plus bas de contradiction. H. P.

dans les arts d'agrément, toutes les nuances du beau ; un peuple dont la langue ait encore trop de rudesse et d'âpreté pour imiter les inflexions d'un chant mélodieux, ou pour donner aux vers une douce harmonie; un peuple dont l'oreille ne soit pas encore assez exercée, dont le goût même ne soit pas assez épuré pour sentir le besoin d'une élocution facile, nombreuse, élégante ; un peuple enfin pour qui la vérité brute, le naturel sans choix, la plus grossière ébauche de l'imitation poétique, seraient le sublime de l'art; chez lui, la poésie aurait encore pour elle la force au défaut de la grace; la hardiesse et la vigueur en échange de l'élégance et de la régularité; de l'élévation et la profondeur des sentiments et des idées, l'énergie de l'expression, la chaleur de l'éloquence, la véhémence des passions, la franchise des caractères, la ressemblance des peintures, l'intérêt des situations, l'âme et la vie répandue dans les images et les tableaux, enfin cette vérité naive dans les mœurs et dans l'action, qui, tout inculte et sauvage qu'elle est, peut avoir encore sa beauté. Telle fut la poésie chez les Anglais, tant qu'elle ne fut que conforme au génie national, et ce caractère fut encore plus librement et plus fortement prononcé dans leur ancienne tragédie.

Mais lorsque le goût des peuples voisins eut commencé à se former et qu'un petit nombre d'excellents écrivains eurent appris à l'Europe à sentir les véritables beautés de l'art, il se trouva, parmi les Anglais comme ailleurs, des homme doués d'un esprit assez juste et d'une sensiblité assez délicate pour discerner, dans la nature, les traits qu'ils fallait peindre et ceux qu'il fallait négliger, et pour juger que de ce choix dépendait la décence, la grace, la noblesse, la beauté de l'imitation. Ce goût de la belle nature, les Anglais le prirent en France, à la cour de Louis-le-Grand, et le portèrent dans leur patrie : ce fut à Molière, à Racine, à Despréaux qu'ils durent Dryden, Pope, Addison.

Mais au lieu que partout ailleurs c'est le goût d'un petit nombre d'hommes éclairés qui l'emporte à la longue sur le goût de la multitude, en Angleterre c'est le goût du peuple qui domine et qui fait la loi. Dans un état où le peuple règne, c'est au peuple que l'on cherche à plaire ; et c'est surtout dans ses spectacles qu'il veut qu'on l'amuse à son gré. Ainsi, tandis qu'à la lecture les poètes du second âge charmaient la cour de Charles II, et que la partie la plus cultivée de la nation, d'accord avec toute l'Europe, admirait la majestueuse simplicité du *Caton*, d'Addison*, l'élégance et la grace des *Contes* de Prior, et tous les trésors de la poésie de style répandus dans les *Épitres* de Pope, l'ancien goût, le goût populaire, n'applaudissait sur les théâtres, où il règne impérieusement, que ce qui pouvait égayer ou émouvoir la multitude, un comique grossier, obscène, outré dans toutes ses peintures, un tragique aussi peu décent, où toute

---

* Peut-être ce bel ouvrage mérite-t-il peu l'éloge que lui donne Marmontel. On sait assez que cette *simplicité* est déparée par de froides intrigues d'amour.   H. P.

vraisemblance était sacrifiée à l'effet de quelques scènes terribles, et qui, ne tendant qu'à remuer des esprits phlegmatiques, y employait indifféremment tous les moyens les plus violents : car le peuple, dans un spectacle, veut qu'on l'émeuve, n'importe par quelles peintures; comme dans une fête il veut qu'on l'enivre, n'importe avec quelle liqueur.

Il est donc de l'essence, et peut-être de l'intérêt de la constitution politique de l'Angleterre, que le mauvais goût subsiste sur ses théâtres; qu'à côté d'une scène d'un pathétique noble et d'une beauté pure, il y ait pour la multitude au moins quelques traits plus grossiers; et que les hommes éclairés, qui font partout le petit nombre, n'aient jamais droit de prescrire au peuple le choix de ses amusements.

Mais hors du théâtre, et quand chacun est libre de juger d'après soi, ce petit nombre de vrais juges rentre dans ses droits naturels; et la multitude, qui ne lit point, laisse les gens de lettres, comme devant leurs pairs, recevoir d'eux le tribut de louange que leurs écrits ont mérité : c'est alors que l'opinion du petit nombre commande à l'opinion publique. Voilà pourquoi l'on voit deux espèces de goût, incompatibles en apparence, se concilier en Angleterre, et les beautés et les défauts contraires presque également applaudis.

Le génie de Shakspeare ne fut pas éclairé; mais son instinct lui fit saisir la vérité et l'exprimer par des traits énergiques : il fut inculte et déréglé dans ses compositions, mais il ne fut point romanesque. Il n'évita ni la bassesse ni la grossièreté qu'autorisaient les mœurs et le goût de son temps, mais il connut le cœur humain et les ressorts du pathétique. Il sut répandre une terreur profonde, il sut enfoncer dans les âmes les traits déchirants de la pitié. Il ne fut ni noble ni décent; il fut véhément et sublime. Chez lui, nulle espèce de régularité ni de vraisemblance dans le tissu de l'action, quoique, dans les détails, il soit regardé comme le plus vrai de tous les poètes : vérité sans doute admirable, lorsqu'elle est le trait simple, énergique et profond qu'il a pris dans le cœur humain ; mais vérité souvent commune et triviale, qu'une populace grossière aime seule à voir imiter.

Shakspeare a un mérite réel et transcendant qui frappe tout le monde : il est tragique, il touche, il émeut fortement. Ce n'est pas cette pitié douce qui pénètre insensiblement; qui se saisit des cœurs, et qui, les pressant par degrés, leur fait goûter ce plaisir si doux de se soulager par des larmes; c'est une terreur sombre, une douleur profonde, et des secousses violentes qu'il donne à l'âme des spectateurs, en cela peut-être plus cher à une nation qui a besoin de ces émotions violentes. C'est ce qui l'a fait préférer à tous les tragiques qui l'ont suivi. Mais tout l'enthousiasme de ses admirateurs n'en imposera jamais aux gens de bon sens et de goût sur les grossièretés barbares *.

A voir la liberté avec laquelle les Anglais se per-

* *Voyez* l'article SHAKSPEARE.

mettent de parler, de penser et d'écrire sur les intéréts public, et les avantages que la nation retire de cette liberté, on ne peut s'étonner assez que la comédie ne soit pas devenue à Londres une satire politique, comme elle l'était dans Athènes, et que chacun des deux partis n'ait pas eu son théâtre, où le parti contraire aurait été joué. Serait-ce qu'ayant l'un et l'autre des mystères trop dangereux à révéler en plein théâtre, ils auraient voulu se ménager? ou que l'impression du spectacle sur les esprits étant trop vive et trop contagieuse, ils en auraient craint les effets? Quoiqu'il en soit, la comédie, sur le théâtre de Londres, s'est bornée à être morale; et comme dans un pays où il y a peu de société il y a aussi peu de ridicules, et qu'au contraire dans un pays où tous les hommes se piquent de liberté et d'indépendance chacun se fait gloire d'être original dans ses mœurs et dans ses manières, c'est à cette singularité, souvent grotesque en elle-même et plus souvent exagérée sur le théâtre, que le comique Anglais s'est attaché, sans pourtant négliger la censure des vices, qu'il a peints des traits les plus forts.

Mais si le parterre de Londres s'est rendu l'arbitre du goût dans le spectacle le plus noble; si, pour plaire au peuple, il a fallu que le tragique se soit lui-même dégradé; à plus forte raison a-t-il fallu que le comique ce soit abaissé jusqu'au ton de la plaisanterie la plus grossière et la plus obscène. Du reste, comme elle s'est conformée au génie de la nation, et qu'au lieu des ridicules de société, c'est l'originalité bizarre qu'elle s'est proposé de peindre, il s'ensuit que le comique anglais est absolument local, et ne saurait se transplanter ni se traduire dans aucune langue. (*Voyez* COMÉDIE.)

L'orgueil patriotique de la nation anglaise, ne voulant laisser à ses voisins aucune gloire qu'elle ne partage, lui a fait, comme on dit, forcer nature pour exceller dans les beaux arts. Par exemple, quoique sa langue ne soit rien moins que favorable aux vers lyriques, elle est la seule dans l'Europe qui ai proposé à l'ode chantée une fête solennelle, dans laquelle, comme chez les Grecs, le génie des vers et celui du chant sont couronnés. On connaît l'ode de Dryden pour la fête de sainte Cécile; mais cette ode, la plus approchante du poème lyrique des Grecs, n'en est elle-même qu'une ombre. Dryden, pour exprimer le charme et le pouvoir de l'harmonie, raconte comment le poète Timothée, touchant la lyre et chantant devant le jeune Alexandre (quoique Timothée fût mort avant qu'Alexandre fût né), comment, dis-je, en variant les tons et en passant d'un mode à un autre, il maîtrisait l'âme du héros, l'agitait, l'enflammait, l'appaisait à son gré, lui inspirait l'ardeur des combats et la passion de la gloire, le ramenait à la clémence, l'attendrissait et le plongeait dans une douce langueur. Or, à la place du récit, qu'on suppose l'action même, Timothée au lieu de Dryden, Alexandre présent, le poète animé par la présence du héros, observant dans les yeux, dans les traits du visage, dans les mouvements d'Alexandre, les révolutions rapides qu'il causait dans son âme, fier de la dominer cette âme impérieuse, et de la changer à son gré, on sentira combien l'ode du poète anglais doit être loin encore, toute belle qu'elle est, du poème lyrique des Anciens *.

Le poème épique de Milton est étranger à l'Angleterre : il ne tient à l'esprit de la nation que par la croyance commune à tous les peuples de l'Europe; nulle autre circonstance, ni du lieu ni du temps, n'a influé sur cette production sublime et bizarre. Le fanatisme dominait alors, mais il avait un autre objet; on ne contestait point la chute de nos premiers parents.

Plein des idées répandues dans les livres de Moïse et dans les écrits des prophètes, plein de la lecture d'Homère et des poèmes italiens, aidé de ces farces pieuses, qui, sur les théâtres de l'Europe, avaient si sérieusement et si ridiculement travesti les mystères de la religion; enfin poussé par son génie, Milton vit, dans la révolte des enfers conjurés pour la perte du genre humain, un sujet digne de l'épopée, et, emporté par son imagination, il s'y abandonna. L'enfer de Milton est imité de celui du Tasse, avec des traits plus hardis et plus forts; mais il est gâté par l'idée ridicule du pandémonium, et plus encore par le sale épisode de l'accouplement incestueux du péché et de la mort. La description des délices d'Éden et de l'innocente volupté des amours de nos premiers pères, n'est imitée de personne; elle

* *Voyez* la traduction de cette ode, tom. XI, pag. 448 de notre *Répertoire*.
F.

fait la gloire de Milton. La guerre des anges contre les démons fait sa honte.

Le péché de nos premiers pères est un évènement si éloigné de nous, qu'il ne nous touche que faiblement; le merveilleux en est si familier, qu'il n'a plus rien qui nous étonne; et à force d'intéresser toutes les nations du monde, il n'en intéresse plus aucune : aussi le poème du *Paradis perdu* fut-il méprisé en naissant *; et ses beautés étant au-dessus de la multitude, il serait resté dans l'oubli, si des hommes dignes de le juger et faits pour entraîner l'opinion publique, Pope et Addison, n'avaient appris à l'Angleterre à l'admirer.

La poésie galante et légère a saisi, pour naître et fleurir en Angleterre, le seul moment qui lui ait été favorable, le règne de Charles II. La poésie philosophique, morale et satirique y fleurira toujours, parce qu'elle est conforme au génie de la nation : c'est en Angleterre qu'on l'a vu renaître; et Pope et Rochester l'y ont portée au plus haut degré où elle se soit élevée en Europe depuis Lucrèce, Horace et Juvénal.

Si l'allemand eût été une langue mélodieuse, c'est en Allemagne qu'on aurait eu quelque espérance de voir renaître la poésie lyrique des Anciens. Les Italiens peuvent avoir un goût plus fin, plus délicat, plus exquis de la bonne musique; mais ils n'ont pas l'oreille plus sûre et plus sévère que les Allemands, pour la précision du nombre et de la jus-

---

* *Voyez* sur cette assertion, légèrement admise par Marmontel comme par d'autres, et en général sur tout ce passage, l'article MILTON. F.

tesse des accords. Ceux-ci ont même cet avantage, que la musique fait partie de leur éducation commune, et qu'en Allemagne le peuple même est musicien dès le berceau. C'est donc là qu'il était facile et naturel de voir les deux talents se réunir dans le même homme, et un poète, sur le luth ou la harpe, composer et chanter ses vers.

Mais à la rudesse de la langue, premier obstacle et peut-être invincible, s'est joint, comme partout ailleurs, le manque d'émulation et de circonstances heureuses, comme celles qui, dans la Grèce, avaient favorisé et fait honorer ce bel art.

La poésie allemande a cependant eu ses succès dans le genre de l'ode. Celle du célèbre Haller, sur la mort de sa femme, a le mérite rare d'exprimer un sentiment réel et profond, émané du cœur du poète.

On a vu, pendant les campagnes du roi de Prusse en Allemagne, des essais de poésie lyrique plus approchants de celle des Grecs : ce sont des chants militaires ; non pas dans le goût soldatesque, mais du plus haut style de l'ode, sur les exploits de ce héros. La poésie moderne n'a point d'exemples d'un enthousiasme plus vrai ; et de pareils chants, répétés de bouche en bouche dans une armée, avant une bataille, après une victoire, même à la suite d'un revers, seraient plus éloquents et plus utiles que des harangues. (*Voyez* LYRIQUE.)

Mais ce n'est point un moment d'enthousiasme, ce sont les mœurs et le génie d'une nation qui assurent à la poésie un règne constant et durable.

L'Allemagne, à qui les sciences et les arts sont redevables de tant de découvertes, et qui, du côté des savantes études et des recherches approfondies, l'a emporté sur tout le reste de l'Europe, semble y avoir mis toute sa gloire. Une vie laborieuse, une condition pénible, un gouvernement qui n'a eu ni l'avantage de flatter l'orgueil par des prospérités brillantes, ni celui d'élever les âmes par le sentiment de la liberté, qui est la véritable dignité de l'homme, ni celui de polir les esprits et les mœurs par les raffinements du luxe et par le commerce d'une société voluptueusement oisive; enfin la destinée de l'Allemagne, qui, depuis si long-temps, est le théâtre des sanglants débats de l'Europe, et la tristesse que répand chez les peuples l'incertitude continuelle de leur fortune et de leur repos; peut-être aussi un caractère naturellement plus porté à des méditations profondes, à de sublimes spéculations qu'à des fictions ingénieuses, sont les causes multipliées qui ont rendu l'Allemagne plus stérile en poète que tous les autres pays que nous venons de parcourir. Le climat, l'histoire, les mœurs, rien n'était poétique en Allemagne : aucune cour n'y a été disposée à élever aux muses des théâtres assez brillants, à présenter assez d'attraits et d'encouragement au génie, pour exciter dans les esprits cette émulation d'où naissent les grands efforts et les grands succès.

Les Allemands n'ont pas laissé, à l'exemple de leurs voisins, de s'essayer en divers genres de poésie. Ils ont leur théâtre comique et tragique. Ils ont aspiré même à la gloire de l'épopée. Klopstock a chanté le Messie; et cette tentative a eu tout le succès qu'elle pouvait avoir. On a plaint l'homme de talent d'avoir pris un sujet dont la majesté froide, la sublimité ineffable et l'inviolable vérité ne permettaient à la poésie que des peintures inanimées et des scènes sans passion. Gessner a été plus habile et plus heureux dans le choix du sujet de son poëme d'*Abel*; le moment, l'action, le caractère principal et les contrastes qui le relèvent, étaient sans contredit ce que l'histoire sainte avait de plus poétique; et il a su rendre son sujet encore plus pathétique et plus intéressant : aussi ce poème, dénué des graces naïves du style original, ne laisse-t-il pas de nous attendrir dans la traduction française. Mais je répéterai, à l'égard de ce poème, ce que j'ai dit de celui de Milton : il ne tient pas plus au climat, aux mœurs, au génie de l'Allemagne, que de tel autre pays de l'Europe; c'est un poème oriental, ce n'est pas un poème allemand.

Les églogues du même poète sont des plantes un peu plus analogues au climat qui les a vues naître; leur grace, leur naïveté, leur coloris, leur morale philosophique, font désirer d'habiter les lieux où le poète a vu ou semble avoir vu la nature. Il en est de même du poème des *Alpes*, dans un genre supérieur. La poésie descriptive est de tous les pays ; mais la Suisse lui est favorable plus qu'aucun autre climat du Nord, si ce n'est peut-être la Suède.

Je ne parle point des essais que la poésie dramatique a faits en Allemagne; le parti qu'ont pris les souverains d'avoir des spectacles italiens ou français est à la fois l'effet et la cause du peu de progrès que le génie national a fait dans ce genre de poésie*.

Rien n'était poétique en France. La langue de Marot et de Rabelais était naïve ; celle d'Amyot et de Montaigne était hardie, figurée, énergique ; celle de Malherbe et de Balzac avait du nombre et de la noblesse ; elle acquit de la majesté sous la plume du grand Corneille, de la pureté, de la grace, de l'élégance, et toutes les couleurs les plus délicates et les plus vives de la poésie et de l'éloquence dans les écrits de Racine et de Fénelon ; mais deux avantages prodigieux des langues anciennes lui furent refusés, la liberté de l'inversion et la précision de la prosodie : or, sans l'une point de période ; et sans l'autre, il faut l'avouer, point de mesure dans les vers. Balzac, le premier, avait essayé d'introduire le nombre et la période dans la prose française ; mais quoique alors on se permît plus d'inversions qu'à présent, la langue étant assujettie à observer presque fidèlement l'ordre naturel des idées, la faculté de combiner les mots au gré de l'oreille se réduisait à peu de chose. Il fallut donc, pour donner du nombre et de la rondeur au discours, s'occuper des mots plus que des choses : encore ne parvint-on jamais à imiter le rhythme et la périodes des anciens. La période sur-tout, sans l'inversion libre,

---

* Cette revue se trouve aujourd'hui bien incomplète, puisqu'il y manque les noms de Wieland, de Goethe, de Schiller, etc. *Voyez* ces divers articles et ceux de KLOPSTOCK et de GESSNER. F.

était impossible à construire : car son artifice consiste à suspendre le sens et à laisser l'esprit dans l'attente du mot qui doit le décider ; en sorte que, dans l'entendement, les deux extrémités de l'expression se rejoignent quand la période est finie : c'est ce qui l'a fait comparer à un serpent qui mord sa queue. Or, dans une langue où les mots suivent à la file la progression des idées, comment les arranger de façon qu'une partie de la pensée attende l'autre, et que l'esprit, égaré dans ce labyrinthe, ne se retrouve qu'à la fin ?

Mais si la période française ne fut pas circulaire comme celle des anciens, au moins fut-elle prolongée et soutenue jusqu'à son repos absolu ; et le tour, le balancement, la symétrie de ses membres, lui donnèrent de l'élégance, du poids et de la majesté. Ainsi, à force de travail et de soin, notre langue acquit dans la prose une élégance, une souplesse, un tour harmonieux qui ne lui était pas naturel.

Le plus diffice était de donner à nos vers du nombre et de la mélodie : comment observer la mesure dans une langue qui n'a point de prosodie décidée ? Aussi nos vers n'eurent-ils d'abord, comme les vers, provençaux et italiens, d'autre règle que la rime et la quantité numérique des syllabes : on ne les chantait point, ils ne pouvaient donc pas être mesurés par le chant. L'ode même fut parmi nous ce qu'elle a été dans tout le reste de l'Europe moderne, un poème divisé en stances, et d'un style plus élevé, plus véhément, plus figuré que les autres poèmes, mais nullement propre à être chanté. (*Voyez* ODE et LYRIQUE.)

Cependant, comme de leur naturel, les éléments des langues ont une prosodie indiquée par les sons plus lents ou plus rapides, et par les articulations plus faciles et plus pénibles qu'elles présentent, la prosodie de la langue française se fit sentir d'elle-même à l'oreille délicate des bons poètes. Malherbe y sut trouver du nombre, et le fit sentir dans ses vers, comme Balzac dans sa prose. Il donna aux vers de huit syllabes et aux vers héroïques une cadence majestueuse, que nos plus grands poètes n'ont pas dédaigné de prendre pour modèle, heureux d'avoir pu l'égaler.

Plus le vers français était libre et affranchi de toutes les règles de la prosodie ancienne, plus il était difficile à bien faire ; et depuis Malherbe jusqu'à Corneille, rien de plus déplorable que ce déluge de vers lâches, traînants, ou durs et boursouflés, sans mélodie et sans noblesse, dont la France fut inondée : le malheureux Hardy en faisait mille en vingt-quatre heures.

Si la poésie française a eu tant de peine, du côté du style et des vers, à vaincre les difficultés que lui opposait une langue inculte et barbare, elle n'a pas eu moins de peine à vaincre les obstacles que lui opposait la nature du côté des mœurs et du climat dans un pays qui semblait devoir être à jamais étranger pour elle.

Ce que nous avons dit de l'Italie moderne, au sujet de l'histoire, peut s'appliquer à tout le reste de l'Europe, et particulièrement à la France. Si la poésie héroïque n'eût demandé que des faits atroces, des complots, des assassinats, des brigandages, des massacres, notre histoire lui en eût offert abondamment et des plus horribles. Qu'on se rappelle, par exemple, les premiers temps de notre monarchie, le règne de Clovis, le massacre de sa famille, le règne des fils de Clotaire, leurs guerres sanglantes, les crimes de Frédégonde et de Landry ; c'est le comble de l'atrocité ; mais ce n'est là ni le poème épique ni la tragédie.

Il faut à l'épopée, comme je l'ai dit, des caractères et des mœurs susceptibles d'élévation, des évènements importants et dignes de nous étonner, soit par leur grandeur naturelle, soit par le mélange du merveilleux ; et rien de plus rare dans notre histoire.

Lorsqu'on ne savait pas faire encore une églogue, une élégie, un madrigal ; lorsqu'on n'avait pas même l'idée de la beauté de l'imitation dans la poésie descriptive, dans la poésie dramatique, on eut en France la fureur de faire des poèmes épiques. Le *Clovis*, le *Saint Louis*, le *Moïse*, l'*Alaric*, la *Pucelle*, parurent presque en même temps ; et qu'on juge de la célébrité qu'ils eurent, par l'admiration avec laquelle Chapelain parle de ses rivaux. « Qu'est-ce « dit-il, que la *Pucelle* peut opposer, dans la pein- « ture parlante, au *Moïse* de M. de Saint-Amand ? « dans la hardiesse et dans la vivacité, au *Saint* « *Louis* du révérend P. Le Moine ? dans la pureté, « dans la facilité et dans la majesté, au *Saint Paul*

« de M. l'évêque de Vence ? dans l'abondance et la
« pompe, à l'*Alaric* de M. Scudery ? enfin dans la
« diversité et dans les agréments, au *Clovis* de
« M. Desmarets ? » (*Préface de la Pucelle.*)

La vérité est que tous ces poèmes font la honte du siècle qui les a produits. Le ridicule justement répandu depuis sur le *Clovis*, le *Moïse*, l'*Alaric*, la *Pucelle*, est la seule trace qu'ils ont laissé. Le *Saint Louis* est moins méprisable *, mais de faibles imitations de la poésie ancienne et des fictions extravagantes n'ont pu le sauver de l'oubli. Le *Saint Paul* n'est pas même connu de nom.

Les causes générales de ces chutes rapides, après un succès éphémère, furent d'abord sans doute le manque de génie et la fausse idée qu'on avait de l'art, mais aussi le malheureux choix des sujets, soit du côté des caractères et des mœurs, soit du côté des peintures physiques et des incidents naturels, soit du côté du merveilleux. Quand il faut tout créer, les hommes et les choses, tout ennoblir, tout embellir; quand la vérité vient sans cesse flétrir l'imagination, la démentir, la rebuter, le génie se lasse bientôt de lutter contre la nature. Or que l'on se rappelle ce que nous avons dit des circonstances physiques et morales qui, dans la Grèce, favorisaient la poésie épique, et qu'on jette les yeux sur ces poèmes modernes : le contraire, dans presque tous les points, sera le tableau de la stérilité du champ couvert d'épines et de ronces où elle se vit transplantée.

Ne parlons point du *Saint Louis*, sujet dont tou-

* *Voy.* l'art. du P. Le Moine.

tes les beautés, enlevées par le génie du Tasse, ne laissaient plus aux poètes français que le faible et dangereux honneur d'imiter l'Homère italien ; ne parlons point du *Moise*, sujet qui demandait peut-être l'auteur d'*Esther* et d'*Atalie*, et qui d'ailleurs n'a rien que de très éloigné de nous : quelles mœurs à peindre en poésie dans le *Clovis* et l'*Alaric*, que celles des Romains dégénérés, des Gaulois asservis, des Goths et des Francs belliqueux mais barbares, et dont tout le code se réduisait à la loi : *Malheur aux vaincus!* Que pouvait être, dans ces poèmes, la partie morale de la poésie, celle qui lui donne de la noblesse, de l'élévation, du pathétique, celle qui en fait l'intérêt et le charme? Voyez, dans les poésies qu'on attribue aux Islandais, aux Scandinaves et aux anciens Écossais, combien ce naturel sauvage, qui d'abord intéresse par sa franchise et sa candeur, est peu varié dans ses formes; combien cet héroïsme naturel et cette vigueur d'âme, de courage et de mœurs, a peu de nuances distinctes ; combien ces descriptions, ces images hardies se ressemblent et se répètent. A plus forte raison, dans un climat plus tempéré, où les sites, les accidents, les phénomènes de la nature sont moins bizarrement divers, les tableaux poétiques doivent-ils être plus monotones. On a bientôt décrit des forêts vastes et profondes, des précipices et des torrents.

Si la Gaule est devenue plus poétique, c'est par les arts, et par les accidents moraux qui en ont varié la surface : encore n'a-t-elle jamais eu, soit au physique, soit au moral, de ces aspects dont la grandeur étonne et tient du merveilleux.

Qu'ont fait les hommes de génie qui, dans l'épopée, ont voulu donner à la poésie française un plus heureux essor? L'un a saisi, dans notre histoire, le moment où les mœurs françaises, animées par le fanatisme et par l'enthousiasme des partis, donnaient aux vices et aux vertus le plus de force et d'énergie. Il a choisi pour son héros un roi brillant par son courage, intéressant par ses malheurs, adorable par sa bonté ; et à l'action de ce héros,

Qui fut de ses sujets le vainqueur et le père,

il a entremêlé avec ménagement des fictions épisodiques, les unes prises dans la croyance, et les autres dans le système universel de l'allégorie, mais toutes élevées par son génie à la hauteur de l'épopée, et décorées par l'harmonie et le coloris des beaux vers.

L'autre a ramené la poésie dans son berceau et aux pieds du tombeau d'Homère. Il a pris son sujet dans Homère lui-même, a fait d'un épisode de l'*Odyssée* l'action générale de son poème ; et au milieu de tous les trésors que nous avons vus étalés dans la Grèce sous les mains de la poésie, il en a pris en liberté, mais avec le discernement du goût le plus exquis, tout ce qui pouvait rendre aimable, intéressante et persuasive, la plus courageuse leçon qu'on ait jamais donnée aux enfants de nos rois.

Si l'aventure de la *Pucelle* avait été célébrée sérieusement par un homme de génie, personne, après lui, n'aurait osé en faire un poème comique. Peut-être aussi y aurait-il eu quelque avantage, du côté des mœurs, à chanter l'incursion des Sarrasins en deçà des Pyrénées ; et Martel, vainqueur d'Abdérame, est un héros digne de l'épopée. A cela près, on ne voit guère, dans notre histoire, de sujets vraiment héroïques ; et l'on peut dire que le génie y sera toujours à l'étroit.

Il n'y avait guère plus d'apparence que la tragédie pût réussir sur nos théâtres ; cependant elle s'y est élevée à un degré de gloire dont le théâtre d'Athènes aurait été jaloux : 1° parce qu'elle y obtint, dès sa naissance, beaucoup d'encouragement, de faveur et d'émulation ; 2° parce qu'elle ne s'astreignit point à être française et qu'elle tira ses sujets de l'histoire de tous les siècles et des mœurs de tous les pays ; 3° parce qu'elle se fit un nouveau système et qu'elle sut prendre ses avantages sur le nouveau théâtre qu'on lui avait élevé.

Ce fut sous le règne de Henri II qu'elle fit ses premiers essais. Rien de plus pitoyable à nos yeux que cette *Cléopâtre* et cette *Didon* qui firent la gloire de Jodelle ; mais Jodelle était un génie, en comparaison de tout ce qui l'avait précédé. « Le roi « lui donna, dit Pasquier, cinq cents écus de son « épargne, et lui fit tout plein d'autres graces, d'au- « tant plus que c'était chose nouvelle, et très belle, « et très rare. »

Il n'en fallut pas davantage pour exciter cette émulation dont les efforts, malheureux à la vérité durant l'espace de près d'un siècle, furent à la fin couronnés.

La première cause de la faveur et des succès qu'eut la poésie, dans un climat qui n'était pas le sien, fut le caractère d'un peuple curieux, léger et sensible, passionné pour l'amusement, et, après les Grecs, le plus susceptible qui fut jamais d'agréables illusions. Mais ce n'eût été rien, sans l'avantage prodigieux pour les muses de trouver une ville opulente et peuplée, qui fût le centre des richesses, du luxe et de l'oisiveté, le rendez-vous de la partie la plus brillante de la nation, attirée par l'espérance de la faveur et de la fortune et par l'attrait des jouissances. Il est plus que vraisemblable que s'il n'y eût pas eu un Paris, la nature aurait inutilement produit un Corneille, un Racine, un Voltaire.

Parmi les causes des succès de la poésie dramatique, se présente naturellement la protection éclatante dont l'honora le cardinal de Richelieu, et, après lui, Louis XIV; mais celle de Louis XIV fut éclairée, celle du cardinal ne le fut pas assez. Aussi vit-on, sous son ministère, le triomphe du mauvais goût, sur lequel enfin prévalut le génie.

Les poètes français avaient senti, comme par instinct, que l'histoire de leur pays serait un champ stérile pour la tragédie. Ils avaient commencé, comme les Romains, par copier les Grecs. Ils couraient comme des aveugles, tantôt dans les routes anciennes, tantôt dans des sentiers nouveaux qu'ils voulaient se frayer eux-mêmes. De l'histoire fabuleuse des Grecs ils se jetaient dans l'histoire romaine, quelquefois dans l'histoire sainte; ils copiaient servilement et froidement les poètes italiens; ils entassaient sur leur théâtre les aventures des romans; ils empruntaient des poètes espagnols leurs rodomontades et leurs extravagances, et ce qu'il y a d'étonnant, c'est que de toutes ces tentatives malheureuses devait résulter le triomphe de la tragédie, par la liberté sans bornes qu'elle se donnait de puiser dans toutes les sources, et de réunir sur un seul théâtre les évènements et les mœurs de tous les pays et de tous les temps. C'est là ce qui a rendu le génie tragique si fécond sur la scène française, et multiplié en même temps ses richesses et nos plaisirs.

La tragédie, chez les Grecs, ne fut que le tableau vivant de leur histoire. C'était sans doute un avantage du côté de l'intérêt; car d'un évènement national, l'action est comme personnelle aux spectateurs, et nous en avons des exemples. Mais à l'intérêt patriotique il est possible de suppléer par l'intérêt de la nature, qui lie ensemble tous les peuples du monde et qui fait que l'homme vertueux et souffrant, l'homme faible et opprimé, l'homme innocent et malheureux, n'est étranger dans aucun pays. Voilà la base du système tragique que nos poètes ont élevé, et ce système vaste leur ouvrait deux carrières, celle de la fatalité et celle des passions humaines. Dans la première, ils ont suivi les Grecs, et, en les imitant, ils les ont surpassés; dans la seconde, ils ont marché à la lumière de leur propre génie, et il y a peu d'apparence qu'on aille jamais plus loin qu'eux. Leur génie a tiré avantage de tout, et même du peu d'étendue de nos théâtres modernes, en donnant plus de correction à des tableaux vus de plus près.

Ainsi, à la faveur des lieux, des hommes et des temps, la tragédie s'éleva sur la scène française jusqu'à son apogée, et durant plus d'un siècle le génie et l'émulation l'y ont soutenue dans toute sa splendeur. Mais par le seul tarissement des sources où elle s'est enrichie, par les limites naturelles du vaste champ qu'elle a parcouru, par l'épuisement des combinaisons, soit d'intérêt, soit de caractères, soit de passions théâtrales, il serait possible d'annoncer son déclin et sa décadence.

Paris devait être naturellement le grand théâtre de la comédie moderne, par la raison, comme nous l'avons dit, que la vanité est la mère des ridicules, comme l'oisiveté est la mère des vices. La comédie y commença, comme dans la Grèce, par être une satire, moins la satire des personnes que la satire des états. Cette espèce de drame s'appelait *sotties*. Le clergé même n'y était pas épargné, et Louis XII, pour réprimer la licence des mœurs de son temps, avait permis que la liberté de cette censure publique allât jusqu'à sa personne. François Ier la réprima ; il défendit à la comédie d'attaquer les hommes en place : c'était donner le droit à tous les citoyens d'être également épargnés.

La comédie, jusqu'à Molière, ignora ses vrais avantages. Sous le cardinal de Richelieu, on était si loin de soupçonner encore ce qu'elle devait être, que *Les Visionnaires* de Desmarets, dont tout le mérite consiste dans un amas d'extravagances qui ne sont dans les mœurs d'aucun pays ni d'aucun siècle, étaient appelés l'*Incomparable comédie*. Dans cette comédie, nulle vérité, nulles mœurs, nulle intrigue : ce sont les petites-maisons, où l'on se promène de loge en loge.

La première pièce vraiment comique qui parut sur le théâtre français depuis l'*Avocat patelin*, ce fut le *Menteur* de Corneille, pièce imitée de l'espagnol, de Lopez de Vega, ou de Roxas, ce que Voltaire met en doute; et il observe, à propos du *Menteur*, que le premier modèle du vrai comique, ainsi que du vrai tragique (le *Cid*), nous est venu des Espagnols, et que l'un et l'autre nous a été donné par Corneille.

Indépendamment du caractère et des mœurs nationales, si propres à la comédie, deux circonstances favorisaient Molière : il venait dans un temps où les mœurs de Paris n'étaient ni trop, ni trop peu façonnées. Des mœurs grossières peuvent être comiques; mais c'est un comique local, dont la peinture ne peut amuser que le peuple à qui elle ressemble, et qui rebutera un siècle plus poli, une nation plus cultivée. On voit que dans Aristophane, malgré cette politesse vantée sous le nom d'*atticisme*, bien des détails des mœurs du peuple athénien blesseraient aujourd'hui notre délicatesse; le corroyeur et le charcutier seraient mal reçus des Français. Les femmes, à qui l'on reproche tout crument, dans les *Harangueuses*, de se soûler, de ferrer la mule, et bien d'autres espiègleries; les femmes qui, pour tenir conseil, prennent les culottes de leurs maris, et les maris qui sortent la nuit en chemise, cherchant leurs femmes dans les rues, nous paraîtraient des plaisanteries plus dignes des halles que du théâtre. Que serait-ce si, comme Aristophane, on nous faisait voir un de ces maris sortant la nuit de sa maison, pour un besoin qu'il satisfait en présence des spectateurs? Était-ce là du sel attique?

Un des avantages de Molière fut donc de trouver Paris assez civilisé pour pouvoir peindre même les mœurs bourgeoises, et faire parler ses personnages les plus comiques d'un ton que la décence et la délicatesse pût avouer dans tous les temps. J'en excepte, comme on le sent bien, quelques licences qu'il s'est données, sans doute pour complaire au bas peuple, mais dont il pouvait se passer.

Un autre avantage pour lui, ce fut que les mœurs de son temps ne fussent pas assez polies pour se dérober au ridicule, et qu'il y eût dans les caractères assez de naturel encore et de relief pour donner prise à la comédie.

L'effet inévitable d'une société mêlée et continue, où, successivement et de proche en proche, tous les états se confondent, est d'arriver enfin à cette égalité de surface qu'on nomme politesse; et dès-lors, plus de vices ni de ridicules saillants. L'avare est avare, mais dans son cabinet; le jaloux est jaloux, mais au fond de son âme. Le mépris attaché au ridicule fait que tout le monde l'évite; et sous les dehors de la décence, l'unique loi des mœurs publiques, tous les vices sont déguisés : au lieu que dans un temps où la malignité n'est pas encore raffinée, l'amour-propre n'a pas encore pris toutes ces précautions ; chacun se tient moins sur ses gardes ; et le poète comique trouve partout le ridicule à découvert.

Or, du temps de Molière, les mœurs avaient encore cette naïveté imprudente ; les états n'étaient pas confondus, mais ils tendaient à l'être ; c'était le moment des prétentions maladroites, des imitations gauches, des méprises de la vanité, des duperies de la sottise, des affectations ridicules, de toutes les bévues enfin où l'amour-propre peut donner.

Une éducation plus cultivée, le savoir-vivre, qui est devenu notre plus sérieuse étude, l'attention si recommandable à ne blesser ni l'opinion ni les usages, la bienséance des dehors, qui du grand monde a passé jusqu'au peuple, les leçons mêmes que Molière a données, soit pour saisir et révéler les ridicules d'autrui, soit pour mieux déguiser les siens, ont mis la comédie comme en défaut ; et presque tout ce qui lui resterait à peindre lui est sévèrement interdit.

On permet de donner au théâtre à chaque état les vices, les travers, les ridicules qui ne sont pas les siens : mais ceux qui lui sont propres, on lui en épargne la peinture, parce qu'ils forment l'esprit du corps, et qu'un corps est trop respectable pour être peint au naturel. Il n'y a que les courtisans et les procureurs qui se soient livrés de bonne grace, et que l'on n'ait point ménagés : les médecins eux-mêmes seraient peut-être moins patients aujourd'hui que du temps de Molière ; mais sur leur compte il a tout dit.

Si l'on demande pourquoi nous n'avons plus de comédie, on peut donc répondre à tous les états, c'est que vous ne voulez plus être peints. Si on nous représente les mœurs du bas peuple, qui est le seul qui se laisse peindre, le tableau est de mauvais goût, et si l'on prend ses modèles dans une classe plus élevée, cela ressemble trop, l'allusion s'en mêle, et il n'est point d'état un peu considérable qui n'ait le crédit d'empêcher qu'on se moque de lui : chacun veut pouvoir être tranquillement ridicule et impunément vicieux. Cela est commode pour la société, mais très incommode pour le théâtre.

La décence est une autre gêne pour les poètes comiques. Une mère veut pouvoir mener sa fille au spectacle, sans avoir à rougir pour elle si elle est innocente, et sans la voir rougir, si elle ne l'est pas. Or, comment exposer à leurs yeux, sur la scène, les vices les plus à la mode, et qui donneraient le plus de jeu à l'intrigue et au ridicule ?

Les vices condamnés par les lois sont censés réprimés par elle : les citer au théâtre comme impunis, et les peindre comme plaisants, c'est en même temps accuser les lois et insulter aux mœurs publiques. L'adultère ne serait pas assez châtié par le mépris, ni le libertinage et ses honteux effets assez punis par le ridicule : voilà pourquoi on défend à la comédie d'instruire inutilement l'innocence et d'effaroucher la pudeur.

En général, le caractère des Français, actif, souple, adroit, susceptible de vanité et d'émulation, que la concurrence aiguillonne dans une ville comme Paris; ce génie peu inventif, mais qui s'applique sans relâche à tout perfectionner, a été la cause constante des progrès de la poésie dans un climat qui ne semblait pas fait pour elle; et plus elle a eu des difficultés à vaincre, plus elle mérite de gloire à ceux qui, à travers tant d'obstacles, l'ont élevée à un si haut point de splendeur.

D'après l'esquisse que je viens de donner de l'histoire naturelle de la poésie, on doit sentir combien on a été injuste en comparant les siècles et leurs productions, et en jugeant ainsi les hommes. Voulez-vous apprécier l'industrie de deux cultivateurs? ne comparez pas seulement les moissons, mais pensez au terrain qui les a produites, et au climat dont l'influence l'a rendu plus ou moins fécond.

MARMONTEL, *Éléments de Littérature.*

POÈTE. D'après l'idée qu'Homère nous donne de son art, et de l'estime qu'on y attachait dans les temps qu'il a rendus célèbres, on voit que les poètes étaient des philosophes ou des théologiens qui se donnaient pour inspirés, et auxquels on croyait que les dieux avaient révélé des secrets inconnus au reste des hommes. Ainsi, lorsqu'ils faisaient aux peuples des récits merveilleux ou qu'ils expliquaient par des fables les phénomènes de la nature, on ne demandait pas où ils avaient pris cette science mystérieuse : le chantre ou le devin se disait prêtre d'Apollon, favori des Muses, confident de leur mère, la déesse Mémoire : que ne devaient-ils pas savoir ?

Ce ne fut que long-temps après, et lorsque les peuples plus éclairés s'aperçurent que dans le génie des poètes ils n'y avait rien de surnaturel, qu'à l'idée d'inspiration succéda celle d'invention et de fiction poétique. Mais alors même, en perdant le crédit de la prophétie, les poètes surent conserver le pouvoir de l'illusion, et, quoique reconnus pour des menteurs ingénieux, ils soutinrent leur personnage. De là ces formules d'invocation, d'inspiration et d'enthousiasme, qu'ils ne cessèrent d'affecter; de là ce style figuré, ce langage mystérieux, qu'ils retinrent de leur ancienne divination; de là cette élévation d'idées, cette majesté de langage qui leur fut nécessaire pour imiter le dieu dont ils se disaient les organes.

Du temps même d'Horace, on ne méritait le nom de poète qu'autant qu'on avait les moyens de remplir ce grand caractère :

« Ingenium cui sit, cui mens divinior, atque os
« Magna sonaturum, des nominis hujus honorem. »

A mesure que l'amour du mensonge est devenu moins vif, et que le goût des arts et l'esprit qui les juge a pris quelque teinte de philosophie, le rôle de poète s'est modéré; l'ode a perdu sa vraisemblance, l'épopée son merveilleux; au don de feindre des chimères a succédé le talent de peindre, d'embellir des réalités; l'enthousiasme s'est réduit à la chaleur d'une imagination sagement exaltée, d'une âme profondément émue; et l'éloquence du poète n'a plus différé de celle de l'orateur que par un peu plus de hardiesse dans les tours et dans les images, par un peu plus de liberté et d'emphase dans l'expression : en sorte qu'il est plus vrai que jamais que, du côté de l'élocution, le talent de l'orateur et celui du poète se touchent : « Est finitimus oratori poeta : « numeris adstrictior paulò, verborum autem licen- « tiâ liberior, multis verò ornandi generibus socius « ac penè par *. (Cic. *De Orat.*)

Mais tout réduit que nous semble à présent l'ancien domaine du poète, je ne pense pas que, du côté de l'invention, celui de l'orateur ait jamais eu cette étendue illimitée qui s'enfonce dans les possibles, et dans laquelle non-seulement le vrai, mais

---

* Marmontel élève ici une question curieuse et difficile à résoudre. En quoi diffèrent la poésie et l'éloquence qui, sous certains rapports, paraissent se ressembler? Est-ce seulement par le plus ou le moins de liberté dont elles jouissent dans leurs inspirations, par l'étendue plus ou moins bornée des moyens dont il leur est permis de disposer? Je serais fort tenté de croire que leur but n'est point le même, et que c'est là ce qui les sépare plus que toute autre chose. L'éloquence est au service de l'utile; elle parle pour convaincre et persuader; il lui faut des auditeurs, des adversaires, des juges. La poésie, et sous ce nom je comprends tous les beaux-arts, est l'expression involontaire des sentiments intimes de l'âme; elle ne se propose pas d'abord d'instruire, ni même de divertir autrui, c'est lui-même que le poète, que l'artiste veut satisfaire avant tout. Sans doute il ne se plaindra pas d'avoir des spectateurs, *on en vaut mieux quand on est regardé*; mais, à toute force, il peut s'en passer; car il a en lui-même celui qu'il veut sur-tout émouvoir et toucher. On conçoit le Philoclès de Télémaque, relégué dans sa solitude, et s'occupant loin des hommes à façonner des dieux avec le marbre ou à les chanter sur la lyre; c'est un emblème

le vraisemblable est compris. Il me semble donc
que Cicéron a exagéré, lorsqu'il a dit de l'orateur
comparé au poète : « In hoc quidem certè propè

de cette indépendance des beaux-arts que n'a point l'éloquence, éminemment intéressée de la nature, à laquelle il faut un but, tandis que la poésie est son but à elle-même.

Pourquoi chantes-tu, demande-t-on au poète? Voilà sa réponse :

> . . . . . . Demande à Philomèle
> Pourquoi, durant les nuits, sa douce voix se mêle
> Au doux bruit des ruisseaux, sous l'ombrage roulant ?
> Je chantais, mes amis, comme l'homme respire,
> Comme l'oiseau gémit, comme le vent soupire,
> Comme l'eau murmure en coulant.

Il ne s'embarrassait pas si l'on écoutait ces chants qui s'échappaient de son âme ; il suivait le transport qui l'entraînait :

> Le cygne qui s'envole aux voûtes éternelles,
> Amis, s'informe-t-il si l'ombre de ses ailes
> Flotte encor sur un vil gazon?

Quelle image de cet essor qui nous porte vers la poésie; essor, nous le répétons, tout involontaire, qu'on ne peut attribuer qu'à une sorte d'instinct sublime. Écoutons encore le poète qui nous explique dans son admirable langue ce mystère de la poésie, dans lequel, ce nous semble, on doit trouver la solution du problème que propose Marmontel.

> Jamais aucune main sur la corde sonore
> Ne guida dans ses jeux ma main novice encore;
> L'homme n'enseigne pas ce qu'inspire le ciel;
> Le ruisseau n'apprend pas à couler dans la pente,
> L'aigle à fendre les airs d'une aile indépendante,
> L'abeille à composer son miel.
>
> L'airain retentissant dans sa haute demeure,
> Sous le marteau sacré tour à tour chante et pleure
> Pour célébrer l'hymen, la naissance ou la mort;
> J'étais, comme ce bronze, épuré par la flamme,
> Et chaque passion, en frappant sur mon âme,
> En tirait un sublime accord.

« idem, nullis ut terminis circumscribat aut defi-
« niat jus suum. » (*Ibid.*)

Considérons ici le poète à peu près comme Ci-

> Telle durant la nuit la harpe éolienne,
> Mêlant au bruit des eaux sa plainte aérienne,
> Résonne d'elle-même au souffle des zéphirs.
> Le voyageur s'arrête étonné de l'entendre,
> Il écoute, il admire, et ne saurait comprendre
> D'où partent ces divins soupirs.

Il faut lire le reste dans le *Poète mourant* de M. de Lamartine, morceau qui, sous les images les plus vives et les plus riches, nous paraît exprimer admirablement la nature secrète de la poésie.

J'aime à citer à la suite de cette belle pièce quelques vers bien peu connus où les mêmes idées ont été exprimées par un jeune poète qu'une mort prématurée a enlevé aux espérances de son talent, et privé de sa renommée. Ils sont tirés d'une ode adressée, en 1820, au célèbre Manzoni, et insérée dans le *Lycée français* (tom. IV, p 241), par M. Charles Loyson qui, peu de temps avant M. de Lamartine, obéissant à l'esprit douteux et rêveur de notre siècle, avait cherché, par quelques essais qui méritaient de vivre autre part que dans la mémoire de ses amis, à porter notre poésie vers les méditations religieuses et philosophiques. (*Voy.* tom. XVIII, p. 78 et suiv. de notre *Répertoire*, l'article que nous lui avons consacré, et les morceaux que nous avons extrait de ses poésies.)

> . . . .
> Dès qu'une voix mystérieuse
> M'a donné le signal divin,
> Comme une corde harmonieuse
> Mon âme a frémi dans mon sein.
> Silence, ô mes amis, silence!
> Et vous, fuyez, dont la présence
> Troublerait mes sacrés transports;
> Au hasard je frappe ma lyre,
> Et laisse au démon qui m'inspire
> Le soin d'en former les accords.
>
> . . . , ...
> O feu divin! céleste ivresse!

céron a considéré l'orateur; et pour nous former une idée de l'artiste, remontons à celle de l'art.

Si je dis, comme Simonide, que la peinture est une poésie muette, je crois la définir complètement : si je dis que la poésie est une peinture animée et parlante, *aurium pictura*, je suis encore fort au-dessous de l'idée qu'on en doit avoir.

C'est peu de présenter son objet à l'esprit, elle le rend sans cesse comme présent aux yeux avec ses traits et ses couleurs; et cela seul l'égale à la peinture.

« . . . . Furor impius intùs,
« Sæva sedens super arma, et centum vinctus ahenis,

    Plaisir plein de trouble et d'effroi!
    Je m'élève, le ciel s'abaisse,
    La terre roule et fuit sous moi :
    Ravi sur des ailes brûlantes,
    Bien loin des cités turbulentes
    Et des champs par l'homme habités,
    J'erre aux confins de la nature,
    Dans des campagnes sans culture
    Et des sentiers infréquentés.

    Retraite impénétrable et sainte
    Où je ne vois de toute part
    Ni la trace de l'homme empreinte,
    Ni le sillon poudreux du char,
    Monts inconnus, forêts sauvages,
    Fleuves sans nom, lacs, rivages,
    Remplis d'un silence éternel :
    Source limpide et solitaire
    Où l'oiseau seul se désaltère
    En quittant les plaines du ciel.

H. PATIN.

« Post tergum nodis, fremet horridus ore cruento*. »
(Virg., *Æneid.*, I.)

Rubens lui-même aurait-il mieux peint la Discorde enchaînée dans le temple de Janus?

La peinture saisit son objet en action, mais ne le présente jamais qu'en repos. En exprimant ces vers de Virgile,

« Illa vel intactæ segetis per summa volaret
« Gramina, nec teneras cursu læsisset aristas**. »

le peintre représentera Camille élancée sur la pointe des épis, mais immobile dans cette attitude, au lieu qu'en poésie l'imitation est progressive et aussi rapide que l'action même. La poésie n'est donc plus le tableau mais le miroir de la nature.

Dans le miroir, les objets se succèdent et s'effacent l'un l'autre. La poésie est comme un fleuve qui serpente dans les campagnes, et qui dans son cours répète à la fois tous les objets répandus sur ses bords. Il y a plus : cet espace que parcourt la poésie est dans l'étendue successive comme dans l'étendue permanente ; ainsi le même vers présente à l'esprit deux images incompatibles, les étoiles et l'aurore, le présent et le passé.

« Jamque rubescebat stellis Aurora fugatis. »

Dans les exemples du tableau, du miroir et du

---

* « Au fond du temple la Fureur impie, assise sur un monceau d'armes meurtrières, et les bras enchaînés derrière le dos avec cent nœuds d'airain, frémira d'un air horrible et d'une bouche écumante de sang. »

** « Elle volerait sur la cime des jeunes moissons sans les fouler, et les tendres épis ne seraient pas blessés de sa course légère. »

fleuve, on ne voit qu'une surface ; la poésie tourne autour de son objet comme la sculpture, et le présente dans tous les sens.

Elle fait plus que répéter l'image et l'action des objets : cette imitation fidèle, quelque talent, quelque soin qu'elle exige, est sa partie la moins estimable : la poésie invente et compose ; elle choisit et place ses modèles, arrange, assortit elle-même tous les traits dont elle a fait choix, ose corriger la nature dans les détails et dans l'ensemble, donne de la vie et de l'âme au corps, une forme et des couleurs à la pensée, étend les limites des choses, et se fait des mondes nouveaux.

Dans cette manière de feindre, la peinture la suit, mais de loin, et dans ce qu'il y a de plus facile : car ce n'est pas dans le physique, mais dans le moral, qu'il est difficile de rendre, par la fiction, ce qui n'est pas comme s'il était : « Non solùm quæ « essent, verùm tamen quæ non essent, quasi essent. » (Jul. Scalig.) C'est là ce qui l'élève au-dessus de l'éloquence et de tous les arts.

L'objet des arts est infini en lui-même ; il n'est borné que par leurs moyens. Le modèle universel, la nature, est présent à tous les artistes ; mais le peintre, qui n'a que les couleurs, ne peut en imiter que ce qui tombe sous le sens de la vue. Le pinceau de Vernet ne rendra jamais dans une tempête le cri des matelots et le bruit des cordages.

« Clamorque virûm, stridorque rudentûm. »
(VIRG, *Eneid*. I.)

Le Titien n'exprimera pas les parfums exhalés des cheveux de Vénus (*Enéid. I*) :

> Ambrosiæque comæ divinum vertice odorem
> Spiravêre.

Le musicien, qui n'a que des sons, ne peut rendre que ce qui affecte le sens de l'ouïe; et pour former ce tableau des effets de la lyre d'Orphée,

> At cantu commotæ Erebi de sedibus imis
> Umbræ ibant tenues.
>
> (Virg., *Georg*. IV.)

l'harmonie appellera la pantomime à son secours. Ainsi les arts sont obligés de se réunir pour faire face à la poésie. Mais ni aucun des arts, ni tous les arts ensemble n'imiteront ce qu'elle exprime *. Elle seule pénètre au fond de l'âme, et en développe à nos yeux les replis. Ni les douces gradations des sentiments, ni les violents accès de la passion ne lui échappent. Les degrés d'élévation et de sensibilité, d'énergie et de ressort, de chaleur et d'activité, qui varient et distinguent les caractères à l'infini; toutes ces qualités, dis-je, et les qualités opposées, sont exprimées par la poésie. La même vertu, le même vice, la même passion a mille nuan-

---

* Les différences qui séparent la poésie et les arts du dessein, ont fourni à Lessing, dans son *Laocoon*, un ouvrage spécial d'un grand intérêt, auquel nous avons plus d'une fois renvoyé. Voyez dans ce recueil, tom. VII, p. 191; X, 57; XIII, 444. Marmontel, dans son article Fiction, auquel se rapporte ce dernier renvoi, a confondu les limites qu'il pose judicieusement ici entre des arts dont les moyens diffèrent beaucoup si leur but est le même.   H. P.

ces dans la nature; la poésie a mille couleurs pour graduer toutes ces nuances. C'est peu d'être aussi variée, aussi féconde que la nature même; la poésie compose des âmes comme la peinture imagine des corps; c'est un assemblage de traits pris çà et là de différents modèles, et dont l'accord fait la vraisemblance. Ses personnages ainsi formés, elle les oppose et les met en action : action plus vive, plus touchante qu'on ne la voit dans la nature; action variée dans son unité, soutenue dans sa durée; liée dans toutes ses parties, et sans cesse animée dans ses progrès par les obstacles et les combats.

C'est ici sur-tout que l'art de l'orateur me semble le céder à celui du poète. Instruire, intéresser, émouvoir, sont leur objet commun : mais la tâche de l'orateur est de persuader la vérité; celle du poète, le mensonge, et le mensonge connu pour tel. L'un, pour remuer son auditoire, a des intérêts sérieux, réels et présents; l'autre n'a que des fables ou des souvenirs éloignés : l'un, si j'ose le dire, produit ses effets avec des corps, et l'autre avec des ombres.

Que Cicéron serre dans ses bras, en présence des juges, Plancus, son ami, son bienfaiteur et son client, et qu'il le baigne de ses larmes; il en fera répandre, rien de plus naturel. Qu'il presse sur son sein le fils de Flaccus, encore enfant; que dans ses bras il le présente aux juges, et qu'il s'écrie d'une voix déchirante : « Miseremini familiæ, judi« ces, miseremini fortissimi patris, miseremini fi« lii; » l'attendrissement, la douleur dont il est pénétré passera dans toutes les âmes; et voilà le dernier effort de l'art oratoire. Mais qu'avec le fantôme d'Oreste et de Pylade, d'Andromaque et d'Astyanax, le poète obtienne le même effet, et un effet plus grand, voilà le merveilleux de l'art du poète; et il serait incompréhensible, si l'on ne savait pas quel est sur nous l'empire de l'imagination, une fois frappée et séduite.

Ce fut pour donner à l'imitation tous les dehors de la réalité, qu'on inventa le genre dramatique, où tout n'est pas illusion comme dans un tableau, où tout n'est pas vrai comme dans la nature, mais où le mélange de la fiction et de la vérité produit cette illusion tempérée qui fait le charme du spectacle. Il est faux que l'actrice que je vois pleurer et que j'entends gémir soit Ariane; mais il est vrai qu'elle pleure et gémit : mes yeux et mes oreilles ne sont pas trompés; tout ce qui les frappe est réel; l'illusion n'est que dans ma pensée. Tel est l'art de la poésie dramatique, le plus séduisant, le plus ingénieux de tous les arts d'imitation.

Ainsi, me dira-t-on, si l'éloquence a pour elle toute la force de la vérité, au moins peut-elle reprocher à la poésie d'y suppléer par tous les charmes du mensonge. Oui, j'en conviens; mais quelque soit réciproquement l'avantage de leurs moyens, il sera toujours vrai que la mobilité, la souplesse, la force d'imagination que demandent les transformations du poète pour revêtir à chaque instant un nouveau caractère, et dans la même scène des caractères opposés; que le génie pour les créer, les combiner et les faire agir comme dans la nature même; que cette faculté de concevoir, de combiner un grand dessein, de conduire une action vaste, et d'en graduer l'intérêt, sont réservés au poète; et le talent de produire, dans son ensemble et dans ses détails *Cinna*, *Britannicus*, *Zaïre*, le *Misanthrope* ou le *Tartufe*, me semble encore supérieur au talent de tirer d'un sujet oratoire tous les moyens de persuasion, d'émotion dont il est susceptible, au talent, dis-je, tout merveilleux qu'il est, de composer ou la harangue pour la couronne, ou le plaidoyer pour Milon, ou l'oraison funèbre de Condé.

De l'idée que nous venons de nous former de la poésie, dérive immédiatement celle qu'on doit avoir du poète, et par l'objet qu'il se propose, on peut juger et des talents dont il a besoin d'être doué, et des études qui lui sont propres.

Les trois facultés de l'âme d'où résultent tous les talents littéraires, sont l'esprit, l'imagination et le sentiment; et dans leur mélange, c'est le plus ou le moins de chacune de ces facultés qui produit la diversité des génies.

Dans le poète, c'est l'imagination et le sentiment qui dominent : mais si l'esprit ne les éclaire, ils s'égarent bientôt l'un et l'autre. L'esprit est l'œil du génie, dont l'imagination et le sentiment sont les ailes.

Toutes les qualités de l'esprit ne sont pas essentielles à tous les genres de poésie; il n'y a que la pénétration et la justesse, dont aucun d'eux ne peut se passer. L'esprit faux gâte tous les talents, l'esprit superficiel ne tire avantage d'aucun.

Tout n'est pas image et sentiment dans un poème. Il y a des intervalles où la pensée brille seule et de son éclat : il faut même se souvenir que la plus belle image n'en est que la parure ; et lors même que la pensée est colorée par l'imagination ou animée par le sentiment, elle nous frappe d'autant plus qu'elle est plus spirituelle, c'est-à-dire plus vive, plus finement saisie, et d'une combinaison à la fois plus juste et plus nouvelle dans ses rapports. L'esprit n'est donc pas moins essentiel au poète qu'au philosophe, à l'historien, à l'orateur.

Mais chacune des qualités de l'esprit a son genre de poésie où elle domine : par exemple, la finesse a l'épigramme en partage ; la délicatesse, l'élégie et le madrigal ; la légèreté, l'épître familière ; la naïveté, la fable ; l'ingénuité, l'idylle ; l'élévation, l'ode ; la tragédie, l'épopée.

Il est des genres qui demandent plusieurs de ces qualités réunies : la comédie, par exemple, exige à la fois la sagacité, la pénétration, la souplesse, la force, la légèreté, la finesse. La tragédie et l'épopée ne demandent pas moins de profondeur que d'élévation, et de force que d'étendue. (*Voyez* génie, imagination, invention, pathétique, etc.)

Un don qui n'est guère moins essentiel au poète que ceux de l'esprit et de l'âme, c'est une oreille délicate. Celui à qui le sentiment de l'harmonie est inconnu, doit renoncer à la poésie. (*Voyez* harmonie de style.)

Mais tous ces talents réunis ou périraient de sécheresse, ou ne produiraient que des fruits sauvages, s'ils n'étaient pas nourris, fécondés par l'étude.

Ici, comme dans tous les arts, la première étude est celle de soi-même. Si l'imagination se frappe, si le cœur s'affecte aisément, s'il y a de l'une à l'autre une correspondance mutuelle et rapide, si l'oreille a pour le nombre et l'harmonie une délicate senbilité; si l'on est vivement touché des beautés de la poésie; si l'âme, échauffée à la vue des grands modèles, se sent élevée au-dessus d'elle-même par une noble émulation; si, dès qu'on a conçu l'idée essentielle et primitive d'un sujet, on la voit au-dedans de soi-même se développer, se colorer, s'animer, et devenir féconde; si l'on éprouve ce besoin, cette impatience de produire qui vient de l'abondance et de la chaleur des esprits; si l'on saisit facilement le rapport des idées abstraites avec les objets sensibles, dont elles peuvent revêtir les couleurs, ou plutôt si ces idées naissent dans l'esprit revêtues de ces images; si les objets se présentent d'eux-mêmes sous la face la plus intéressante, la plus favorable à la peinture; si sur-tout, à l'idée d'un objet pathétique, les sentiments naissent en foule et se pressent dans l'âme, impatients de se répandre, on peut se croire né poète :

« Huic Musæ indulgent omnes, hunc poscit Apollo. »
VIDA.

A moins de ces dispositions naturelles, on fera peut-être des vers pleins d'esprit, mais dénués de poésie.

A l'étude de ces moyens personnels doit succéder l'étude des moyens étrangers. L'instrument de la poésie c'est la langue : et si tout homme qui se mêle d'écrire doit commencer par bien connaître les règles, le génie et les ressources de la langue dans laquelle il écrit, cette connaissance est encore mille fois plus nécessaire au poète, dans les mains duquel la langue doit avoir la docilité de la cire à prendre la forme qu'il voudra lui donner. Les variétés, les nuances du style sont infinies, et leurs degrés inappréciables. Le goût, ce sentiment délicat de ce qui doit plaire ou déplaire, est seul capable de les saisir. Or le goût ne s'enseigne point; il s'acquiert par l'usage fréquent du monde, par l'étude assidue et méditée du petit nombre des bons écrivains; encore suppose-t-il une finesse de perception qui n'est pas donnée à tous les hommes : la nature fait l'homme de génie et commence l'homme de goût.

Comme elle est le premier modèle et le grand livre du poète, c'est elle sur-tout qu'il importe d'étudier; et l'objet le plus intéressant qu'elle présente à l'homme, c'est l'homme même. Mais dans l'homme il y a l'étude de la nature, celle de l'habitude, celle de l'habitude et de la nature combinée, ou, si l'on veut, de la nature modifiée par les mœurs. (*Voyez* MOEURS.)

Le physique a deux branches, comme le moral : la simple nature, et la nature modifiée par les arts.

Le tableau de la nature physique est lui seul d'une richesse, d'une variété, d'une étendue à occuper des siècles d'étude; mais tous les détails n'en sont pas favorables à la poésie ; tous les genres de poésie ne sont pas susceptibles des mêmes détails. Ainsi le poète n'est pas obligé de suivre les pas du naturaliste. On exige encore moins de lui les méditations du physicien et les calculs de l'astronome. C'est à l'observateur à déterminer l'attraction et les mouvements des corps célestes; c'est au poète à peindre leur balancement, leur harmonie et leurs immuables révolutions. L'un distinguera les classes nombreuses d'êtres organisés qui peuplent les éléments divers; l'autre décrira d'un trait hardi, lumineux et rapide, cette échelle immense et continue, où les limites des règnes se confondent, où tout semble placé dans l'ordre constant et régulier d'une gradation universelle, entre les deux limites du fini, et depuis le bord de l'abyme qui nous sépare du néant jusqu'au bord de l'abyme opposé qui nous sépare de l'Être par essence. Les ressorts de la nature et les lois qui règlent ses mouvements ne sont pas de ces objets qu'il est aisé de rendre sensibles, et la poésie peut les négliger. Les causes l'intéressent peu, c'est aux effets qu'elle s'attache. Tandis que le physicien analyse le son et la lumière, le poète fera donc entendre à l'âme l'explosion du tonnerre et ces longs retentissements qui semblent, de montagne en montagne, annoncer la chute du monde. Il lui fera voir le feu bleuâtre des éclairs se briser en lames étincelantes, et fendre, à sillons redoublés, cette masse obscure de nuages qui semble affaisser l'horizon. Tandis que l'un tâche d'expliquer l'émanation des odeurs, l'autre rend ce phénomène visible à l'esprit, en feignant que les Zéphyrs agitent dans l'air leurs ailes humectées des larmes de l'Aurore et des parfums du matin. Que le confident de la nature développe le prodige de la greffe des arbres, c'est assez pour Virgile de l'exprimer en deux beaux vers :

Exiit ad cœlum, ramis felicibus, arbos,
Miraturque novas frondes et non sua poma.
(*Georg.*)

On voit par ces exemples que les études du poète ne sont pas celles du philosophe. Celui-ci étudie la nature pour la connaître, et celui-là pour l'imiter : l'un veut expliquer, et l'autre veut peindre. Il faut avouer cependant que si les profondes recherches du philosophe ne sont pas essentielles au poète, au moins lui seraient-elles d'une grande utilité, et celui que la nature a initié dans ses mystères aura toujours, sur des hommes superficiellement instruits, un avantage prodigieux. La physique est à la poésie ce que l'anatomie est à la peinture : elle ne doit pas s'y faire trop sentir; mais revêtue des graces de la fiction, elle y joint le charme de la vérité.

La simple nature est donc pour la poésie une mine abondante; la nature modifiée par l'industrie n'a pas moins de quoi l'enrichir.

La théorie de l'agriculture, des mécaniques, de la navigation, tous les arts de décoration, d'agrément, et tous ceux des arts utiles dont les détails ont quelque noblesse, peuvent contribuer à la collection des lumières du poète. Il doit en être assez instruit pour en tirer à propos des images, des comparaisons, des descriptions même s'il y est amené.

« Nulla sit ingenio quam non libaverit artem. »
(Vida.)

C'est par là qu'on évite la sécheresse et la stérilité dans les choses les plus communes, et qu'on peut être neuf en un sujet qui paraît usé.

« Tantùm de medio sumptis accedit honoris. »
(Horat., *De Art. poet.*)

Dans l'étude de la nature modifiée est comprise celle des productions de l'esprit, de ses développements et de ses progrès en éloquence, en morale, en poésie, etc.

Que l'étude des poètes soit essentielle à un poète, c'est ce qui n'a pas besoin de preuve :

« . . . . Hinc pectore numen
« Concipiunt vates. »

Mais on n'est pas assez persuadé que les philosophes, les orateurs, les historiens profonds ; que Tacite, Platon, Montagne, Démosthène, Massillon, Bossuet, et ce Pascal, qui ne savait pas combien il était poète lorsqu'il méprisait la poésie, en sont eux-mêmes des sources inépuisables. Il est cependant bien aisé de reconnaître, à la plénitude et à l'abondance des sentiments et des idées, un poète nourri de ces études. Il en est une sur-tout que j'appellerai la compagne du travail et la nourrice du génie : c'est la lecture habituelle de quelque auteur excellent, dont le style et la couleur soient analogues au sujet que l'on traite. D'une séance à l'autre, l'âme se dérange par le mouvement et la dissipation : il faut la remonter au ton de la nature, et l'auteur duquel je conseille de faire usage est comme un instrument sur lequel on prélude avant de chanter.

Il y a des moments de langueur où le génie semble épuisé :

« Credas penitùs migrasse Camenas. »
(Vida.)

on se persuade qu'il est prudent d'attendre alors dans le repos que le feu de l'imagination se rallume :

« Adventumque dei et sacrum expectare calorem. »
(*Le même.*)

on se trompe : cet abandon de soi-même se change en habitude, et l'âme insensiblement s'accoutume à une lâche oisiveté. Il faut avoir recours à des études qui raniment la vigueur du génie, et lorsque, par cette nourriture, il aura réparé ses forces, le désir de produire va bientôt l'exciter par de nouveaux aiguilons.

La théologie des philosophes est encore un champ vaste et fertile où le génie peut moissonner. On distingue les fictions qui ont pris naissance au sein de la philosophie, on les distingue des fables vulgaires à la justesse des rapports et à certain air de vérité que celles-ci n'ont jamais. La raison même applaudit, dans les poèmes de Virgile, toutes les fables qu'il a empruntées d'Épicure, de Pythagore et de Platon. L'imagination se repose avec délices sur un merveilleux plein d'idées; elle glisse avec dédain sur un mensonge vide de sens.

Que l'on compare dans Homère la chaîne d'or attachée au trône de Jupiter, la ceinture de Vénus, l'allégorie des Prières, l'ordre que le dieu Mars donne à la Terreur et à la Fuite d'atteler son char; que l'on compare, dis-je, le plaisir pur et plein que nous causent ces belles idées, ces idées philosophiques, avec l'impression faible et vague que fait sur nous la parole accordée aux chevaux d'Achille, le présent qu'Éole fait à Ulysse des vents enfermés dans une outre, le soin que prend Minerve de prolonger la première nuit que ce héros, à son retour, passe avec Pénélope sa femme, etc.; on sentira combien la vérité donne de valeur au mensonge, et combien la feinte est puérile, insipide, lorsqu'elle n'est pas fondée en raison. Je l'ai déjà dit, et je le répéterai souvent, plus un poète, à génie égal, sera philosophe, plus il sera poète.

Le plan d'études que je viens de tracer, proposé à un seul homme, serait sans doute effrayant, quoique notre siècle ait l'exemple d'un génie qui l'a rempli. Mais on a dû voir que, pour éviter la distribution des études, j'ai supposé le poète universel. Il est évident que celui qui se renferme dans le genre de l'églogue n'a pas besoin des études relatives à l'épopée. Je parle donc en général; et je laisse à chacun le soin de choisir l'espèce d'aliment qui convient à la nature de son génie:

« Atque tuis prudens genus elige viribus aptum. »
(Vida.)

J'observerai seulement qu'il en est des connaissances du poète comme des couleurs du peintre, qui doivent être sur la palette avant qu'il prenne le pinceau. C'est par un recueil beaucoup plus ample que le sujet ne l'exige, qu'il se met en état de le maîtriser et de l'agrandir. Le plus beau sujet réduit à sa substance, est peu de chose : il ne s'étend, ne s'embellit que par les lumières du poète ; et, dans une tête vide, il périra comme le grain jeté sur le sable ; au lieu que, dans une imagination pleine et féconde, un sujet qui semblait stérile ne devient que trop abondant ; et cet excès, dans un homme de goût, ne fût-il pas tout-à-fait sans danger, il serait encore vrai qu'à l'égard de l'esprit rien n'est pire que l'indigence.

« Illi qui tument et abundantiâ laborant, plus ha-
« bent furoris, sed etiam plus corporis. Semper
« autem ad sanitatem proclivius est quod potest
« detractione curari. Illi succurri non potest, qui
« simul et insanit et deficit. » (Senec.)

MARMONTEL, *Eléments de Littérature.*

POÉTIQUE. Ouvrage élémentaire où l'on trace les règles de la poésie. Dans les arts soumis au calcul, la théorie devance et conduit la pratique ; dans les arts où président le génie et le goût, c'est au contraire la pratique qui précède la théorie : l'exemple donne la leçon.

Dans les temps où la poésie était dans son enfance, les éléments qu'on en a donnés étaient faits comme pour des enfants. A mesure que l'art s'est élevé, l'idée s'en est agrandie ; et les préceptes n'ont été que les résultats des bons et des mauvais succès.

Nous sourions avec dédain lorsque nous entendons Jules Scaliger, dans sa *Poétique latine*, tracer le plan de la tragédie d'Alcyone, et demander que le « premier acte soit une plainte sur le départ de Ceyx ; « le second, des vœux pour le succès de sa navigation ; « le troisième, la nouvelle d'une tempête ; le qua- « trième, la certitude du naufrage ; le cinquième, « la vue du cadavre de Ceyx et la mort d'Alcyone. » Mais souvenons-nous que, du temps de Scaliger, un spectacle ainsi distribué aurait été un prodige sur nos théâtres.

Nous trouvons aussi ridicule qu'il propose à la comédie de peindre les mœurs de la Grèce et de Rome, « des filles achetées comme esclaves, et qui « soient reconnues libres au dénouement. » Mais dans un temps où l'art dramatique n'avait aucune forme en Europe, que pouvait faire de mieux un savant que d'en établir les préceptes sur la pratique des Anciens ?

On s'impatiente avec plus de raison de voir l'abbé d'Aubignac réduire en règles les premiers principes du sens commun ; on ne peut se persuader que le siècle de Corneille eût besoin qu'on lui apprît que « l'acteur qui joue Cinna ne doit pas mêler les bar- « ricades de Paris avec les proscriptions du trium-

« virat ; que le lieu de la scène doit être un espace
« vide, et qu'on ne doit pas y placer les Alpes auprès
« du Mont-Valérien. » Mais si l'on pense que le *Thémistocle* de Du Ryer balançait alors *Héraclius*, ces
leçons ne paraîtront plus si déplacées pour ce
temps-là.

C'est donc sans aucun mépris pour les écrivains
qui ont éclairé leur siècle, que je les crois au-dessous du nôtre. Il faut partir du point où l'on est :
depuis deux cents ans l'esprit humain a plus gagné
qu'il n'avait perdu en dix siècles de barbarie.

Une poétique digne de notre âge serait un système régulier et complet, où tout fût soumis à une
loi simple, et dont les règles particulières, émanées
d'un principe commun, en fussent comme les rameaux. Cet ouvrage philosophique est désiré depuis
long-temps, et le sera peut-être long-temps encore.

Quoique la *Poétique* d'Aristote ne procède que
par induction de l'exemple au précepte, elle ne
laisse pas de remonter aux principes de la nature :
c'est le sommaire d'un excellent traité. Mais elle se
borne à la tragédie et à l'épopée ; et soit qu'Aristote, en jetant ses premières idées, eût négligé de
les éclaircir, soit que l'obscurité du texte vienne de
l'erreur des copistes, ses interprètes les plus habiles
sont forcés d'avouer qu'il est souvent malaisé de
l'entendre.

Castelvetro, en traduisant le texte d'Aristote,
l'analyse et le commente avec beaucoup de discernement ; mais, par la forme dialectique qu'il a donnée à son commentaire, il nous fait chercher péni-

blement quelques idées claires et justes dans un dédale de mots superflus. S'il ne discutait que les choses, il serait moins prolixe; mais il discute aussi les mots : encore, après avoir tourné un passage dans tous les sens, lui arrive-t-il quelquefois de manquer le véritable ou de le combattre mal à propos. Le défaut de ce critique, comme de tous les écrivains didactiques de ce temps-là, est de n'avoir vu l'art du théâtre qu'en idée : c'est au théâtre même qu'il faut l'étudier.

Dacier avait cet avantage sur l'interprète italien. Mais comme il avait fait vœu d'être de l'avis d'Aristote, soit qu'il l'entendît ou qu'il ne l'entendît pas, ce n'est jamais pour consulter la nature, mais pour consulter Aristote, qu'il fait usage de sa raison; et lors même qu'Aristote se contredit, Dacier n'ose le contredire.

Non moins religieux sectateur des Anciens, Le Bossu n'a étudié l'épopée que dans Homère et Virgile : pour lui tout est bien dans ces poètes; et hors de là il n'y a plus rien. Mais si Le Bossu et Dacier n'ont pas étendu nos idées, ils en ont hâté le développement.

Le grand Corneille, avec le respect qu'avait son siècle pour Aristote et qu'il a eu la modestie de partager, n'a pas laissé de répandre les lumières de la plus saine critique sur la théorie de ce philosophe : et ses discours en sont le commentaire le plus solide et le plus profond.

Les parallèles qu'on a faits de Corneille et de Racine, et la célèbre dispute sur les Anciens et les

Modernes, en donnant lieu de discuter les principes, ont contribué à les éclaircir.

On est même entré dans le détail des divers genres de poésie; on a essayé de développer l'artifice de l'apologue, de déterminer le caractère de l'églogue, de suivre l'ode dans son essor et dans ses écarts; enfin les notes de Voltaire sur les tragédies de Corneille sont les oracles du bon goût et les plus précieuses leçons de l'art pour les poètes dramatiques; mais personne encore n'a entrepris de ramener tous les genres à l'unité d'une première loi.

Le poème de Vida contient des détails pleins de justesse et de goût sur les études du poète, sur son travail, sur les modèles qu'il doit suivre; mais ce poème, comme la *Poétique* de Scaliger, est plutôt l'art d'imiter Virgile que l'art d'imiter la nature.

La *Poétique* d'Horace est le modèle des poèmes didactiques, et jamais on n'a renfermé tant de sens en si peu de vers; mais, dans un poème, il est impossible de suivre de branche en branche la génération des idées, et plus elles sont fécondes, plus ce qui manque à leur développement est difficile à suppléer.

La Frenaye, imitateur d'Horace, a joint aux préceptes du poète latin quelques règles particulières à la poésie française; et son vieux style, dans sa naïveté, n'est pas dénué d'agrément. Mais le coloris, l'harmonie, l'élégance des vers de Despréaux l'ont effacé : à peine lui reste-t-il la gloire d'avoir enrichi de sa dépouille le poème qui a fait oublier le sien. Cet ouvrage excellent et vraiment classique, l'*Art poétique* français, fait tout ce qu'on peut attendre d'un poème : il donne une idée précise et lumineuse de tous les genres ; mais il n'en approfondit aucun.

Quelques Modernes, comme Gravina chez les Italiens, et La Motte parmi nous, ont voulu remonter à l'essence des choses et puiser l'art dans la nature. Mais le principe de Gravina est si vague, qu'il est impossible d'en tirer une règle précise et juste.

« L'imitation poétique est, dit-il, le transport de « la vérité dans la fiction. Comme la nature est la « mère de la vérité, la mère de la fiction est l'idée « que l'esprit humain tire de la nature. » (C'est le modèle intellectuel d'Aristote et de Cicéron, que Castelvetro n'a jamais bien compris.) « La poésie, « ajoute Gravina, doit écarter de sa composition les « images qui démentent ce qu'elle veut persuader. « Moins la fiction laisse de place aux idées qui la « contredisent, plus aisément on oublie la vérité « pour se livrer à l'illusion. »

Voilà en substance l'idée de la poésie, telle que Gravina l'a conçue : règle excellente pour attacher le génie des poètes à l'étude de la nature et à la vérité de l'imitation, mais qui n'éclaire ni sur le choix des objets, ni sur l'art de les assortir et de les placer avec avantage, règle enfin d'après laquelle ce critique a dû voir que le *Pastor fido* et l'*Aminte* n'ont point la naïveté pastorale ; mais qui ne l'a pas empêché de croire que le *Roland* de l'Arioste était un poème épique régulier, la *Jérusalem* du Tasse un ouvrage médiocre ; et, en revanche, de regarder Sannazar comme l'héritier de la flûte de Virgile, et les poètes latins que l'Italie moderne a produits comme les vives images des Catulle, des Tibulle, des Properce, des Ovide, etc,; d'adopter dans les poèmes italiens le mélange du merveilleux de la religion et de la fable, et de confondre le poème épique avec les romans provençaux.

La Motte analyse avec plus de soin l'idée essentielle des divers genres. Mais comme il ne donne sa théorie qu'à l'appui de sa pratique, il semble moins occupé du soin de trouver des règles que des excuses. Tout ce qu'il a écrit sur le poème épique est plein des mêmes préjugés qui lui ont fait si mal traduire et abréger l'*Illiade* : au lieu d'étudier le mécanisme de nos vers, il ne cesse de rimer et de déclamer contre la rime ; ses discours sur l'ode et sur la pastorale ne sont que l'apologie déguisée de ses odes et de ses églogues : artifice ingénieux qui n'en a imposé qu'un moment.

J'en reviens aux maîtres de l'art, Aristote, Horace, Despréaux. Aristote, le génie le plus profond, le plus lumineux, le plus vaste qui jamais ait osé parcourir la sphère des connaissances humaines ; Horace, à la fois poète, philosophe et critique excellent; Despréaux, l'homme de son siècle qui a le plus fait valoir la portion de talent qu'il avait reçue de la nature et la portion de lumière et de goût qu'il avait acquise par le travail*.

* On retrouve encore la partialité ordinaire de Marmontel contre Boileau dans cet éloge, où il lui fait si strictement sa part. *Voyez*, dans ce *Réper-*

Quoique Aristote, dans sa *Poétique*, ait donné quelques définitions, quelques divisions élémentaires et communes à la poésie en général, ce n'a été que relativement à la tragédie et à l'épopée, dont il a fait son objet unique.

Il remonte à l'origine de la tragédie, et il la suit dans ses progrès. Il y distingue la fable, les mœurs, les pensées et la diction. Il veut que la fable ait une juste étendue, c'est-à-dire telle que la mémoire l'embrasse et la retienne sans effort; il exige que l'action soit une et entière, qu'elle s'exécute dans une révolution du soleil, qu'elle soit vraisemblable, terrible et touchante. A son gré, ce qui se passe entre des ennemis ou des indifférents n'est pas digne de la tragédie : c'est lorsqu'un ami tue ou va tuer son ami; un fils, son père; une mère, son fils; un fils, sa mère, etc., que l'action est vraiment tragique.

Il passe aux mœurs, et il exige qu'elles soient bonnes, convenables, ressemblantes et d'accord avec elles-mêmes. (*Voyez* MOEURS.)

Quoiqu'il admette quatre espèces de tragédie, l'une pathétique, l'autre morale, et l'une et l'autre simples ou implexes, il donne la préférence à la tragédie implexe et pathétique, à celle, dis-je, où la fortune du personnage intéressant change de face par une révolution pitoyable et terrible (*Voyez* TRAGÉDIE). Or, le grand mobile des révolutions c'est

---

toire, les nombreux passages où il s'est si malheureusement acharné contre l'une des gloires les plus éclatantes de notre grand siècle littéraire, et particulièrement tome I, page 395; IX, 421; XII, 382, 384, 403; XIII, 145; XV, 161; XVIII, 297, 420, etc.   H. P.

la reconnaissance; il veut qu'elle soit amenée naturellement, et il en indique les moyens. La plus belle, dit-il, est celle qui naît des incidents, comme dans l'*OEdipe* et l'*Iphigénie en Tauride*. (*Voyez* RECONNAISSANCE.)

Il enseigne aux poètes une méthode excellente pour s'assurer de la bonté, de la régularité de leur plan; c'est de le tracer d'abord dans sa plus grande simplicité avant de penser aux détails et aux circonstances épisodiques: il en donne l'exemple et le précepte, en réduisant ainsi le sujet de l'*Iphigénie en Tauride* et de l'*Odyssée*.

Il distingue dans la fable le nœud et le dénouement. Il entend par le nœud tout ce qui précède la révolution, et par le dénouement tout ce qui la suit. Le nœud, dit-il, se forme par des incidents qui viennent du dehors ou qui naissent du fonds du sujet: ces incidents, les moyens, les circonstances de l'action, sont ce qu'il appelle *épisodes*. Le dénouement ne doit jamais, dit-il, être amené par une machine, mais procéder de la même cause qui produit la révolution. (*Voyez* INTRIGUE et DÉNOUEMENT.)

Ce que les interprètes latins d'Aristote ont appelé *sentences*, et ce que M. Dacier appelle mal à propos les sentiments, est, dans la tragédie, l'éloquence des passions; ce qui persuade, intéresse, attendrit; ce qui peint les mouvements d'une âme et les fait passer dans les autres âmes. Ici Aristote renvoie à ce qu'il en a dit dans ses livres de la *Rhétorique*.

Il traite enfin de la diction relativement à sa langue.

Après avoir développé le mécanisme de la tragédie, et en avoir établi les règles, il les applique à l'épopée.

La fable en doit être dramatique et renfermée dans une seule action : il fait voir, dans les deux poèmes d'Homère, l'ordonnance même de la trgédie. L'épopée, dit-il, ne diffère de la tragédie que par son étendue et par la forme de ses vers. Il compare les deux genres, et donne la préférence à la tragédie, parce qu'elle a pour elle l'évidence de l'action, qu'avec plus d'unité et moins d'étendue elle produit mieux son effet.

Ces préceptes ont coûté des peines infinies à éclaircir. La foule des commentateurs y a consumé ses veilles. Il ne fallait pas moins que des savants comme Castelvetro et Dacier, et un génie comme Corneille, pour y répandre la clarté ; encore arrive-t-il souvent, et dans les points les plus essentiels, que Castelvetro n'est point d'accord avec Dacier, ni Dacier avec Corneille, ni celui-ci avec Aristote, ni Aristote avec lui-même. Mais du choc de ces opinions, nous n'avons pas laissé de tirer des lumières, et, dans l'espace d'un siècle et demi, l'expérience journalière du premier théâtre du monde et l'exemple des plus grands maîtres nous ont fait voir dans l'art dramatique ce qu'Aristote n'y avait pas vu, un nouveau genre et des moyens nouveaux. (*Voyez* TRAGÉDIE.)

Horace, dans son *Art poétique*, parle de la poésie en poète, en philosophe, en homme de goût et de génie : il veut que le poème soit homogène;

que les parties qui le composent se conviennent et soient d'accord ; qu'elles soient proportionnées, et qu'on y évite les ornements superflus et mal assortis:

Denique sit quodvis simplex duntaxat et unum.

que le poète soit en état de traiter non-seulement telle ou telle partie, mais toutes les parties de son ouvrage ; qu'il sache les finir et les mettre d'accord ; qu'il choisisse un sujet proportionné à ses forces, et qu'il s'en pénètre en le méditant :

Cui lecta potenter erit res,
Nec facundia deseret hunc, nec lucidus ordo;

qu'il distribue son sujet avec intelligence et avec sagesse ; qu'il choisisse avec goût ce qui peut intéresser, et rejette ce qui peut déplaire :

Ut jam nunc dicat jam nunc debentia dici ;
Hoc amet, hoc spernat.

Il distingue les genres de poésie par les différentes espèces de vers ; il fait sentir les convenances à observer entre le sujet et le style :

Descriptas servare vices, operumque colores.

Il exige non-seulement qu'un poème soit beau, mais de cette beauté qui touche, persuade, attire :

Et quocumquè volent animum auditoris agunto.

Dans la conduite que l'on fait tenir à ses personnages, on doit suivre, dit-il, l'opinion, ou observer les vraisemblances, et celles-ci dépendent de l'analogie et de l'accord des qualités qui composent un caractère :

. . . . Servetur ad imum
Qualis ab incepto processerit, et sibi constet.

Non-seulement ces qualités doivent être d'accord entre elles, mais relatives à la fortune, à l'âge, à la condition, à toutes les circonstances qui peuvent influer sur les mœurs.

Horace fait observer toutes ces nuances; mais c'est sur-tout dans la description des mœurs, qui distinguent les différents âges de la vie, que l'on reconnaît le philosophe attentif à observer la nature :

Mobilibusque decor naturis dandus et annis.

Dans la composition de la fable, il nous affranchit des liens d'une exacte fidélité pour la vérité historique. Osez feindre, nous dit-il ; mais que la fiction se concilie avec la vérité et s'y mêle si naturellement, qu'on ne s'aperçoive pas du mélange :

Primo ne medium, medio ne discrepet imum ;

que le début du poème soit modeste ; que l'action n'en soit pas prise de trop loin ; que, sur le théâtre, on ne présente aux yeux rien de révoltant ni rien d'impossible ; que la pièce n'ait pas moins de trois actes, ni plus de cinq ; qu'il n'y ait jamais en scène plus de trois interlocuteurs ; que le chœur s'intéresse à l'action dont il est témoin, ami des bons, ennemi des méchants; qu'on n'emploie jamais de machine postiche, et s'il se mêle dans l'action quelque incident merveilleux, qu'elle en soit digne par son importance; que le style de la tragédie soit grave et sévère; mais que, dans le comique, l'aisance et le naturel de la composition fassent dire à chacun que rien au monde n'était plus facile :

Ex noto fictum carmen sequar, ut sibi quivis
Speret idem, sudet multùm, frustràque laboret
Ausus idem.

Après avoir résumé ses préceptes, Horace recommande au poète l'étude de la philosophie et des mœurs : il distingue dans la poésie deux effets, l'agrément et l'utilité, quelquefois séparés, souvent réunis :

Aut prodesse volunt, aut delectare poetæ,
Aut simul et jucunda et idonea dicere vitæ.

Mais l'agrément de la fiction dépend de l'air de vérité qu'on lui donne :

Ficta voluptatis causa, sint proxima veris;

de la naïveté du récit et du soin qu'on prend d'en exclure tout ce qui serait superflu :

Omne supervacuum pleno de pectore manat.

Du reste, il pardonne au poète des négligences, pourvu qu'elles soient en petit nombre et rachetées par de grandes beautés. Il y a même, en poésie comme en peinture, un genre qui de loin produit son effet, quoiqu'il n'ait pas la correction des détails. Mais ce qui est fini a l'avantage de pouvoir être vu de près, toujours avec un plaisir nouveau :

Hæc placuit semel, hæc decies repetita placebit.

La conclusion d'Horace est que la poésie n'admet point de talents médiocres :

. . . . Mediocribus esse poetis,
Non homines, non di, non concessère columnæ.

Encore est-ce peu du talent, ce don précieux de la nature, si le travail ne le développe, si l'étude ne le nourrit, si des amis judicieux et sévères ne le corrigent en l'éclairant; si le poète enfin ne se donne à lui-même le temps d'oublier, de revoir, de retoucher ses ouvrages avant de les exposer au jour :

Membranis intùs positis, delere licebit
Quod non edideris : nescit vox missa reverti.

On ne saurait donner des préceptes généraux ni plus solides, ni plus lumineux; mais cet ouvrage est un résultat d'études élémentaires, par lesquelles il faut avoir passé pour les méditer avec fruit : il les suppose et n'y peut suppléer.

Despréaux applique à la poésie française les préceptes d'Horace sur la composition et sur le style en général, et il y ajoute en les développant. Il veut que la rime obéisse, et que la raison ne lui cède jamais; qu'on évite les détails inutiles et l'ennuyeuse monotonie, le style bas et le style ampoulé.

Le style le moins noble a pourtant sa noblesse.
. . . . Soyez simple avec art,
Sublime sans orgueil, agréable sans fard.

Il recommande l'exactitude, la clarté, le respect pour la langue, et la fidélité aux règles de la cadence et de l'harmonie, préceptes dont il donne l'exemple.

Horace a peint en un seul vers la beauté du style poétique ;

Sit vehemens, liquidus, puroque simillimus amni.

Despréaux, qui ne le considère que par rapport à l'élégance et à la pureté, a pris une image plus humble :

J'aime mieux un ruisseau, qui, sur la molle arène,
Dans un pré plein de fleurs, lentement se promène,
Qu'un torrent débordé, qui, d'un cours orageux,
Roule, plein de gravier, sur un terrain fangeux.

Il définit les divers genres de poésie, à commencer par les petits poèmes, et la plupart de ces définitions sont elles-mêmes des modèles du style, du ton, du coloris qui conviennent à leur objet.

Les préceptes qui regardent la tragédie sont tracés d'après Aristote et Horace : la règle des trois unités et la défense de laisser jamais la scène vide, sont renfermés dans deux vers admirables :

Qu'en un lieu, qu'en un jour, un seul fait accompli
Tienne, jusqu'à la fin, le théâtre rempli.

On y voit l'unité de lieu prescrite à l'égal de l'unité

de temps et d'action : règle nouvelle, que les Anciens ne nous avaient point imposée, qu'ils n'ont pas observée inviolablement, et dont il est, je crois, permis de s'écarter comme eux, lorsque le sujet le demande. (*Voyez* UNITÉ.)

Après avoir rappelé l'origine et les progrès de la tragédie dans la Grèce, il la reprend au sortir des ténèbres de la barbarie, et telle qu'on la vit paraître sur nos premiers théâtres, sans goût, sans génie et sans art, il la conduit jusqu'aux beaux jours des Corneille et des Racine, il conseille aux poëtes d'y employer l'amour :

> De cette passion la sensible peinture
> Est, pour aller au cœur, la route la plus sûre.

Ce qui ne doit pas être pris à la lettre : car les sentiments de la nature sont plus touchants encore, plus pénétrants que ceux de l'amour ; et il n'y a point sur le théâtre d'amante qui nous intéresse au degré de Mérope.

Il ajoute :

> Et que l'amour, souvent de remords combattu,
> Y soit une faiblesse, et non une vertu :

règle qui n'est pas générale : car un amour vertueux et sacré, s'il est réduit à l'excès du malheur, peut être aussi très intéressant ; et le cœur des amants est déchiré de tant de manières, que, pour nous arracher des larmes, ils n'ont pas besoin du secours des remords.

Horace est admirable quand il enseigne à observer les mœurs et à les rendre avec vérité ; Despréaux l'imite et l'égale. Il termine les règles de la tragédie par le caractère du génie qui lui convient :

Qu'il soit aisé, solide, agréable, profond ;
Qu'en nobles sentiments il soit toujours fécond.

L'épopée diffère de la tragédie par son étendue et par l'usage du merveilleux. Ce poème, dit Despréaux,

Dans le vaste récit d'une longue action,
Se soutient par la fable et vit de fiction.

Il se moque du vain scrupule de ceux qui auraient voulu bannir la fable de la poésie française ; mais il condamne le mélange du merveilleux de la fable et celui de la religion, et désapprouve l'emploi de celui-ci, quand même il serait sans mélange :

Et, fabuleux chrétiens, n'allons pas dans nos songes
D'un Dieu de vérité faire un Dieu de mensonges :

précepte qui ne doit pas exclure un merveilleux décent, puisé dans la vérité même, et qui n'en est que l'extension. (*Voyez* MERVEILLEUX.)

Despréaux veut pour l'épopée un héros recommandable par sa valeur et par ses vertus ; il demande que le sujet ne soit pas trop chargé d'incidents ; que la narration soit vive et pressée, que les détails en soient intéressants et nobles, mêlés de grace et de majesté :

On peut être à la fois et sublime et plaisant.
Et je hais un sublime ennuyeux et pesant.

Il donne Homère pour exemple d'une riche variété, mais il me semble avoir manqué le trait qui le caractérise :

On dirait que pour plaire, instruit par la nature.
Homère ait à Vénus dérobé sa ceinture.

Cette ceinture, quoique Homère en soit lui-même l'inventeur, ne lui sied pas mieux qu'elle ne siérait à Hercule.

Il préfère la folie enjouée de l'Arioste au caractère de ces poètes dont la sombre humeur ne s'éclaircit jamais.

Tout cela bien entendu peut contribuer à former le goût; mais, pour le bien entendre, il faut avoir déjà le goût formé : par exemple, il ne faut pas croire, sur l'éloge que Despréaux fait de l'Arioste, que le *Roland furieux* soit un modèle de poème épique, ni que le plaisant qu'on peut mêler au sublime de l'épopée, le *dulce* d'Horace, soit le joyeux badinage que le poète italien s'est permis :

Quel sciocco, che del fatto non s'accorse,
Per la polve cercando iva la testa.

Virgile est plein de graces, et n'est jamais plaisant; Homère veut l'être quelquefois, et c'est alors qu'il n'est plus Homère.

Despréaux finit par la comédie; et les préceptes qu'il en donne sont à peu près les mêmes qu'Horace nous avait tracés :

Il faut que ses acteurs badinent noblement;
Que son nœud bien formé se dénoue aisément.

Il exclut de la comédie des sujets tristes, n'y admet

point de scènes vides, et lui interdit les plaisanteries qui choquent le bon sens, ou qui blessent l'honnêteté.

Après avoir parcouru ainsi tous les genres de poésie, il en revient aux qualités personnelles du poète, le génie et les bonnes mœurs. C'est à propos de l'élévation d'âme et du noble désintéressement qu'exige le commerce des Muses, que, remontant à l'origine de la poésie, il la fait voir pure et sublime dans sa naissance, et dégradée dans la suite par l'avarice et la vénalité. Tout ce morceau est habilement imité d'une idylle de Saint-Geniez, comme tout ce qui regarde le choix d'un critique judicieux et sévère est imité d'Horace.

Voilà ce qui reste à peu près de la lecture de ces trois excellents ouvrages.

Aristote et Horace avaient vu l'art dans la nature; Despréaux me semble ne l'avoir vu que dans l'art même, et ne s'être appliqué qu'à bien dire ce que l'on savait avant lui. Mais il l'a dit le mieux possible; et à ce mérite se joint celui de l'avoir appris à un siècle qui l'aurait peut-être ignoré sans lui : je parle de la multitude.

Quant le goût du public a été formé, la plupart des leçons de Despréaux nous ont dû paraître inutiles; mais c'est grace à lui-même et à l'attrait qu'il leur a donné, que ses idées sont aujourd'hui communes. Elles ne l'étaient pas du temps que Sarrazin disait de l'*amour tyrannique* de Scudery, que « si « Aristote eût vécu alors, ce philosophe eût réglé « une partie de sa *Poétique* sur cette excellente tra-

« gédie : » elles ne l'étaient pas du temps que Segrais écrivait : « On verra si dans quarante ans on lira les « vers de Racine comme on lit ceux de Corneille.... « Le poème de la *Pucelle* a des endroits inimitables ; « je n'y trouve autre chose à redire, sinon que « M. Chapelain épuise ses matières, et n'y laisse « rien à imaginer au lecteur : » elles ne l'étaient pas encore assez lorsque Saint-Évremont, cet arbitre du goût, disait à l'abbé de Chaulieu : « Vous mettre « au-dessus de Voiture et de Sarrazin, dans les « choses galantes et ingénieuses, c'est vous mettre « au-dessus de tous les Anciens. »

Dans l'*article* AFFECTATION, j'ai donné une idée du style de Voiture. Sarrazin avait, comme lui, plus d'esprit que de goût : il appelait un cygne expirant, « un cygne abandonné des médecins. » Dans ses vers, la Seine menace de *ses bâtons flottés* la fontaine de Forges, pour lui avoir enlevé deux nymphes. Ce n'est pas ainsi qu'ont été galants Voltaire, Bernard, M. de Saint-Lambert; et dans notre siècle, le tour d'esprit de Voiture et de Sarrazin n'aurait pas fait fortune : au contraire, jamais Corneille, Racine, Molière, La Fontaine, n'ont été mieux appréciés, et plus sincèrement admirés. Mais si le goût de la nation s'est perfectionné, peut-être en est-elle redevable en partie au bon esprit de Despréaux : son *Art poétique* est, depuis un siècle, dans les mains des enfants; et pour des raisons que j'ai dites ailleurs, il est plus nécessaire que jamais à la génération nouvelle[*].

MARMONTEL, *Éléments de Littérature.*

---

[*] On peut compléter cet article par le passage de la lettre de Fénelon à

POGGIO BRACCIOLINI, connu en France sous le nom de *le Pogge*, naquit en 1380 dans la petite ville de Terra-Nuova, près de Florence. Ce fut dans cette dernière ville qu'il fit ses études; il suivit pour la langue latine, les leçons de Jean de Ravenne, et pour la langue grecque, celles d'Emmanuel Chrysoloras. Sous de tels maîtres, les progrès du jeune Poggio furent si rapides, qu'à l'âge de vingt-deux ans, on l'accueillit à Rome comme un homme de lettres déjà distingué; et à ce titre, il obtint du pape Boniface IX un emploi de secrétaire apostolique, qu'il remplit sous sept autres papes, jusqu'à Calixte III; malheureusement pour lui, divers schismes qui divisèrent alors l'église, le privèrent pendant quelques temps, à divers intervalles, des ressources que devait lui assurer cette place.

En 1414, le Pogge suivit, en qualité de secrétaire intime, Jean XXIII au concile de Constance; il assista au procès et au supplice de Jérôme de Prague, disciple de Jean Husse, et nous en a transmis le récit dans une lettre qu'il écrivait à Léonardo d'Arezzo, son ami. Dans le même temps, il rendait un service signalé à la littérature : Constance était environnée d'abbayes, et les moines alors étaient les seuls en quelque sorte qui possédassent des bibliothèques; Poggio en visita plusieurs, et entr'autres

l'Académie Française, où il expose ses idées sur la composition d'une rhétorique et d'une poétique, et juge à la fois ceux qui ont pratiqué l'art et ceux qui en ont rédigé les règles; par la revue que M. Lemercier fait des principaux rhéteurs, en tête de son *Cours analytique de Littérature*; enfin par les articles de ce recueil consacrés à ARISTOTE, HORACE, BOILEAU, LONGIN, etc.

H. P.

celle de Saint-Gal. Ce fut là que dans une espèce de cachot obscur et humide, au fond d'une tour où l'on n'aurait même pas voulu jeter, comme il le dit lui-même, des criminels condamnés à mort, il trouva les manuscrits les plus précieux : quelques livres de l'*Argonautique* de Valerius Flaccus, Asconius Pedianus, un ouvrage de Lactance, l'*Architecture* de Vitruve, et le grammairien Priscien. D'un autre côté, il retrouvait douze comédies de Plaute, plusieurs discours de Cicéron, Silius Italicus, Ammien-Marcellin, Caper, Eutychius et Probus. Il découvrit aussi de nouveaux manuscrits de Lucrèce, de Quintilien, de Manilius; mais cette découverte très utile, l'est moins que celle des autres auteurs qui jusque-là avaient été inconnus.

De Constance, le Pogge passa en Angleterre, où l'avaient attiré les promesses fastueuses du célèbre cardinal Beaufort, et où il espérait continuer ses recherches; mais, à son arrivée, son protecteur ne lui offrit qu'un mince bénéfice, et encore il eût fallu qu'il entrât dans les ordres sacrés, ce que Poggio, quoiqu'il portât le costume d'un ecclésiastique n'avait jamais voulu faire. Il revint à Rome, et n'y pouvant encore vivre tranquille, à cause des troubles qui divisaient la cour pontificale, il se rendit à Florence, non sans avoir été arrêté par des malfaiteurs qui lui firent payer une forte rançon. Côme de Médicis, l'homme sur lequel il comptait le plus, venait d'être exilé lorsqu'il arriva : Poggio ne lui en demeura pas moins attaché, lui adressa une lettre de consolation, et embrassa ouvertement sa défense.

François Philelphe, littérateur justement célèbre, et qui avait rapporté de l'Orient les écrits d'Aristote, de Démosthène, d'Euripide, s'était toujours déclaré avec acharnement contre les Médicis ; c'était l'adversaire qu'il fallait à le Pogge, et il s'éleva entre ces deux savants une guerre de plume et de sarcasmes très violente. Souvent ces sortes de querelles ne font qu'amuser le public : celle-ci fut du trop grand nombre de celles qui dégénèrent en un assaut scandaleux d'insultes grossières, entre des gens faits pour s'estimer.

Vers ce temps, les querelles d'Eugène IV avec les Romains, empêchaient notre secrétaire apostolique de remplir sa place ; il acheta aux environs de Florence une maison de campagne, qu'il se plût à embellir de statues anciennes. Il se maria en 1435, et ayant obtenu de la république l'exemption des charges publiques pour lui et ses enfants, il semblait fixé dans cette retraite, lorsque l'élévation au trône pontifical de Thomas de Sarzane, homme de lettres à qui il avait dédié son *Traité du Malheur des princes*, le ramena à Rome. Nicolas V (c'est le nom que prit le nouveau pape), rendit à Poggio son ancien emploi, et dirigea même quelquefois contre ses ennemis, la verve trop satirique de son secrétaire ; mais aussi il lui commanda des travaux plus utiles ; la traduction latine des cinq premiers livres de Diodore de Sicile et celle de la *Cyropédie* de Xénophon en sont la preuve (La traduction de ce dernier ouvrage est restée manuscrite).

La peste ravagea Rome à cette époque, et le

Pogge, pour échapper au fléau, se retira à Terra-Nuova, où il écrivit ses *Facéties*, recueil de quelques saillies spirituelles, de bien plus d'obscénités grossières, et d'un grand nombre d'anecdotes curieuses, sur les personnages les plus distingués de ce siècle. Dans le même temps, la république de Florence l'appelait à la charge de chancelier, qu'il devait en partie à la protection des Médicis; il en prit possession en 1453, et fut mis la même année au nombre des prieurs des arts. Usant alors des documents précieux qui étaient entre ses mains, il écrivit une *Histoire de Florence*, que la mort l'empêcha de publier.

Il expira le 30 octobre 1459, et fut enterré avec magnificence dans l'église de Sainte-Croix. Ses enfants obtinrent la permission de suspendre son portrait dans une des salles du palais; et on lui érigea une statue, placée à la façade de l'église de Santa Maria del Fiore, et qui, par les changements qu'a subits depuis cet édifice, se trouve faire partie maintenant du groupe des douze apôtres. « Il mérita,
« dit Ginguené (*Histoire Littéraire d'Italie*, t. III),
« tous ces honneurs rendus à sa mémoire, par son
« ardent amour pour sa patrie, dont il eut toujours
« à cœur la gloire et la liberté, par l'étendue de ses
« connaissances, et par la supériorité de ses talents.
« L'aigreur et l'emportement de ses invectives ve-
« naient de la même source que l'exagération et
« l'enthousiasme de ses éloges, c'est-à-dire d'un es-
« prit qui se portait toujours aux extrêmes et ne
« voyait rien modérément. La licence de ses écrits,

« justement blâmée aujourd'hui, était à peine re-
« marquée dans son siècle. Poggio joignait à ces ta-
« lents une sorte de dignité personnelle, beaucoup
« d'urbanité dans les manières, la force du juge-
« ment, et l'enjouement de l'esprit. Quant au style
« de ses ouvrages, si on le compare à celui de ses
« prédécesseurs immédiats, on est frappé de leur
« différence et surpris de ses progrès. On sent enfin
« qu'il n'y avait plus qu'un pas à faire de ce degré
« d'élégance latine, à celui que Politien et quelques
« autres atteignirent bientôt après. »

Les *OEuvres* de Poggio furent réunies pour la première fois à Strasbourg, en 1510, petit in-folio et plus amplement à Bâle en 1538. On y trouve des *Lettres*, des *Oraisons funèbres*, des *Invectives* et divers *Traités* sur des matières philosophiques; mais on n'y a mis ni le Traité *de Varietate fortunæ* (Paris, Coustelier, 1723, in-4°), ni le *Dialogue sur l'hypocrisie* (Lyon, 1679, in-16), qui sont aussi des ouvrages du Pogge. L'*Histoire de Florence*, qui n'a pas eu non plus sa place dans ce recueil, fut traduite en italien par un des fils de l'auteur; cette version fut publiée dès 1476, à Venise, et a été plusieurs fois réimprimée : l'original qui est en latin, ne parut qu'en 1715, in-4°. M. Shepherd a donné à Londres, en 1802, une *Vie de Poggio* (Life of Poggio), qui a été traduite en français, en 1819.

« Le Pogge, dit M. Daunou, possédait, en ce siè-
« cle avide d'instruction, un moyen sûr d'obte-
« nir de la vogue et même de l'estime. C'était sa
« vaste érudition, l'étendue et la diversité de ses

« connaissances. Il avait étudié avec fruit la plupart
« des chefs-d'œuvre de la Grèce et de Rome : il en
« avait exhumé quelques-uns, des tombeaux où les
« avait jetés et délaissés l'ignorance. Ils lui devaient
« leur résurrection, et le bonheur de rentrer en
« possession de leur gloire antique. Les efforts que
« lui commandaient ces recherches, épuraient son
« goût et imprimaient quelquefois à sa latinité une
« couleur classique; il puisait à leur source les se-
« crets de l'art d'écrire. Voilà sans doute pourquoi
« ses *Oraisons funèbres* sont presque toujours dé-
« barrassées de lieux communs, et pourquoi ses
« *Lettres* sont écrites avec abandon, quoique sans
« négligence; on l'a souvent compté parmi les meil-
« leurs épistolaires de son siècle. Il ne mérite assu-
« rément pas la même distinction comme historien;
« ses *Annales de Florence* sont aussi partiales qu'in-
« complètes; on s'en aperçut bientôt, et Sannazar
« prétendit les caractériser par deux vers assez mé-
« diocres, mais si fréquemment cités, que nous
« n'osons pas les omettre :

Dum patriam laudat, damnat dum Poggius hostem,
Nec malus est civis, nec bonus historicus.

« Quoiqu'il en soit, le Pogge est l'un des écrivains
« du XVe siècle, qui ont le plus contribué à la renais-
« sance des études classiques, soit par le succès de ses
« recherches, soit par ses propres ouvrages. »

POINSINET (Antoine-Alexandre-Henri), poète
dramatique, né à Fontainebleau, le 17 novembre

1735, était fils d'un notaire, attaché depuis longtemps à la maison du duc d'Orléans. Il était destiné à suivre la profession de son père ; mais la manie des vers l'en détourna et l'empêcha de se faire ainsi une existence fixe en même temps qu'honorable : la carrière du théâtre le séduisit, et sans guide, comme sans expérience, il s'y lança dès l'âge de dix-sept ans. C'est en 1753 que fut représenté son premier ouvrage, mauvaise parodie de l'opéra de *Tithon et l'Aurore*. Le reste de la vie de Poinsinet fut consacré aux mêmes travaux; et à partir de cette époque, il ne cessa de faire jouer quelques pièces sur tous les théâtres de la capitale : il s'est vanté lui-même d'en avoir occupé trois le même jour et croyait avoir là sans doute un beau titre de gloire.

La musique de Philidor, avec lequel notre poète eut le bonheur de travailler plusieurs fois, ne contribua pas faiblement au succès de quelques-unes de ses pièces : telles sont *Sancho-Pança dans son île*, le *Sorcier*, *Tom Jones*, *Ernelinde*, etc. L'*Impatient*, comédie, n'avait point eu de succès; l'auteur fut plus heureux dans le *Cercle*, ou la *Soirée à la mode*, pièce à tiroir, que l'on joue encore quelquefois, quoiqu'elle ait perdu son principal mérite, qui était la peinture fidèle de l'ennui du désœuvrement, de la frivolité qui régnaient alors dans les sociétés de Paris. On disait que, pour la composer, l'auteur avait été écouter aux portes, et Palissot, qui revendiquait l'invention de cette petite comédie, accusait en outre Poinsinet de lui avoir dérobé deux scènes entières.

En 1768, la présence du roi de Danemarck à Paris, ayant donné occasion à plusieurs fêtes, notre poète fut l'organe des hommages que l'on adressa à ce prince, et l'auteur des couplets qu'on lui chanta. En 1760, il avait fait un voyage en Italie, pour visiter cette contrée; en 1769, il partit pour l'Espagne, se disant appelé à la charge d'intendant des menus plaisirs du roi : il y conduisit tout simplement, suivant ce que l'on a répandu, une troupe de comédiens qui devaient propager dans ce pays la musique italienne. Un accident, qui termina ses jours, l'empêcha d'exécuter ses projets quels qu'ils fussent : en passant à Cordoue, il eut l'imprudence de se baigner, après souper, dans le Guadalquivir et s'y noya, (le 7 juin 1769). Outre les ouvrages que nous avons déjà cités, on a de Poinsinet, le *Choix des Dieux* ou les *Fêtes de Bourgogne*; *Théonis* ou le *Toucher*; *Gilles, garçon peintre*; la *Réconciliation villageoise*; l'*Ogre malade*; la *Bagarre*; *Appelle et Campaspe*, opéra-bouffon; plusieurs *Épîtres*, 1757-1761; un poème de l'*Innoculation*, 1757; une heroïde, *Gabrielle d'Estrée à Henri IV*, et une petite comédie intitulée le *Petit Philosophe*, parodie des *Philosophes*, de Palissot. Ce qui explique en quelque sorte le peu d'égards qu'a montré souvent cet écrivain pour Poinsinet. « Il ne manquait pas, dit-il, à l'article
« de notre poète, dans ses *Mémoires sur la Littéra-*
« *ture*, de ce luxe d'esprit qui s'exhale quelquefois
« en saillies piquantes ; mais il était absolument
« dénué de jugement. Si l'on excepte l'opéra d'*Er-*
« *nelinde*, que Philidor honora de sa musique, et

« la petite comédie du *Cercle*, dans laquelle il nous
« déroba deux scènes d'une comédie du même titre,
« imprimée douze ans avant la sienne, il n'a fait
« que des bouffonneries dont l'extravagance était
« annoncée jusque dans les noms qu'il leur donnait. »
L'on voit que jusqu'ici Palissot met dans son opinion
fort peu de ménagements et même trop peu ; la fin
de l'article est plus vrai : « Ses aventures seraient
« bien plus plaisantes que tout ce qu'il a fait, si
« elles étaient écrites avec l'esprit de gaieté qui
« animait dans le temps ceux qui s'amusaient de ses
« ridicules. » Tout le monde en effet a entendu parler de la crédulité de Poinsinet, dont une société
de gens qui aimaient à rire, parmi lesquels on remarquait Préville et Bellecourt, savait si bien profiter. Le fait est qu'on lui exaltait facilement la tête,
et qu'alors son imagination frappée lui faisait croire
aisément les choses les plus étranges. Dans un duel,
il avait à peine tiré son épée ; on lui persuada
néanmoins qu'il avait tué un homme ; il vit la sentence imprimée, il entendit un faux crieur la hurler
sous sa fenêtre ; et notre poète de se désespérer,
de se couper les cheveux pour s'échapper sous
l'habit de moine, fort heureux qu'au dénouement
le roi lui accordât sa grace comme à un homme de
talent qui faisait honneur à la France. La *Vie de
Jean Monnet* est pleine de faits semblables : une
autre fois il se crut près d'entrer à l'Académie de
Pétersbourg ; l'impératrice allait l'honorer de ses
bienfaits ; il ne lui manquait plus que de savoir le
russe. Il se met à l'ouvrage et au bout de six mois

il parle le bas-breton. C'est cette anecdote, qui légèrement modifiée, a fourni au poète le plus spirituel de notre époque, M. Andrieux, le sujet d'une petite pièce de vers, intitulée : *Une Mystification de Poinsinet*, que nos lecteurs retrouveront sans doute ici avec plaisir.

Du petit Poinsinet on garde la mémoire.
Au comique Opéra, théâtre de sa gloire,
Les airs de Philidor embellirent ses vers :
Des *cercles à la mode* il peignit les travers ;
Mais les siens ont servi de texte à mainte histoire.
On lui persuadait les contes les plus fous ;
Il les tenait pour vrais, les contait après vous,
Il n'examinait rien : il était né pour croire.

Pour son propre mérite, il n'avait pas besoin
De l'en persuader que quelqu'un prît le soin.
Volontiers, sur ce point, on s'en conte à soi-même.

Dans les plaisants accès de son orgueil extrême,
Zaïre lui semblait une œuvre d'écolier,
Et qui n'égalait pas *Tom-Jone* et *le Sorcier*.

Des mystificateurs la malice ordinaire
Lui mit en tête un jour de détrôner Voltaire ;
Il ne tenait qu'à lui ; pour en venir à bout,
Poinsinet manquait-il de génie et de goût ?
Voltaire avait sur lui pourtant un avantage :
C'était d'avoir appris l'anglais dans son jeune âge ;
Le frippon avait mis cette étude à profit,
Pillé Pope et Shekspir, et n'en avait rien dit.
Avec un tel secours, de combien de couronnes
Se chargerait le front de l'auteur de *Tom-Jones* ?

POINSINET.

Sur la scène française il produirait Otway,
Congrève le comique, et Rowe, et Wicherley ;
Puis, se multipliant, son flexible génie
Ferait voir la science avec le goût unie ;
Il saurait, vers les cieux dirigeant son essor,
Y rejoindre Newton, puis l'élever encor.
Quel charme de pouvoir lire le sage Locke,
Et l'ingénieux Swift, et le grand Bolinbroke !
Il en serait content ; c'était des songe-creux ;
Mais bientôt, à bon droit prenant le pas sur eux,
Il approfondirait morale et politique.
Et d'ailleurs, accablé de gloire poétique,
Il devait aspirer à des succès nouveaux,
Donner à la fortune aussi quelques travaux ;
Il parviendrait à tout ; il pouvait y prétendre,
Et ce n'était pas lui que l'on ferait attendre.
On projetait d'avoir à Londre un résident,
Qui servît en secret les droits du prétendant,
Mission délicate, emploi diplomatique !
Grands dangers à courir ; traitement magnifique !
On lui gardait ce poste ; et dans son cabinet
Le roi même avait dit : Je songe à Poinsinet ;
Mais entend-il l'anglais ? S'il l'entend, je le nomme.
Il n'en fallait pas tant pour décider notre homme.
L'orgueil, l'ambition à la fois le poussant,
Au complot des railleurs le voilà qui consent ;
Aidant à le tromper, un bon ami lui prête
Une maison des champs, favorable retraite,
Où l'écolier nouveau, solitaire et caché,
Se renferme, au travail nuit et jour attaché.

Il ne sait pas d'anglais le premier mot ; n'importe.
De quoi ne vient à bout une volonté forte ?
Des livres !.... c'est là tout ce dont il a besoin,

Et de l'en bien pourvoir ses amis ont eu soin.
On n'a rien négligé pour compléter la ruse ;
Mieux le tour réussit, plus la troupe s'amuse.

Il se fatigue, il veille ; il apprend, lit, relit ;
Sa mémoire de mots se charge et se remplit ;
Il ne se donne pas un instant de relâche,
Impatient d'atteindre à la fin de sa tâche.
Enfin, après huit mois, content de ses progrès,
Il court à ses amis... mais Dieu sait les regrets !
Dieu sait s'il plaint le temps qu'il perdit à s'instruire !...
Car c'est.... le bas-breton qu'il commence à traduire.

Le bas-breton ?... O ciel !... Messieurs, vous qui riez,
N'auriez-vous pas de même été mystifiés ?
Quant à moi, j'ai cru voir qu'en plus d'une rencontre
Ce qu'on doit nous montrer n'est pas ce qu'on nous montre
Sur maint grave sujet dissertants, disputants,
Savants, rhéteurs, docteurs, sophistes, charlatans,
Jaloux de soutenir l'honneur de leurs écoles,
Étendent peu de sens dans beaucoup de paroles ;
Leur galimathias long-temps donna le ton ;
Heureux le bon esprit qui sait n'y rien comprendre !
C'est l'anglais avec eux que vous croyez apprendre ;
Que vous enseignent-ils ?... Hélas ! du bas-breton.

JUGEMENT.

Le Tableau parlant et *le Peintre amoureux* d'Anseaume, valent mieux que toutes les pièces de Poinsinet, qu'a fait vivre la musique de Philidor. Cet auteur, autrefois fameux par une sorte d'existence toute en ridicules, ceux qu'il avait, ceux qu'on lui donnait, et ceux qu'il affectait*, n'était pas sans quelque esprit, puisqu'il en faut encore un peu pour faire, avec tout ce qu'on a lu, des pièces supportables en musique. Son *Cercle*, que le jeu des acteurs pouvait seul faire valoir, est un centon dialogué, où rien n'est à lui, si ce n'est les inepties qu'il y a semées. La plus jolie scène est prise tout entière des *Originaux*, de M. Palissot. Le trait le plus heureux, *Cette mort dérange un peu le petit souper qu'il devait nous donner*, était depuis long-temps connu dans la société. Celle qu'il a peinte n'était assurément pas la bonne compagnie: quoique celle-ci fût elle-même assez riche en ridicules fort bons à jouer sur le théâtre, il fallait plus qu'*écouter aux portes* ** pour la connaître, et ce n'est sûrement pas là qu'il avait pris le modèle de son poète, calqué sur ceux de l'ancienne comédie, que de nos jours on n'aurait plus guère retrouvés que chez Fréron, dont la maison était le rendez-vous de tous les écrivailleurs, qu'il défrayait pour lui fournir des feuilles. C'est là qu'on aurait pu dire à un poète, de la force de Poinsinet, apportant une tragédie : *Nous la lirez-vous tout entière ?* Cette

* Quoiqu'il fût assez sot et assez vain pour être fort crédule, il ne faut pourtant pas s'imaginer qu'il se crût *invisible*, *cuvette*, etc. Cette imbécillité était jouée, et il s'amusait lui-même des *Mystifications* dont on a pris la peine de nous donner une *Histoire*. Je l'ai rencontré deux ou trois fois ; il était fort ennuyeux, fort plat, et ne pouvait être supporté que comme jouet de ceux qui n'avaient rien de mieux à faire que de s'en amuser.

** On sait que l'abbé de Voisenon disait, à propos du *Cercle*, que Poinsinet avait *écouté aux portes* ; et en ce cas il avait bien perdu son temps.

grossièreté était fort étrangère à la bonne société de la cour et de la ville, où les vrais gens de lettres étaient accueillis, non-seulement avec politesse, mais avec distinction. Ce ne pouvait être que par un retour sur lui-même et sur ses pareils, que Poinsinet faisait dire à son poète : *Pauvres talents comme on vous humilie!* On était fort loin de les humilier : c'était l'excès contraire : on les gâtait. Mais aussi quels *talents* que ceux de son poète *, qui commence sa lecture par ce vers :

Du centre des déserts de l'inculte Arménie.

Cette moralité sur les *talents* n'est-elle pas bien placée avec ce vers-là? C'est de la sottise toute pure. Le rôle du petit-maître, joué par un acteur charmant qui fit la fortune de la pièce, est moulé sur celui des *Mœurs du Temps*, de Saurin, et fort au-dessous de celui-ci, qui lui-même ressemblait à d'autres. Celui du baron, l'homme raisonnable, est plein de sentences insipides ou ridicules : « On « oublierait enfin l'existence de la vérité, si le cœur « *de quelque galant homme* ne lui servait encore « d'asyle. » On ne peut souffrir qu'une très belle parole d'un roi de France ** soit ainsi déplacée et

* C'était cet infortuné Du Rosoy, qui écrivait bien mal, mais qui est mort avec un courage assez beau pour mériter que sa mémoire trouve place parmi les intéressantes victimes d'une révolution qui a frappé depuis le cèdre jusqu'à l'hyssope. Poinsinet ne voulut même pas qu'on pût se méprendre sur son modèle ; car il met dans sa bouche une phrase qui était le titre de son ouvrage : *Mes dix-neuf ans, ouvrage de mon cœur.*

** « Si la bonne foi était exilée de la terre, elle devrait trouver un asyle défigurée par un plat raisonneur. Le colonel qui brode est la seule chose qu'on ne trouve pas ailleurs : c'était, pour le moment, une manie de quelques individus, qui disparut bientôt, et ne fut jamais commune. Le titre même de la pièce, *Comédie épisodique*, n'est pas français. On appelle *épisodique* ce qui sert d'épisode, bien ou mal : un morceau *épisodique*, une scène *épisodique* : comment une comédie peut-elle l'être? L'auteur a-t-il voulu dire pièce à épisodes ? Cela n'a plus de sens : il n'y a aucune espèce d'épisode dans la sienne. L'absence de toute action et de toute intrigue n'est point un épisodes, et le *Cercle* n'est pas non plus de ces pièces de circonstance qui excluent naturellement l'intrigue. C'est ici tout simplement stérilité et impuissance. Mais quel titre lui donner ? Aucun autre que le *Cercle*, qui est l'objet de l'ouvrage ; il n'y a point de titre générique pour ce qui n'est d'aucun genre. Ces sortes de pièces s'appellent familièrement *Pièces à tiroir* ; à dater du *Mercure galant*, qui est la meilleure, ce sont des dialogues qui valent plus ou moins, selon ce que l'auteur peut y mettre d'esprit ; et ce ne sont nullement des drames. Fréron, qui comptait Poinsinet parmi ses protégés, dit en propres termes, qu'*il a beaucoup d'esprit et fait très joliment les vers*. On en a cité beaucoup dans un genre qui n'est pas celui de l'esprit : en lisant ses ouvrages, j'en ai remarqué un bon dans le rôle de Sancho-Pança :

dans le cœur des rois ! » Ce mot du roi Jean est sublime, et le sublime était bien tombé entre les mains de Poinsinet !

Hélas ! était-ce à jeun que je devais mourir !

Pour le reste, je préfère au jugement de Fréron, cette réponse que l'on fit à Poinsinet, qui, en revenant de Ferney, prétendait que Voltaire *lui avait appris le secret des vers* : — Monsieur, vous le lui avez bien gardé. Ce n'était pas non plus de Voltaire qu'il avait appris à faire des *épîtres dédicatoires*, telles que celles qu'il adressa au comte de Saint-Florentin : « Vos bontés ont élevé mon âme : les « grandes idées naissent de l'impression que font « en nous les grandes vertus. » Il y avait en effet beaucoup de rapport entre *les grandes vertus* du comte de Saint-Florentin et les grandes idées de Poinsinet.

La Harpe, *Cours de Littérature*.

POINTE. Jeu de mots. Quoique Cicéron n'ait pas exclu ce badinage du langage oratoire, je le croirais déplacé dans des ouvrages sérieux; mais dans un ouvrage badin, ou dans la conversation familière, la saillie en peut être heureuse.

M. Orri, contrôleur-général, disait à quelqu'un : « Savez-vous bien que j'ai quatre-vingt mille hom- « mes sous mes ordres ? — Ah ! monsieur, lui répon- « dit-on, vous avez là un beau camp volant. »

Les jeux de mots, sans avoir cette finesse piquante, sont quelquefois plaisants, par la surprise qui naît du détour de l'expression.

Un cheval étant tombé dans une cave, le peuple s'était assemblé, et on se demandait : « Comment « le tirer de là ? — Rien de plus aisé, dit quelqu'un, « il n'y a qu'à le tirer en bouteilles. »

Un prédicateur, resté court en chaire, avouait à ses auditeurs qu'il avait perdu la mémoire : « Qu'on « ferme les portes, s'écria un mauvais plaisant, il « n'y a ici que des honnêtes gens, il faut que la mé- « moire de monsieur se retrouve. »

L'homme de goût le plus sévère aurait bien de la peine à ne pas rire d'une semblable gaieté.

MARMONTEL, *Éléments de Littérature.*

POLIGNAC (MELCHIOR DE), cardinal, auteur de l'*Anti-Lucrèce*, né au Puy en Velay, le 11 octobre 1661, acquit une double célébrité, et comme diplomate habile et comme savant poète. Échappé en nourrice au danger de périr sur un tas de fumier, où il avait été exposé toute une nuit, il vint à Paris faire ses études, et y annonça dès-lors ce qu'il devait être un jour. Il n'était encore connu que par des thèses de théologie qu'il avait soutenues en Sorbonne, lorsque le cardinal de Bourbon, pressentant, par ces essais, le talent que déploierait, dans la discussion, le jeune abbé de Polignac, l'emmena avec lui, en 1689, au conclave qui donna un successeur à Innocent XI. La négociation concernant les quatre fameux articles du clergé de France de 1682, s'agitait encore : on voulut qu'il y prît part; diverses conférences eurent lieu entre le nouveau pape, Alexandre VIII, et l'abbé de Polignac : « Je ne sais

« comment vous faites, lui disait le pontife, après
« un de leurs entretiens : vous paraissez toujours
« être de mon avis, et c'est moi qui finis par être du
« vôtre. » L'accommodement entre le saint-siége et la
cour de Versailles eut lieu, et le négociateur revint
en France pour en rendre compte à Louis XIV. Le
roi le reçut avec distinction, lui accorda une longue
audience, au sortir de laquelle il dit qu'il venait d'entendre un homme et un jeune homme qui l'avait
toujours contredit sans qu'il eût jamais pu se fâcher.

En 1691, l'abbé de Polignac suivit encore au conclave le cardinal de Bouillon, et vit élire Innocent
XII ; mais, à son retour en France, il évita la cour,
et retiré au séminaire des Bons-Enfants, il se livrait
à l'étude parmi les douceurs de la retraite. Ses talents politiques étaient trop connus pour qu'on l'en
laissât jouir long-temps ; les affaires de Pologne
demandaient un ambassadeur extraordinaire, et il
fut choisi pour se rendre dans ce royaume. Il obtint
en peu de temps l'estime et la bienveillance du roi
Jean Sobieski ; et, à la mort de ce souverain, il
mit, dans ses démarches, tant d'adresse, qu'une
année après le prince de Conti fut élu pour lui
succéder. La lenteur et les retards du prince firent
perdre à l'habile ambassadeur le fruit de ses travaux ; les Polonais, qui s'étaient laissés persuader
d'abord, quittèrent le parti des Français peu à peu,
au point qu'à son arrivée, le nouveau roi ne rencontrant que des obstacles, fut obligé de se rembarquer. Il n'était pas juste d'en faire un reproche à
Polignac ; trompé sans doute par des envieux,

Louis XIV, néanmoins lui imputa le mauvais succès de l'entreprise et l'exila à son abbaye de Bon-Port.

Ce nom sembla d'un bon augure à l'abbé de Polignac, qui se voyait avec plaisir à portée de se livrer à son goût pour les lettres et les sciences. D'ailleurs il s'était déjà imposé la tâche difficile qu'il a si heureusement remplie, et dont le succès l'a encore plus illustré que ses négociations. A son retour de Pologne, il avait vu Bayle en Hollande, et avait eu avec lui plusieurs entretiens. Il avait remarqué que ce philosophe *protestant* dans toute la force du terme, puisque, selon ses propres paroles, *il protestait contre tout ce qui se disait et tout ce qui se faisait*, s'appuyait souvent de l'autorité de Lucrèce, et dès-lors il se mit à étudier ce poète avec plus de soin, et résolut de le réfuter.

Sa disgrace ne fut que de quatre années, et il fut rappelé à Versailles en 1702. Il y reparut avec une faveur nouvelle, et Louis XIV sembla vouloir lui faire oublier par de nouveaux bienfaits le court exil auquel il l'avait injustement condamné. L'abbé de Polignac fut pourvu de deux nouvelles abbayes ; la nomination d'Angleterre au chapeau de cardinal, lui fut ménagée, et pour qu'il fût mieux en état de la faire valoir, le roi l'envoya à Rome avec le titre d'auditeur de rote, et voulut qu'il fût associé au cardinal de la Trémoille, dans la direction des affaires de France. Un travail plus difficile encore attendait Polignac; Louis XIV avait vu sa longue prospérité interrompue par de grands revers; et le traité que l'on devait conclure à Gertruydenberg, ne pouvait être glorieux pour la France. Nommé plénipotentiaire avec le maréchal d'Uxelles, l'abbé répétait aux Hollandais trop fiers : « On voit bien que vous n'êtes « pas accoutumés à vaincre. » Un tel langage était tout ce qu'il pouvait faire alors ; mais, deux ans après, au congrès d'Utrecht, il prit bien sa revanche ; les Hollandais n'étaient plus forts du secours de l'Angleterre ; ils stipulaient néanmoins sur quelques conditions, et allèrent jusqu'à menacer les ministres français de les faire sortir de leur pays : « Non, « Messieurs, répondit l'abbé de Polignac, nous ne « sortirons pas d'ici : nous traiterons de vous, chez « vous, sans vous. » On voit que s'il savait employer à propos les ménagements, l'occasion le trouvait aussi ferme et inébranlable.

Il était depuis quelque temps cardinal *in petto*; en 1713 il reçut la calotte rouge à Anvers, et la barette la même année, des mains de Louis XIV, à Versailles. La mort de ce monarque troubla la prospérité du cardinal de Polignac ; il devint suspect et fut envoyé à son abbaye d'Anchin, en Flandre, où il passa trois ans d'exil. En 1724, la mort d'Innocent XIII lui fit entreprendre un nouveau voyage à Rome, et il assista au conclave où fut élu Benoît XIII. L'abbé de Tencin, ministre de France auprès de la cour de Rome, fut rappelé, et le cardinal de Polignac, choisi pour lui succéder, remplit cette charge pendant huit années avec succès, et reçut de la part des papes Benoît XIII et Clément XII, les marques de confiance les plus honorables. Lorsqu'il revint en France, en 1730, il était nommé archevêque d'Auch et commandeur des ordres du roi. L'Académie-Française l'avait appelé à remplacer Bossuet en 1704; il était membre honoraire de l'Académie des sciences et de celle des belles-lettres; les honneurs de toute espèce étaient accumulés sur sa tête, et son grand âge, en l'éloignant des fonctions politiques, l'avait ramené à ses occupations littéraires, lorsqu'il mourut à Paris le 20 novembre 1741, âgé de quatre-vingts ans.

Malgré toutes les charges qui remplirent la vie du cardinal de Polignac, il s'occupait avec succès de physique, de mathématiques et d'antiquités : les arts lui devaient la découverte de plusieurs monuments remarquables, et entr'autres de la maison de campagne de Marius. Il possédait lui-même une belle collection de médailles et de statues, qui fut, à sa mort, achetée par le roi de Prusse. Il savait bien le grec, et la langue de Cicéron ne lui était pas moins familière que la sienne : il était brillant orateur en français et en latin; on admire sur-tout le discours qu'il prononça à Rome, lorsqu'il prit possession de la place d'auditeur de rote. Mais son premier titre littéraire est le poème de l'*Anti-Lucrèce* *. L'auteur en avait communiqué différentes parties à ses amis,

---

* Voltaire, dans le *Temple du Goût* désigne ainsi l'auteur de ce poème remarquable.

> Ce cardinal, qui sur un nouveau ton
> En vers latins fait parler la sagesse,
> Réunissant Virgile avec Platon,
> Vengeur du ciel, et vainqueur de Lucrèce.

F.

lorsqu'il revint de son exil de Bon-Port, et dès-lors le duc de Bourgogne et le duc du Maine commencèrent à le traduire. Les nombreux travaux dont il fut chargé l'empêchèrent pendant long-temps de l'achever, et il mourut avant d'avoir pu y mettre la dernière main. L'abbé de Rothelin et le professeur Le Beau remplirent dignement les lacunes du manuscrit, et l'*Anti-Lucrèce* fut publié en 1745, en deux volumes in-8°. Bougainville en a donné une traduction assez bien faite, et Fr.-Mar. Ricci l'a traduit en vers italiens. Réfuter le sceptique romain, n'est pas le seul objet de Polignac; il cherche à déterminer en quoi consiste le souverain bien ; quelle est la nature de l'âme, soit dans l'homme, soit dans les animaux; ce que l'on doit penser du mouvement et du vide. On lui a reproché d'avoir préféré les opinions de Descartes à celles de Newton; il eût mieux fait sans doute de s'en tenir à des notions moins hypothétiques et généralement adoptées, que d'embrasser un système et des principes si fortement combattus dans le royaume ; mais cette opinion avait été celle de sa jeunesse; et l'on ne peut faire un crime à l'illustre poète de n'en être pas revenu. Il perdit beaucoup de temps et de vers, dit Voltaire, à combattre la mauvaise physique de Lucrèce et la déclinaison des atômes ; *c'est employer de l'artillerie pour détruire une chaumière.* Ceux qui ont partagé depuis les opinions de Lucrèce, ont prouvé que la réfutation de ces absurdités n'était pas inutile : il est vrai qu'elle eût pu être plus courte en quelques endroits ; le cardinal de Polignac est un peu diffus et pas assez varié ; ce sont les reproches les plus ordinaires que l'on fait à son ouvrage ; mais souvent aussi il réunit la force de Lucrèce à l'élégance de Virgile. (Il a déjà été question de ce poème dans notre *Répertoire. Voyez* tom. XVIII, page 160, à la note.)

Le cardinal de Polignac joignait à tant de connaissances et de talents, une conversation agréable et amusante, une politesse exquise, une mémoire étonnante et bien cultivée ; le son de sa voix, la grace avec laquelle il parlait augmentaient encore le plaisir qu'on avait à l'entendre. Il aimait la gaieté et les bons mots, mais repoussait la médisance. Un seigneur attaché au service de l'Angleterre, vivait à Rome sous la protection de la France : un jour qu'à la table de l'ambassadeur, il s'égayait sur la religion et la personne du roi Jacques : « Monsieur, « lui dit le cardinal, qui professait hautement sa re- « connaissance pour ce prince, j'ai ordre de pro- « téger votre personne et non pas vos discours. » Tous ceux qui l'avaient connu et avaient vécu avec lui l'ont regretté ; sa *Vie* par le P. Faucher, publiée à Paris, 1777, 2 vol. in-12, prolixe et faiblement écrite, est pleine de faits intéressants qui prouvent ce que nous avons dit des talents et des vertus du cardinal de Polignac.

POLITIEN (Ange), poète et littérateur célèbre, naquit le 14 juillet 1454 à Monte Pulciano, petite ville de Toscane, en latin *Mons Politianus*, et c'est de là qu'il prit le nom sous lequel il est connu; celui de sa famille était, selon l'opinion la plus probable, Ambrogini, et, par abréviation, Cini ou Gini. Envoyé de bonneheure aux écoles de Florence, Ange y étudia sous les maîtres les plus habiles, et ne tarda pas à les étonner par ses progrès. A dix-sept ans il avait déjà composé un assez grand nombre d'épigrammes latines, qu'il publia en 1471, et qui commencèrent sa réputation.

En 1468, les deux frères Laurent et Julien de Médicis s'étaient distingués dans un tournoi; Luca Pulci chanta la victoire de Laurent, et notre jeune poète célébra celle de Julien dans des *Stanze* qui lui méritèrent les plus grands éloges, et occupent encore un rang honorable parmi les chefs-d'œuvre de la poésie italienne. Tous les biographes s'accordent à dire qu'elles sont l'ouvrage d'un enfant de quatorze ans, et qu'elles furent composées réellement à l'époque du tournoi; Ginguéné, dans son *Histoire littéraire d'Italie*, ne partage pas cette opinion. Selon lui, quoique fort surprenantes, les épigrammes que publia cet enfant jusqu'à l'âge de dix-sept ans se conçoivent, « mais un poème de près de douze cents
« vers en octaves italiennes, resté depuis ce temps
« comme modèle et comme un monument de la
« langue, ne se conçoit pas. » Il croit plus vraisemblable de reporter à l'année 1473, la composition des *Stanze* : l'auteur alors avait près de vingt ans : pauvre et sans appui, il voulut participer à la protection noble et généreuse qu'accordaient aux lettres les Médicis, et il choisit les succès de Julien au

tournoi de 1468, comme un cadre où il pourrait faire entrer l'éloge de toute la famille. L'ouvrage est dédié à Laurent, qui à cette époque (1471) était chef de l'état, tandis qu'en 1468, il était jeune, et soumis à Pierre de Médicis, son père. Quoiqu'il en soit de l'époque où Politien écrivit ce poème (et il ne pouvait pas avoir plus de vingt ans), on lui doit le morceau de poésie italienne le plus brillant de ce siècle, quoiqu'il ne soit pas achevé, et qu'au bout de douze cents vers le héros ne soit point encore entré en scène; avec la fertilité d'une jeune imagination on y admire le style ferme de l'âge mûr. L'*ottava rima*, inventée par Bocace, et qu'aucun de ses successeurs n'avait perfectionnée plus que lui, parut alors avec toutes les qualités qui lui manquaient, et si parfaites, que l'Arioste et le Tasse n'y ont rien ajouté; la langue poétique reprit sa force et ses vives couleurs, que depuis Pétrarque elle semblait avoir oubliées, et le style épique fut créé.

Les Médicis se montrèrent dignes de l'hommage éclatant que leur avait rendu le jeune poète; il fut magnifiquement récompensé, et admis dans le palais de ces chefs de la république florentine, et Laurent lui confia l'éducation de ses enfants. Ces occupations et d'autres que lui demandait l'amitié de son protecteur, l'empêchèrent de continuer son poème, et il perdit sans doute entièrement le dessein de l'achever, lorsqu'il eut vu son héros tomber sous les poignards des Pazzi.

L'histoire que Politien écrivit de cette conjuration fut un nouvel hommage qu'il rendit aux Médicis, et Laurent l'accueillit avec reconnaissance. C'est en outre, au jugement de Ginguéné, l'un des meilleurs et des plus élégants morceaux d'histoire écrits en latin moderne, et on n'y trouve pas moins la preuve de son talent littéraire, que de son tendre attachement pour ses bienfaiteurs. A cette époque il fut appelé à remplir une chaire de littérature grecque et latine, et tout ce qu'il y avait de mieux dans Florence courut en foule à ses leçons. Il composa à ce sujet quatre sylves ou petits poèmes, que l'on peut mettre au rang de ce que la latinité moderne a produit de plus précieux. C'étaient des morceaux qu'il récitait publiquement au commencement de ses cours.

Ainsi nous le trouvons encore au nombre des savants professeurs de littérature ancienne, qui entretenaient à Florence l'ardeur des bonnes études. Il ne le cédait point en érudition à ses contemporains, et ses *Miscellanea*, ses traductions latines d'Hérodien, d'Épictète, d'Alexandre d'Aphrodisée, et de plusieurs autres ouvrages en sont la preuve. Ce fut lui qui, aidé du célèbre Pic de la Mirandole, de Jean Lascaris, et de quelques autres savants, seconda la munificence et le bon goût de Laurent de Médicis, lorsqu'il composait cette bibliothèque Laurentienne, long-temps la plus riche de l'Europe. « Ses « *Lettres familières*, dit Ginguéné, que nous avons « souvent consulté pour cet article, sont lues avec « intérêt, tant à cause du jour qu'elles jettent sur l'his- « toire littéraire de son temps et sur celle de sa vie, « que parce qu'elles se rapprochent plus que celles

« des autres savants de ce siècle du style des bons
« auteurs latins. On l'y voit en correspondance avec
« tout ce qu'il y avait alors de distingué dans les
« lettres, avec les plus grands personnages de l'Ita-
« lie, même avec des souverains. Tous témoignent,
« en lui écrivant, la plus grande estime pour sa per-
« sonne et pour ses talents. » On doit regretter de
trouver aussi dans le recueil des ouvrages de Politien quelques invectives, monuments d'une querelle
très vive qu'il soutint contre Merula, autre savant
distingué de ce siècle.

La réputation de notre poète s'augmentait de
jour en jour. De la chaire des belles-lettres il avait
passé à une chaire de philosophie; l'on accourait
même des pays lointains pour l'entendre; et des
professeurs déjà connus avantageusement, des seigneurs étrangers, se rangèrent parmi ses élèves.
Par l'entremise de Jean Texeira, chancelier de Portugal, dont il comptait les fils parmi ses élèves, il obtint du roi Jean II l'autorisation d'écrire les expéditions des Portugais dans les Indes; et déjà on
travaillait à recueillir les matériaux qui lui étaient
nécessaires, lorsqu'il mourut à l'âge de quarante
ans, le 24 septembre 1494. On a attribué sa mort
à différentes causes; Paul Jove en donne une qui ne
serait rien moins qu'honorable pour Politien; une
autre tradition le fait succomber au désespoir d'une
passion malheureuse; d'autres enfin prétendent que
la mort de Laurent de Médicis, en 1492, l'affaiblissement de cette maison et les malheurs dont la menaçait l'invasion de Charles VIII en Italie, affligèrent

Politien au point de lui donner la maladie dont il mourut.

Les ouvrages que nous avons mentionnés ne sont pas ses seuls titres littéraires. On ne doit pas oublier sa *Favola di Orfeo*, qui forme une époque très remarquable dans l'histoire de l'art dramatique : « C'est, selon Ginguené, la première représentation « théâtrale étrangère à celles de ces pieuses absur- « dités qu'on nommait mystères. » Elle porte tous les caractères de l'enfance de l'art ; mais si l'on observe qu'elle fut composée en deux jours au milieu des préparatifs tumultueux d'une fête, on sera encore étonné d'y rencontrer tant de beautés. Elle se termine par un dithyrambe en l'honneur de Bacchus, plein d'inspiration et de verve, qui est le premier modèle d'un genre aimé des Italiens, et qu'ils ont cultivé avec succès. Les autres poésies italiennes de Politien sont peu remarquables, si l'on en excepte une *Canzone* d'amour, remplie d'images charmantes, et le premier morceau depuis Pétrarque qui rappelle la manière de ce grand poète.

Depuis le XVe siècle, la réputation de Politien n'a point diminué, et ses ouvrages sont encore admirés comme ils l'ont toujours été. Ils ont été imprimés séparément; les éditions en sont nombreuses, et quelques-unes très soignées et très riches; nous n'en citerons que quelques-unes où l'on a recueilli les *OEuvres* de ce grand écrivain. La plus ancienne est celle de Venise, 1498, in-fol.; il en parut de nouvelles à Paris, 1512, 1519, même format, et à Lyon, chez les Gryphes, 1528, 1533, 1545, deux vol. in-8°.

La plus complète (c'est la seule qui contienne la *Conjuration des Pazzi*) est de Bâle, 1553. La meilleure *Vie* de Politien est celle de Serassi, publiée en 1747, à Bergame, en tête d'une édition des *Stanze*.

POLYBE était de Mégalopolis, ville du Péloponèse dans l'Arcadie. Il vint au monde environ l'an 548 de la fondation de Rome (avant J.-C. 204). Son père se nommait Lycortas, illustre par la fermeté avec laquelle il soutint les intérêts de la république des Achéens, pendant qu'il la gouvernait.

Il fut élevé, comme tous les enfants de sa nation, dans un grand respect pour la divinité, pieux sentiment, où les Arcadiens mettaient leur principale gloire, et dans lequel il persévéra si constamment pendant toute sa vie, qu'il est peu d'auteurs profanes qui aient pensé de la divinité plus religieusement, et qui en aient parlé avec plus de dignité.

Il eut pour maître dans la politique, Lycortas, son père, grand homme d'état ; et pour la guerre Philopœmen, un des plus habiles et des plus intrépides capitaines de l'antiquité. Il fit usage des excellentes leçons qu'il en avait reçues dans les diverses négociations et les différentes affaires où il fut employé, soit avec son père, soit seul, sur-tout pendant la guerre des Romains contre Persée, dernier roi de Macédoine.

Les Romains, après la défaite de Persée, songèrent à humilier et à punir ceux des Achéens qui avaient été les plus fermes à soutenir la liberté de la ligue achéenne, et qui avaient paru contraires à leurs vues et à leurs intérêts. On en enleva mille, qui furent emmenés à Rome : de ce nombre fut Polybe.

Pendant le séjour qu'il y fit, soit que sa réputation l'y eût prévenu, soit que sa naissance ou son mérite le fit rechercher des plus grands de Rome, il gagna l'amitié de Q. Fabius et du jeune Scipion, tous deux fils de Paul Emile, et adoptés l'un par Q. Fabius, l'autre par P. Cornélius Scipion, fils de Scipion l'Africain. Il leur prêtait ou empruntait des livres, et s'entretenait avec eux sur les matières qui y étaient traitées. Charmés tous deux de ses grandes qualités, ils obtinrent du préteur qu'il ne sortirait pas de Rome avec les autres Achéens. Ce qui se passa pour lors entre le jeune Scipion, âgé seulement de dix-huit ans, et Polybe, et qui donna lieu à la liaison intime qui se forma depuis entr'eux, est ce me semble, un morceau d'histoire, des plus intéressants et qui peut être d'une grande instruction pour la jeune noblesse.

Ce fut apparemment à Rome que Polybe composa la plus grande partie de son histoire, ou du moins qu'il assembla des mémoires pour la composer. Où pouvait-il mieux s'instruire des évènements qui s'étaient passés, ou pendant tout le cours de la seconde guerre punique, que dans la maison des Scipions, ou pendant les campagnes contre Persée, que dans celle de Paul Émile ? Il en est de même de toutes les affaires étrangères qui se passèrent du temps qu'il était à Rome, ou qu'il accompagnait Scipion. Toujours à portée de voir par lui-même ou de recevoir les nouvelles de la première main, il ne pouvait manquer d'être informé exactement de tout ce qui arrivait de plus mémorable.

Les Achéens, après bien des requêtes inutilement présentées au sénat, obtinrent enfin le retour de leurs exilés : ils n'étaient plus qu'au nombre de trois cents. Polybe n'usa pas de cette permission pour revoir Mégalopolis ; ou, s'il s'en servit, il ne tarda pas à rejoindre Scipion, puisque trois ans après il était avec lui au siège de Carthage. Après cette expédition, il fit quelques voyages par rapport à l'histoire qu'il avait toujours en vue. Mais quelle fut sa douleur, lorsqu'en revenant dans le Péloponèse, il vit la destruction et l'incendie de Corinthe, sa patrie réduite en province de l'empire romain, et obligée de subir les lois d'un magistrat étranger qui devait y être envoyé de Rome tous les ans. Si quelque chose fut capable de le consoler dans une conjoncture si funeste, ce fut la facilité que lui donna son crédit auprès des Romains pour obtenir quelques adoucissements au malheur de ses concitoyens, et l'occasion qu'il eut de défendre la mémoire de Philopœmen, son maître dans la sience de la guerre, dont on voulait abattre les statues.

Après avoir rendu plusieurs services à sa patrie, il retourna joindre Scipion à Rome, d'où il le suivit à Numance, au siège de laquelle il était présent. Scipion mort, il reprit la route de son pays (car quelle sûreté y avait-il à Rome pour Polybe, après que Scipion avait été mis à mort par la faction des Gracques?), et ayant joui dans le sein de sa patrie pendant six ans, de l'estime, de la reconnaissance, et de l'amitié de ses chers concitoyens, il mourut, à l'âge de quatre-vingt-deux ans, d'une blessure qu'il s'était faite en tombant de cheval.

Les principaux ouvrages qu'il a composés, sont: la *Vie de Philopœmen*; un livre *sur la Tactique*, ou *l'Art de ranger les armées en bataille*; *l'Histoire de la guerre de Numance*, dont Cicéron parle dans sa lettre à Luccéius; et son *Histoire universelle*. Il ne nous reste de tous ces ouvrages que le dernier, et encore bien imparfait. Polybe l'appelle lui-même *Histoire universelle*, non par rapport aux temps, mais par rapport aux lieux, parce qu'elle contenait non-seulement les guerres des Romains, mais tout ce qui s'était passé dans le monde connu pendant l'espace de cinquante-trois ans, c'est-à-dire depuis le commencement de la seconde guerre punique jusqu'à la réduction du royaume de Macédoine en province de l'empire romain.

Nulle histoire ne présente, dans un aussi court espace de temps que celui dont il s'agit ici, un si grand nombre d'évènements, tous décisifs et de la dernière importance. La seconde guerre punique entre les deux peuples de la terre les plus puissants et les plus belliqueux, laquelle mit Rome d'abord à deux doigts de sa perte; puis, par un retour surprenant, abattit Carthage et fraya le chemin à sa ruine totale : ensuite la guerre contre Philippe, que l'ancienne gloire des rois de Macédoine, et le nom d'Alexandre-le-Grand encore redouté en un certain sens, rendaient formidable : la guerre contre Antiochus, le plus opulent roi de l'Asie, qui traînait après lui par terre et par mer des armées très nombreuses, et celle contre les Étoliens, peuple féroce, et qui prétendait ne le céder à aucune nation en courage et en bravoure : enfin la dernière guerre de Macédoine contre Persée, laquelle porta le coup mortel à cet empire autrefois si terrible, et pour qui le monde entier était trop étroit. Ce furent tous ces évènements, renfermés dans l'espace d'un peu plus de cinquante ans, qui firent sentir à l'univers étonné ce que c'était que la grandeur romaine, et comment Rome était destinée pour commander à tous les peuples de la terre. Or, Polybe pouvait-il souhaiter un sujet d'histoire plus grand, plus magnifique, plus intéressant ?

Tous les faits arrivés pendant cet espace de temps, remplissaient trente-huit livres, au-devant desquels il en avait mis deux, pour servir comme d'introduction aux autres, et de continuation à l'histoire de Timée. Il y avait donc en tout quarante livres, dont nous n'avons que les cinq premiers qui soient tels que Polybe les avait laissés, des fragments quelquefois assez considérables des douze livres suivants, avec *les Ambassades et les Exemples de vertus et de vices* que l'empereur Constantin Porphyrogénète, au XIIe siècle, avait fait extraire de l'histoire de Polybe, pour les insérer dans ses *Pandectes po-*

litiques; grande compilation, où l'on voyait rangé sous certains titres tout ce que les anciens historiens avaient écrit sur certaines matières, et où l'on pouvait s'instruire de ce qui s'était fait dans les différents cas où l'on se trouvait soi-même, sans avoir la peine de lire ces historiens.

Rollin, *Histoire ancienne*.

JUGEMENT.

Quel dommage qu'une histoire, comme celle de Polybe, soit perdue ! Qui apporta jamais plus d'attention et d'exactitude à s'assurer des faits que lui ? Pour ne pas se tromper dans la description des lieux, chose très importante dans le récit militaire d'une attaque, d'un siège, d'une bataille, ou d'une marche, il s'y était transporté lui-même, et avait fait dans cette seule vue une infinité de voyages. La vérité était son unique étude. C'est de lui que l'on tient cette maxime célèbre, que la vérité est à l'histoire ce que les yeux sont aux animaux : que comme ceux-ci ne sont d'aucun usage dès qu'on leur a crevé les yeux, de même l'histoire sans la vérité n'est qu'une narration amusante et infructueuse.

Mais on peut dire qu'ici, ce qu'il y a de moins à regretter, ce sont les faits. Quelle perte irréparable que les excellentes règles de politique et les solides réflexions d'un homme qui, naturellement porté au bien public, en avait fait toute son étude, qui, pendant tant d'années, s'était trouvé dans les plus grandes affaires, qui avait gouverné lui-même, et du gouvernement duquel on avait été si satisfait ! Voilà ce qui fait le principal mérite de Polybe, et ce qu'un lecteur de bon goût doit principalement y chercher. Car, il faut en convenir, les réflexions (j'entends celles d'un homme sensé comme Polybe) sont l'âme de l'histoire.

On lui reproche ses digressions. Elles sont longues et fréquentes, je l'avoue, mais remplies de tant de faits curieux et d'instructions utiles, qu'on doit non-seulement lui pardonner ce défaut, si s'en est un, mais même lui en savoir gré. D'ailleurs il faut se souvenir que Polybe avait entrepris l'histoire universelle de son temps, comme il en a donné le titre à son ouvrage; ce qui doit suffire pour justifier ses digressions.

Denys d'Halicarnasse, critique fort célèbre dans l'antiquité, porte de notre historien un jugement qui doit le rendre bien suspect lui-même en matière de critique. Il dit nettement et sans circonlocution qu'il n'y a point de patience à l'épreuve de la lecture de Polybe; et la raison qu'il en apporte, c'est que cet auteur n'entend rien à l'arrangement des mots : c'est-à-dire qu'il aurait voulu trouver dans son histoire des périodes arrondies, nombreuses, cadencées, telles qu'il les emploie lui-même dans la sienne, ce qui est un défaut essentiel en matière d'histoire. Un style militaire, simple, négligé, se pardonne à un écrivain tel que le nôtre, plus attentif aux choses mêmes qu'aux tours et à la diction. Je n'hésite donc point à préférer au jugement de ce rhéteur celui de Brutus, qui, loin de trouver la lecture de Polybe ennuyeuse, s'en occupait continuellement, et en faisait des extraits dans ses heures de loisir. On le trouva appliqué à cette lecture la veille du jour où se donna la fameuse bataille de Pharsale. (*Plut. in Brut.*).

Le même, *Ibid.*

PONT-DE-VEYLE (Antoine de FERRIOL comte de), frère aîné du comte d'Argental, naquit le 1er octobre 1697, d'un président à mortier au parlement de Metz et d'une sœur du cardinal de Tencin.

Envoyé à Paris au collège des jésuites, il n'y eut que très peu de succès dans ses études, et ne montra pas plus de dispositions pour celle des lois. Son père voulait cependant qu'il obtînt une charge de conseiller au parlement, et le fit consentir à se présenter chez le procureur général pour lui demander ses conclusions. Pont-de-Veyle s'y rendit en effet; mais, au lieu de songer à l'objet de sa visite, pendant qu'il attendait dans une chambre voisine du cabinet de ce magistrat, il se mit à répéter la danse du chinois dans l'opéra d'*Issé*, qu'on donnait alors, et l'accompagnait d'attitudes grotesques propres à cette danse, lorsque le procureur général parut tout-à-coup, et le surprit au milieu de cet exercice. Sa gravité ne put tenir à cette vue, il se mit à rire avec le jeune candidat; mais celui-ci renonça dès-lors à la magistrature, et obtint quelque temps après la charge de lecteur du roi, qui, en lui laissant une entière liberté, lui donnait cependant un titre dans le monde.

L'amitié du comte de Maurepas lui valut, en 1740, la place d'intendant général des classes de la marine, mais il perdit cette place en 1749, époque de la disgrace du ministre, et il se livra alors sans réserve à son goût pour les lettres et la société.

Dès l'âge de vingt-deux ans il avait fait la connaissance de madame Du Deffand, si célèbre dans le dernier siècle par l'enjouement et la malignité de son esprit, et cette connaissance, dit-elle-même cette dame, était devenue une liaison intime.

Un dialogue qui eut lieu entre eux dans les dernières années de leur vie, prouverait cependant qu'ils étaient tous deux sans illusions sur cette prétendue amitié. Grimm voulant donner une idée des mœurs du XVIIIe siècle, rapporte ainsi ce dialogue : « Pont-de-Veyle? — Madame. — Où êtes-vous ? — Au coin de votre cheminée. — Couché les pieds sur les chenets, comme on est chez ses amis? — Oui, Madame. — Il faut convenir qu'il est peu de liaisons aussi anciennes que la nôtre. — Cela est vrai. — Il y a cinquante ans. — Oui, cinquante ans passés. — Et dans ce long intervalle, aucun nuage, pas même l'apparence d'une brouillerie. — C'est ce que j'ai toujours admiré. — Mais, Pont-de-Veyle, cela ne viendrait-il point de ce qu'au fond nous avons toujours été fort indifférents l'un à l'autre? — Cela se pourrait bien, madame. » Et en effet mademoiselle de Sommery racontait qu'allant voir madame Du Deffant, dans les derniers jours de la vie de Pont-de-Veyle, elle fut tout étonnée que cette dame ne pût lui donner des nouvelles de son ami de cinquante ans. Madame Du Deffand sonna aussitôt sa femme de chambre. « Eh bien! Mademoiselle, comment va-t-il? — Je n'en sais rien, Madame. — Comment! vous n'en savez rien! il faut y aller tout de suite. » La femme de chambre revient bientôt. « Il va fort bien, Madame. — Ah! tant mieux! — Il était couché sur un canapé, et m'a reconnue. — Bon. — Oui, Madame; sitôt qu'il m'a aperçue, il a remué la queue. — Comment! qu'est-ce que vous dites là?— Mais, Madame, ne m'avez-vous pas envoyée savoir des nouvelles de Médor? » Ainsi cette femme de chambre, qui apparemment connaissait bien sa maîtresse, ne la supposait occupée que de son chien malade, lors même que son ancien ami était mourant.

Pont-de-Veyle termina sa carrière le 3 septembre 1774. Il était du conseil littéraire de Voltaire, et formait avec son frère d'Argental et Thiriot, ce que le philosophe de Ferney appelait son *triumvirat*.

Outre un très grand nombre de chansons et de pièces fugitives on a de Pont-de-Veyle:

Le *Complaisant*, comédie en cinq actes et en prose, 1733, in-8°; pièce qui a été aussi attribuée à Delaunay; le *Fat puni*, comédie en un acte et en prose, 1738, in-8°. Il eut aussi une très grande part, dit-on, à la comédie du *Somnambule*, petite pièce en un acte et en prose, qui est restée au répertoire du Théâtre-Français; et il a laissé en manuscrit le *Comte de Mareille*, comédie en un acte et en prose, et la première partie d'un roman tiré de l'histoire d'Angleterre.

JUGEMENT.

Le Fat puni, de Pont-de-Veyle, ne vaut pas le conte de La Fontaine dont il est tiré, mais il fallait de l'adresse pour l'adapter au théâtre, en conservant les bienséances. Il eût fallu dans le dénouement, conserver aussi la vraisemblance; mais il est bien difficile de supposer qu'un homme puisse, pendant un demi-quart d'heure de conversation, prendre la voix de sa maîtresse pour celle d'un homme : les habits peuvent déguiser le sexe, mais le son de voix doit le trahir.

On reprend quelquefois *le Complaisant*, pièce en cinq actes et en prose, du même auteur. Le principal caractère est outré jusqu'à l'excès; la pièce est froide et sans intrigue; le dialogue n'est que de l'esprit apprêté. Il y a un rôle de femme que l'on donne pour étourdie, et qui est absolument folle; elle est d'une joie inconcevable de la perte d'un procès de cinquante mille écus, qui coûte à son mari une partie de sa fortune, et peut empêcher l'établissement de sa fille; elle veut à toute force donner une fête chez elle pour solenniser la perte de ce procès, et le tout afin de contrarier son mari qui en est désolé. Dufresny avait peint *l'Esprit de contradiction*, mais il ne l'a pas porté jusque-là; il s'en faut de quelque chose. Rien n'est si facile en tout genre que d'exagérer; mais si quelquefois l'exagération comique fait rire la multitude, les connaisseurs ne rient le plus souvent que de l'auteur.

LA HARPE, *Cours de Littérature.*

POPE (Alexandre), naquit à Londres, le 22 mai 1688, d'une famille noble et catholique, très zélée pour la cause des Stuarts. Son père, après la révolution de 1688, s'étant retiré à Benfield, dans la forêt de Windsor, ce fut dans cette solitude que Pope fut élevé et qu'il se livra dès son enfance à l'étude des modèles anglais et de la littérature latine. Une *Ode sur la vie champêtre*, qu'il composa à l'âge de douze ans et diverses autres productions, où l'on remarquait autant de pureté que d'élégance, commencèrent sa réputation. Il se rendit ensuite à Londres, où il voulait étendre ses connaissances littéraires, et s'y lia bientôt avec quelques beaux esprits de ce temps qui lui donnèrent d'utiles conseils et sur-tout des éloges dont sa vanité était insatiable.

Quatre pastorales furent le premier ouvrage qu'il publia. Dans la même année, en 1709, parut son *Essai sur la Critique*, poème qui ne vaut pas l'art poétique de Boileau, mais qui mit le jeune auteur au rang des plus beaux génies de l'Angleterre. L'églogue sacrée du *Messiah*, les beaux vers *A la mémoire d'une femme infortunée*, le joli poème de la *Boucle de cheveux enlevée*, celui de la *Forêt de Windsor*, l'*Epître d'Héloïse à Abeilard*, suivirent de près le poème sur la *Critique*, et donnèrent un nouvel éclat à la réputation du jeune poète, qui annonça bientôt le projet d'une traduction de l'*Iliade*. Ce projet fut accueilli par de nombreuses souscriptions de la ville et de la cour, et, en l'espace de cinq années, on vit paraître l'un des plus beaux monuments de la versification anglaise *.

Jusque-là la fortune de Pope avait été des plus médiocres, mais ce grand ouvrage lui ayant valu, dit-on, près de trois cent mille francs, il acheta une maison de campagne, et s'y retira avec son père et sa mère qu'il honora toujours d'un soin religieux.

La traduction de l'*Odyssée* qu'il entreprit ensuite, mais dont il abandonna la seconde moitié à deux poètes subalternes, lui attira un grand nombre de critiques et de sarcasmes qui remplirent son cœur d'amertume. Il y répondit par la *Dunciade*, poème célèbre, où éclatent la verve satirique, la mauvaise humeur et souvent le mauvais goût. Cette production n'ayant fait qu'augmenter la haine de ses ennemis, Pope voulut y faire diversion en publiant l'*Essai sur l'Homme*, qui excita d'abord l'admiration, mais qui fut ensuite soumis à une grave critique, parce qu'on crut y reconnaître des principes favorables à l'irréligion. Quoi qu'il en soit, l'auteur avait résolu de parcourir, dans une suite de poèmes, toutes les graves questions de la métaphysique et de la morale lorsque sa santé, qui avait toujours été chancelante, le força d'abandonner ses travaux. Il mourut d'une hydropisie de poitrine, le 30 mai 1744, à l'âge de cinquante-six ans.

Toutes les productions originales de Pope ont été traduites en français, quelques-unes plusieurs fois. L'*Essai sur l'Homme*, en particulier, déjà traduit par

---

* Pope seul a senti la grandeur d'Homère.
   MONTESQUIEU, *Pensées diverses.*

l'abbé Du Resnel, a mérité les efforts et la noble concurrence de Delille et de M. de Fontanes. La traduction de ce dernier est précédée d'un discours qui est considéré comme un chef-d'œuvre de goût et d'élégance.

L'*Epitre d'Héloïse à Abeilard* a été imitée en vers français par Colardeau et par Dorat.

La traduction française des *Œuvres complètes* de Pope, publiée par l'abbé de La Porte, Paris, 1779, 8 vol. in-8°, est en partie accompagnée du texte anglais.

Outre la *Vie* de ce poète, écrite par Johnson, on peut consulter l'*Essai sur Pope*, par Warton, Londres, 1782, 2 vol. in-8°.

JUGEMENTS.

I.

L'*Essai sur la Critique* est un ouvrage d'autant plus étonnant, qu'il fut composé, dit-on, à dix-neuf ans. Jamais la raison et le goût ne furent plus précoces, et cette composition n'a rien de la jeunesse, que la vigueur et la franchise. D'ailleurs tout y est mûr et plein de sens. Il a peut-être moins d'agrément que l'*Art poétique* de Boileau, et une méthode moins marquée, mais on y trouverait plus d'idées. On a prétendu qu'il y avait du désordre : ce reproche nous paraît injuste; et la marche du poète anglais, sans être aussi clairement tracée que celle de Despréaux, n'est ni moins sûre ni moins rapide. L'abbé Du Resnel s'est permis de la changer, de transposer plusieurs morceaux, de partager en quatre livres le poème anglais, qui n'en a que trois. On ne s'aperçoit pas que Pope ait rien gagné à tous ces changements. La version de l'abbé Du Resnel est pure et correcte, mais souvent aussi faible qu'infidèle. Il est fort éloigné de la précision et de l'énergie de son auteur, et sa diction est en général trop prosaïque, quoiqu'on y ait remarqué plusieurs morceaux qui ont du mérite. Il paraît que celui de Pope était surtout un très grand sens, un excellent esprit; c'est du moins le mérite qu'il a pour les lecteurs de toutes les nations. Celui d'être le plus élégant des poètes anglais ne peut être senti que par ses compatriotes; eux seuls en sont les juges compétents; mais nous ne pouvons pas les en croire lorsqu'ils mettent *la Boucle de cheveux enlevée* à côté ou même au-dessus du *Lutrin*. Nous sommes fort éloignés de mettre, dans ce jugement, aucune partialité nationale : mais nous invoquerons le témoignage de tous les lecteurs éclairés; nous les prierons de comparer la fable, les personnages, les tableaux, les épisodes, les détails des deux ouvrages, et peut-être penseront-ils, comme nous, que l'invention n'était pas le talent du Pope, et que, s'il a eu la gloire de lutter à dix-neuf ans, contre l'*Art poétique*, il est resté bien au-dessous du *Lutrin*.

Que l'on examine, dans cet ouvrage, la petitesse du sujet si heureusement vaincue, l'action si bien ordonnée et augmentant toujours d'intérêt (autant que le sujet en est susceptible), du moins pendant les cinq premiers chants (car le sixième n'est pas digne des autres), tous les personnages si bien caractérisés, tous les discours si bien soutenus, cet admirable épisode de la Mollesse, ces peintures si variées et si riches, cette excellente plaisanterie, ces comparaisons si bien placées, cette mesure si parfaitement gardée dans le mélange du sérieux et du comique ; enfin, cette perfection continue d'un style qui prend tous les tons, et l'on conviendra que le *Lutrin* est un chef-d'œuvre de verve poétique, une de ces créations du grand talent, dans lesquelles il a su faire beaucoup de rien.

Qu'on lise ensuite *la Boucle de cheveux*, et l'on verra cinq chants absolument dénués d'action, de caractères, de mouvement, d'intérêt, d'idées et de variété. Un baron forme le projet de couper une boucle de cheveux de Bélinde : il la coupe pendant qu'elle prend du café, voilà tout le fond du poème : l'on ne vous dit pas même ce que c'était que Bélinde ni le baron : on n'établit aucun rapport entre eux. Il ne se passe rien avant ni après la boucle enlevée, et, en mettant à part le mérite de l'élégance anglaise (dont encore une fois nous ne parlons pas), on ne trouve d'ailleurs que des descriptions monotones, de froides allégories, des plaisanteries tout aussi froides. La fable des sylphes, que Pope a très visiblement empruntée du conte de *Gabalis*, pour en faire le merveilleux de son poème, n'y produit rien d'agréable, rien d'intéressant. Un sylphe apparaît en songe à Bélinde, et lui déclare qu'elle est menacée d'un malheur. Il ordonne à d'autres sylphes ses compagnons de veiller sur elle. On s'attend à voir naître quelque chose de cette fiction : point du tout. Le sylphe est coupé en deux par les ciseaux qui coupent les cheveux de Bélinde, et ces deux parties de la substance aérienne se rejoignent aussitôt. Le gnome Umbriel va chercher la Mélancolie ou la déesse aux vapeurs, pour affliger Bélinde, comme si Bélinde, au moment où elle perd ses cheveux, avait besoin d'une divinité pour s'attrister de sa perte. Survient ensuite une querelle entre Bélinde et Talestris son amie. La querelle est suivie d'un combat d'hommes et de femmes, dans lequel Belinde terrasse le baron avec de la fumée de tabac et une aiguille de tête. Elle lui redemande ses cheveux; mais on ne sait pas ce qu'ils sont devenus. Le poète prétend qu'il les a vus monter à la sphère de la lune. On demande ce qu'il y a dans toute cette fable qui puisse offrir de l'agrément, de la gaieté ou de l'intérêt.

Voyez, au contraire, comme, dans le *Lutrin*, tous les agents employés par le poète ont chacun leur objet et leur effet. Voyez

....la Discorde encor toute noire de crimes,
Sortant des Cordeliers pour aller aux Minimes,

s'indigner du repos qui règne à la Sainte-Chapelle, et jurer d'y détruire la paix, comme elle a su la détruire ailleurs. Elle apparaît en songe, sous les traits d'un vieux chantre, au prélat qu'elle anime contre son rival. Et comme l'épisode de la Mollesse est amené ! Au moment où les amis du prélat ont, dans la nuit, élevé un lutrin qui doit désespérer le chantre, la Discorde pousse un cri de joie :

L'air qui gémit du cri de l'horrible déesse,
Va jusque dans Cîteaux réveiller la Mollesse.

La nuit vient lui raconter les querelles qui vont s'allumer. La Mollesse en prend occasion de se plaindre de tous les maux que lui fait un roi qui ne la connaît pas :

.... l'Église du moins m'assurait un asyle.

Par ce seul vers, le poète rentre aussitôt dans son sujet. C'est art n'est connu que des maîtres.

Par mon exil honteux la Trape est ennoblie.
J'ai vu dans Saint-Denis la réforme établie.
Le Carme, le Feuillant s'endurcit aux travaux,
Et la règle déjà se remet dans Clairvaux.
Cîteaux dormait encore, et la Sainte-Chapelle
Conservait du vieux temps l'oisiveté fidèle.

Que ces deux derniers vers sont heureux ! Elle prie la Nuit de la venger des profanes qui, avec leur lutrin, vont chasser la Mollesse de son dernier asyle.

O toi, de mon repos compagne aimable et sombre,
A de si noirs forfaits prêtera-tu ton ombre?
Ah ! Nuit, si tant de fois dans les bras de l'Amour
Je t'admis aux plaisirs que je cachais au jour,
Du moins ne permets pas...

Voilà la Nuit mise en action. C'est elle qui va placer dans le lutrin ce hibou qui épouvante Boirude et ses deux compagnons. Ils fuient ; mais la

Discorde, sous les traits de Sidrac, vient leur rendre le courage, et les fait rougir de leur puérile frayeur. Ils se raniment, ils mettent la main à l'œuvre,

Et le pupitre enfin tourne sur son pivot.

Voilà la machine poétique, du mouvement, de l'action, de la vie.

Que l'on essaie de comparer la partie d'ombre et le combat si insipide et si long des piques contre les trèfles, et des cœurs contre les carreaux, à ce combat si ingénieux et si finement satirique des chantres et des chanoines qui se jettent à la tête tous les livres de la boutique de Barbin sur les degrés du Palais. Quel modèle de la bonne plaisanterie et de la satire mise en action et habilement encadrée! et quelle foule de traits piquants!

L'art des plaisanteries de Pope est toujours le même, celui de rapprocher un grand objet et un petit. Bélinde est menacée d'un malheur. « Je ne sais, dit le « sylphe Ariel, si la nymphe doit enfreindre les lois « de Diane, ou si elle doit seulement casser une por- « celaine, si son honneur ou son habit recevra quel- « ques taches, si elle oubliera de faire ses prières « ou d'aller à une partie de masque, si elle perdra « son cœur ou son collier au bal, ou si enfin la des- « tinée a déterminé qu'il arrive un malheur à son « petit chien. » Peint-il la douleur de Bélinde au moment où ses cheveux lui sont enlevés : « On ne « pousse point au ciel des cris aussi perçants lors- « qu'un mari ou un chien favori rend le dernier

« soupir, ou quand une belle porcelaine tombe et
« que les fragments se réduisent en poudre. »

Ce genre de plaisanterie est froid, sur-tout lorsqu'il est répété. On en trouve d'une espèce encore plus mauvaise. Chez la déesse aux vapeurs, on aperçoit quantité de transformations et de métamorphoses fantastiques. « Dans le désordre de leur
« imagination les hommes accouchent; et les filles,
« changées en bouteilles, demandent tout haut des
« bouchons. »

And maids turn'd bottles, call aloud for corks.

On ne voit point dans Despréaux des traces de ce mauvais goût, et ce n'est pas là la gaieté des honnêtes gens.

A l'égard des caractères, qu'est-ce que le baron et Bélinde, et la prude Clarice, et Talestris, et ce chevalier Plume, et Ariel le sylphe, et Umbriel le gnome? Cherchez dans tous ces personnages une figure dragmatique ou une tête pittoresque, et vous n'en trouverez pas une. Voyez au contraire dans Boileau le portrait du prélat qui repose :

La jeunesse en sa fleur brille sur son visage ;
Son menton sur son sein descend à double étage,
Et son corps ramassé dans sa courte grosseur
Fait gémir les coussins sous sa molle épaisseur.

Voyez s'avancer le vieux Sidrac, conseiller du prélat :

Quand Sidrac, à qui l'âge alonge le chemin,
Arrive dans la chambre un bâton à la main.

Ce vieillard dans le chœur a déjà vu quatre âges ;
Il sait de tous les temps les différents usages ;
Et son rare savoir de simple marguillier,
L'éleva par degré au rang de chevecier.

Les héros d'Homère sont-ils mieux peints ?

Alain tousse et se lève ; Alain, ce savant homme,
Qui de Bauni vingt fois a lu toute la Somme,
Qui possède Abelli, qui sait tout Raconis,
Et même entend, dit-on, le latin d'A-Kempis.

Au mérite des portraits joignez celui des peintures :

Parmi les doux plaisirs d'une paix fraternelle,
Paris voyait fleurir son antique Chapelle :
Ses chanoines, vermeils et brillants de santé,
S'engraissaient d'une longue et sainte oisiveté.
Sans sortir de leurs lits, plus doux que leurs hermines,
Ces pieux fainéans faisaient chanter matines,
Veillaient à bien dîner, et laissaient en leur lieu,
A des chantres gagés le soin de louer Dieu.

. . . .

Dans le réduit obscur d'une alcôve enfoncée
S'élève un lit de plume à grands frais amassée.
Quatre rideaux pompeux, par un double contour,
En défendent l'entrée à la clarté du jour.
Là, parmi les douceurs d'un tranquille silence,
Règne sur le duvet une heureuse indolence :
C'est là que le prélat, muni d'un déjeûner,
Dormant d'un léger somme, attendait le dîner.

. . . .

.... que ne dis-tu, point, ô puissant porte-croix,

Boirude, sacristain, cher appui de ton maître,
Lorsqu'aux yeux du prélat tu vis ton nom paraître !
On dit que ton front jaune, et ton teint sans couleur,
Perdit en ce moment son antique pâleur,
Et que ton corps goutteux, plein d'une ardeur guerrière,
Pour sauter au plancher fit deux pas en arrière.

. . . .

Entrez dans le séjour de la Mollesse :

C'est là qu'en un dortoir elle fait son séjour.
Les Plaisirs nonchalants folâtrent à l'entour.
L'un pétrit dans un coin l'embonpoint des chanoines,
L'autre broie en riant le vermillon des moines.
La Volupté la sert avec des yeux dévots,
Et toujours le Sommeil lui verse des pavots.

Lisez la description des vêtements du chantre :

On apporte à l'instant ses somptueux habits,
Où sur l'ouate molle éclate le tabis.
D'une longue soutane il endosse la moire,
Prend ses gants violets, les marques de sa gloire,
Et saisit en pleurant ce rochet qu'autrefois
Le prélat trop jaloux lui rogna de trois doigts.

N'est-ce pas ainsi que la poésie anime et embellit tout ? L'auteur sait la faire descendre avec succès jusqu'aux objets les plus communs :

A ces mots il saisit un vieil Infortiat,
Grossi des visions d'Accurse et d'Alciat,
Inutile ramas de gothique écriture,
Dont quatre ais mal unis formaient la couverture,
Entourée à demi d'un vieux parchemin noir,
Où pendait à trois clous un reste de fermoir.

La destruction du lutrin n'est pas d'une beauté moins remarquable, à un seul mot près :

Enfin sous tant d'efforts la machine succombe,
Et son corps entr'ouvert chancelle, éclatte et tombe.
Tel, sur les monts glacés des farouches Gélons,
Tombe un chêne battu des *voisins* aquilons ;
Ou tel, abandonné de ses poutres usées,
Fond enfin un vieux toit sous ses tuiles brisées.

Quoi de plus commun, et qui semble prêter moins aux couleurs poétiques, que d'allumer une chandelle avec une pierre à fusil et un briquet ? Le talent saura encore ennoblir ces détails si familiers :

Des veines d'un cailloux qu'il frappe au même instant
Il fait jaillir un feu qui pétille en sortant ;
Et bientôt au brasier d'une mèche allumée
Montre, à l'aide du soufre, une cire allumée.

Et des jeunes gens qui s'occupent à rajeunir des lieux communs sur le soleil et la lune prétendent, dit-on, créer la poésie descriptive, créer une langue inconnue à Despréaux et à Racine ! Avant de prétendre à en faire une, qu'ils étudient encore celle de leurs maîtres.

On s'est étendu volontiers sur cet excellent ouvrage, parce que c'est un de ceux qui font le plus d'honneur à notre littérature, un de ceux où la perfection de notre poésie a été portée plus loin : on peut même dire qu'il n'a point eu de modèle, car qu'est-ce, en comparaison du *Lutrin*, que *le*

Combat des rats et des grenouilles, et *le Sceau enlevé* de Tassoni* ? Si Boileau a montré dans ses autres écrits une raison supérieure, ici il s'est montré grand poète.

On n'a point remis sous les yeux du lecteur ce beau morceau de la Mollesse, parce qu'il est trop connu. Il y en a un dans *la Boucle de cheveux*, qui est le meilleur de l'ouvrage, et qu'on peut mettre en parallèle avec l'épisode du *Lutrin*, d'autant plus aisément que nous avons deux traductions des vers anglais, une de Voltaire, et l'autre de M. Marmontel. Ce dernier s'est amusé, dans sa jeunesse, à traduire *la Boucle de cheveux*. C'est là qu'on trouve ce vers heureux sur les montres à répétition :

Et la montre répond au doigt qu'elle repousse ;

ce qui rappelle celui de L'Anti-Lucrèce :

Digitoque premens interrogat horam.

L'endroit dont il s'agit est celui où le poète conduit Umbriel chez la Mélancolie ou la déesse aux vapeurs. Voici la version de M. Marmontel :

Aussitôt Umbriel, gnome ennemi du jour,
De la nymphe aux vapeurs va chercher le séjour.
Par l'oblique détour d'une sombre avenue,
Dans ce lieu souterrain le gnome s'insinue.
Jamais on n'y sentit le zéphyr caressant ;
Mais du vent du midi le souffle assoupissant

---

* La Harpe exprime le même jugement à peu près dans les mêmes termes, dans son article sur Boileau. (*Voy.* tome V, p. 29 de ce recueil.)

H. P.

Ne cesse d'y porter une vapeur impure.
Dans l'humide réduit de cette grotte obscure
Les regards du soleil n'ont jamais pénétré.
C'est là que sur un lit, aux Soucis consacré,
Le cœur gros de soupirs, triste, pâle, rêveuse,
Repose mollement la déesse quinteuse.
La douleur la retient attachée au duvet,
Et la sombre Migraine assiége son chevet.
Aux côtés de son lit paraissent deux vestales :
Leurs traits sont différents, leurs dignités égales.
L'une vieille, sibylle, au teint noir et plombé,
Y traîne un corps mourant sous cent lustres courbé ;
C'est la Malignité. Sur ses membres arides
S'étend un cuir tanné que sillonnent les rides ;
Les yeux pleins de douceur, le cœur rempli de fiel,
Déchirant les humains, elle bénit le ciel ;
Et flattant avec art le mérite modeste,
A ses embrassements mêle un poison funeste.
L'autre, jeune beauté, c'est l'Affectation,
Pour prévenir de loin des maux d'opinion,
Dans un lit somptueux se plonge par grimace,
Roule un œil languissant, et se pâme avec grace.

M. de Voltaire a donné une imitation très libre de ce même morceau qu'il a embelli :

Umbriel à l'instant, vieux gnome rechigné,
Va d'une aile pesante et d'un air renfrogné,
Chercher en murmurant la caverne profonde
Où loin des doux rayons que répand l'œil du monde,
La déesse aux vapeurs a choisi son séjour.
Les tristes Aquilons y sifflent à l'entour,
Et le souffle malsain de leur aride haleine
Y porte aux environs la fièvre et la migraine.

Sur un riche sopha, derrière un paravent,
Loin des flambeaux, du bruit, des parleurs, et du vent,
La quinteuse déesse incessamment repose,
Le cœur gros de chagrin sans en savoir la cause.
N'ayant pensé jamais, l'esprit toujours troublé,
L'œil chargé, le teint pâle et l'hypocondre enflé.
La médisante Envie est assise auprès d'elle,
Vieux spectre féminin, décrépite pucelle,
Avec un air dévot déchirant son prochain,
En chansonnant les gens l'Évangile à la main.
Sur un lit plein de fleurs négligemment penchée,
Une jeune beauté non loin d'elle est couchée ;
C'est l'Affectation, qui grasseie en parlant,
Écoute sans entendre, et lorgne en regardant ;
Qui rougit sans pudeur, et rit de tout sans joie,
De cent maux différents prétend qu'elle est la proie ;
Et pleine de santé sous le rouge et le fard,
Se plaint avec mollesse et se pâme avec art.

On cite une lettre de M. de Voltaire où il met *la Boucle de cheveux* au-dessus du *Lutrin*, et prodigue les plus grands éloges au poème anglais. En respectant, comme on le doit, l'autorité de ce grand homme, on peut répondre qu'il vivait alors en Angleterre, qu'il voyait Pope; que l'on peut fort bien, dans une lettre, mettre de la politesse et de la complaisance plutôt qu'un jugement exact et réfléchi: qu'enfin dans les *Lettres sur les Anglais*, dont nous venons de tirer cette traduction d'un passage de *la Boucle de cheveux*, il ne donna pas le moindre éloge à cet ouvrage, et réserva toutes ses louanges pour l'*Essai sur l'Homme*, dont il a toujours fait le plus grand cas.

Cet admirable poème est en effet le chef-d'œuvre de son auteur, et le fondement de sa grande réputation : il n'a eu, à proprement parler, aucun modèle chez les Anciens ni chez les Modernes, car quel rapport de la mauvaise physique d'Épicure mise en vers, et ornée de quelques beaux morceaux de poésie descriptive *, quel rapport entre cet amas d'erreurs, quelquefois brillantes, et un ouvrage tel que celui de Pope, où la philosophie la plus sublime a pris le langage de la plus belle poésie? On objecterait en vain que l'optimisme n'est qu'une hypothèse comme tant d'autres ; c'est du moins la plus belle solution du grand problème de la nature humaine (la révolution mise à part); c'est une idée très élevée, que Pope a embellie des couleurs de l'imagination; c'est là sur-tout qu'est empreint le caractère de son style, qui consiste dans une marche rapide d'idées pressées les unes sur les autres sans se confondre, et dans une heureuse énergie d'expression, qui ne va jamais jusqu'à la recherche et à l'enflure.

Les deux meilleures productions de l'auteur, après l'*Essai sur l'Homme*, sont l'*Épitre d'Héloïse à Abailard*, chef-d'œuvre de sentiment et de goût, si heureusement transporté dans notre langue par feu M. Colardeau, et le poème qui a pour titre *la Forêt de Windsor*, où l'on trouve de très beaux morceaux de poésie pittoresque **.

* C'est réduire beaucoup le mérite d'un des plus grands poètes de l'antiquité, du précurseur de Virgile, que ce dernier n'a pas toujours surpassé pour la force, l'éclat, le mouvement et le pathétique de l'expression. H. P.

** Voyez dans notre tome VIII, p. 246, l'article COLARDEAU, et tome V,

Nous ne parlerons point des pastorales et de quelques ouvrages de jeunesse, tels, par exemple, que *Le Temple de la Renommée*, qui pèche par une fiction mal inventée, par l'abondance des lieux communs, et, ce qui est assez rare dans Pope, par la fausseté des idées.

A l'égard de *la Dunciade*, c'est un ouvrage tellement anglais, si rempli d'allusions satiriques perdues pour nous, et de personnages qui nous sont absolument étrangers, qu'il nous serait difficile d'asseoir un jugement sur le mérite intrinsèque de cette production. Ce qu'on peut assurer, c'est qu'un poème de quatre chants fort longs, dont le fond n'est autre chose que l'allégorie et la satire, est nécessairement un peu froid. *La Dunciade française*, qui est écrite avec élégance, et qui offre même des morceaux plaisants et des vers heureux, servirait encore à prouver ce principe. Il est trop difficile d'attacher et de plaire long-temps, en faisant revenir sans cesse les mêmes noms avec le même accompagnement d'injures et de sarcasmes. Le plaisir de la malignité s'use très vite chez le lecteur; et la satire, pour avoir un succès constant, ne doit guère être qu'épisodique : son effet dépend sur-tout du cadre où elle est enfermée, et des bornes où elle est circonscrite, et c'est pour cela que *le Pauvre Diable* est peut-être le chef-d'œuvre de ce genre.

Les *Mémoires de Martin Scribler* et *l'Art de ramper en poésie* sont des plaisanteries dans le goût de

---

page 128, celui qui est consacré à M. Boisjolin, traducteur heureux de ce dernier poème.   H. P.

Swift, l'une sur la manie des antiquaires et le pédantisme des érudits, l'autre sur les défauts de style, qui étaient le plus à la mode chez les écrivains. Pope y tourne en ridicule l'extravagant abus des figures, qui en tous temps et en tous lieux ont été, pour les sots et les ignorants, la véritable poésie et la véritable éloquence. Aussi en lisant le chapitre des figures, dans Pope, on croirait qu'il a pris dans plusieurs de nos auteurs tout le galimatias qualifié de sublime par les aristarques du jour.

L'ouvrage qui fit la fortune de Pope, et dont l'Angleterre lui a su le plus de gré, est sa traduction d'Homère, qui passe pour la plus belle qu'on ait faite en vers dans les langues modernes. Un homme tel que Pope n'a pas dédaigné d'être traducteur, parce qu'il savait qu'il faut du génie pour traduire le génie, et que, transporter des monuments anciens dans sa langue, c'est en élever un à sa propre gloire; et nous avons vu de jeunes auteurs qui croyaient s'abaisser en traduisant! Tel est de nos jours le délire de l'amour-propre poétique.

Au reste, Pope eut le sort de tous les génies supérieurs : il fut constamment en butte aux clameurs insolentes et calomnieuses de la populace littéraire, et honoré par tout ce que l'Angleterre avait de plus illustre en tous genres.

La Harpe, *Cours de Littérature*.

II.

Pope a commencé sa carrière par un poème didactique fameux, l'*Essai sur la Critique*. Il approfondissait dans la jeunesse les principes du goût, et destinait à l'âge mûr l'étude de la morale : noble et digne emploi de la vie! Ce grand homme a nourri son âme de tout ce qu'il y a de bon et de beau; il ne s'est presque occupé qu'à peindre le charme des arts et de la vertu.

Que la philosophie et la poésie loin de se combattre, se réunissent donc pour se fortifier et s'embellir, comme dans l'*Essai sur l'Homme!* On n'accusera point Pope d'avoir sacrifié l'une à l'autre : elles se prêtent dans ses vers des beautés mutuelles. C'est là qu'il a su réunir des qualités qui souvent se repoussent, la rapidité des mouvements poétiques à la marche exacte du raisonnement, et l'éclat du style à la simplicité de ces grandes vues, saisies par un esprit vaste qui sait tout généraliser. Je ne dissimulerai point les défauts de cette manière qui a tant d'avantages. Le poète en se pressant de franchir les détails, et de n'offrir que des résultats, néglige quelquefois de se faire entendre aux esprits vulgaires : il est des moments où l'attention se fatigue à développer l'étendue des idées qu'il resserre et qu'il entasse. Occupé continuellement à charger son expression de tous les trésors de sa pensée, il laisse apercevoir le travail ; et son style toujours fort et brillant n'est pas toujours facile et naturel : il emploie trop souvent la symétrie des antithèses, l'effet des contrastes : il répète les mêmes mouvements, les mêmes formes. Il faut que le génie, comme la nature, cache les moyens qui font naître ses prodiges; et Pope ne dérobe point assez les ressorts de sa composition. Quoi qu'il en soit, l'*Essai sur l'Homme*, malgré ses imperfections, est le plus beau traité de morale qui existe encore.

DE FONTANES, *Disc. prélim.* de la Traduction de l'*Essai sur l'Homme.*

MORCEAUX CHOISIS.

I. Dieu.

Tout ce qui fut créé ne fait qu'un grand système ;
La nature est un corps qui pour âme a Dieu même.
La matière et l'esprit, tout existe dans Dieu ;
Comme la vie et l'air, il circule en tout lieu,
Nulle part divisé, s'étend dans chaque espace,
Donne et produit sans cesse et jamais ne se lasse ;
Dans les feux il échauffe, et dans l'onde il nourrit ;
Souffle dans le zéphyre, et sur l'arbre fleurit ;
Il agit dans nos corps, dans nos âmes il pense :
Rien n'est grand ni petit pour sa toute-puissance ;
Il n'est pas moins parfait et moins prodigieux
Dans l'œil du moucheron que dans l'astre des cieux,
Dans le moindre cheveu que dans le cœur du sage,
Et dans le vil mortel qui rampe et qui l'outrage,
Qu'en ces fiers séraphins aux rayons enflammés,
D'un amour immortel devant lui consumés.
Il est partout divers, et partout se ressemble,
Égale et remplit tout, borne et joint tout ensemble *.

Essai sur l'Homme, Épître I, Traduction de Fontanes.

II. L'Homme.

Connais-toi, laisse à Dieu le secret qu'il veut taire,
L'homme est la seule étude à l'homme nécessaire.
L'homme entre deux pouvoirs vit toujours partagé,
Tel que l'isthme orageux par deux mers assiégé ;

---

* Cette magnifique description de Dieu rappelle les vers du sixième

Trop faible pour s'armer du courage stoïque,
Trop instruit pour flotter dans le doute sceptique,
Du corps ou de l'esprit doit-il suivre le vœu,
Commander ou servir, s'appeler brute ou Dieu?
Maître et sujet de tout, unissant chaque extrême,
Esclave de la mort, héritier du ciel même,
Il voit également sa raison s'éclipser,
Quand il pense trop peu, quand il veut trop penser;
Chaos tumultueux des passions contraires,
Vil jusqu'en ses grandeurs, grand jusqu'en ses misères,
Amoureux de soi-même, à soi-même en horreur,
Fait pour la vérité, n'embrassant que l'erreur,
Vide de biens réels, en faux biens il abonde,
La gloire, le jouet, et l'énigme du monde*.

Ibid, Épître II, Traduction du même.

livre de l'*Énéide*, où Virgile expose la doctrine des stoïciens, qui admettaient une âme universelle.

Principio, cœlum ac terras, camposque liquentes, etc.

* Cette belle peinture de l'homme est imitée de la pensée suivante de Pascal :

« Quelle chimère est-ce donc que l'homme! quelle nouveauté, quel chaos,
« quel sujet de contradiction! Juge de toute choses, imbécile ver de terre ;
« dépositaire du vrai, amas d'incertitudes, gloire et rebut de l'univers :
« s'il se vante, je l'abaisse; s'il s'abaisse, je le vante, et le contredis tou-
« jours, jusqu'à ce qu'il comprenne qu'il est un monstre incompréhen-
« sible. »

Écoutons maintenant Bossuet, essayant de résoudre cette énigme inexplicable :

« Qu'est-ce donc que l'homme? Est-ce un prodige? Est-ce un assemblage
« monstrueux de choses incompatibles? Est-ce une énigme inexplicable?
« Ou bien n'est-ce pas plutôt, si je puis parler de la sorte, un reste de lui-
« même, une ombre de ce qu'il était dans son origine, un édifice ruiné,
« qui, dans ses masures renversées, conserve encore quelque chose de la
« beauté et de la grandeur de sa première forme? Il est tombé en ruine par

POPE.

III. Harmonies du Monde physique.

De l'univers entier contemple les accords,
Pour les dons de l'esprit et pour les dons du corps;
Observe avec quel art Dieu, de sa main féconde,
Distribua les rangs et nuança le monde,
Depuis l'homme, ce roi si fier de sa raison,
Jusqu'à l'insecte vil qui peuple le gazon.
Le jour est pour la taupe un crépuscule sombre;
A l'œil perçant du lynx la nuit même est sans ombre;
Le chien poursuit sa proie, averti par l'odeur;
La lionne au seul bruit s'élance avec ardeur;
Le poisson est sans voix, et presque sans oreille,
Tandis que l'oiseau chante et qu'un zéphyr l'éveille.
Quelle gradation des mêmes facultés
Occupe le milieu de ces extrêmités!
Comme elle croît, décroît, et s'élève, et s'abaisse!
De l'agile Arachné combien j'aime l'adresse!
Que ses doigts sont légers, que son tact est subtil!
Elle sent chaque souffle, et vit dans chaque fil.
Admire avec quel art l'abeille sait extraire,
D'une herbe empoisonnée, un onguent salutaire;
Compare au vil pourceau stupidement glouton,
L'éléphant dont l'instinct est presque la raison.
A la fière raison, combien l'instinct ressemble!

« sa volonté dépravée, le comble s'est abattu sur le fondement; mais qu'on
« remue ces ruines, on trouvera dans les restes de ce bâtiment renversé, et
« les traces des fondations, et l'idée du premier dessein, et la marque de
« l'architecte. » (*Oraisons funèbres.*)

M. de Lamartine a parfaitement rendu la pensée de Bossuet dans le vers suivant:

L'homme est un dieu tombé qui se souvient des cieux.

F.

Mémoire, jugement, quel nœud vous joint ensemble?
De sentir à penser qu'il est peu de degrés!
Ainsi toujours voisins, mais toujours séparés,
Les êtres sont placés à leur juste distance;
Leur inégalité produit leur dépendance.
Tous soumis l'un à l'autre, et tous soumis à nous,
Chacun d'eux a ses dons; la raison les vaut tous.

Ibid., Epître I, Traduction de Delille.

IV. L'Harmonie imitative *.

Il faut que le son même, avec délicatesse,
Fasse entendre au lecteur l'action qu'on décrit,
Et que l'expression soit l'écho de l'esprit.
Que le style soit doux, lorsqu'un tendre zéphyre

---

* « Pope, dit Delille (*Disc. prélim. de la Traduction des Géorgiques*),
« donne à la fois l'exemple et le précepte de l'harmonie imitative, dans des
« vers imités admirablement par l'abbé Du Resnel, et que j'ai essayé de tra-
« duire : »

Peins-moi légèrement l'amant léger de Flore;
Qu'un doux ruisseau murmure en vers plus doux encore.
Entend-on de la mer les ondes bouillonner?
Le vers, comme un torrent, en roulant doit tonner;
Qu'Ajax soulève un roc, et le lance avec peine,
Chaque syllabe est lourde et chaque mot se traîne;
Mais vois d'un pied léger Camille effleurer l'eau:
Le vers vole et la suit, aussi prompt que l'oiseau.

Un professeur distingué, que nous avons déjà eu occasion de citer, M. Piéton, d'Evreux, s'est exercé avec succès à rendre, vers pour vers, la traduction de Delille. Il ne sera peut-être pas sans intérêt pour nos lecteurs de comparer ces trois traductions :

Pinge levem leviter Floræ ridentis amantem;
Dulcè fluente fluant dulcissima carmina rivo.
Si convulsum æquor stridentibus æstuat undis,
Æstuet ut torrens, ruat impete musa tonanti.

POPE.

A travers les forêts s'insinue et soupire ;
Qu'il coule avec lenteur, quand de petits ruisseaux
Roulent tranquillement leurs languissantes eaux.
Mais les vents en fureur, la mer pleine de rage,
Font-ils d'un bruit affreux retentir le rivage ?
Le vers comme un torrent en grondant doit marcher.
Qu'Ajax soulève et lance un énorme rocher,
Le vers appesanti tombe avec cette masse.
Voyez-vous, des épis effleurant la surface,
Camille, dans un champ, qui court, vole et fend l'air :
La muse suit Camille, et part comme un éclair.

Essai sur la Critique, Chant II, Traduction de Du Resnel.

V. Dom Quichotte.

Le fameux chevalier que la Manche a produit,
Par son humeur errante en certain lieu conduit,
D'un poète autrefois fit l'heureuse rencontre :
Habile en ce métier aussitôt il se montre,
Parle d'un air rassis, en termes pleins de sens,
Des règles du théâtres et des pièces du temps,
Soutient que s'écarter des règles d'Aristote,
C'est parmi les écueils naviguer sans pilote.
D'un sujet qu'au théâtre il prétendait donner,
Notre auteur avec lui se mit à raisonner :
Trop heureux s'il pouvait mériter le suffrage,
Et suivre les avis d'un si grand personnage !

Saxum Ajax magno attollens conamine vibrat,
Ægrè verba trahunt se, et fessum carmen anhelat ;
Ecce Camilla volat rapidâ super æquora plantâ,
Illam musa volans rapidâ premit æmula pennâ.

F.

De sa pièce il fit voir la sage fiction,
Les mœurs, les mouvements, l'intrigue et l'action;
Tout parut très exact, la fable, l'ordonnance :
Une chose déplut ; le rimeur, par prudence,
N'avait pas dit un mot d'un combat en champ-clos.
Supprimer un combat ! s'écria le héros.
— Oui, sans difficulté, quand on prétend écrire
Suivant les sages lois du censeur de Stagire.
« Non, dit le chevalier, non, de par tous les dieux !
« Aristote écrivait et pensait beaucoup mieux :
« Chevaliers, écuyers, leurs coursiers et leurs armes,
« Embellissent la scène, et lui prêtent des charmes. »
— Quel théâtre assez grand pour un tel appareil ?
« Vous jouerez en plein champ à l'aspect du soleil. »
C'est ainsi qu'un censeur épris de sa chimère,
Se sert pour s'égarer du savoir qui l'éclaire.

Ibid., traduction du même.

PORÉE (CHARLES), savant professeur, né à Vendes, près de Caen, en 1765, entra dès l'âge de 17 ans parmi les jésuites, qui le destinèrent à l'instruction publique. Le succès avec lequel il professa les humanités et la rhétorique au collège de Rennes, fixèrent sur lui les yeux de ses supérieurs : il fut appelé à Paris, et la mort de Jouvency ayant laissé vacante la chaire de rhétorique du collège Louis-le-Grand, le P. Porée fut choisi pour le remplacer. Les Petau, les Copart, les La Rue, professeurs si savants et si distingués, avaient rendu cette tâche difficile : leur successeur se montra digne d'eux et les surpassa peut-être encore. On remarqua en lui plus d'esprit, plus d'élévation que dans son prédécesseur, le savant Jonvency : avec une latinité moins pure et moins élégante peut-être, son style était plus vif et plus nourri de pensées : il laissait voir quelquefois le rhéteur, mais presque toujours il était éloquent.

Solitaire au milieu de Paris, évitant le monde, malgré les agréments qu'il eût pu y déployer avec succès, le père Porée donnait tout son temps à la prière et aux soins qu'il devait à ses disciples : toute sa vie est concentrée dans ses fonctions de professeur, qu'il a si dignement remplies. Sa principale étude était de connaître les penchants de ses élèves, de démêler leurs dispositions ; presque toujours il parlait à leur cœur, et c'était par cette voie qu'il leur inspirait et le goût du travail et l'amour de la vertu. Aussi presque tous demeuraient ses amis et se faisaient un devoir de le consulter et de suivre ses conseils dans les occasions importantes. « Rien n'ef-
« facera de mon cœur la mémoire du P. Porée,
« écrivait au père de La Tour, Voltaire, plusieurs
« années après la mort de son ancien professeur :
« elle est également chère à tous ceux qui ont étudié
« sous lui. Jamais homme ne rendit l'étude et la
« vertu plus aimables. Les heures de ses leçons
« étaient pour nous des heures délicieuses ; et j'aurais
« voulu qu'il eût été établi dans Paris comme dans
« Athènes, qu'on pût assister à tout âge à de
« telles leçons : je serais revenu souvent les entendre. » Les lettres que ce grand poète adressa au P. Porée lui-même, en lui envoyant les tragédies

d'*OEdipe* et de *Mérope*, sont aussi des monuments publics de sa reconnaissance, qui honorent à la fois et le maître et l'élève.

L'âge ne ralentit point le zèle du P. Porée, il travaillait sans cesse pour ces chers élèves, et la mort seule interrompit ses occupations ; elle le frappa au milieu des regrets universels, le 11 janvier 1741, à l'âge de 66 ans. La modestie de ce savant jésuite égalait ses talents : il avait composé pour ses élèves des *Plaidoyers*, qui n'ont pas vu le jour : et il ne consentit jamais à donner au public des tragédies, qui avaient obtenu le suffrage de juges très éclairés. Ce fut malgré lui que parut, en 1735, un recueil de ses *Harangues latines*, 2 vol. in-12. Ce recueil était incomplet : le P. Ch. Griffet, après la mort de Porée, en donna une nouvelle édition (1747, 3 vol. in-12), dans laquelle se trouvaient plusieurs morceaux inédits jusqu'alors. En 1745, le même éditeur avait publié les *Tragédies* de Porée ; elles sont au nombre de six : *Brutus* ; le *Martyre de St-Hermenigilde* ; la *Mort de l'empereur Maurice* ; *Sennacherib*, roi d'*Assyrie* ; *Seby-Myrza*, fils d'Abbas, roi de Perse ; et le *Martyre de St-Agapit*. On a placé en tête de ce volume une *Vie* de l'auteur, écrite en latin. Enfin, pour compléter la collection des ouvrages de Porée, on a imprimé en 1749 ses comédies (*Fabulæ dramaticæ*); elles sont en prose et précédées de prologues en vers français. Il y en a cinq, destinées toutes à prouver une vérité morale et à inspirer le goût de la vertu. On peut consulter, pour de plus amples détails, les *Mémoires de Trevoux*, mars 1741, et le *Parnasse français*, de Titon du Tillet.

PORTRAIT. Description de la figure ou du caractère d'une personne, quelquefois de l'une et de l'autre. Lorsque c'est une espèce d'hommes que l'on peint, comme l'avare, le jaloux, l'hypocrite, la prude, la coquette, ce n'est plus un portrait, c'est caractère; et c'est là ce qui distingue la satire permise de la satire qui ne l'est pas. La Bruyère fut accusé d'avoir fait des portraits : il n'avait fait que des caractères; mais la malignité, en les appliquant et en calomniant le peintre, avait deux plaisirs à la fois. (*Voyez* ALLUSION, SATIRE.)

La poésie, l'éloquence et l'histoire sont également susceptibles de cette sorte de peinture; il faut seulement observer que leur manière n'est pas la même.

J'ai déjà dit qu'en poésie, et singulièrement dans le poème héroïque, l'art de peindre est l'art d'esquisser avec esprit, et de laisser à l'imagination le plaisir d'achever l'image. De tous les poètes épiques, l'Arioste est le seul qui se soit amusé à finir un portrait, celui de la beauté d'Alcine : le ton libre et badin de son poème l'a permis. Mais ni Homère, ni Virgile, ni le Tasse, n'ont peint la figure que par esquisse et d'un trait rapide : l'intérêt dominant de l'action ne leur a pas laissé le loisir de peindre en détail. (*Voyez* ESQUISSE.)

Dans des poésies dont le sujet, moins vaste, moins

sérieux, moins entraînant, permet au poète de s'égayer ou de se reposer sur un objet unique, un portrait fini sera placé, s'il est intéressant.

Dans l'élégie, ou dans l'églogue, l'amant occupé de sa maîtresse peut naturellement s'en retracer les charmes et n'en rien oublier. De même lorque la nature du poème exige qu'un objet allégorique soit décrit, comme dans les *Métamorphoses*, le poète ne saurait mieux faire que de rendre l'idée sensible aux yeux ; alors peindre, c'est définir. Virgile aura dit en passant, *male suada fames*; Ovide décrira ce que n'a fait qu'indiquer Virgile.

Hirtus erat crinis, cava lumina, pallor in ore, etc.

Ovide aura décrit l'Envie :

Pallor in ore sedet, macies in corpore toto,
Nusquam recta acies, livent rubigine dentes :
Pectora felle virent, lingua est suffusa veneno ;
Risus abest, nisi quem visi movere dolores, etc.
Metamorph. II, 12 *.

Voltaire, en passant, touchera quelques traits de ce même vice :

Là gît la sombre Envie, à l'œil timide et louche,

* Sur son front pâle et sombre habite le chagrin.
Une affreuse maigreur a desséché son sein;
Le fiel rouille ses dents ; son œil est faux et louche ;
Le venin de son cœur distille de sa bouche.
Triste de notre joie, elle ne vit jamais
Que des maux qu'elle a vus ou de ceux qu'elle a faits
DE SAINT-ANGE.

Versant sur des lauriers les poisons de sa bouche :
Le jour blesse ses yeux dans l'ombre étincelants ;
Triste amante des morts, elle hait les vivants.

Il n'en est pas absolument du caractère comme de la figure : s'il est curieux, intéressant et d'une singularité rare, le poëte épique lui-même se donnera le soin de le développer.

Tel est, au second livre de la *Pharsale*, le portrait du stoïcien, dans la personne de Caton.

....Hi mores, hæc duri immota Catonis
Secta fuit : servare modum, finemque tenere,
Naturamque sequi, patriæque impendere vitam, etc.

Le genre où l'on est le plus souvent tenté de faire des portraits, c'est le comique ; et c'est là justement qu'il faut en être le plus sobre : rien de plus contraire à la vivacité du dialogue et de l'action. J'ai vu le temps où nos comédies étaient des galeries de portraits ; et, avec de l'esprit, cela faisait d'assez mauvaises comédies. Quand Molière a voulu prévenir les reproches des faux dévots, il a tracé, dans le premier acte du *Tartufe*, les deux caractères opposés de la dévotion et de l'hypocrisie : le sujet, le motif, la circonstance en valaient la peine. Lorsqu'il a voulu, dans une scène où le misanthrope est en situation, irriter son humeur en le rendant témoin d'une conversation du monde, de celles où, selon l'usage, on médit de tous les absents, il a fait des portraits, et ceux-là sont de main de maître ; mais hors de là c'est l'action qui peint ; et jamais, dans ses comédies, les caractères annoncés ne sont dessinés en repos.

La tragédie exige quelquefois, et pour la vraisemblance et pour l'intérêt de l'action, des peintures de caractères, et cela fait partie de l'exposition; mais tout ce qui n'en est pas nécessaire à l'intelligence des faits, tout ce qui n'a aucun trait à l'action présente, doit être exclus de ces peintures: car tout ce qui est inutile est froid, fut-il d'ailleurs le plus beau du monde.

Dans tous les genres d'éloquence, un portrait peut être placé. Dans la louange et dans le blâme, rien de plus naturel. Dans la délibération, il importe encore plus de faire connaître les hommes, et par conséquent de les peindre. Dans le plaidoyer, c'est aussi très souvent par les qualités personnelles qu'on peut juger de l'intention, de la vraisemblance; de la nature même de l'action et du degré d'indulgence ou de rigueur qu'elle mérite. (*Voyez* PATHÉTIQUE, PÉRORAISON, PREUVE, etc.)

Or, dans tous les cas où l'orateur a un grand intérêt de faire connaître une personne, il a droit de la peindre, et plus le portrait sera fidèle, intéressant, important à la cause, plus il aura de beauté réelle: car la beauté, en fait d'éloquence, n'est que la bonté combinée avec la force du moyen.

Enfin l'histoire est, de tous les genres, celui auquel cette manière de rassembler les traits d'un caractère et de le dessiner avec précision, semble être la plus propre et la plus familière. Mais dans l'histoire même, lorsqu'ils sont trop fréquents, les portraits nous sont importuns. Vrais, singuliers, intéressants pour l'intelligence des faits, importants par le rôle qu'ont joué les personnes, frappants et par leur ressemblance, et par la force, la justesse, l'originalité des traits qui les composent, ils font sur nous l'impression d'une vérité lumineuse, qui répand au loin ses rayons. Mais le portrait d'un homme isolé, et dont le caractère n'est d'aucune influence, n'a lui-même aucun intérêt, et ne peut être dans l'histoire qu'un ornement postiche et vain, digne tout au plus d'amuser une curiosité frivole, mais indigne d'un écrivain sage, comme d'un lecteur sérieux. La règle de l'un sera donc de ne se donner la peine de peindre que les personnes qui, par leur caractère, leurs fonctions, leurs rapports avec les faits intéressants, peuvent donner envie à l'autre de les connaître et de les voir au naturel. Par là les portraits seront rares, et ils se feront désirer.

Je croirais même, et j'en ai pour exemples tous les meilleurs historiens, que, lorsque tout un caractère se développe dans l'action même, il est assez connu par elle, et qu'il est inutile d'en résumer les traits.

Plutarque les a réunis, mais au moment du parallèle, et c'est alors qu'il est indispensable de rassembler tous les rapports.

Si cependant, à la fin d'un règne, ou de la vie d'un homme, un court épilogue en rappelle les circonstances les plus marquées, et le fait voir lui-même d'un coup d'œil avec les traits de caractère, les variations, les contrastes, les qualités diverses, on opposées que les évènements ont fait paraître en lui, ce sera sans doute un mérite et une grande beauté de plus *. Tel est, dans Tacite, ce portrait de Tibère à la fin de son règne, modèle effrayant, pour ne pas dire désespérant, de précision, de force et de clarté.

« Morum quoque tempora illi diversa : egregium
« vita famaque quoad privatus, vel in imperiis sub
« Augusto fuit; occultum ac subdolum fingendis
« virtutibus, donec Germanicus ac Drusus super-
« fuêre ; idem inter bona malaque mixtus, incolumi
« matre ; intestabilis sævitiâ, seb obtectis libidinibus,
« dùm Sejanum dilexit timuitve : postremò in sce-
« lera simùl ac dedecora prorpuit, postquàm, re-
« moto pudore et metu, suo tantùm ingenio uteba-
« tur. ** » (*Annal* VI, 51.)

---

* C'est ce qu'a fait très bien Voltaire à la fin de *Charles XII*. Il paraît évident en effet que c'est là que se placent naturellement ces sortes de morceaux. Si on les jette dans le cours de la narration, ils auront le défaut de l'interrompre; si on les met au commencement, on ne les lira pas parce qu'on est impatient d'entrer dans le détail des évènements; s'il arrive qu'on les lise, on n'y croira pas parce qu'ils viendraient avant les faits qui seuls peuvent les établir, et, si l'on y croit, on n'en gardera pas le souvenir parce que les divers traits dont ils se composent ne seront attachés à aucun évenement qui puisse les graver dans la mémoire.

H. P.

** « Ses mœurs furent différentes selon les temps. Simple particulier ou commandant sous Auguste, il jouit d'une réputation méritée; caché et rusé pendant la vie de Germanicus et de Drusus, il feignit des vertus; jusqu'à la mort de sa mère, il fut mêlé de bien et de mal; tant qu'il aima ou craignit Séjan, il fit horreur par sa cruauté, mais cacha ses débauches; abandonné enfin à son caractère, il se précipita sans réserve dans le crime et dans l'infamie. »

Il est aisé de concevoir pourquoi, dans des mémoires particuliers, les portraits sont naturellement plus fréquents qu'ils ne doivent l'être dans l'histoire. Celle-ci n'a guère intérêt que de faire connaître l'homme public, et les évènements l'exposent; au lieu que des mémoires nous décèlent l'homme privé, et ne font qu'effleurer les actions publiques. Les *Mémoires* du cardinal de Retz sont le derrière de la toile du singulier spectacle de la Fronde; et dans les portaits qu'il nous trace des personnages principaux de cette scène héroï-comique, il nous fait voir souvent ce que l'action même ne nous en aurait point appris.

Par la même raison, lorsque dans l'histoire un personnage a plus d'influence que d'apparence, qu'il agit plus au dedans qu'au dehors, il est intéressant de décrire avec soin ce ressort intérieur et secret des évènements qu'on raconte. Ainsi, rien de plus nécessaire, de plus intéressant, dans le récit du règne de Tibère, que le portrait de Séjan.

« Mox Tiberium variis artibus devinxit adeò, ut
« obscurum adversùm alios, sibi uni incautum in-
« tectumque efficeret: non tam solertiâ (quippè
« iisdem artibus victus est), quàm deûm irâ in rem
« romanam, cujus pari exitio viguit ceciditque :
voilà le personnage. Voici son caractère : Corpus
« illi laborum tolerans; animus audax, suî obte-
« gens; in alios criminator; juxta adulatio et su-
« perbia; palàm compositus pudor, intùs summa
« adipiscendi libido, ejusque causâ, modò largitio
« et luxus, sæpiùs industria ac vigilantia, haud mi-

« nùs noxiæ, quotiès parando regno finguntur. * »
(*Annal.* IV, 1.)

Dans un historien éloquent (presque tous les Anciens l'étaient : témoins Thucydide, Xénophon, Salluste, Tite-Live et Tacite), la manière de peindre ne diffère de celle de l'orateur que par une précision et une vérité plus sévères : on va le voir par des exemples qui dédommageront un peu de la sécheresse de mes observations. Salluste peint Catilina :

« Lucius Catilina, nobili genere natus, fuit magnâ
« vi animi et corporis, sed ingenio malo pravoque.
« Huic ab adolescentiâ bella intestina, cædes, ra-
« pinæ, discordia civilis, grata fuère ; ibique juven-
« tutem suam exercuit. Corpus patiens inædiæ, al-
« goris, vigiliæ, suprà quàm cuiquam credibile est.
« Animus audax, subdolus, varius, cujuslibet rei
« simulator ac dissimulator, alieni appetens, suî pro-
« fusus, ardens in cupidatibus : satis loquentiæ, sa-
« pientiæ parùm : vastus animus, immoderata, in-
« credibilia, nimis alta semper cupiebat. ** » (*Catil.*, V.)

---

* « Séjan, par différents artifices, sut tellement gagner Tibère, que ce prince, caché pour tout le monde, était pour lui sans secret et sans défiance, non pas tant par l'adresse de Séjan (qui succomba lui même sous des scélérats plus adroits), que par la colère des dieux contre la république, à qui sa faveur et sa chute furent également funestes. Endurci au travail, audacieux, habile à se cacher et à noircir les autres, insolent et flatteur, modeste et composé au dehors, et devoré au dedans de la fureur de régner, il employait dans cette vue tantôt le luxe et les largesses, tantôt l'application et la vigilance, non moins criminelles quand elles servent de masque à l'ambition. »

** « Lucius Catilina, issu d'une famille noble, avait reçu de la nature une grande force d'âme et de corps, mais un génie malfaisant et pervers. Dès son adolescence, les guerres intestines, les meurtres, les rapines, la discorde

De ce caractère et de celui de César, Bossuet semble avoir formé le portrait de Cromwel.

« Un homme, dit-il, s'est rencontré d'une pro-
« fondeur d'esprit incroyable : hypocrite rafiné au-
« tant qu'habile politique, capable de tout entre-
« prendre et de tout cacher, également actif et infa-
« tigable dans la paix et dans la guerre, qui ne lais-
« sait rien à la fortune de ce qu'il pouvait lui ôter
« par conseil et par prévoyance : mais au reste si
« vigilant et si prêt à tout, qu'il n'a jamais manqué
« les occasions qu'elle lui a présentées ; enfin un de
« ces esprits remuants et audacieux qui semblent
« être nés pour changer tout le monde. »

Ici l'on voit le ton de l'éloquence plus élevé que celui de l'histoire.

Mais la différence est plus sensible encore dans le portrait qu'a fait Cicéron de ce même Catilina, en justifiant Cœlius d'avoir été lié avec ce factieux, reproche important à détruire.

« Studuit Catilinæ.... Cœlius : et multi hoc idem
« ex omni ordine atque ex omni ætate fecerunt. Ha-
« buit enim ille, sicut meminisse vos arbitror, per-
« multa maximarum, non expressa signa, sed adum-
« brata, virtutum : utebatur hominibus improbis
« multis; et quidem optimis se viris deditum esse

---

civile, eurent pour lui des charmes, et il y exerça sa jeunesse. A la vigueur d'un corps fait à souffrir la faim, le froid, les longues veilles au-delà de toute croyance, il joignait un esprit audacieux, fourbe, adroit à changer de face, sachant tout feindre et tout dissimuler, assez d'éloquence, peu de sagesse, une âme vaste et qui ne voulait rien que d'immodéré, d'incroyable et de trop élevé pour cette ambition qui sans cesse le dévorait. »

« simulabat : erant apud illum illecebræ libidinum
« multæ, erant etiam industriæ quidam stimuli ac
« laboris ; flagrabant vitia libidinis apud illum ; vige-
« bant etiam studia rei militaris. Neque ego unquàm
« fuisse tale monstrum in terris ullum puto, tam ex
« contrariis diversisque, inter se pugnantibus naturæ
« studiis cupiditatibusque conflatum. Quis clarioribus
« viris quodam tempore jucundior? quis turpioribus
« conjunctior? quis civis meliorum partium aliquan-
« dò? quis tetrior hostis huic civitati? quis in volup-
« tatibus inquinatior? quis in laboribus patientior?
« quis in rapacitate avarior? quis in largitione ef-
« fusior? Illa verò, judices, in illo homine mira-
« bilia fuerunt; comprehendere multos amicitiâ ;
« tueri obsequio, cum omnibus communicare quod
« habebat; servire temporibus suorum omnium pe-
« cuniâ, gratiâ, labore corporis, scelere etiam, si
« opus esset, et audaciâ ; versare suam naturam, et
« regere ad tempus, atque hùc et illùc torquere et
« flectere; cum tristibus severè, cum remissis ju-
« cundè, cum senibus graviter, cum juventute co-
« miter, cum facinorosis audaciter, cum libidinosis
« luxuriosè vivere. * » (Pro Cœl.)

---

* « Cœlius à été attaché à Catilina, je l'avoue. Mais un grand nombre de gens de bien, de tout rang, de tout âge, l'ont été comme lui. Catilina, vous vous en souvenez, Romains, n'avait pas les vrais caractères de la vertu : mais il en avait les apparences. Il se servait des plus méchants des hommes ; mais il affectait un entier dévouement pour les meilleurs citoyens. On trouvait chez lui les appas de la licence et de la débauche ; mais il y avait des aiguillons pour les talents et l'amour du travail. Si les vices et les passions y déployaient toute leur ardeur, dans toute sa vigueur y dominait aussi l'émulation pour l'étude de la science militaire. Je ne crois pas que jamais

Que l'on rapproche ce morceau de celui de Salluste, et des deux côtés on aura un modèle de perfection dans l'art de peindre en orateur et en historien.

Mais pour ceux qui n'entendent point la langue de Cicéron et de Salluste, voici, dans la nôtre, de grands exemples de l'un et de l'autre genre d'écrire. Le cardinal de Retz, dans ses *Mémoires*, fait aussi les portraits du grand Condé et de Turenne.

« M. le prince, né capitaine, ce qui n'est jamais
« arrivé qu'à lui, à César et à Spinola (cela est-il
« bien vrai?), a égalé le premier et a surpassé le se-
« cond. L'intrépidité est l'un des moindres traits de
« son caractère. La nature lui avait fait l'esprit aussi
« grand que le cœur : la fortune, en le donnant à
« un siècle de guerre, a laissé au second toute son

sur la terre ait existé un monstre composé comme celui-là de qualités et d'inclinations contraires et incompatibles. Qui plus que lui, dans un certain temps, fut agréable à nos plus grands hommes? qui fut plus étroitement lié avec des hommes diffamés et perdus? quel citoyen se montra plus zélé que lui quelquefois pour le bien de la république? quel ennemi plus noir et plus atroce a-t-elle porté dans son sein? qui fut plus infâme dans ses plaisirs? qui fut plus patient dans ses travaux, plus avare dans ses rapines, plus libéral dans ses profusions? Ce qu'il y eut, Romains, d'étonnant, de merveilleux dans un tel homme, ce fut de s'attacher un grand nombre d'amis, de les défendre et de les cultiver par toutes sortes de complaisances, de leur rendre commun tout ce qu'il possédait; de les servir, dans l'occasion, de son argent, de son crédit, de son travail, de son audace et par le crime, si le crime et l'audace leur étaient nécessaires; de maîtriser son propre naturel, de le régler selon les temps, et tantôt d'un côté, tantôt de l'autre, de le tordre et de le fléchir; de vivre enfin sérieusement avec les gens austères, gaiement avec les enjoués, gravement avec les vieillards, poliment avec la jeunesse, hardiment avec les scélérats, voluptueusement avec ceux qui se plongeaient dans les plaisirs. »

« étendue; la naissance, ou plutôt l'éducation dans
« une maison trop attachée et soumise au cabinet,
« a donné des bornes trop étroites au premier. On
« ne lui a pas inspiré d'assez bonne heure les grandes
« et générales maximes..... Ce défaut a fait, qu'avec
« l'âme du monde la moins méchante, il a fait des
« injustices; qu'avec le cœur d'Alexandre, il n'a
« pas été exempt, non plus que lui, de faiblesses;
« qu'avec un esprit merveilleux il est tombé dans
« des imprudences.

« M. de Turenne a eu dès sa jeunesse toutes les
« bonnes qualités, et a acquis les grandes d'assez
« bonne heure. Il ne lui en a manqué aucune que
« celles dont il ne s'est point avisé. Il avait presque
« toutes les vertus comme naturelles, et il n'a jamais
« eu le brillant d'aucune. On l'a cru plus capable
« d'être à la tête d'une armée que d'un parti, et je
« le crois aussi, parce qu'il n'était pas naturellement
« entreprenant : mais toutefois qui le sait? Il a tou-
« jours eu en tout, comme en son parler, de cer-
« taines obscurités, qui ne se sont développées que
« dans les occasions, mais qui se sont toujours dé-
« veloppées à sa gloire. »

Voilà l'historien. Voici l'orateur :

« Vit-on jamais en deux hommes, dit Bossuet,
« les mêmes vertus avec des caractères si divers,
« pour ne pas dire si contraires? L'un paraît agir
« par des réflexions profondes; et l'autre par de
« soudaines illuminations : celui-ci par conséquent
« plus vif, mais sans que son feu eût rien de préci-
« pité; celui-là d'un air plus froid, sans avoir jamais

« rien de lent, plus hardi à faire qu'à parler, résolu
« et déterminé au dedans, lors même qu'il parais-
« sait embarrassé au dehors. L'un, dès qu'il paraît
« dans les armées, donne une haute idée de sa va-
« leur, et fait attendre quelque chose d'extraordi-
« naire, mais toutefois s'avance par ordre, et vient
« comme par degrés aux prodiges qui ont fini le
« cours de sa vie : l'autre, comme un homme ins-
« piré, dès sa première bataille, s'égale aux maîtres
« les plus consommés. L'un, par de vifs et conti-
« nuels efforts, emporte l'admiration du genre hu-
« main, et fait taire l'envie ; l'autre jette d'abord
« une si vive lumière, qu'elle n'oserait l'attaquer.
« L'un enfin, par la profondeur de son génie et les
« incroyables ressources de son courage, s'élève
« au-dessus des plus grands périls, et sait même
« profiter de toutes les infidélités de la fortune ;
« l'autre, et par l'avantage d'une si haute naissance
« et par ces grandes pensées que le ciel envoie,
« et par une espèce d'instinct admirable dont les
« hommes ne connaissent pas le secret, semble
« né pour entraîner la fortune dans ses desseins, et
« forcer les destinées, etc. »

Rien n'éblouit tant les lecteurs superficiels que les portraits de fantaisie ; rien ne décèle mieux l'ignorance de l'écrivain aux yeux de l'homme instruit et clairvoyant. Sans même consulter les faits et avoir présent le modèle, un lecteur judicieux distingue un portrait qui ressemble, d'un portrait vague et imaginaire. Par exemple, lorsque le cardinal de Retz dit de madame de Longueville : « Elle

« avait une langueur dans ses manières, qui tou-
« chait plus que le brillant de celles mêmes qui
« étaient plus belles; elle en avait une, même dans
« l'esprit, qui avait ses charmes, parce qu'elle avait
« des réveils lumineux et surprenants. Elle eût eu
« peu de défauts, si la galanterie ne lui en eût
« donné beaucoup. Comme sa passion l'obligea de
« ne mettre sa politique qu'en second dans sa con-
« duite, héroïne d'un grand parti, elle en devint
« l'aventurière; » lorsqu'il dit de madame de Che-
vreuse : « Si le prieur des Chartreux lui eut plu,
« elle eût été solitaire de bonne foi; » lorsqu'il dit
du président Molé : « Il jugeait des actions par les
« hommes, presque jamais des hommes par les
« actions; » lorsqu'il dit de M. d'Elbœuf : « Il a été
« le premier prince que la pauvreté ait avili... la
« commodité ne le releva point; et s'il fût parvenu
« jusqu'à la richesse, on l'eût envié comme un
« partisan, tant la gueuserie lui était propre et faite
« pour lui : » on voit que tout cela ressemble,
parce qu'il y a je ne sais quoi d'original et de naturel, qu'il faut que le peintre ait réellement vu,
et qu'il n'a point imaginé.

Mais lorsque le même écrivain trace le portrait
de la régente, il s'étudie à le nuancer avec une finesse si recherchée, si minutieuse, si artificielle,
que l'air de vérité n'y est plus : toutes ces antithèses
graduées ne sont plus rien que du bel-esprit, et du
faux bel-esprit.

Marmontel, Éléments de Littérature.

POULLE (Louis), célèbre prédicateur, naquit à Avignon en 1711, et montra de bonne heure une grande vivacité d'imagination. Il s'essaya d'abord dans la poésie. Deux pièces qu'il mit au concours des Jeux-Floraux (le *Triomphe de l'Amitié*, et *Codrus*), furent couronnés en 1732 et 1733, et dans un *Eloge*, l'abbé Denis Michel, grand-vicaire d'Avignon, cite même quatre beaux vers d'une tragédie d'*Annibal*, commencée par l'abbé Poulle. Il se destinait alors à la magistrature; mais il quitta cette carrière pour embrasser l'état du sacerdoce, et en même temps il renonça à la poésie, pour s'appliquer à l'éloquence.

Ce fut en 1733 qu'il se rendit à Paris, dans le dessein de s'y consacrer à la prédication : à cette époque, le temps de l'éloquence religieuse était passé; les orateurs et l'auditoire avaient changé. On ne se portait plus dans les temples pour y entendre prêcher des vérités établies et respectées au fond du cœur; on y était conduit au contraire par une curiosité sans bienveillance, et un sermon était écouté dans la même disposition qu'un discours académique. Le public agit toujours sur ceux qui lui parlent, plus que ceux-ci n'agissent sur lui, et comme plusieurs autres prédicateurs du XVIIIe siècle, l'abbé Poulle, sacrifiant à l'esprit général, donna à ses discours sacrés, toute l'enluminure d'une éloquence profane. Il fut applaudi; son débit, d'un éclat extraordinaire, contribua encore à assurer ses succès : mais ces applaudissements lui furent nuisibles, et l'empêchèrent de se corriger d'un défaut dont il convenait lui-même.

Tout le monde sait avec quel enthousiasme on accueillit ses *Exhortations de Charité*, et ce sont, en effet, les seuls ouvrages de l'abbé Poulle, qui puissent lui assurer parmi nos prédicateurs une gloire durable. Le roi lui donna la riche abbaye de Notre-Dame-de-Nogent, et le titre de son prédicateur. En 1748, il prononça le *Panégyrique de saint Louis*, en présence de l'Académie-Française, et de ce moment ses sermons commencèrent à devenir fort rares. Il ne parut plus que dans les grandes circonstances, comme à l'ouverture des états de Languedoc, en 1764, et à des professions religieuses. Il mourut le 8 novembre 1781, âgé de soixante-dix-neuf ans, sans avoir éprouvé d'affaiblissement bien sensible dans ses facultés intellectuelles et morales.

La conduite et la piété de l'abbé Poulle, ne démentaient jamais la morale qu'il recommandait dans ses discours, et on peut, sur ce seul point, le comparer à Massillon. Le parallèle de ces deux hommes, comme orateurs, n'a pu être fait que par ceux qui immolaient leur goût à une admiration trop grande pour l'abbé Poulle. On peut, avec plus de justice, l'opposer à son contemporain l'abbé de Boismont; ils offrent à peu près les mêmes beautés et les mêmes défauts. Mais aussi il n'a point de rivaux du côté de la modestie; content de la réputation que lui avaient acquise ses prédications, il se refusait à faire imprimer ses discours, et ce ne fut qu'en 1776 qu'il céda aux instances d'un de ses neveux, vicaire-général de Saint-Malo. Il lui dicta onze de ses discours, employa quatre ou cinq mois à les retoucher, et ils parurent à Paris, 1778, 2 volumes in-12. Ce recueil contient le *Panégyrique de saint Louis* et le sermon prêché à la profession de foi de madame de Rupelmonde. Il a été réimprimé à Paris en 1781, et à Lyon en 1818. L'*Éloge de l'abbé Poulle*, par le baron de Sainte-Croix, a paru à Avignon, 1783, in-8°.

JUGEMENT.

L'abbé Poulle est bien plus loin que Segaud de la pureté de goût, de la flatteuse harmonie de paroles, de cette science de la religion et du cœur humain, de cet usage heureux et substantiel de l'Écriture et des Pères qui ont consacré les ouvrages de l'illustre évêque de Clermont. Il est encore bien plus loin de la profondeur de Bourdaloue; mais il s'est fait remarquer par une imagination vive et brillante, qui lui a fourni, dans quelques-uns de ses discours, de très beaux mouvements oratoires. Son art le fait quelquefois admirer, mais aussi se laisse trop souvent apercevoir; et s'il y a un genre d'éloquence où l'orateur doive sur-tout se faire oublier lui-même, c'est le sermon. C'est un des mérites éminents de Bourdaloue : il occupe tellement de la chose, qu'on ne songe pas à lui, et nul des modernes n'a été, sous ce rapport, plus semblable à Démosthène; nul ne fait dire plus souvent : Il a raison. L'abbé Poulle, au contraire, éblouit beaucoup plus qu'il ne persuade; mais il entraîne dans certains moments, par la vivacité des tours et des figures. Ses deux meilleurs discours, sans aucune comparaison, sont ceux qu'il prononça sous le titre d'*Exhortation de Charité*, en faveur des pauvres prisonniers et des Enfants-trouvés, et c'est l'éloge de son âme comme de son talent qu'il n'ait jamais été plus éloquent qu'en faveur de l'infortune. L'effet et le bruit de ses exhortations fut prodigieux, et d'autant plus que l'orateur avait toutes les graces et tous les moyens du débit. Paris et Versailles retentirent de ses succès, et c'était peu de chose; mais l'auditoire ne lui résista pas, et ce fut là le vrai triomphe, celui qu'il remporta sur l'avarice et l'insensibilité, qui croient trop souvent avoir payé en applaudissant l'avocat des pauvres sans rien faire pour ses clients. Ici l'orateur put entendre un bruit plus doux à ses oreilles que celui des applaudissements : c'était l'or et l'argent tombant de tous côtés avec une abondance qui prouvait une émulation de charité. Beaucoup de personnes donnèrent tout ce qu'elles avaient sur elles, et c'étaient des sommes; en un mot, on ne se souvenait pas d'avoir rien vu de semblable. Ce sont là les spectacles de la religion; il me semble qu'ils en valent bien d'autres, et que ceux qui ont tant de besoin des illusions du théâtre pour se procurer de douces larmes, ne font pas le choix le plus heureux.

Le texte du discours pour les Enfants-trouvés était très bien choisi : *Pater meus et mater mea dereliquerunt me: Mon père et ma mère m'ont abandonné:* et ce texte heureux lui fournit sur-le-champ un exorde tout en mouvements et en figures, et l'exposé de son sujet. « Les avez-vous entendus, Chrétiens, les « cris de cette multitude de malheureux abandon-« nés, presque en naissant, de ceux mêmes qui leur « ont donné le jour? Que d'Ismaëls consumés par la « faim se traînent languissamment dans le désert loin « des yeux de leurs mères éplorées! Où sont les an-« ges consolateurs qui accourent pour les soulager « dans leurs besoins? Que de Moïses flottent dans « leurs berceaux sur les eaux du Nil, éloignés de « toute assistance! Où sont les filles de Pharaon qui « se laissent toucher à leur malheur et s'empressent « de les enlever au péril qui les menace, etc.! » La substance de ces figures est tirée des livres saints : c'est une partie essentielle de l'art de la chaire, et l'on voit qu'elle n'était pas étrangère à l'abbé Poulle; mais il s'en sert bien plus pour l'imagination que pour l'instruction, et c'est un défaut dans ses sermons, que le peu qu'il tire d'un trésor inépuisable.

Naturellement rien ne pouvait être plus touchant que la peinture de l'enfance malheureuse, et peut-être l'auteur n'en a-t-il pas fait tout ce qu'il eût pu faire, s'il eût fait passer dans son âme tout le feu de son imagination : mais on va voir qu'il se sert de celle-ci de manière à émouvoir la nôtre par des images, tantôt douces, tantôt fortes, dont l'effet est l'espèce de pathétique que l'auteur sait le mieux atteindre : « Il faudrait étaler ici cette foule prodi-« gieuse de nourrissons de la patrie; ils n'ont pas « de meilleurs intercesseurs que leur présence et « leur nombre. Pourquoi les cacher? c'est le jour

« de leur moison, c'est la fête de leur adoption. Où
« sont-ils? Appréhenderait-on de les introduire dans
« ce temple? Jésus-Christ les aime; il vous exhorte
« à ne pas les empêcher d'aller jusqu'à lui : *Sinite*
« *parvulos venire ad me*. Il vous les propose comme
« des modèles que vous devez imiter : *Estote sicut*
« *infantes*. Que craindriez-vous vous-mêmes de ces
« enfants timides? Leur présence n'a rien qui puisse
« offenser votre délicatesse; ils ne vous importune-
« ront pas de leurs gémissements ni de leurs plain-
« tes; il ne savent pas qu'ils sont pauvres : puis-
« sent-ils ne le savoir jamais! Ils ne vous reproche-
« ront ni la dureté de vos cœurs, ni vos prodiga-
« lités insensées, ni vos superfluités ruineuses. Ils
« ignorent les droits qu'ils ont sur vous, et tout ce
« que leur coûtent vos passions et votre luxe. Vous
« les verrez se jouer dans le sein de la Providence,
« incapables également de reconnaissance et d'in-
« gratitude. Toujours contents dès que les premiers
« besoins de la nature sont satisfaits, leurs désirs
« ne s'étendent pas plus loin. Présentez-leur l'or et
« l'argent que vous leur destinez, ils le saisiront
« d'abord avec empressement comme un objet d'a-
« musement et de curiosité; ils s'en dégoûteront
« bientôt, et vous le laisseront reprendre avec in-
« différence. Ces prémices intéressantes de la vie, la
« faiblesse et les graces de leur âge, leur ingénuité,
« leur candeur, leur innocence, leur insensibilité
« même à leur propre infortune, vous attendriraient
« jusqu'aux larmes. Eh! qu'il vous serait alors aisé
« d'achever leur triomphe sur vous! »

Il y a beaucoup d'art à produire ainsi sur la scène ces enfants délaissés, et à suppléer leur absence par la vérité des peintures. Il paraît que l'orateur a cherché ses effets plutôt dans le charme naturel de l'enfance que dans le détail de ses besoins et de ses misères, qui eût été, ce me semble, d'un pathétique plus profond. Peut-être a-t-il craint de rebuter la délicatesse de son auditoire, composé généralement des personnes à qui l'habitude des jouissances donne une sorte d'aversion pour le tableau des besoins extrêmes; et pourtant qui aurait dû savoir le relever par les couleurs de l'art, mieux que l'écrivain qui a su en employer en ce même endroit de si délicatement nuancées? « Ils ne savent « pas qu'ils sont pauvres....Vous les verrez se jouer « dans le sein de la Providence, etc. » Ce ne sont pas là des beautés vulgaires, c'est un mérite d'expression vraiment admirable.

Mais il renforce ses pinceaux, et semble emprunter quelque chose de l'éloquente indignation des prophètes, quand il remonte aux causes premières de cette misère publique, qui produit tant d'orphelins et d'infortunés. « Si vous me demandez « d'où sont venus la plupart de ces enfants qui peu- « plent le nouvel asyle* que nous visitons, je vous « répondrai : De la hauteur de leurs châteaux me- « naçants, des seigneurs insatiables ont fondu avec « la rapidité de l'aigle sur des vassaux sans dé- « fense, abattus par la crainte; ces tyrans altérés ont

---

* C'était un nouvel édifice bâti près de l'Hôtel-Dieu, et que la multitude toujours croissante, des enfants abandonnés avait rendu nécessaire

« disparu tout à coup, emportant avec eux vers cette
« capitale des dépouilles dégouttantes des pleurs
« de tant de misérables; elles servirent d'ornements
« au triomphe barbare de leur luxe. Ces vassaux dé-
« sespérés ont été forcé d'envoyer leurs enfants en
« Egypte, pour les dérober au glaive de la misère.
« Les voilà, etc. » Il joint à ce tableau celui de l'état
de dénuement où sont réduits les hospices de charité qui deviennent, faute de secours suffisants, des
gouffres de destruction, et alors il s'écrie : « Mal-
« heur ! malheur ! que les réjouissances et les fêtes
« cessent parmi les hommes, s'ils sont encore sus-
« ceptibles de quelque impression de sensibilité.
« Malheur! malheur! que cette parole formidable
« retentisse partout aux oreilles des riches, et les
« poursuive sans cesse. Malheur! malheur! que la
« nature consternée s'abyme dans le deuil, et
« qu'elle ne se relève que lorsque la charité, plus
« généreuse et parfaitement secourable, aura ré-
« paré cet outrage fait à l'humanité. »

Ce mouvement sublime peut être mis à côté de
de ce que l'on connaît de plus beau dans le genre
pathétique ; mais l'auteur n'eût-il pas été plus équi-
table s'il eût attribué cette multitude d'orphelins
venus des campagnes beaucoup plus à la rapacité
du fisc et aux suppôts de la chicane, qu'à la dureté
des seigneurs, qui avaient infiniment moins de
moyens de nuire, très rarement la volonté d'oppri-
mer, et qui souvent étaient les bienfaiteurs de leurs
vassaux, bien loin d'en être les oppresseurs?

Le discours *sur l'Aumône*, prêché au Châtelet, en

faveur des prisonniers, est plus étendu et plus proprement un sermon ; et c'est aussi ce que l'auteur a de mieux composé et de mieux écrit ; mais il brille sur-tout, comme le précédent, par la véhémence des mouvements et par des traits d'une imagination sensible. Telle est cette apostrophe aux grands du monde : « Nous sommes chargés du mi« nistère de la parole ; vous êtes chargés du minis« tère de l'aumône : réunissons ces deux ministè« res, la parole et l'aumône, il n'est point d'infor« tuné, quelque endurci qu'il soit, qui puisse se « défendre de nos attaques. Faisons-en l'essai : la « circonstance ne peut être plus favorable ; nous « sommes sur les lieux. Allons ensemble à ces pri« sons ténébreuses, images en tous sens de l'enfer; « entrons dans ces cachots affreux où l'on ne voit « qu'exécration, où l'on n'entend que blasphèmes. « Forts de votre présence, et la croix à la main, « nous éleverons notre voix au milieu de ces impré« cations et de ces horreurs, et nous dirons à ces « furieux : Malheureux ! pourquoi vous défiez-vous « de la Providence ? Vous outragez votre Dieu au « moment où il vous envoie son ange pour être vo« tre consolateur. A ces mots, vous briserez les « chaînes des uns, vous rendrez les autres à leur fa« mille éplorée, vous répandrez sur tous des secours « abondants. Témoin alors des prodiges de votre « charité, nous ajouterons, avec assurance : *Ado-*
« *rez le Seigneur qui vient vous visiter dans votre*
« *affliction, et ne cessez de le glorifier* : *Adorate*
« *Dominum,* etc.; et nous trouverons tous les es-

« prits soumis et tous les cœurs dociles, et ces
« lieux de désolation ne retentiront plus, ainsi que
« la fournaise de Babylone, que des cantiques du
« Seigneur. Ne nous séparons pas ; il y va du salut
« de nos frères; volons à la conquête des âmes. Ne
« vous laissez point rebuter par l'horreur des ha-
« bitations ; prisons, cabanes, hôpitaux, qu'im-
« porte? est-il demeure si affreuse qui ne devienne
« aimable lorsqu'on est assuré d'y trouver Jésus-
« Christ? Allons ensemble partout où il y a des mi-
« sérables qui maudissent la Providence ; nous leur
« parlerons hardiment de la bonté de Dieu qui
« veille à la conservation de tous les hommes; et ce
« que nos discours ne feront qu'annoncer, vos li-
« béralités plus persuasives le prouveront. »

Le mérite de ce morceau, comme prédication,
c'est de faire rentrer dans le plan et les intérêts de
la religion ce qui ne semblerait qu'un devoir de
l'humanité. C'est ce que j'appelle une belle idée, une
idée évangélique ; et le moyen oratoire est habilement tiré des circonstances du lieu et du moment,
comme dans le morceau qui suit, et qui sert à montrer à la fois Jésus-Christ sur les autels et dans la
personne du pauvre. « Vous voilà placés entre l'au-
« tel et les cachots, entre Jésus-Christ adoré et sur
« le trône de ses miséricordes, et Jésus-Christ mé-
« prisé et souffrant dans ses membres, également
« voilé dans l'un et dans l'autre sanctuaire, sous des
« symboles obscurs et mystérieux, également victime
« dans l'un et l'autre état : ici, victime de son
« amour pour nous; là, victime de la dureté des

« riches. Écoutez cette voix qui sort du fond de
« ce tabernacle ; c'est la voix de celui qui vous a
« rachetés, c'est la voix de celui qui jugera les vi-
« vants et les morts. Il vous dit : Qu'ai-je affaire des
« honneurs hypocrites que vous me rendez? Votre
« feinte humiliation est un outrage et une cruauté.
« Vous m'avez foulé aux pieds en entrant dans le
« temple, et vous venez vous prosterner tranquil-
« lement devant mes autels! Ne vous ai-je pas dit
« *que j'aimais mieux la miséricorde que le sacrifice?*
« Ames intéressées, il ne vous en coûte rien pour
« m'adorer, il vous en coûterait pour me secourir!
« Ne suis-je donc votre Dieu que quand j'ai des grâ-
« ces à distribuer? Comme Pierre, vous me recon-
« naissez pour votre Seigneur sur le Tabor, et vous
« me reniez dans le Prétoire. Moins d'abaissement et
« plus de charité. Honorez-moi de votre substance,
« de ces richesses qui sont et mon ouvrage et mes
« bienfaits. Voilà l'encens, voilà l'offrande, voilà l'ac-
« tion de graces que je vous demande. Acquittez-
« vous en partie, par vos largesses, du sang que j'ai
« versé pour vous. Nouveaux Joseph, nourrissez
« votre père céleste, et devenez en quelque façon
« *les sauveurs de votre Sauveur même.* »

Ce morceau, vraiment éloquent, et d'autant plus qu'il est tiré en partie de l'Écriture, ne laisse rien à désirer, si ce n'est, ce me semble, que le dernier trait devait être de sentiment, au lieu de n'être qu'une pensée un peu recherchée. L'auteur aime trop ces sortes d'oppositions dans les termes : c'est ainsi que dans son autre *Exhortation*, en parlant de ces parents infortunés qui abandonnent leurs enfants à la charité publique, faute de pouvoir les nourrir, il dit : *C'est la nature désolée qui s'immole elle-même à la nature.* Je ne saurais goûter, surtout dans l'éloquence de la chaire, ces sortes de pensées toujours un peu forcées, si elles ne sont pas absolument fausses. Il faut quelque temps pour s'assurer qu'elles ne le sont pas au fond, quoiqu'elles se combattent dans les termes ; et tout ce qu'il faut étudier ainsi est toujours un peu froid. C'est pour cela qu'il vaut cent fois mieux, en pareil cas, préférer au figuré qui est pour l'esprit, le propre qui va droit au cœur. Qu'y a-t-il ici en effet ? un sentiment qui l'emporte sur un autre. Les parents dont il s'agit se privent de leur enfant pour assurer sa vie ; il ne vivra plus pour eux, mais il vivra ; ce n'est pas lui qu'ils sacrifient, c'est eux-mêmes : ils remplissent envers lui le premier de leurs devoirs, celui de le conserver ; et plus ce devoir est douloureux, plus il porte avec lui d'intérêt et de droits à la pitié. Voilà ce qui est réel, ce que tout le monde est à portée d'entendre et de sentir au premier aperçu ; et cela ne vaut-il pas mieux que *la nature immolée à la nature,* qui ne peut être dit et compris qu'avec un esprit que tout le monde n'a pas ? L'orateur doit, le plus qu'il est possible, parler pour tout le monde, sans parler cependant comme tout le monde : c'est là son art et son devoir.

Mais voici une expression à laquelle il ne manque rien, parce que l'imagination ne l'a figurée qu'en la rendant plus sensible, sans lui rien ôter de sa

vérité ; et c'est un mérite que l'auteur montre assez souvent dans ces deux discours, et quelquefois encore dans les autres. Il s'agit de cet avantage de notre religion, avantage unique, et qui tient au sublime de nos mystères et de notre Évangile, que pour nous l'aumône n'est jamais perdue, parce qu'elle se rapporte à celui près de qui l'on ne perd jamais rien, à Dieu. « *Date*, répandez. Vous n'avez
« pas à craindre l'ingratitude des pauvres, qu'ils se
« taisent, qu'ils oublient vos largesses. L'aumône n'a
« pas besoin d'introducteur ; elle monte toute seule
« jusqu'au trône du Dieu vivant, assurée d'en rap-
« porter la récompense qui lui est due. » Ces mots, *elle monte toute seule*, etc., sont du vrai sublime de pensée et d'expression, c'est la manière de Bossuet et de Massillon ; mais ce n'est pas celle qui est habituelle et propre à l'auteur : nous verrons bientôt que la sienne en est fort différente.

Ce qui est encore louable dans celle-ci, ce sont les rapprochements ingénieusement tirés des figures de l'ancienne loi, appliquées aux préceptes de la nouvelle. Tel est ce passage sur l'emploi des richesses. « Rappelez-vous la manne du désert : tout
« ce que les Israélites en ramassaient au-delà de
« leurs besoins de chaque jour s'altérait et se con-
« sumait. Moyse en fit remplir une urne qu'il plaça
« dans l'arche du Seigneur, et cette manne, si ten-
« dre, si délicate, y fut inaltérable. Il en est de même
« des biens de la terre : tout ce que vous en gardez
« au delà du nécessaire et des bienséances étroites
« de votre état se corrompt et vous corrompt vous-

« mêmes. Cachez ces richesses superflues dans les
« arches vivantes de Jésus-Christ ; elles y deviendront
« incorruptibles. »

Pour achever ici ce qui est spécialement du bon genre et du talent de l'auteur, je citerai encore cette admirable péroraison du discours *sur l'Aumône* :
« Il me semble en ce moment entendre la voix de
« Dieu qui me dit comme autrefois au prophète :
« Prêtre du Dieu vivant, que voyez-vous ? — Sei-
« gneur, je vois, et je vois avec consolation un nom-
« bre prodigieux de grands, de riches émus, touchés
« *pour la première fois* du sort des misérables. — Pas-
« sez à un autre spectacle ; percez ces murs, percez
« ces voûtes. Que voyez-vous ? — Une foule d'infor-
« tunés, plus malheureux peut-être que coupables.
« Ah ! j'entends leurs murmures confus, ces plaintes
« de la misère délaissée, ces gémissements de l'in-
« nocence méconnue, ces hurlements du désespoir.
« Qu'ils sont perçants ! mon âme en est déchirée.
« — Descendez. Que trouvez-vous ? — Une clarté
« funèbre, des tombeaux pour habitation, l'enfer
« au-dessous ; une nourriture qui sert autant à pro-
« longer les tourments que la vie ; un peu de paille
« éparse çà et là, quelques haillons, des cheveux
« hérissés, des regards farouches, des voix sépul-
« crales, qui, semblables à la voix de la Pythonisse,
« s'exhalent en sanglots, comme de dessous terre ;
« les *contorsions* de la rage, des fantômes hideux
« se débattant dans les chaînes, des hommes, l'ef-
« froi des hommes. — Suivez ces victimes désolées
« jusqu'au lieu de leur immolation. Que découvrez-

« vous? — Au milieu d'un peuple immense, la mort
« sur un échafaud, armée de tous les instruments
« de la douleur et de l'infamie. Elle frappe. Quelle
« consternation de toutes parts! quelle terreur! Un
« seul cri, le cri de l'humanité entière, et point de
« larmes. — Comparez à présent ce que vous avez
« vu de part et d'autre, et concluez vous-même. —
« Seigneur, plus je considère attentivement, et plus
« je trouve que la compensation est exacte. Je vois
« un protecteur pour chaque opprimé; un riche
« pour chaque pauvre, un libérateur pour chaque
« captif; ils sont même presqu'en présence les uns
« des autres; il n'y a qu'un mur entre eux et le cœur
« des riches. Un prodige de votre grace, ô mon
« Dieu; et la charité ne fera bientôt plus qu'une
« seule vision de ces deux visions. Le prodige s'o-
« père : les riches *nous abandonnent*; ils se précipi-
« tent vers les prisons; ils fondent dans les cachots;
« il n'y a plus de malheureux; il n'y a plus de dé-
« biteurs, il n'y a plus de pauvres. Restent seulement
« quelques criminels dévoués au glaive de la justice
« pour l'intérêt général de la société, dont ils ont
« violé les lois les plus sacrées; mais du moins con-
« solés, mais soulagés, mais disposés à recevoir
« leurs supplices en esprit de pénitence, et leur
« mort même en sacrifice d'expiation, ces monstres
« vont mourir en chrétiens C'en est fait, aux ap-
« proches de la charité, tous ces objets lugubres
« qui affligeaient l'humanité ont disparu, et je ne
« vois plus que les cieux ouverts, où seront admises
« ces âmes véritablement divines, puisqu'elles sont

« miséricordieuses, dignes de régner éternellement
« avec vous, ô le rédempteur des captifs! ô le con-
« solateur des affligés! ô le père des pauvres! ô le
« Dieu des miséricordes ! Ainsi soit-il. »

Ce morceau n'est pas exempt de taches : il y a des
fautes de plus d'une espèce. La plus légère, c'est le
mot de *contorsions*, qui n'est pas du style noble :
le mot propre était convulsions. C'est un petit défaut de goût ; mais les défauts de jugement sont plus
répréhensibles. Il fallait bien se garder de représenter ces grands, ces riches, *émus, touchés pour la
première fois du sort des misérables.* Qui lui a dit
que c'est *pour la première fois?* C'est une espèce
d'injure à son auditoire. Il suffisait de remarquer
un attendrissement qui pouvait n'être que passager,
comme il n'arrive que trop souvent, mais que sans
doute la grace de Dieu allait rendre efficace. C'était
une préparation convenable à ce *prodige de la charité*, par lequel il va si heureusement finir; au lieu
qu'en les montrant déjà si *émus* et si *touchés*, il
n'y a plus réellement de *prodige* dans ce qui suit.
L'auteur eût évité une autre espèce de contradiction dans ces mots d'ailleurs si heureux : *Il n'y a
qu'un mur entre eux et le cœur des riches.* Non, ce
cœur n'est plus un *mur* de séparation, puisqu'il est
ému et touché. Il ne fallait pas dire non plus : *Ils
nous abandonnent.* A-t-il oublié ce beau mouvement
qui précède, *allons ensemble*, etc. ? et n'est-ce pas
à lui de leur montrer le chemin? Il devait donc
dire : *Ils vont nous suivre.* Toutes ces remarques
ne tendent qu'à faire voir combien la suite et le

rapport des idées sont nécessaires partout, et combien il importe que l'imagination, ou oratoire, ou poétique, mais principalement la première, soit toujours surveillée par la raison ; car d'ailleurs, il ne faut pas croire que ces fautes, quoique réelles, aient pu affaiblir l'effet général de cette péroraison, soutenue par l'action de l'orateur. Non ; mais elles se font sentir à la lecture, et c'est sur-tout à la lecture que le talent est définitivement jugé. Celui de l'abbé Poulle peut assurément se glorifier de la conception, et même en total de l'exécution de ce morceau : la fin sur-tout est puissamment oratoire. On dirait que l'orateur a mis ici en action tout le résultat de son discours, et qu'il entraîne son auditoire à sa suite ; et voyez combien une figure, très commune en elle-même, l'exclamation, peut devenir belle quand elle est bien placée. C'est peut-être la première fois qu'on a terminé un discours par une suite d'exclamations. Elles sont ici du plus grand effet : c'est qu'elles ne sont pas de rhétorique, mais de sentiment. Quand l'orateur s'écrie en finissant : O le rédempteur des captifs ! ô le consolateur des affligés, etc. ! Il en est au point que ce cri doit sortir de tous les cœurs comme du sien. C'est en invoquant Dieu sous ces noms qui nous rappellent tout ce qu'il est pour nous, et ce que nous devons être pour nos frères, à son exemple, que tous ces grands, tous ces riches vont *se précipiter* dans la demeure de l'infortune à la suite du ministre de l'Évangile et du *Père des miséricordes*.

J'ai mis sous vos yeux les vrais titres de gloire de

l'abbé Poulle. Ces deux discours sont incomparablement ce qu'il a fait de meilleur : les beautés y prédominent partout. Joignons-y encore un passage du sermon *sur le Service de Dieu :* le sermon est inégal, mais le passage est vraiment du ton de la chaire, et c'est pour cela que je le rapporte avant de passer à l'examen du reste, où le principal défaut de l'auteur est de s'éloigner, presque à tout moment, du ton qui est propre au genre. Il s'agit ici de cette décadence de l'esprit du christianisme, dont l'orateur se plaint amèrement, comme tous les autres à la même époque, et qui rend les prédications presque inutiles.

« Au milieu de ce tumulte et de ces abominations, « une voix plaintive, une voix attendrissante se fait « entendre ; c'est la voix de l'Église. Elle nous dit, « comme à ses ministres, (et à qui pourrait-elle « mieux confier ses douleurs qu'à ceux qui les par-« tagent?); elle nous dit : Me voici veuve et déso-« lée, à cause que mes enfants ont péché ; ils ont « violé la loi du Seigneur ; c'est pour cela que je me « suis couverte d'un sac et d'un habit de *suppliante.* « — Mère infortunée, quel remède pourrions-nous « apporter à tant de maux? quel secours attendez-« vous de nous? Des exhortations? les mondains « les méprisent ; voudraient-ils les écouter? Pour les « attirer à nos instructions, il faudrait leur plaire : « pour leur plaire, il faudrait presque leur ressem-« bler ; et si nous avions le malheur de leur res-« sembler, les convertirions-nous? Ainsi toutes les « fonctions de notre ministère se tournent pour

« nous en amertume. La prédication de l'Évangile
« nous paraît un devoir pénible, un fardeau, parce
« qu'elle est infructueuse. Vos saintes solennités
« nous attristent, parce qu'elles sont abandonnées :
« vos voies sont désertes ; nous chantons, il est vrai,
« les cantiques de Sion, ces cantiques de joie, mais
« nous les chantons dans une terre étrangère, mais
« nous les *chantons en soupirant*, parce qu'ils nous
« rappellent trop *les jours de votre gloire.* Nous
« faisons descendre sur l'autel la victime adorable ;
« mais nous l'appelons en tremblant, parce que
« nous craignons de l'exposer aux blasphèmes des
« impies et aux profanations des mauvais Chré-
« tiens. Notre unique consolation est donc de mêler
« nos larmes avec les vôtres. *Super flumina Baby-*
« *lonis*, etc. »

Un habit de suppliante n'est pas ici l'expression
juste : l'Église est toujours *suppliante* ici-bas, même
dans ses actions de graces : un habit de deuil et
d'affliction, c'est ce que l'auteur devait dire. Si son
expression est inexacte ici, ailleurs elle est incom-
complète. *Les jours de votre gloire* ne suffit pas pour
justifier des *cantiques chantés en soupirant ;* il était
nécessaire de dire, *des jours de gloire qui ne sont
plus.* Le morceau d'ailleurs est plein d'une douleur
chrétienne ; mais il y manque ce que l'auteur oublie trop souvent dans des morceaux semblables,
de mettre la consolation à côté du mal : c'est un
devoir ; et Bourdaloue, Massillon et les prédicateurs
vraiment évangeliques n'y manquent jamais. C'est
qu'ils se souviennent qu'ils sont les ministres du

Dieu *qui frappe et guérit*, qui seul sait tirer le bien du mal par un ordre sublime et mystérieux, qui est celui de l'éternité, mais qu'il nous permet souvent d'apercevoir même dans l'ordre du temps. C'est aussi la marche des prophètes de l'ancienne loi, qui font toujours succéder des espérances et des promesses consolantes aux plaintes et aux menaces : ils se fondaient sur l'attente du Messie, et depuis son premier avènement nous devons nous rapporter à l'attente du second et à tout ce qui le prépare ; c'est l'esprit du christianisme et la force de l'Église.

A présent je suis obligé de faire voir qu'à ces deux discours près, et quelques endroits encore très clair-semés dans les autres, l'abbé Poulle n'est point du tout *un modèle* ; que, bien loin d'être au premier rang des prédicateurs, il est à peine le premier dans le second. Neuville est peut-être au-dessus de lui sous les rapports les plus importants ; et au total il manque à l'abbé Poulle trop de parties essentielles ; il a trop de défauts habituels et marqués pour être compté parmi les maîtres de l'éloquence en général, ni en particulier parmi les classiques de la chaire.

1° Il n'a nullement rempli l'étendue du ministère de la parole évangélique. Je sais que le nombre ne fait pas la qualité, et cela est vrai sur-tout dans les ouvrages d'imagination. Mais ici c'est autre chose : un prédicateur doit être un catéchiste pour les hommes faits, comme un prêtre est par état un catéchiste pour les enfants, et si la mission de celui-ci est très bornée, celle de l'autre est vaste : on y avance en raison du zèle ou du talent ; et si nous ne considérons ici que le dernier, certainement le prédicateur qui ne fait que quelques pas, plus ou moins heureux, dans la carrière, ne peut se comparer à celui qui la fournit en entier. Est-ce avec une douzaine de discours, formant deux très petits volumes, que l'on peut embrasser le système de la morale chrétienne, de la doctrine évangélique, objet capital de la prédication? Encore s'ils étaient tous d'un mérite supérieur, il pourrait y avoir une sorte de compensation ; mais il s'en faut de tout, comme on va le voir : et s'il n'y en a que deux qui portent, à un très haut degré, il est vrai, l'empreinte du génie oratoire ; si tous les autres sont plus ou moins défectueux, et presque en tout d'un mérite secondaire et d'une composition extrêmement imparfaite, comment placer l'auteur à côté d'un Massillon, qui compte presque autant de chefs-d'œuvre que de sermons, dans un *Avent*, un *Carême* et un *Petit-Carême*, formant six volumes considérables ? Comment le placer à côté d'un Bourdaloue, non moins fécond, quoique avec un caractère tout différent, et aussi puissant en doctrine que Massillon en persuasion ?

2° L'abbé Poulle n'a pas plus rempli le genre dans la manière qui lui est propre que dans l'étendue qu'il doit avoir. Sa composition est souvent plus poétique qu'oratoire, plus mondaine qu'évangélique ; et j'appelle ici mondain un choix et un amas d'ornements étrangers au langage de la chaire, dont l'abbé Poulle n'a ni la solidité ni la dignité.

3° Il a laissé de côté presque entièrement une partie principale du genre, la doctrine et l'esprit des mystères, dont à peine il est question chez lui, et ce n'est pas seulement un devoir qu'il a omis, c'est un précieux avantage dont il s'est privé. Ceux qui en pourraient douter et qui renverraient l'esprit du dogme et des mystères à la théologie, ne connaîtraient nullement notre religion. et apparemment n'auraient fait aucune attention aux écrits de Bourdaloue et de Massillon. Sans doute le dogme proprement dit, la discussion didactique de ce qui est de foi, appartient aux écoles de théologie. Mais l'instruction contenue dans tout ce qui est révélé appartient à tous ; elle est immense, elle s'applique à tout, rentre dans tout. Il n'y a pas un mystère qui ne soit un trésor inépuisable de vérités morales et pratiques pour les hommes ; et cela ne saurait être autrement, puisqu'il n'y a pas un mystère qui ne soit en Dieu un chef-d'œuvre de sagesse et de bonté. Il n'y a qu'à voir tout ce qu'en ont tiré les pères, les docteurs de l'Église, et parmi les modernes tous les bons écrivains ecclésiastiques, et à leur tête nos deux grands sermonaires, Bourdaloue et Massillon. Ils n'ont cessé de fouiller dans cette mine si féconde, et ne l'ont pas épuisée ; elle ne le sera jamais, elle ne saurait l'être, parce que tout ce qui est de Dieu est infini. L'abbé Poulle n'y a presque pas touché. A-t-il méconnu cette richesse ? a-t-il ignoré ce devoir ? a-t-il craint la difficulté de ce travail ? Je ne sais ; mais ce qu'on peut présumer sans injustice, c'est que la nature de son talent, qui est presque tout entier d'imagination, ne le portait pas à ce genre de recherches, qui exige beaucoup d'étude et de réflexion, mais aussi qui enrichit prodigieusement l'éloquence de la chaire, ou plutôt qui en est le fond et la substance. Aucun prédicateur connu n'est aussi pauvre en cette partie que l'abbé Poulle. La religion ne semble chez lui qu'un accessoire convenu, dont il appuie sa morale avec art et avec esprit, il est vrai, parce qu'il a de l'un et de l'autre ; mais la religion devait être ici le capital : et cet oubli, ou cette méprise, ou cette impuissance, comme on voudra l'appeler, a non seulement rétréci ses conceptions et ses plans, mais a contribué sans doute à répandre sur sa diction une couleur souvent mondaine, qui dans la chaire ne peut jamais être qu'une parure déplacée, un défaut réel, et non pas un mérite. L'orateur chrétien peut sans doute mettre à profit l'esprit des écrivains profanes, et c'est un moyen qui n'a pas échappé à Massillon ; mais quand il emprunte l'or des nations et les vases d'Égypte, il sait fondre ces métaux étrangers pour en faire les ornements du tabernacle.

Quelques faits personnels à l'abbé Poulle viennent à l'appui de ces observations, et confirment ces reproches en les expliquant. On peut remarquer d'abord que ces deux discours, si avantageusement distingués des autres, roulent sur un sujet qui touche de si près au sentiment le plus universel du cœur humain, la pitié pour l'extrême infortune, que, pour en tirer de grands effets de pathétique, il

eût suffi de ces ressorts purement humains qui dé-
prudent de la sensibilité du cœur et de l'imagination. Joignez-y le ressort divin de la charité, qui
est, dans le sublime de la religion, ce qu'il y a de
plus à la portée de tous les hommes, et qui se présentait ici de soi-même; et vous concevrez aisément
que le talent naturel de l'auteur se soit ici élevé
très haut, sans tout le travail et toute l'étude qu'exige
d'ailleurs un cours complet de prédication. L'auteur
était si loin de vouloir s'y engager, qu'il se borna
toujours à prêcher de temps à autre quelques sermons isolés, et selon la faveur des circonstances,
deux entre autres sur des prises d'habit, en présence de la reine, de Mesdames et de la cour. L'é-
clat qu'avaient jeté ses débuts dans la chaire, relevé
encore par tous les avantages extérieurs et par ses
agréments dans la société, faisait regarder comme
une faveur un sermon promis par l'abbé Poulle, et
en faisait la nouvelle de la cour et de la ville. Bientôt il fut magnifiquement récompensé par une riche
abbaye*, soit pour ce qu'il avait fait, soit pour ce
qu'il pouvait faire, et il n'y avait rien qu'il ne pût
se promettre, avec beaucoup de zèle, ou avec beaucoup d'ambition. On peut croire qu'il avait peu de
l'un et de l'autre, et je puis dire même, d'après ses
amis, qu'il passait pour être paresseux de caractère :
quoi qu'il en soit, il prêcha plus rarement que jamais, et se retira presque entièrement de la chaire.
Mais on lui doit aussi cette justice, que, s'il ne
contribua pas autant qu'il l'aurait pu à l'édification,

---

* Il fut nommé abbé commendataire de Notre-Dame de Nogent.

jamais il ne donna le moindre scandale. Sa vie fut toujours assez retirée, sa conduite décente et régulière, et sa fortune ne fut pas inutile aux pauvres.

Il était né avec beaucoup de disposition à la poésie, et remporta des prix en ce genre à Toulouse, avant d'être connu comme orateur. Mais s'il crut devoir quitter la poésie pour l'éloquence, il porta beaucoup dans cette dernière de ce qu'il tenait de l'autre, et ce ne fut pas avec cette mesure et cette réserve d'un esprit sage qui discerne les propriétés et les convenances de deux genres si différents ; ce fut avec toute l'effervescence d'une tête méridionale*, qui confond tellement ce qui est du poète et ce qui est de l'orateur, que je ne serais pas surpris qu'un juge tel que Quintilien, qui comptait Lucain parmi les orateurs plus que parmi les poètes, eût cru voir aujourd'hui dans l'abbé Poulle un homme plus naturellement poète qu'orateur. Mais toutes les bornes en tous genres ont été par degrés tellement confondues, toutes les notions essentielles ont éprouvé un bouleversement si général, que je serais encore moins surpris que très peu de gens pussent aisément comprendre ou sentir cette distinction ; et ce sera du moins une raison pour entrer sur ce point dans quelques détails qui feront partie de l'examen qui va suivre.

C'est encore un fait connu et attesté, que l'abbé Poulle n'avait jamais rien écrit de ses sermons : il les garda quarante ans dans sa mémoire ; et ce fut pour céder aux instances de son neveu, qu'il con-

---

* Il était né dans le Comtat.

sentit enfin à les lui dicter en 1778, trois ans avant sa mort ; et il est mort presque octogénaire. Cette manière de composer de tête sans le secours de la main est naturement poétique, et tient à la fois à la facilité et à la mémoire ; mais c'est un prodige de cette dernière, de conserver si long-temps ce qui n'a jamais été mis sur le papier. Cela serait rare même d'un ouvrage en vers ; mais de deux volumes de prose, et jusqu'à cet âge où il est si commun d'oublier, c'est une espèce de miracle *.

Je viens à présent à l'examen critique qui doit justifier tout ce que j'ai avancé, et que je crois devoir, tant à l'importance de la matière qu'à l'utilité qu'il peut y avoir à prémunir ceux qui se destinent à la chaire, contre la tentation d'imiter un écrivain dont l'exemple et les succès peuvent séduire d'autant plus qu'il fut jugé, lors de la publication de ses sermons, avec beaucoup plus de bienveillance et d'indulgence qu'aucun autre de ses confrères. Il était sorti de la carrière depuis long-temps : son âge et sa retraite l'avaient presque dérobé au monde, comme son silence à la rivalité. Il ne tenait à aucun corps, et par conséquent n'en avait aucun pour ennemi ; et sa manière d'écrire, plus rapprochée de l'Académie que de l'Évangile, devait lui concilier ceux qui étaient alors les guides de l'opinion, plus que sa

* Rien n'est plus commun que de réciter de mémoire un ouvrage de poésie qui n'est pas anciennement composé. C'est ainsi que Crébillon récitait son *Catilina*, Roucher et l'abbé Delille leurs poèmes, et moi-même *Mélanie*. Mais il faut songer ici à la distance des temps, et sur-tout à celle de la poésie à la prose, qui est incalculable.

doctrine ne pouvait les effaroucher. Enfin ses défauts, toujours brillants, avaient un rapport marqué avec le goût d'alors, déjà très corrompu, et qui l'a été depuis bien davantage : autant de raisons pour que la vérité sévère ne se soit pas alors fait entendre, et pour qu'elle doive parler aujourd'hui.

L'abbé Poulle convient en plus d'un endroit qu'il parle dans des temps malheureux, où la foi est refroidie dans les uns, éteinte dans les autres, où l'incrédulité vient pour épier la parole sainte bien plus que pour en profiter. C'était un motif de plus pour montrer dans cette parole toute la force de vérité que la raison ne peut méconnaître quand on a soin de prévenir tous les vains prétextes, tous les subterfuges de la passion ou de l'orgueil. Alors du moins, si l'impiété résiste dans son cœur, *in corde suo*, elle est confondue dans son esprit ; elle est réduite, ou à se taire, ou à se débattre en vain contre des raisonnements inattaquables et des moyens victorieux. On ne saurait donc trop se garder de donner la moindre prise apparente à un ennemi attentif à tirer parti de tout, et qui, ne redoutant rien autant que la conviction, ne cherche qu'à se prendre à tous les mots pour n'être pas accablé par les choses. C'est un soin que l'abbé Poulle a totalement ignoré ; ce qui prouve d'abord en lui un défaut de jugement ; et vous vous souvenez combien les anciens législateur de l'art, les Cicéron, les Quintilien, recommandaient cette qualité qui est le fondement de toutes les autres, et dont dépend ce qu'ils appelaient l'*invention oratoire*. Elle est très faible, et souvent vicieuse dans l'abbé Poulle. Ses plans sont vaguement conçus, vaguement développés; ses moyens peu réfléchis, peu approfondis, souvent assez mal choisis ou assez mal arrangés pour prêter de tous côtés à des objections qui se présentent d'elles-mêmes, et qui dès-lors affaiblissent toute sa prédication. D'où vient cet inconvénient, qui pouvait être peu sensible dans la chaleur du débit, mais qui l'est extrêmement à la lecture? C'est que l'auteur, fécond en pensées ingénieuses bien plus qu'en idées de doctrine, est bien plus occupé de ramener à son sujet tout ce qui peut faire briller son esprit, que de tirer du sujet même tout ce qui peut opérer la conviction. Au lieu de mûrir son talent dans la méditation des objets, il ne songe qu'à tirer des objets tout ce qui a le plus de rapport à son talent. Et qu'arrive-t-il? qu'il manque à tout moment un rapport bien autrement essentiel, la liaison naturelle des idées, qui doivent naître les unes des autres, et se fortifier et s'éclairer par leur correspondance bien aperçue et bien exposée. Or, la première marque de supériorité dans le talent, ce n'est pas de saisir seulement ce que le genre a de plus analogue à nos facultés, c'est que nos facultés se trouvent dans une juste proportion avec les objets principaux que le genre doit embrasser. Sans cette proportion décisive, vous n'aurez jamais que des beautés de détail, des avantages partiels, et par conséquent le second rang.

Lisez par exemple, le premier sermon du recueil de l'abbé Poulle, *sur la foi*. Le sujet est grand; la conception du discours est petite. Ce n'est pas qu'il ne soit rempli de traits saillants, que la plupart des aperçus dont l'auteur a fait ses subdivisions ne soient justes en eux-mêmes ; mais tout est effleuré de manière à n'offrir qu'une suite de lieux communs où l'on n'aperçoit que le soin d'orner la diction ; au lieu qu'en approfondissant les principaux de ces aperçus, en y cherchant tout ce qu'ils renferment, on en faisait sortir la lumière des vérités religieuses, qui est autre chose que l'éclat des mots. L'auteur se propose de faire voir dans la première partie, « en « quoi consiste le bienfait de la foi ; » dans la seconde, « à quel sublime état de dignité nous élève « ce rare bienfait de la foi. » D'abord, ce *sublime état de dignité* étant aussi un *bienfait de la foi*, il est clair que la seconde partie rentre dans la première, et que l'orateur a fait sa principale division de ce qui ne devait pas être divisé. C'est déjà une preuve du peu de réflexion que l'abbé Poulle apportait dans ses plans, et c'est pourtant une étude de première importance. Il présente successivement la foi comme « une lumière infaillible, une « lumière surnaturelle, une lumière tempérée, une « lumière salutaire, une lumière nécessaire à la so- « ciété, une lumière intérieure, une lumière inex- « tinguible et pénétrante. » Tout cela est généralement vrai ; mais tout cela est mal rassemblé et très superficiellement traité. Que la foi soit *une lumière intérieure*, qui en doute ? Elle ne saurait être autre chose par sa nature, et cela ne devait pas être prouvé. *Nécessaire à la société*, cela n'est vrai que de la société chrétienne, en ce sens que les peuples instruits dans la religion révélée ne sauraient perdre la foi sans que tous les fondements de la morale, qui étaient liés à ceux de la religion, soient ébranlés de la même secousse, et nous en avons été un mémorable exemple; mais il ne fait pas cette distinction, et dès-lors il contredit une autre vérité que les incrédules lui opposeront comme étant d'expérience, et que les chrétiens mêmes lui rappelleront comme religieuse. La foi étant un don *surnaturel*, comme il le dit, ce seul mot aurait dû l'avertir que nous ne pouvions en être redevables qu'à la grace de la révélation; que cette grace n'ayant pu venir que dans le temps marqué par la Providence, il n'entrait point dans les desseins de la sagesse suprême qu'un don *surnaturel* fût *nécessaire à la société*, mais seulement au salut, puisque Dieu a permis et a voulu que la société subsistât auparavant, et qu'elle subsiste encore dans les contrées que la foi n'a pas éclairées. Dieu a voulu que l'ordre social pût se soutenir seulement par les lumières de la raison et les notions universelles de Dieu, de l'âme immortelle et d'une vie future; et ces lumières sont aussi un don de Dieu, mais non pas un don *surnaturel*. Sans doute la foi ajoute à ces lumières une perfection véritablement *surnaturelle*, puisqu'on ne l'a jamais vue que dans la religion; mais cette perfection toujours utile et *salutaire*, même ici-bas, n'est réellement *nécessaire* que dans l'ordre éternel, et non pas dans l'ordre temporel. Ce sont là des vérités de fait et de raisonnement qu'un prédicateur ne doit ni ignorer ni oublier, qui ne nuisent en rien à la cause de la foi, mais dont ses ennemis peuvent aisément abuser contre un orateur chrétien qui paraît les méconnaître.

Il n'est pas vrai non plus que la foi soit *inextinguible*, au moins dans le sens qui est le seul que l'orateur ait donné ici à ce mot. La foi est une lumière qui ne s'éteindra jamais dans l'Église d'ici-bas, qui sera un jour l'Église du ciel : voilà ce que Jésus-Christ lui-même nous a promis. Mais il est si peu vrai qu'elle soit *inextinguible* dans chacun de ceux qu'il y avait appelés, que lui-même nous a dit aussi en propres paroles, qui n'ont été que trop justifiées : « Pensez-vous, quand le fils de l'homme « viendra juger le monde, qu'il y trouve beaucoup de « foi ? » L'affaiblissement de la foi est annoncé en vingt autres endroits des Écritures. Pourquoi donc l'orateur, sans faire attention à tout ce qu'il ne pouvait pas ignorer, a-t-il voulu compter parmi les qualités de la foi celle d'*inextinguible*, et a-t-il posé en fait que rien ne la détruisait jamais dans le cœur des plus incrédules ? Ce n'est pas que cette assertion ait aucune apparence de vérité ; au contraire, tout ce que nous pouvons raisonnablement présumer de l'intérieur de l'homme, dont Dieu seul est juge infaillible, nous porte à penser qu'il n'arrive que trop souvent que l'orgueil et les passions éteignent entièrement dans le cœur cette lumière qui finit par être méprisée après avoir été importune et odieuse : *Impius, cùm in profundum venerit, contemnit.* « Quand l'impie est au fond de l'abyme, il méprise. »

C'est la sagesse divine qui l'a dit, et c'est elle aussi qui nous apprend que ce dernier degré d'endurcissement est ici-bas le premier de la réprobation. Dieu livre enfin à l'aveuglement celui qui s'obstine à s'aveugler. Mais l'abbé Poulle voulait faire un morceau remarquable de cette observation de fait beaucoup plus fréquente alors qu'elle ne l'a été depuis, de ces terreurs religieuses qu'ont si souvent réveillées les approches de la mort, même dans les esprits qui avaient le plus affecté le calme orgueilleux de l'irréligion. Ce tableau appartenait à la chaire, quoiqu'il eût déjà été plus d'une fois manié supérieurement. Mais on n'en faisait point un fait universel et sans exception ; on avait soin même de marquer l'endurcissement complet comme le sceau de la vengeance divine, et cette idée a fourni plus d'un beau mouvement à Massillon. L'abbé Poulle a cru être plus fort en devenant plus affirmatif, en faisant une règle générale de ce qui n'était qu'un exemple assez commun. Il s'est fort trompé : dès qu'il est question de faits, il ne faut jamais laisser place à aucune dénégation possible ; vous serez démenti sur la vérité, pour peu qu'on vous puisse reprocher l'exagération. Quand il dit : « Les impies même les « plus fiers, les plus emportés, ont beau renoncer « à la foi, sa lumière leur reste ; ils peuvent l'affai- « blir, ils ne sauraient tout-à-fait l'éteindre, » l'incrédule déterminé (et il n'y en a que trop) lui opposera intérieurement sa persuasion, raisonnée ou non, mais trop réelle, et conclura que le prédicateur se trompe. Quand il dit : « Attendez aux ap-

« proches de la mort.... leurs alarmes revivent avec
« leur incertitude: un masque de philosophie semble
« annoncer au dehors le calme de leur esprit, il
« ne sert qu'à mieux cacher *le trouble intérieur* qui
« les agite; c'est le dernier soupir de la foi. » Il dit
ce qu'on a vu souvent, il est vrai; mais celui qui
aura été le témoin et le confident des derniers moments d'un incrédule, et qui n'aura vu aucune trace
de ce *trouble intérieur,* dans des moments où il est
presque impossible que la conscience ne se trahisse
pas par quelque indice, celui-là ne manquera pas
d'accuser le prédicateur de supposition, et assurera
que tel et tel n'ont montré, en mourant, d'autre
regret que de mourir.

Il appuie cette thèse générale de *la foi inextinguible* sur une autre observation qui n'est pas dénuée
de fondement, mais qui n'est pas concluante. « Ju-
« gez-en par l'inutilité de leurs efforts. Que de
« raisonnements captieux! que de contradictions!
« que de subtilités! que d'indécentes railleries, au
« lieu de preuves convaincantes! que de mauvaise
« foi! que de détours pour n'aboutir qu'à ces doutes
« orageux, l'inquiétude de l'esprit et le tourment
« de la conscience! » Il est bien certain que ce sont là
les caractères de l'erreur et du mensonge, et que ce
sont ceux de tous les écrits contre la religion, et particulièrement de ceux de Voltaire. Mais on sait aussi
que ces caractères sont souvent ceux de l'esprit de
système, de l'orgueil, de l'opinion, qui s'accordent
très bien dans l'esprit humain avec une persuasion
intime, et qui par conséquent ne prouvent pas que

celui qui se sert de ces moyens ne croie pas ce qu'il dit, mais prouvent seulement que l'amour-propre, exalté par la contradiction, se permet tous les moyens pour faire croire aux autres ce qu'il croit lui-même. Voltaire, que j'ai nommé tout à l'heure, suffirait seul pour être la preuve et l'exemple de ce que j'avance : il est impossible de pousser plus loin ou l'étourderie, ou l'audace, ou la mauvaise foi : vous verrez, quand il passera sous nos yeux comme philosophe, qu'en ouvrant les livres qu'il cite, on peut à tout moment l'écraser à la fois, et de ce qu'il dit, et de ce qu'il ne dit pas. Cependant je l'ai assez connu pour pouvoir assurer, d'après toutes les vraisemblances humaines, qu'il a vécu et qu'il est mort dans l'incrédulité la plus décidée ; et nous verrons aussi alors plus au long comment on peut expliquer par les travers de l'esprit humain, et par l'espèce de perversité attachée à l'amour-propre sans frein, ce qui serait en soi inexplicable si l'homme était au moins conséquent. Mais ce qu'on oublie trop, c'est que ce qui est inconséquent dans la raison est très conséquent dans la passion.

Au reste, l'abbé Poulle n'a pas même tiré un grand parti de son hypothèse qui pouvait lui fournir des traits d'une grande force dans ce qu'elle contient de vrai. Il n'y en a qu'un à remarquer, et c'est celui qui termine le paragraphe. « Les mal« heureux ! sur le point de se plonger dans le « gouffre effroyable de la destruction, ils appel« lent le néant, l'éternité leur répond. » C'est du sublime d'expression : mais cela suffit-il pour excuser tout ce qu'il y a de mal conçu dans ce morceau?

Dans la seconde partie, il fait consister ce *sublime état de dignité* que nous donne la foi à régner sur notre cœur, sur notre esprit, sur nos sens ; et, selon cette parole de l'Apôtre qui nous montre dans la vocation à la foi un sacerdoce royal *regale sacerdotium*, il nous demande des sacrifices de louange, de résignation, de détachement, d'expiation, etc., Tout cela est conforme aux principes de la religion ; mais rien n'est traité suivant les principes de l'éloquence évangélique. Tous ces différents préceptes ne sont que présentés à l'esprit avec rapidité, offerts sous des couleurs nobles ; mais l'orateur ne songe nullement à nous enseigner comment on peut élever la faiblesse humaine à la sublimité de cette vocation divine ; il ne songe nullement à parler au cœur, à intéresser sa reconnaissance, à l'attacher à la foi par la charité, à faire sentir à ce cœur le rapport intime entre ses besoins et les dons de Dieu. En un mot, ce discours est un froid panégyrique de la foi, une amplification frivole, à force d'être ornée, riche de mots, vide de sentiment. Ce n'est pas que tout ce que donnait le sujet ne soit du moins indiqué ; mais c'est ici le principal défaut de l'abbé Poulle, et qui seul prouverait qu'il n'avait pas assez étudié l'éloquence de la chaire. Ce qu'il paraît avoir cherché avant tout, ce qui domine partout dans sa composition, c'est une qualité sur laquelle il paraît s'être entièrement mépris, la rapidité du style. Il y subordonne tout ; il ne marche pas : il court, il s'élance, il vole. On peut le suivre avec quelque plaisir quand on ne s'occupe qu'à ramasser des fleurs sur sa route, comme il ne s'occupe qu'à en répandre, mais c'est tout ce qu'on peut gagner à le suivre ; encore le perd-on souvent de vue ; et quand il a passé, on est comme étourdi de sa course. Cette prodigieuse vitesse n'est nulle part un caractère habituel de la véritable éloquence, pas même dans le panégyrique, qui peut la comporter plus qu'aucun autre genre, parce qu'il s'adresse principalement à l'esprit, et qui pourtant exige qu'on s'arrête suivant l'importance des objets et les effets qu'on veut produire. A plus forte raison, lorsqu'il s'agit d'instruire et de persuader, est-on obligé d'être plus rassis, plus sérieux, plus recueilli, et de se conformer à la gravité des objets et à celle du ministère. Pour obtenir une grande attention à ce qu'on dit, il faut en donner l'exemple le premier. Comment vos auditeurs seront-ils pénétrés de votre doctrine si vous-même la débitez en courant ? Comment en saisiront-ils la substance, si vous-même ne songez qu'à en parer l'expression ? Et que pourront-ils remporter de cette multitude d'objets que vous faites passer si rapidement devant eux, que l'un doit faire oublier l'autre ? Non, ce n'est pas ainsi qu'on sème avec fruit la parole de vie ; il faut la déposer dans les âmes avec plus de soin, plus de choix et de respect, si l'on veut qu'elle puisse y germer. On dirait que l'abbé Poulle n'a pensé qu'à prévenir l'ennui d'un sermon, et il peut y avoir réussi à force de légèreté et d'agréments ; mais ses succès prouvaient plus contre son auditoire qu'ils ne prouvaient pour lui.

S'il le renvoyait content, c'est qu'on était bien aise d'avoir entendu autre chose qu'un sermon, et que déjà cette disposition devenue générale, accusait le discrédit de la religion et de la prédication. On avait entendu un beau diseur, qui avait amusé l'imagination par des pensées ingénieuses, des figures recherchées, des antithèses, des brillants de toute espèce, et c'était assez pour l'esprit du monde. Le vrai mérite et le premier devoir est de subjuguer cet esprit par celui de l'Évangile, et c'est ce qu'ont fait éminemment Bourdaloue et Massillon, mais ce que n'a point fait l'abbé Poulle.

N'est-il pas évident pour quiconque a l'idée du genre, qu'au lieu de rassembler ainsi tous les avantages de la foi, ce qui serait la matière de dix sermons, il fallait se borner à en développer quelqu'un des principaux caractères : par exemple, celui de l'infaillibilité, si l'orateur avait voulu convaincre la raison; celui de la nécessité, s'il avait voulu confondre la faiblesse de l'esprit humain ; celui des consolations, s'il eût voulu nous apprendre toutes nos misères et leur seul remède ? Il n'est ni difficile ni important d'accumuler beaucoup d'idées connues ; ce qui l'est, c'est de choisir celle dont l'expression bien traitée peut donner de nouveaux résultats et de nouveaux effets. En général, les idées appartiennent depuis long-temps à tous les hommes instruits; mais le talent se les approprie par leur combinaison, leur enchaînement, leurs conséquences. C'est l'ouvrage de l'orateur, mais il doit être mûri par le travail; et si vous permettiez qu'en parlant de l'éloquence, je m'exprimasse aussi quelquefois par les figures qu'elle autorise, je dirais qu'il en est ici du génie, comme de cet astre à qui on l'a souvent comparé : les vapeurs sont éparses à la surface du sol et dans l'atmosphère ; mais le soleil les féconde en les attirant et les rassemblant, et les fait retomber sur la terre, qu'elles ne fertilisent qu'en pénétrant son sein, où elles deviennent les germes de l'abondance.

Il n'est pas étonnant que l'abbé Poulle, avec le système qu'il s'était fait, néglige les preuves : elles naissent de la contexture d'un plan où tout se tient, et il ne lui faut, à lui, qu'un cadre où il puisse faire entrer des peintures qui soient à son gré. Il commence par dire de la foi : « Elle vous dévoile, d'un « seul trait l'énigme de la nature. » On ne *dévoile point d'un trait*, et la propriété des termes, n'est pas, à beaucoup près, ce que l'auteur cherche avec le plus de soin. Mais comment prouve-t-il cette *énigme dévoilée par la foi?* En traçant tout de suite le tableau de la création un peu usé, mais qu'il tâche de rajeunir : vous en jugerez. « La foi nous « rappelle à l'instant de la création. Dieu commande : « à sa voix la matière sort des abymes du néant ; le « chaos *se débrouille ;* les eaux en tumulte courent « se renfermer dans leurs limites ; la terre paraît « couverte de verdure ; les animaux respirent ; déjà « les astres occupent leur poste dans le firmament ; « le roi de la nature, l'homme, reçoit la vie, l'in-« telligence, la justice et l'empire. Dieu dit : *Lu-« mière* ; elle fut, elle est encore. Dieu seul auteur « de tous les êtres, du mouvement, de la fécon-

« dité, conservateur de l'univers; ces connais-
« sances sont toute la philosophie du chrétien. »

Avant de juger le tableau en lui-même, voyons s'il est à sa place, et ce qu'il peut faire pour le dessein de l'auteur. Pour qu'il l'eût rempli, il faudrait qu'il y eût ici en effet une *énigme dévoilée par la foi*, et c'est précisément ce qui n'est pas. D'abord la raison seule, sans la foi, avait conduit Platon, non pas tout-à-fait à la création proprement dite, à l'action de Dieu, qui produit tout par sa volonté, mais très positivement à la formation du monde et de l'ordre universel, c'est-à-dire à tout ce que l'orateur nous montre ici. Ensuite la création elle-même ne nous est enseignée par la foi que comme un fait; et ce fait, quoique certain, puisqu'il est révélé, est encore une *énigme* pour nous, puisque le pouvoir de créer, de faire quelque chose de rien, est pour nous parfaitement incompréhensible. C'est même un des arguments familiers des athées, qui, de ce que nous ne pouvons pas la comprendre, concluent qu'elle est impossible, sans se douter ou se souvenir que le monde lui-même, qui est sous nos yeux, n'est pas plus aisé à comprendre, que nous ne savons pas plus comment il existe que nous ne savons comment il a été fait, et que par conséquent (comme le sait quiconque a un peu de logique) l'incompréhensibilité n'est nullement une preuve d'impossibilité. Mais quoique les athées raisonnent mal, l'abbé Poulle ne raisonne pas mieux. La foi ne nous *dévoile* point *l'énigme de la nature*, puisque, selon la parole de l'Apôtre, nous ne voyons rien ici-bas que *comme à travers un miroir* derrière lequel *l'énigme reste cachée*, *quasi per speculum et in œnigmate.* La foi est le *miroir* en ce monde, et c'est dans l'autre que nous verrons *face à face*, *à facie ad faciem.* Voilà qui est clair et vrai : nous ne pouvons voir la vérité qu'en Dieu, qui a tout fait et qui sait tout : et pour mériter de le voir dans le monde à venir, il faut croire à sa parole dans le monde présent. Que fait donc la foi, qui n'est autre chose que la croyance en la parole de Dieu, que fait-elle particulièrement par rapport à la création, puisque l'auteur voulait en parler? Elle nous apprend à la croire sans la comprendre, d'abord parce que Dieu l'a révélée, ensuite parce qu'elle ne renferme en elle-même aucune contradiction, puisqu'il ne répugne en aucune manière qu'un monde dont le système confond notre intelligence bornée, ne puisse être l'ouvrage que d'une cause infinie en puissance et en sagesse. Et quel est l'avantage, le *bienfait* de cette foi? Il est très réel et très grand : en nous faisant reconnaître et adorer l'ouvrier, elle nous empêche de déraisonner sur son œuvre ; et que de honteuses absurdités épargées à l'esprit humain, si, se soumettant à la foi, il eût bien compris tout le ridicule de la créature se mettant à la place du Créateur, et oubliant (ce qui est pourtant clair comme le jour) que lui seul peut expliquer ce que lui seul a pu faire ! La foi ne *dévoile* donc point cette *énigme*, mais elle enseigne à ne pas perdre du temps à chercher ce qu'on ne trouvera pas ; et c'est là, en effet, une bonne philosophie, et, comme le dit l'abbé Poulle, la philosophie du chrétien. Mais l'a-t-il montrée telle qu'elle est? nullement, quoique rien ne l'empêchât de revêtir d'un style oratoire ce qui n'est ici qu'un simple exposé. Il pouvait être à la fois conséquent et éloquent, et tirer de son sujet un morceau beaucoup plus neuf que les deux ou trois petits embellissements qui relèvent fort peu un tableau que l'éloquence et la poésie avaient tracé plus d'une fois, et d'une manière bien supérieure, et qui est chez lui très gratuitement amené aux dépens de la logique. Ce n'était pas la peine de la blesser pour nous dire trivialement que *le chaos se débrouille*, pour substituer le mot *lumière* à une phrase consacrée dans l'Écriture, et admirée même des critiques païens. Je n'aime point, je l'avoue, qu'un ministre de l'Évangile ait l'air de vouloir enchérir sur l'Esprit-Saint; *que la lumière soit*, est assez précis pour être sublime : c'est un ordre souverain; et *lumière* n'est qu'une appellation.

Le dessein du sermon *sur les devoirs de la vie civile*, n'est ni mieux entendu ni mieux exécuté. « L'auteur les partage en devoirs d'état, qui sont les « fondements de la société; en devoirs de justice, « qui en font la sûreté; en devoirs de charité, qui « en font les liens; en devoirs de bienséance, qui en « font les douceurs. Or, *la religion seule commande* « et perfectionne ces différents devoirs, et par consé-« quent *elle seule veille* aux intérêts de la société. »

C'est bien là le cas de dire : qui prouve trop ne prouve rien. Hors la charité, qui seule appartient à la religion, tout le reste est purement de l'ordre moral et politique. Il est vrai qu'*elle seule perfectionne* cet ordre, mais non pas qu'*elle seule le commande.* Le sentiment de nos besoins et de nos intérêts communs, éclairé par les notions intimes de la justice universelle et par l'expérience, a certainement été partout le premier fondement de la société, et une religion quelconque en a été partout le soutien. Mais sans doute le prédicateur n'a voulu parler ici que de celle qui mérite véritablement le nom de religion, celle que Dieu même a révélé : il ne pouvait pas avoir une autre pensée, et tout son discours en est la preuve. Il ne devait donc y faire entrer la religion que sous ses véritables rapports avec l'ordre social, ceux de sanction et de perfection, et c'était un assez beau champ. Mais, je le répète, l'abbé Poulle ne sait point faire un plan raisonné, et c'est ici pourtant qu'il est d'autant plus indispensable de se rendre d'abord à soi-même un compte exact de ses idées, que sans cela vous ne pouvez assurer votre marche : et que vous vous exposez à vous heurter contre l'écueil des contradictions et des inconséquences, et à prêter le flanc aux ennemis de la religion. C'est aussi ce qui arrive trop souvent à l'abbé Poulle: ici, par exemple, il fait d'abord admirer la Providence dans l'ordre de la société, tel qu'il serait si l'esprit religieux était partout le mobile principal des devoirs de la vie civile, comme dans les premiers siècles du christianisme, et jusque-là il a toute raison ; mais passant ensuite de ce qui devait être et de ce qui a été à ce qui est, et plus occupé de peindre que de raisonner,

sacrifiant l'ensemble des idées générales à l'effet des pensées et des expressions particulières, il parle de manière à faire méconnaître ou condamner cette même Providence qu'il a montrée et devait montrer comme conduisant tout ici-bas. Il se livre à une sorte de verve satirique, d'autant plus blâmable qu'elle entraîne toujours l'exagération, et ici en particulier, des conséquences dangereuses. « De cette multitude
« d'hommes qui composent la société, elle n'a pres-
« que plus que des ambitieux et des mercenaires
« qui la servent.... Le monde est retombé, pour ainsi
« dire, dans le chaos, et nous retrace une image
« sensible du séjour des ténèbres, d'où l'ordre est
« banni et où règne une confusion éternelle........
« Heureusement la nature condamne, en naissant,
« le plus grand nombre aux peines, aux fatigues ; la
« misère, plus impérieuse que le devoir, leur com-
« mande le travail sous peine de mort; et, grace à
« l'intérêt, à l'ambition, et beaucoup plus à la né-
« cessité, nous avons encore de fantômes de
« citoyens. »

Des passages de cette nature suffiraient pour rendre sensible ce que j'ai dit des inconvénients de ce langage purement humain, qui remplace celui de la religion. Ce sont là de ces déclamations que la philosophie de ce siècle avait déjà mises à la mode; tout y est amer et outré, parce que l'on n'y considère qu'un côté des objets ; la force apparente des expressions tient au défaut de mesure dans les idées, et de justesse dans les résultats, et l'on manque l'instruction pour avoir cherché l'hyperbole. Si les choses étaient comme l'orateur les représente, que deviendrait cette Providence conservatrice dans une société qui ne serait plus qu'*un chaos, qu'une confusion éternelle*, etc.? L'orateur a dû prévoir l'objection, et ne pas s'y exposer sans préparer du moins la réponse, et il n'a pas plus songé à l'une qu'à l'autre. Il se rejette seulement sur *la nature*, qui *heureusement condamne, en naissant, le plus grand nombre aux peines, aux fatigues*; il voit comme une ressource *la misère impérieuse, et l'intérêt, l'ambition, la nécessité* qui font *des fantômes de citoyens*. Voilà d'étranges paroles dans un orateur chrétien : le *chaos* est ici dans son discours beaucoup plus que dans le monde. Il n'y a qu'à se rappeler ce qu'était alors l'ordre social, malgré les abus et les vices, pour comprendre que toutes ces peintures hyperboliques, permises dans une satire et dans les lieux communs d'une amplification, sont ici extrêmement déplacées. Il ne sera pas difficile de prouver en son lieu que le *chaos* n'a réellement existé qu'une fois, et pourquoi il a dû exister un moment, suivant les desseins très manifestes de la Providence. Mais, dans aucun temps, un orateur chrétien n'a dû dire que *la nature condamne le plus grand nombre aux peines, aux fatigues*; il devait savoir mieux que personne que la nature humaine y est condamnée généralement et sans exception depuis le péché originel, et que l'effet de cette condamnation est si réel, qu'il n'y a personne qui n'ait en effet, d'une manière ou d'une autre, ses *peines* et ses *fatigues*, et que même ce n'est pas toujours dans les classes inférieures qu'elles sont plus douloureuses; que si tous les hommes ne sont pas *condamnés au travail* des mains *sous peine de mort*, si le besoin impose cette loi *au plus grand nombre*, si même un certain nombre ne trouve pas dans ce travail un remede sûr contre la pauvreté ou *la misère*, ce n'est pas un *commandement de la nature* (mot très abusif en cet endroit, et qu'un prédicateur ne devait pas employer), c'est un admirable dessein de la Providence, dont un prédicateur devait faire voir toute la sagesse; ce qu'il ne pouvait faire complètement qu'en rapportant l'ordre d'un temps à l'ordre de l'éternité. Il faisait tomber alors toutes les objections en développant toute l'harmonie du monde moral, suivant les vues sublimes d'une religion qui *heureusement*, si elle ne *dévoile* pas *l'énigme* du monde physique, parce que nous n'en avons nul besoin, explique seule et parfaitement les destinées de l'homme, ses devoirs et sa fin, parce que c'est là ce qu'il nous importait de connaître. En procédant ainsi, l'abbé Poulle ne se serait pas mépris et compromis au dernier point par une phrase aussi révoltante que celle où il dit crument, et sans explication ni modification, qu'*heureusement la nature condamne le plus grand nombre aux peines, aux fatigues,* etc. Cette seule phrase, et sur-tout le mot *heureusement*, fournirait contre lui des déclamations trop autorisées par les siennes, à cette même *philosophie* irréligieuse, contre laquelle il s'élève de toute sa force en plusieurs endroits, qui ne sont pas les moindres de ses sermons, et qui attestent qu'il l'avait jugée dès-lors comme tous les ministres de l'Évangile et comme tous les bons esprits. Voici un de ces morceaux, qui feront un moment diversion à la censure : il est dans ce même sermon qui nous occupe.

« Tout état contraire à la loi du Seigneur est « nécessairement contraire à la société. Cet anathème « tombe sur ces arts inventés pour servir le luxe « et la mollesse, sur ces talents malheureux desti-« nés à rallumer dans les cœurs le feu des passions « par l'enchantement de tous les sens.... » Il ne s'agit jusqu'ici que des spectacles : un écrivain bien authentiquement mis au premier rang des *philosophes* de ce siècle, Rousseau, est ici en tout de l'avis du prédicateur chrétien ; et si l'on peut incidenter sur quelques spectacles, au moins en est-il un impossible à justifier en bonne morale, à moins qu'il ne fût fort épuré et fort modifié, l'opéra. Mais ce qui suit regarde décidément les livres d'impiété ; et tout ce qu'on peut objecter à l'auteur, c'est que ce morceau, ainsi que bien d'autres, est amené de force, car assurément ce n'est point *un état dans la société*, que d'écrire des livres contre les mœurs et la religion, pas plus que de faire commerce de poisons. L'un et l'autre sont un attentat contre la société, et doivent être réprimés et punis par toutes les lois. A cela près, écoutons l'abbé Poullé. Il continue : « Sur ces hommes pervers, qui vendent « effrontément au public les travers de leur esprit « et la corruption de leur âme. En quoi donc, me « direz-vous, blessent-ils la société ? » (La question

est assez singulière; et même ce qui précède ne la rend pas présumable; mais passons encore ce défaut de logique, et poursuivons.) « En quoi? en
« tout: car laissez-leur débiter librement leurs ma-
« ximes d'indépendance et de révolte, et bientôt il
« n'y aura pas le moindre vestige de subordination.
« Ouvrez ces écoles d'illusion et de mensonge, éri-
« gées pour fomenter les passions, et empêchez en-
« suite, si vous le pouvez, que ces passions excitées
« ne s'emportent au-delà des digues qui les contien-
« nent.... Donnez un libre cours à ces écrits scan-
« daleux, et la pudeur disparaîtra pour faire place
« au libertinage. Souffrez patiemment qu'on outrage
« la décence et les mœurs, et vous introduirez une
« licence effrénée qui renversera la société de fond
« en comble. Quand on viole hardiment les lois de
« Dieu, on ne craint pas de violer les lois humaines:
« et, malgré l'obstination du préjugé, de mauvais
« chrétiens seront toujours de mauvais citoyens. »

Cette dernière assertion peut sembler outrée, et l'on croira y répondre en citant quelques exemples d'hommes connus pour irréligieux, et qui, d'ailleurs, se sont rendus utiles dans la place qu'ils occupaient. Cette réponse est une très mauvaise apologie de l'irréligion, du moins avouée, et il ne s'agit ici que de celle-là, puisque l'intérieur de l'homme ne regarde pas la société. Pour être bon citoyen, il ne suffit pas de faire quelque bien à la société, il ne faut pas lui faire de mal, et sur-tout un grand mal; et en est-il un plus grand que le scandale d'une opinion qui sape toutes les bases de la société? Cette vérité est si évidente et si générale, qu'elle n'a même pas besoin de s'appuyer sur une religion qui considère sur-tout le monde à venir : elle a été sentie par toute l'antiquité, qui, dans quelque gouvernement que ce fût, a toujours mis l'impiété au premier rang des délits publics, et qui rarement la laissa impunie.

L'abbé Poulle, en revenant sur ce même sujet dans son sermon *sur le Service de Dieu*, signale et caractérise, par une expression alors remarquable, cette guerre déjà déclarée à la religion, et dont il apercevait le plan trente ans avant qu'il fût consommé. « Ceux qui nous ont précédés dans la car-
« rière évangelique ont vu et déploré les mêmes
« égarements; mais, ce qui n'appartient qu'à notre
« siècle, et ce qui était réservé à notre douleur, nous
« voyons se tramer *une conspiration* contre le Sei-
« gneur; le dieu d'Israël presque sans adorateurs....
« la piété si méprisée, qu'il n'y a plus d'hypocrites:
« la soumission à la foi, traitée de petitesse d'esprit;
« l'irréligion plus hardie, etc. »

Le mot de *conspiration* est ici d'une grande vérité, et fut traité, sans doute, de calomnie par les *conspirateurs*, comme ils n'y manquaient jamais quand on leur arrachait le masque dont ils crurent avoir besoin tant qu'ils ne purent pas se servir du glaive. Quels commentaires ne durent-ils pas faire aussi sur cette phrase, dont la pensée est aussi juste que la tournure en est ingénieuse : *La piété si méprisée, qu'il n'y a plus d'hypocrites!* Ne les entendez-vous pas se récrier : On se plaint qu'*il n'y a plus d'hypo-*

crites ! Si on veut les en croire, l'orateur aura fait l'éloge de l'hypocrisie. Il n'en est pas moins vrai, et vous sentez comme moi, Messieurs, qu'il en est de l'hypocrisie comme de l'envie : comme l'envie, elle est détestable; mais comme l'envie, elle est un hommage à la vertu. Quand la piété est honorée, ceux mêmes qui n'en ont pas veulent du moins paraître en avoir. Ils peuvent faire des dupes ; mais ce mal est-il aussi grand que le scandale qui fait des impies? L'hypocrite veut se servir de Dieu pour tromper les hommes, et ne les trompe pas même long-temps; mais du moins il les avertit qu'il est bon d'être en réalité ce qu'il s'efforce d'être en apparence. L'impie, au contraire, en insultant Dieu tout haut, outrage aussi les hommes; car il blasphème devant eux ce qu'ils adorent, ou il les suppose capables de blasphémer comme lui. Lequel de lui ou de l'hypocrite les offense le plus? L'hypocrisie est un mensonge timide et bas; le mépris est sa punition : l'impiété est un mensonge insolent et sacrilège ; elle provoque les vengeances divines et humaines.

Mais en rendant justice à la pensée de l'abbé Poulle qui contient une grande vérité, que quand il n'y a plus d'hypocrites, c'est qu'il y a peu de religion, comme une puissance a peu de flatteurs quand elle est affaiblie et menacée; en ajoutant qu'il ne s'ensuit rien de cette observation de fait, si ce n'est que l'abus étant partout inséparable du bien, il vaut encore mieux que le bien subsiste même avec l'abus que si tous les deux tombaient ensemble, je profiterai d'ailleurs de cette occasion comme d'un exemple plus sensible qu'aucun autre, d'un défaut trop ordinaire dans la composition de l'abbé Poulle, l'affectation de la brièveté, la recherche de la concision : rien n'est plus opposé au génie oratoire. Nous avons vu ailleurs que, si la précision, qui consiste à ne dire que ce qu'il faut, est toujours bonne en elle-même, et Démosthène en est le modèle, il y a une abondance heureuse et facile qui, allant un peu au delà du nécessaire, ne fait point sentir la satiété du superflu; et c'est le mérite de Cicéron, de Massillon, de Fénelon. La diffusion est toujours un vice dans l'éloquence; mais on pèche par le trop peu comme par le trop, et il est très rare que l'espèce de concision qui laisse deviner la pensée ne soit pas dans l'orateur un inconvénient, et même, suivant l'importance de la matière, un danger. L'objet de l'orateur n'est point d'exercer l'esprit, mais de l'éclairer : bien loin qu'il suffise de faire passer devant ses yeux la vérité comme une lueur fugitive, il faut l'inonder d'un torrent de lumière, et ici ce qui n'est qu'indiqué est presque toujours manqué. C'est une des prétentions ou des habitudes vicieuses de l'abbé Poulle; sa pensée souvent incomplète, pour être aiguisée et piquante, ou ne peut être saisie par tous, ou peut être mal interprêtée par plusieurs, et n'a d'autre effet réel pour personne. Souvent il jette en passant une idée incidente qui est un trait, et qui devrait être un moyen, et cela est d'un homme qui conçoit vivement, mais qui ne juge pas ses conceptions, et ne leur donne ni leur place, ni leur étendue, ni leur valeur. C'est avoir de l'esprit pour ceux qui en ont, et ici sur-tout c'est très peu de chose : ce n'est pas instruire tous ceux à qui l'on parle; ce qui doit être ici avant tout.

Ce sermon *sur le Service de Dieu* fut prêché pour une prise d'habit, comme le précédent le fut à l'ouverture des États de Languedoc en 1764. L'abbé Poulle se réservait d'ordinaire pour les grandes occasions. La préférence que l'on doit donner au service de Dieu sur le service du monde, et les avantages de l'un sur l'autre, les facilités que donne la retraite pour le service de Dieu, tel est le plan que lui fournit cette profession religieuse; et il n'y en a pas de plus commun, ni qui ait été plus souvent mis en œuvre. L'exécution est de même toute en lieux communs, trop susceptibles d'un reproche qu'il faudrait éviter, celui de charger la peinture d'objets offerts sous une seule face. Il est trop facile de faire voir le vide et le faux des biens de ce monde; mais il y a beaucoup plus d'art à en avouer les séductions, qu'à les dissimuler. Il ne faut pas craindre d'attaquer l'ennemi en face; ne souffrez pas qu'il puisse vous dire : Tu crains de me regarder et tu ne me combats qu'en détournant les yeux. Non, il faut pouvoir lui dire au contraire : Je te connais à fond; je sais tout ce que tu étales aux regards, mais je vais montrer ce que tu caches. Massillon et même Bourdaloue n'y manquent pas, et devant eux le monde reste sans réplique. Le sage se gardera bien de dire au jeune homme que la courtisane n'a pas de quoi plaire : on ne l'en croirait pas; mais il dira que ses caresses sont des pièges, son amour un mensonge, ses faveurs un poison, et que, par conséquent, elle coûte cent fois plus qu'elle ne vaut, et il n'y a pas moyen de dire non.

Ce qu'il y a de mieux dans ce discours, c'est une application d'un morceau d'Isaïe dont Racine s'était déjà servi dans *Athalie*, et dont l'abbé Poulle a tiré sa péroraison : « Vous touchez enfin au moment « décisif d'une séparation éternelle, irrévocable. *Ra-* « *massez* toutes les puissances de votre âme : le temps « est fini pour vous ; votre éternité commence. Fan- « tômes du monde, évanouissez-vous; voiles impé- « nétrables, *tombez*; fermez-vous, portes éternelles. « Et, vous nouvelle épouse de Jésus-Christ, dispa- « raissez pour toujours aux regards profanes; ense- « velissez-vous dans les ténèbres de cette mine fer- « tile en richesses et en graces ; tirez-en sans relâche « de l'or et des pierres précieuses ; arrangez-les avec « soin ; formez-en une couronne de justice et de « gloire, afin que, lorsque vous monterez vers les « tabernacles éternels, les anges s'écrient dans les « transports de leur admiration : Qui est donc celle « qui s'élève ainsi du désert, brillante de clartés, « chargée de richesses, enivrée de délices ? C'est la « fille du Très-Haut : l'heure des noces de l'Agneau « est venue, et son épouse s'y est préparée. »

Ramassez toutes les puissances n'est ni juste ni élégant : Il fallait *rassemblez*. *Tombez* est équivoque : tout au moins quand on dit *le voile tombe*, cela signifie qu'il découvre, en tombant, ce qu'il cachait. Ici c'est le contraire, et c'est ce qui obligeait l'auteur de spécifier que le voile allait tomber sur le front de la victime. La cérémonie même ne dispensait pas d'être clair; mais l'auteur veut toujours être concis, et de là des fautes de toute espèce. La figure de la *mine* devait aussi être mieux amenée pour être relevée d'avance ; elle l'est ensuite et très bien, mais ce n'est pas assez pour sauver le premier effet d'un mot imprévu et peu agréable. Malgré ces taches observées en fort peu de lignes, comme on voit, l'idée totale du morceau est bonne, parce que c'est le moment où il s'agit d'élever jusque dans le ciel celle qui va renoncer au monde. Ici l'imagination est à sa place, et c'est le fort de l'auteur. L'Écriture vient à son secours, et, en appliquant à une nouvelle épouse de Jésus-Christ ce qu'un prophète adresse à l'Église, l'orateur ne doit qu'à son art ce mouvement qui est d'une grande beauté et d'un grand effet : « Qui est donc celle qui s'élève ainsi du désert, etc.? »

L'abbé Poulle fut aussi appelé à porter la parole à la prise d'habit de madame de Rupelmonde, que la perte douloureuse d'un époux et d'un fils également chéris conduisit de la cour dans le cloître. Les tableaux de la cour venaient se placer naturellement sous le pinceau de l'orateur, et il répand ici des couleurs tour à tour éclatantes ou rembrunies, suivant ce qu'il considère dans la vie des courtisans, les honneurs ou les assujettissements, les jouissances ou les peines. Mais le plan général est le plus mauvais de tous les siens : on a même beaucoup de peine à l'entendre et à savoir au juste quel était son dessein dans la seconde partie. La première est toute simple : « Dieu couronne ses miséricordes pas-« sées en vous appelant dans la solitude. » Mais que signifie la seconde? « Dieu continue d'exercer un « jugement de justice lorsqu'il vous éloigne du « monde. » Quand l'auteur la développe, on voit que sa pensée est celle-ci : que quand Dieu appelle dans la retraite les justes qui pourraient édifier le monde, c'est un châtiment exercé par la justice divine, et un sujet d'affliction et de deuil pour la société. Il y a bien là quelque chose de vrai, sous ce seul point de vue que, *toutes les voies du Seigneur étant à la fois misericorde et justice**, ce qui est une récompense pour les uns est une épreuve et une punition pour les autres; et un orateur chrétien peut appliquer cette vérité à tel ou tel cas en particulier, ou en faire le sujet d'une réflexion générale. Mais l'établir ici en thèse absolue, c'est ce qu'il m'est impossible de comprendre ou de justifier, tant le faux et même le contradictoire se montrent ici de tous les côtés. S'il eût été question d'un personnage qui eût une influence puissante et reconnue sur les destinées publiques, ce ne serait encore qu'une raison d'entrer dans les regrets que pouvait inspirer à la cour, qui était là présente avec la reine, la retraite d'une personne capable de faire beaucoup de bien dans le monde. Mais quand madame de Rupelmonde eût été cette personne, et dans aucune supposition quelconque, il n'était pas permis, ce me

---

* Universæ viæ Domini, misericordia et veritas. (*Psalm.* XXIV, 10.)

semble, de faire regarder à toute la société chrétienne comme un jour de deuil, comme une vengeance céleste, une profession religieuse qui en elle-même est toujours pour les fidèles un sujet d'édification, et qui l'était d'autant plus ici, qu'elle entraînait de plus grands sacrifices dans une femme qui occupait une grande place à la cour. Jamais l'église n'a gémi du dévouement volontaire de ceux de ses enfants que Dieu appelait à la vie religieuse; et, bien loin d'en faire un jour de deuil, elle en a toujours fait un jour de fête. N'y a-t-il d'ailleurs qu'un genre d'édification ? Les vertus monastique ne sont-elles pas souvent admirées même dans le monde*? Suivant un ordre de la Providence, enseigné dans notre religion, les mérites des justes et leurs prières ne sont-ils pas un trésor de graces, dont toute la communauté des fidèles ressent la participation devant Dieu ? L'abbé Poulle ne l'ignorait pas, et il nous dit lui-même : « Non que nous « prétendions que ces solitaires fervents, que ces « vierges généreuses qui se sont exclues volontaire- « ment de la société ne lui soient plus d'aucun se- « cours; ils la protègent par leurs prières ; leurs « vœux unanimes et persévérants font nuit et jour « une sainte violence au Seigneur, et arrêtent les « coups qu'il nous prépare. » Eh bien, que voulez-

---

* Quel respect, par exemple, l'opinion publique n'a-t-elle pas toujours montré pour les Carmélites! et n'est-ce pas ce même respect qui les a fait égorger par les monstres *révolutionnaires*? Y eut-il jamais une barbarie plus inconcevable, si l'on ne savait que la vertu et le respect de la vertu est, dans l'*esprit de la révolution*, le plus grand, le plus impardonnable de tous les crimes?

vous donc de plus ? Quoi ! ce serait une telle vocation qui serait, selon les termes de son exorde, *le sujet de notre douleur et de notre crainte!* Quelle contradiction ! Ce doit être à coup sûr le sujet de nos remercîments et de notre joie : c'est le moment d'adorer la puissance et la bonté de Dieu dans la sainteté de ses élus, qui sont nos intercesseurs auprès de lui. Mais comment l'orateur se répond-il ici à lui-même? Vous allez juger si la réponse efface l'objection. « Mais nous disons que leur pré-
« sence nous serait plus avantageuse, *parce qu'ou-
« tre* qu'elle détournerait *plus sûrement* les foudres
« du Ciel, elle nous procurerait encore le secours
« puissant de leurs exemples. »

Je ne crois point cette doctrine conforme à celle de l'Église, non plus qu'à la raison. *Leur présence détournerait plus sûrement les foudres du Ciel!* Qui vous l'a dit? Cette assertion est absolument gratuite, et n'est fondée sur aucune notion tirée de l'Écriture ou de l'expérience. Nous voyons au contraire que c'est presque toujours de la retraite que sont sortis ces grands serviteurs de Dieu, dont il faisait les libérateurs et les sauveurs des peuples. Enfin les conséquences rigoureuses de cette doctrine, si nouvelle dans la chaire, donnerait gain de cause aux injustes et aveugles détracteurs de la vie monastique, consacrée par les exemples des justes de l'Ancien-Testament et par la discipline du Nouveau. Ce n'était certainement pas l'intention de l'abbé Poulle de ménager ce triomphe apparent à l'irréligion qu'il détestait; et pourtant, s'il était vrai, comme il le dit, que les justes font dans le monde un plus grand bien que dans la retraite (et je ne dis pas de ce bien temporel que réclame si haut la politique mondaine, mais de ce bien qui est proprement celui des chrétiens, celui qu'énonce l'orateur, le bien spirituel, le bien des âmes), il s'ensuivrait nécessairement que la vocation religieuse serait contraire à la société, ce qu'on ne peut dire d'aucun état conforme à l'esprit de la foi; et certes, l'état cénobitique est de ce nombre, puisqu'il est approuvé par l'Église. Lui-même nous a dit tout à l'heure : « Tout état « contraire à la loi de Dieu, l'est aussi à la société; » et cela est vrai réciproquement. Voyez jusqu'où le mèneraient les conséquences, et en même temps jusqu'où l'a mené le défaut de réflexion et de maturité dans ses plans, qui n'est pas toujours aussi choquant qu'il l'est cette fois, mais qui est chez lui habituel.

Si nous le considérons à présent dans l'élocution, nous y trouverons à reprendre autant que dans l'invention, avec cette différence que, s'il n'a dans cette dernière partie aucun titre qui lui soit propre, c'est dans l'autre que se montrent les qualités qui ont fait son mérite et sa réputation. Mais combien il s'y mêle de défauts! Il a sans doute de la noblesse dans les pensées et dans l'expression, du feu dans les tableaux, du coloris dans les figures : vous en avez vu des exemples, et il y en a beaucoup d'autres. C'est en général le plus brillant des orateurs de la chaire : c'est là le caractère de son talent. Mais d'abord ce caractère n'est le premier ni pour le génie, ni pour l'art : pour le génie, les conceptions à la fois simples et grandes, naturelles et riches, sont au premier rang : pour l'art, l'éclat de la diction est un parure qu'il défend de prodiguer; elle doit être ménagée et à sa place pour produire son effet, car tout ne doit pas être orné. Si elle prédomine partout, elle devient luxe; et, dans l'éloquence comme ailleurs, le luxe n'est pas la richesse. Ensuite ce caractère de style touche de très près à l'abus de toute espèce, et cet abus se montre dans l'abbé Poulle de toutes les manières. La recherche des ornements lui ôte deux qualités principales, la solidité et la dignité. Trop souvent ses pensées, qui brillent au premier aspect, ne soutiennent pas l'examen, et les formes de son style blessent les convenances du genre.

Dans un sermon *sur la Parole de Dieu*, il veut faire voir les avantages particuliers qu'elle a dans la chaire. Vous allez juger si tous ses moyens sont bien choisis, et s'ils sont tous énoncés comme ils devaient l'être. « Ici la parole de Dieu emprunte
« une nouvelle force *des circonstances qui l'accom-*
« *pagnent*; elle est dans son domaine. La religion
« tout entière est sous vos yeux. Vos regards ne
« tombent que sur des objets vénérables et sacrés
« qui vous prêchent avant nous, *et d'une manière*
« *frappante*. Ces fontaines salutaires, où vous avez
« été régénérés dans les eaux du baptême : hélas !
« on vous y plongea exclaves du démon, on vous
« en retira enfants de Dieu ; qu'êtes-vous à présent ?
« Ces tribunaux de la pénitence, témoins de vos

« promesses si souvent violées. Ces tombeaux où
« sont ensevelies les unes sur les autres des géné-
« rations et des générations, *des générations et des*
« *générations et des générations* ; ces tombeaux sur
« lesquels vous êtes tranquillement assis : ah !
« peut-être que, pour vous engloutir, ils vont ouvrir
« leur cent *gueules* effrayantes ; ils attendent, ils ré-
« clament les dépouilles de votre mortalité.... »

Avant de terminer le morceau, déjà nous trouvons assez de fautes pour qu'il soit à propos de s'y arrêter. Vous pouvez remarquer d'abord que ce même écrivain, si curieux de parer son style, néglige souvent l'éloquence proprement dite, celle qui consiste dans le choix d'expressions qui ne soient jamais au-dessous des choses ni du ton qui leur convient. *Les circonstances qui accompagnent la parole et qui prêchent d'une manière frappante* : c'est rendre beaucoup trop faiblement la première idée générale des accessoires sensibles, des soutiens puissants que l'appareil des temples et l'aspect des autels prêtent au ministère de la parole. *Les cent gueules des tombeaux* est beaucoup plus répréhensible : le mot de *gueule*, désagréable par lui-même, ne peut passer qu'à la faveur d'objets qui l'appellent, et d'épithètes qui le relèvent ; il y en a des exemples en poésie : ici, rien de tout cela. Rien n'est plus analogue à l'idée du tombeau que celle de gouffre, et pourtant on dit très bien *la bouche du gouffre*, *la bouche d'un volcan*, et non pas *la gueule*. C'est une faute de goût dans l'orateur, et c'en est une encore plus bizarre et plus inexcusable d'avoir pris pour une beauté oratoire la puérile affectation de répéter cinq fois le mot de *générations* pour en représenter la quantité. Ce n'est pas là de l'art, c'est la charge de l'art, c'est une caricature grossière. Le simple redoublement du mot, tel qu'il est d'abord, *des générations des générations**, était louable : l'entassement qui suit est plus propre à faire rire qu'à effrayer. Passons au reste.

« Les reliques des vierges et des martyrs qui re-
« posent sur ces autels à côté de l'Agneau sans tache;
« partout la voix, le sang, le corps de Jésus-Christ :
« ces murs consacrés par les bénédictions de l'Église;
« la présence du Seigneur qui se fait sentir plus vi-
« vement dans son temple ; ce *trône* auguste de la
« vérité, élevé au-dessus de toutes les têtes ; un mi-
« nistre du Dieu vivant, *porté dans les airs comme*
« *sur une nuée d'où partent les éclairs et les ton-*
« *nerres* ; une foule de chrétiens confondus sans dis-
« tinction de rang ni de naissance ; leur silence,
« leur attention ; cette horreur secrète dont ils sont
« saisis en certains moments ; leurs frémissements,
« qui, *semblables aux flots d'une mer irritée*, se
« communiquent de proche en proche ; cet air de
« consternation répandu sur tous les visages ; toutes
« les âmes dans le travail de l'enfantement du salut;
« enfin cet appareil du ministère a *je ne sais quoi*

---

* Tout le monde a saisi le piquant de ce vers de Voltaire :

Il compilait, compilait, compilait.

S'il eût redoublé le vers, ce ne serait plus de l'abbé Trublet qu'on aurait ri, mais du poète.

« d'imposant et de religieux qui commande le res-
« pect et le recueillement, nous enflamme nous-
« mêmes des feux d'un enthousiasme divin, vous
« retrace plus sensiblement vos devoirs, et vous li-
« vre, pour ainsi dire, désarmés et sans défense au
« zèle du ministre. »

Certes, s'il y avait une occasion où l'éloquence de la chaire pût jeter tout l'éclat qui lui est propre, et s'entourer de toute sa majesté céleste, c'était bien dans le tableau que l'orateur entreprenait ici. C'est pour cela même, et à cause de son importance et de son étendue, que je l'ai choisi de préférence pour apprécier la manière de celui qui l'a tracé. Le fond en est si favorable, que je ne serais pas surpris qu'au premier coup d'œil bien des gens en fussent satisfaits : il n'en est pas moins vrai que tout ce morceau n'a d'autre mérite qu'une sorte de chaleur toute poétique, toute de tête, et que d'ailleurs l'abbé Poulle n'a su ni dessiner ni colorier son tableau comme il le devait. Toutes les sortes de fautes s'y rassemblent, et il faut les détailler.

1° L'auteur, semblable à un jeune poète qui accumule les détails au lieu de les choisir, ne s'est point arrêté aux seuls objets qui allaient au but, tels que les fonds baptismaux, les autels, les tribunaux de la pénitence, les tombeaux. L'impression réfléchie de ces objets, et leur analogie avec la parole évangélique, suffisaient pour remplir son dessein. Pourquoi y joindre des traits qui les affaiblissent, ou par la comparaison, ou par la répétition ? Après avoir dit : *Partout la voix, le sang, le corps de Jésus-Christ*, ce qui résumait tout et fort bien, pourquoi ajouter : *Ces murs consacrés par les bénédictions de l'Église ?* Cette chute est misérable : quelle distance de ce qui précède *à la bénédiction des murs !* On ne saurait pécher plus étourdiment contre toutes les règles de la progression du discours.

2° Quand il en vient aux effets tirés de la prédication même, il tombe dans une méprise qui en entraîne bien d'autres, et qu'avec plus de jugement il aurait pu éviter. Il oublie qu'il ne convient pas que le ministre de la parole en représente la nature et les effets, précisément comme pourrait le faire un auditeur ; qu'il ne doit pas se voir lui-même *porté dans les airs comme sur une nuée d'où partent des éclairs et des tonnerres*, d'abord, parce que il y a là une espèce d'imagination beaucoup trop poétique, et qui rappelle trop le Jupiter de la Fable lançant *des foudres et des éclairs* ; ensuite parce qu'il a trop l'air de se faire lui-même ce Jupiter, et qu'on ne pouvait ici se préserver avec trop de soin de l'écueil naturel de ce morceau, le danger de confondre dans la pensée de l'auditeur le ministre et le ministère : le ministère est divin, mais le ministre est un homme, et l'homme qui doit être le plus humble de tous.

3° Une autre méprise, dont les suites sont encore plus dangereuses, c'est de représenter l'auditoire comme étant habituellement ce qu'il n'est que dans quelques occasions, et ce que trop souvent il n'est pas ; et l'auditeur est ici trop autorisé, ou à démentir tout bas le prédicateur, ou à sourire de l'entendre lui-même faisant l'éloge des effets de son éloquence. Peut-on voir autre chose dans *cette horreur secrète, ces frémissements, cet air de consternation*, etc. ? Nous savons par tradition que tel parut souvent l'auditoire des Bossuet, des Massillon, des Bourdaloue ; mais jamais aucun d'eux n'en a parlé, sur-tout en chaire ; aucun d'eux ne s'est dit, *enflammé des feux d'un enthousiasme divin* ils le ressentaient, on en voyait la *flamme* dans leurs discours, mais ils n'en parlaient pas, non plus que les prophètes eux-mêmes, qui auraient pu le dire avec plus de vérité que qui que se soit, et qui ont laissé à la poésie humaine cette annonce, inspiration prononcée, produit réel de l'imagination et de l'âme dans les hommes de génie, étalage factice dans les autres, mais qui, dans aucun cas, ne sied à un prédicateur, ni même à un missionnaire.

L'abbé Poulle s'est si peu douté de cette faute (et vous verrez tout à l'heure combien les suites en sont graves), qu'à la page suivante il continue à peindre le zèle apostolique avec des traits qui n'appartiennent point particulièrement à ce zèle, mais à l'action oratoire en général ; et là-dessus il s'anime et s'échauffe au point qu'il semble, suivant le dicton vulgaire, qui n'est ici rien moins que déplacé, se faire le saint de son sermon. « Quelquefois le regard
« un geste, un mot, le silence même : il n'éclaire
« qu'en enflammant, il emploie la voie la plus
« prompte et la plus sûre pour arriver au cœur :
« raisonnements, images, réflexions, il résout tout

« en sentiments. C'est l'expression d'une âme embra-
« sée, d'une âme *universelle*, qui ne peut plus se
« contenir, qui sort d'elle-même, qui verse des tor-
« rents de lumière et d'*onction*, qui entre dans l'âme
« des auditeurs, la pénètre, l'échauffe, et y dévore
« tous les obstacles qui s'opposent à son effusion. »

Eh! mais voilà une leçon de rhétorique, un paragraphe du *Traité du Sublime* de Longin, et pas autre chose. Qu'aurait répondu l'abbé Poulle si on lui eût dit : Fort bien, Monsieur! Je conviens qu'il est bon d'entendre *la parole de Dieu* quand elle est annoncée de cette manière. Mais connaissez-vous beaucoup de prédicateurs qui ressemblent à ce modèle? Ou si vous êtes ce modèle, il ne faut donc entendre que vous; et tantpis pour *la parole de Dieu*, car vous ne la prêchez pas souvent.

L'aspostrophe serait atterrante, et c'est la faute de l'orateur, qui, se livrant très indiscrètement à un enthousiasme beaucoup plus profane que religieux, oublie qu'il ne faut pas faire valoir les moyens humains du ministère et du zèle aux dépens de la *parole* elle-même, dont le premier attribut, celui qui n'est qu'à elle, est de tirer toute sa puissance de l'Esprit-Saint qui en est le premier auteur, qui la met dans la bouche de ses ministres, et qui seul peut la répandre dans l'âme des auditeurs. C'était là sur-tout ce qu'il fallait faire valoir : il ne s'agissait pas ici d'*âme universelle* ni de toute cette emphase mondaine si étrangère à *la parole de Dieu*; il s'agissait de l'efficace que lui-même y attache dans le sanctuaire où il réside, et du pouvoir qu'il lui donne quand il lui plaît, même dans ceux qui en sont les plus faibles organes. Ce n'était pas dans le génie de l'homme qu'il convenait d'étaler toute la force de cette *parole* : ce génie est un moyen dont Dieu se sert comme de tout autre, que lui seul donne, que lui seul sanctifie, que lui seul fait fructifier, mais dont il n'a pas plus besoin que d'aucun autre.

A combien d'autres inconvénients s'exposait l'abbé Poulle en s'écartant à ce point de l'esprit de ses fonctions! Vous venez de l'entendre recommander *la parole de Dieu* par les caractères qu'elle a dans les temples et les effets qu'elle y produit. Frappé, selon sa coutume, d'une seule idée à la fois, il a donné tout ce qui devait être pour ce qui était, et n'a pas pris la plus légère précaution pour établir cette distinction si nécessaire. A présent figurez-vous ce que deviennent ce *silence*, cette *attention*, ces *frémissements*, cette *consternation*, etc., etc., enfin tout ce dont il a fait bien décidément la puissance générale de *la parole de Dieu*, et les motifs pour nous la faire rechercher; en un mot figurez-vous quelle confiance on peut avoir à ce qu'il a dit dans la première partie, lorsqu'il nous dit dans la seconde, ce qui n'est en effet que trop vrai, et bien plus souvent vrai :
« Eh! que voyons-nous dans les temples? des audi-
« teurs insensibles.... des auditeurs volages et légers,
« des auditeurs inquiets, à qui notre ministère pèse,
« qui nous écoutent impatiemment, et ne soupirent
« qu'après la fin de nos discours; des auditeurs pré-
« venus, déterminés d'avance à ne pas croire... des
« auditeurs sacrilèges qui font une espèce d'assaut

« avec nous, etc. » J'abrège le morceau qui tient deux pages. N'est-on pas tenté de lui dire : Quoi! c'est là cette *parole qui nous livre désarmés et sans défense au zèle du ministre!* Mais si elle ne produit pas plus de fruit que vous ne le dites, à quoi bon venir l'écouter?

Je sais que tout cela peut se concilier en partie, si tout était distingué, restreint, modifié, spécifié; mais c'est précisément ce que l'orateur ne fait en aucune façon, et ce que je lui reproche de ne pas faire. Cette partie de l'art oratoire, de cet art qui en a tant, et dont aucune ne doit du moins être négligée, si toutes ne sont pas également bien maniées; cette partie qu'on appelle la disposition, et qui consiste à distribuer ses moyens chacun à sa place et selon sa valeur, de manière que tous concourent au but proposé, bien loin qu'aucune y nuise jamais; cette partie si importante paraît avoir été presque inconnue à l'abbé Poulle, tant il y en a chez lui peu de traces! Chez lui rien n'est digéré, rien n'est lié, rien n'est nuancé, rien n'est fondu dans l'ensemble; tout est fait morceau à morceau, et le plus souvent l'un aux dépens de l'autre. Les deux derniers que j'ai cités, qui prêtaient naturellement à toutes les ressources de l'élocution, ont même dans cette partie beaucoup plus de défauts sensibles, que de beautés marquées. L'expression est souvent faible ou vicieuse. *Il emploie la voix la plus sûre et la plus prompte pour arriver au cœur.* Quoi de plus vague et de plus froid qu'une pareille phrase, à la suite de ces mots qui la précèdent : *Il n'éclaire qu'en enflammant ? Des torrents d'onction* ne peut passer, même en y joignant *la lumière*. On dit *des torrents de lumière*, à cause de l'incroyable rapidité dont elle embrasse tout ce qu'elle éclaire : mais l'idée de cette douceur pénétrante, qui caractérise ce qu'on appelle *onction*, ne peut s'accommoder avec celle des *torrents*, pas plus que *les flots d'une mer irritée* avec *les frémissements* d'une terreur religieuse ; ici même l'incohérence des rapports est intolérable. Quelque chose de pis, peut-être, c'est de finir l'exposé de tant de motifs de recueillement et de componction par dire que *l'appareil du ministère a je ne sais quoi d'imposant*. C'est une étrange inadvertance ; on doit savoir ce que c'est après en avoir tant dit, et jamais le *je ne sais quoi* n'a été plus bizarrement placé. Quelle disparate dans un sermon ?

En voici d'un genre bien plus condamnable, et où je ne vois même aucune excuse. Parmi les différents motifs qui peuvent éloigner les fidèles d'assister aux prédications, le dernier qu'il suppose est « le préjugé où vous êtes, leur dit-il, que votre igno-« rance vous servira d'excuse : comme cet insensé « dont parle le prophète, vous vous imaginez que « moins vous saurez, moins vous serez obligés d'agir. » Cette citation ne peut se rapporter qu'à cet endroit du psaume XXXV, où le prophète dit de l'homme *injuste* : « Toutes ces paroles ne sont qu'iniquité « et fourberie ; il n'a pas voulu comprendre, afin « de ne pas faire le bien. *Verba oris ejus iniquitas* « *et dolus : noluit intelligere ut benè ageret.* » Il était à propos de rappeler le passage, qui est parfaitement clair, et que l'orateur paraît avoir fort mal saisi. Il ne s'agit ici *d'ignorance* d'aucune espèce, mais bien de cette détermination perverse à fermer son esprit et son cœur à la vérité, afin de n'en pas observer les préceptes. Il n'y a là qu'*iniquité et fourberie*, et le psalmiste parle ici de l'homme *injuste*, qu'il a caractérisé dès le premier verset par ces mots : *Dixit injustus ut delinquat in semetipso; non est timor Dei antè oculos ejus.* « L'homme in« juste a dans le cœur la détermination au mal; la « crainte du Seigneur n'est pas devant ses yeux. » C'est donc du *méchant*, de l'*impie* que parle le psalmiste, et non pas du pécheur inconsidéré. Cette première erreur dans l'application est essentielle à remarquer, parce que c'est de là que part l'orateur pour se livrer à un mouvement qui me semble, je l'avoue, entièrement contraire à la doctrine du christianisme. « Et plût à Dieu? (quel souhait « nous forçez-vous de faire, mes chers frères! plût « à Dieu que votre aveuglement pût vous servir « d'excuse, et vous soustraire légitimement à la néces« sité de la loi! Ministre de charité, nous nous gar« derions bien de monter dans ces chaires pour « vous instruire des obligations du christianisme : « ce serait tendre un piège à votre curiosité. Loin « de faire briller à vos yeux le flambeau de la foi, « nous nous hâterions de le cacher sous le boisseau. « Nous ne serions pas assez indiscrets et assez cruels « pour dissiper des ténèbres qui vous vaudraient « l'innocence; et dans l'impuissance où nous nous

« trouvons de vous retirer de vos égarements, *nous*
« *respecterions du moins une ignorance qui aurait*
« *plus de vertu que les sacrements, qui consacre-*
« *rait en quelque sorte vos vices*, et vous tiendrait
« lieu d'une entière justification au jour des ven-
« geances du Seigneur. »

A Dieu ne plaise que je cherche le scandale où il n'est pas, ni que je prétende trouver ici dans l'orateur autre chose que l'extrême inconsidération d'un esprit ardent, qui a cru voir un mouvement de charité dans une supposition totalement absurde, et s'est précipité, ici plus que partout ailleurs, dans tout ce que les expressions outrées peuvent avoir de plus dangereux! Mais enfin, pour que ce morceau eût un sens plausible, il faudrait, de toute nécessité, qu'il pût exister dans une assemblée chrétienne un état d'*ignorance et d'aveuglement qui eût plus de vertu que les sacrements, qui consacrât en quelque sorte les vices, et qui pût valoir l'innocence*. Or, cet état est impossible à supposer, non pas seulement chez les chrétiens, mais quelque part que ce soit : il est hors de la nature des choses. L'*ignorance*, mais involontaire, mais invincible, telle que celle des peuples qui n'auraient jamais entendu parler de l'Évangile, peut être pour eux une *excuse*, une *justification* même, si d'ailleurs ils ont observé la loi naturelle, et cette *justification* suffit en vertu des mérites de celui qui est mort pour tous les hommes. L'*excuse* aussi, en cas de prévarication, est dans l'*ignorance de la loi* révélée, selon ces paroles de Jésus-

Christ. « Celui qui a connu la loi et qui a prêché con-
« tre elle, recevra un châtiment rigoureux ; celui
« qui ne l'a pas connue et qui a péché, recevra un
« châtiment léger. » Telle est la doctrine de l'Évangile, très digne en tout de la justice de Dieu, selon les idées que nous en donne la raison, que nous avons reçue de Dieu. Mais il n'est dit nulle part, et il n'est nullement concevable qu'il y ait ni qu'il puisse y avoir une *ignorance* quelconque *qui ait plus de vertu que les sacrements*, qui sont la source de la vie spirituelle, ni qui puisse *en* aucune *sorte consacrer les vices*, qui sont, dans tout état de cause, la mort de l'âme. Maintenant je demande s'il est permis d'établir des idées et des expressions révoltantes, et même (il faut le dire) blasphématoires sur une hypothèse inadmissible sous tous les rapports. C'est d'un côté une faute contre le bon sens, qui défend de supposer ce qui ne saurait être, parce qu'on n'en peut jamais rien conclure : c'est d'un autre côté offenser la religion, d'imaginer un état quelconque qui soit plus avantageux à l'homme pour son salut que les secours qu'elle lui fournit ; c'est faire injure au grand dessein d'un Dieu rédempteur, aux lumières qu'il a voulu apporter lui-même, de supposer des *ténèbres* dont il serait *indiscret et cruel* de nous tirer, un *aveuglement* qu'un ministre de l'Évangile pût se croire obligé de *respecter*. Quoi ! c'est ce ministre même, chargé par état de porter le flambeau de la foi, qui *se hâterait de le cacher sous le boisseau?* Mais, en ce cas, les missionnaires qui se *hâtent* au contraire de le

faire briller dans les contrées où règne une *ignorance* assurément bien involontaire, sont donc *indiscrets et cruels!* Et pourtant nous les regardons de tout temps, et avec l'Église, comme les émules des apôtres, comme des héros de la religion, comme les martyrs de la charité.

Je ne connais d'exemple d'un semblable écart dans aucun prédicateur orthodoxe, et l'abbé Poulle n'y a nullement remédié en ajoutant : « Mais nous « savons que toute ignorance volontaire et affec- « tée, loin d'être une excuse, est elle-même un « crime de plus, etc. » Et peut-elle jamais être autre chose chez les chrétiens? S'il eût voulu l'opposer à celle qui, étant toute naturelle, porte avec elle son excuse, il pouvait, comme on a fait cent fois, effrayer son auditoire de la justice et de la grandeur des châtiments proportionnée à la grandeur du bienfait rejeté. Jésus-Christ a donné l'exemple de ces menaces en vingt endroits de l'Évangile, et ne manque pas de les opposer à l'indulgence promise, à ceux qui, ayant moins reçu, auront à rendre un moindre compte. Je ne suis pas surpris qu'on se soit si souvent et si heureusement servi de ce moyen : quel champ pour l'éloquence, que la déplorable condition de ceux qui n'emploient que pour se perdre tout ce qui leur a été prodigué pour les sauver! Mais l'abbé Poulle a voulu aller plus loin, et s'est égaré : il a voulu donner du nouveau, et certes le nouveau est ici bien malheureux.

En général, c'est un des vices de son esprit, de passer presque toujours le but ; et ce vice n'est pas

médiocre dans ce même sermon, où il y a, comme dans tous les autres, des beautés de détail et de diction. Il gémit sur la décadence de l'art de la chaire et sur l'altération de l'esprit du ministère; et il a raison : il y a d'abord ici des choses bien dites, mêlées bientôt à d'autres qui pèchent, ou par le fond ou par les formes. « Ne le dissimulons pas, mes
« très chers frères, nos instructions ont dégénéré ;
« elles se ressentent de la corruption des mœurs
« qu'elles combattent, elles ont perdu de leur pre-
« mière onction en perdant de leur ancienne simpli-
« cité. Nous nous le reprochons en gémissant, vous
« nous le reprochez peut-être avec malignité; mais
« ne vous en prenez qu'à vous-mêmes. A quoi nous
« avez-vous réduits? L'Apôtre aurait rougi d'employer
« les armes de la sagesse humaine pour confondre des
« paiens même ; et pour attirer des chrétiens, *nous*
« *nous voyons contraints de déployer tout l'appareil*
« *de l'éloquence la plus flatteuse*. La mission de
« Dieu, la science des saints et la soif du salut des
« âmes, ne suffisent plus à présent pour se produire
« au grand jour; il faudrait l'assemblage des talents
« les plus rares. La délicatesse du siècle a fait un art
« de la prédication de l'Evangile, et, nous osons
« le dire, le plus difficile, le plus périlleux, et en
« un certain sens, *le plus inutile de tous les arts.*
« Trop de méthode, trop d'apprêt, trop de parure;
« plus de gravité, plus de mouvements, plus de cha-
« leur, plus d'âme. On nous force d'être orateurs :
« quel titre! il ne nous est plus permis d'être apôtres. »

Avec plus de nuances et plus de mesure, ce morceau serait excellent; mais c'est ce qui manque le plus à l'orateur. Dire qu'on est *contraint de déployer tout l'appareil de l'éloquence la plus flatteuse*, c'est dire qu'on a cette éloquence; et tout ce qui peut ressembler à l'amour-propre est choquant dans tout orateur, à plus forte raison et combien plus dans un orateur chrétien ! Ce n'était pas ainsi qu'il fallait s'y prendre pour subordonner ce qui dépend de l'art humain à ce qui est de l'esprit de la mission évangélique; car c'est là qu'il fallait se borner, puisque cet art en lui-même n'est point condamnable, et que les Ambroise, les Augustin, les Chrysostome n'ont pas *rougi* de l'employer. Saint Paul, il est vrai, se glorifie de ne point faire usage de ce qu'il peut y avoir de persuasif dans les paroles de la sagesse humaine : *Non in persuasibilibus humanæ sapientiæ verbis*. Mais il faut songer que les apôtres étaient assez puissants en œuvres pour avoir moins besoin de l'être en parole, et que les miracles peuvent se passer des périodes. Il n'y a point de figure de rhétorique, qui soit jamais aussi *persuasive* que cette parole de saint Pierre à un malheureux perclus : *Levez-vous et marchez : Surge et ambula*. Dieu, qui proportionne toujours les moyens de sa miséricorde aux temps et aux personnes, a donc pu permettre qu'aux miracles, qui n'étaient plus nécessaires à la foi établie, les ministres de la parole subtituassent tout ce que l'éloquence peut donner de force et d'expression au zèle. Il ne s'agit que de conserver à cette éloquence le caractère analogue à son objet; et comme l'objet est de sanctifier, ce caractère est celui de la sainteté. La mondanité en est l'opposé; il faut donc éviter tout ce qui est mondain en soi; et l'esprit du monde est si différent de celui de la religion, que rien n'est plus facile que de les discerner, et que, si on les confond dans un même langage, c'est la faute de l'homme, et non pas des choses. Ce n'est pas non plus que l'un ait jamais besoin de l'autre; car bien loin que l'esprit du monde puisse servir l'esprit de la religion, il ne peut jamais que lui nuire. Je dirais donc à l'abbé Poulle : Vous n'êtes point *contraint à déployer l'appareil d'une éloquence flatteuse*; vous avez doublement tort de vous exprimer ainsi : c'est un éloge indirect sous la forme d'une apologie, et l'un et l'autre sont mal entendus et hors de propos. Si votre prédication ne *déploie* que l'*appareil de la plus flatteuse éloquence*, elle n'est pas bonne. Et pourquoi y seriez-vous plus *contraint* que vos prédécesseurs, plus que Bourdaloue et Massillon? ni l'un ni l'autre ne manquait d'*art*, et n'a cru devoir mépriser l'*art* : mais tous deux l'ont soumis aux convenances du genre : tous deux ont été à la fois *orateurs et apôtres*, et pourquoi donc ces deux *titres* s'excluraient-ils ? L'*art* consiste à les accorder, et cet *art* est bon et utile en soi. Il prescrit *la méthode*, que vous avez tort de blâmer, et plus encore de négliger; mais il proscrit *l'apprêt, la parure*, que vous avez tort de rechercher. L'art oratoire les condamne partout dès qu'il y a du *trop*, à plus forte raison dans la prédication. Celle-ci n'est en aucun sens *un art inutile*, encore moins *le plus inutile de tous*; cette exagération est indécente, et vous auriez dû sentir combien l'on peut en abuser. Ignorez-vous que quand même *la parole* ne germerait que dans une seule âme, elle ne serait rien moins que perdue; que ce qu'elle n'opère pas aujourd'hui, elle l'opère demain? Et n'est-ce rien qu'une âme devant Dieu? et n'est-il pas défendu de *lui marquer ses moments?*

Quand l'abbé Poulle dit : *Plus* * *de gravité, plus de mouvements, plus de chaleur, plus d'âme*, il fait en chaire l'office d'un critique, et cela est très déplacé. Il ne paraît pas s'être douté que la critique tombait en grande partie sur lui, car nulle n'a moins de *gravité*. Sa *chaleur* est beaucoup plus de tête, que d'*âme*, et ses *mouvements* sont souvent désordonnés, et ne sont pas toujours ceux du genre. Mais en voici un qui est louable :

« O mon Dieu! séparez notre cause d'avec celle de
« ce peuple : *Discerne causam meam de gente non*
« *sanctâ*. Nous voyons avec douleur votre parole
« sacrée tomber tous les jours dans un plus grand
« décri : devions-nous l'exposer à des mépris cer-
« tains? Nous avons cru qu'à la faveur de quelques
« ornements elle trouverait grace dans un siècle
« aussi délicat que dépravé. C'est un artifice, j'en
« conviens, mais c'est l'artifice de la charité qui
« met tout en œuvre pour vous gagner ces esprits
« indociles ; leur endurcissement ne fait que trop
« notre justification. »

---

* Ce qui veut dire : *Il n'y a plus de gravité*, etc. L'auteur aurait dû éviter cette petite équivoque du mot *plus*, qui pourrait signifier aussi : *Il faut plus de gravité*, etc.

Oui, pourvu que ces *ornements* soient ce qu'ils doivent être ; et l'abbé Poulle paraît l'avoir su, du moins en spéculation, comme on va le voir ; mais l'a-t-il mis en pratique ? rarement ; pas même dans l'endroit où il en parle, et qui est remarquable. « Nous nous résoudrons, puisqu'il le faut, à relâ-
« cher un peu de la simplicité évangélique, et nous
« accorderons à votre faiblesse quelques ornements ;
« mais prenez garde, des ornements *sagement mé-*
« *nagés, assortis à l'Évangile, aussi graves que la*
« *vérité*, qu'elle puisse elle-même avouer à la face
« des autels ; des ornements qui la servent plutôt
« qu'ils ne la parent, et qui, loin de l'affaiblir et
« de l'altérer, facilitent ses succès et son triomphe. »

Cela serait fort bon dans un traité sur l'éloquence de la chaire ; mais n'est-ce pas oublier et compromettre la gravité du ministère, que de descendre ainsi à composer avec un auditoire chrétien, à détailler devant lui le plan de composition que l'on croit devoir suivre ? N'est-ce pas encore ici un double tort ? ce que dit l'abbé Poulle, il fallait le faire sans le dire ; il l'a dit et ne l'a pas fait. Que de choses, dans ses sermons, *accordées* beaucoup moins *à la faiblesse* des auditeurs qu'à celle du prédicateur !

Encore quelques exemples de cette disposition trop fréquente à outrer l'expression et les figures de pensée, qui est proprement la déclamation. Il s'agit de rappeler aux auditeurs cette vérité effrayante, que *la parole* qui ne les aura pas convertis les jugera : « Eh ! que faisons-nous ? nous
« pensons les instruire, et nous *augmentons* leur

« aveuglement. Nous croyons toucher leur cœur,
« et nous l'endurcissons. Cette parole sainte est elle-
« même une pierre d'achoppement, contre laquelle
« ils viendront immanquablement se briser. *Nous*
« *sommes les meurtriers de nos frères.* » *Nous augmentons leur aveuglement* est trop fort ; il devait
dire : Nous rendons leur aveuglement plus coupable.
Mais ce qui est hors de toute raison, c'est cette
phrase, *nous sommes les meurtriers de nos frères*,
qui ne peut jamais être vraie que du ministre prévaricateur qui dissimulerait les vérités nécessaires
au salut ou les altérerait, et ce n'est ici ni l'un ni
l'autre. Dans tout autre cas, la phrase n'offre qu'une
exagération odieuse.

Il se plaint de ces censures frivoles et indécentes
contre le talent des prédicateurs, et il ajoute : « *Eh !*
« *quel droit avez-vous sur nous ?* Sommes-nous des
« orateurs bassement orgueilleux qui venions mendier vos applaudissements ? Vos applaudissements ?
« Comme chrétiens, nous devons les craindre : ils
« pourraient nous séduire ; comme ministres de
« Jésus-Christ, *nous les méprisons* : ils nous dé-
« graderaient. Vos applaudissements ! Pour payer
« nos veilles, nos travaux, nos sueurs ! Nous les
« mettons à plus haut prix. *Il nous faut les plus*
« *grands sacrifices*, des larmes amères, des sentiments
« de componction, des cœurs humiliés, brisés de
« douleur et de repentir, etc. »

N'est-ce pas avoir trop l'air de quereller son auditoire, au lieu de le toucher et de l'édifier? Cette aposphe, *Eh ! quel droit avez-vous sur nous ?* est dure et brusque ; il ne s'agit point là de *droit*. *Nous méprisons vos applaudissements ; ils nous dégraderaient*, a le même défaut : c'est donner à l'humilité évangélique le ton d'orgueil ; c'est choquer maladroitement son auditoire et les bienséances. Il en est de même de cette phrase : *Il nous faut les plus grands sacrifices*, etc. Toutes ces tournures prétendent à la force, et n'ont que de la dureté. C'est à Dieu qu'*il faut les plus grands sacrifices*, etc., et non pas à son ministre ; et l'on ne doit pas plus confondre ces choses-là dans l'expression que dans l'intention.

« Levez-vous, grand Dieu.... voilà les prévarica-
« teurs de votre loi enfermés dans votre temple.
« *Nous ne demandons pas* que vous envoyiez un
« ange exterminateur pour les détruire ; ils sont
« nos frères. *Nous ne demandons pas* que vous ar-
« miez contre eux les mains sacrées de vos lévites,
« comme vous fîtes autrefois pour l'impie et bar-
« bare Athalie, etc. » Tout est forcé dans ces mouvements, dans ces rapports, dans ces figures : *Vous ne demandez pas ?* mais je le crois. Vous ne devez pas plus vous en défendre que vous ne deviez y penser. Et qu'est-ce qu'Athalie fait là ? Si ces chrétiens sont venus dans le temple par *curiosité*, ils ont tort ; mais Athalie y venait pour en enlever les trésors : est-ce la même chose ? cette mauvaise rhétorique gâte souvent les idées que l'orateur emprunte de l'Écriture mal appliquée. S'agit-il de l'amour-propre, qu'il faut toujours combattre parce qu'il n'est jamais entièrement soumis, l'abbé Poulle

nous dit : « Barach triomphe en vain de l'armée des
« Cananéens : sa victoire est imparfaite; Sisara, leur
« chef, s'est sauvé du carnage... Ainsi l'on croit avoir
« laissé *l'amour-propre sur le bûcher* avec les autres
« victimes (dans une profession religieuse), et on
« le retrouve dans sa cellule ; comme à Sisara, un
« peu de lait lui suffit pour toute nourriture, etc. »
Abus d'esprit. Quel rapport de l'amour-propre à
Sisara, et qu'est-ce que l'*amour-propre sur le bûcher,
et un peu de lait pour nourriture ? Sisara, le bûcher,
le lait,* tout cela ne s'accorde pas plus ensemble
qu'avec le sujet, qui est le sacrifice de l'amour-
propre. Tous ces ornements ambitieux sont de
vraies puérilités, puisqu'ils ne signifient rien et ne
tendent à rien.

Opposons à tant de fautes le modèle du bon dans
le même sujet; écoutons Massillon traitant précisément le même fond d'idées dans un sermon sur *la
Parole de Dieu*. La citation sera peut-être un peu
étendue : mais craindrai-je ici qu'on se plaigne
d'entendre trop long-temps Masillon ? Ce morceau
d'ailleurs vous attachera d'autant plus que vous
serez à portée de confronter de bien près les deux
orateurs, puisque l'un, en redisant absolument les
mêmes choses après l'autre, paraît ne s'être occupé
qu'à les redire autrement, et avoir voulu lutter
contre l'original, tout en le suivant pas à pas. Vous
allez juger si c'est avec succès.

« Parmi tous ceux qui nous écoutent, il en est
« peu aujourd'hui qui ne s'érigent en juges et en
« censeurs de la parole sainte. On ne vient ici que

« pour décider du mérite de ceux qui l'annoncent,
« pour faire des parallèles insensés, pour prononcer
« sur la différence des tours et des inflexions. On se
« fait honneur d'être difficile; on passe sans attention
« sur les vérités les plus étonnantes, et qui seraient
« d'un plus grand usage pour chacun; et tout le fruit
« qu'on retire d'un discours chrétien se borne à en
« avoir mieux remarqué les défauts que tout autre;
« de sorte que l'on peut appliquer à la plupart de
« nos auditeurs ce que Joseph, devenu le sauveur
« de l'Egypte, disait par pure feinte à ses frères :
« Ce n'est pas pour chercher le froment et la nour-
« riture que vous êtes venus ici, c'est comme des
« espions qui viennent remarquer les endroits faibles
« de la contrée : *Exploratores estis ; ut videatis in-*
« *firmiora terræ venistis.* Ce n'est pas pour vous
« nourrir du pain de la parole, et chercher des
« secours et des remèdes utiles à vos maux que vous
« venez nous écouter ; c'est pour trouver où placer
« quelques vaines censures, et vous faire honneur
« de nos défauts, qui sont peut-être une punition
« terrible de Dieu sur vous, lequel refuse à vos
« crimes des ouvriers plus accomplis, et qui au-
« raient pu vous rappeler à la pénitence. *Explora-*
« *tores estis*, etc.

« Mais de bonne foi, mes frères, quelque faible
« que soit notre langage, n'en disons-nous pas tou-
« jours assez pour vous confondre, pour dissiper
« vos erreurs, et pour vous faire convenir en secret
« des égarements que vous ne pouvez vous justifier
« à vous-mêmes ? Faut-il des talents si sublimes pour

« vous dire que les fornicateurs, les avares et les
« hommes sans miséricorde n'entreront pas dans le
« royaume de Dieu ; que si vous ne faites pénitence,
« vous périrez tous, et qu'il ne sert de rien d'être
« possesseur du monde entier, si l'on vient à perdre
« son âme ? N'est-ce pas la simplicité même qui
« fait toute la force de ces divines vérités ? et dans
« la bouche du plus obscur de tous les ministres,
« seraient-elles moins effrayantes ? Et d'ailleurs, s'il
« était permis de nous *recommander ici nous-mêmes*
« (comme le disait autrefois l'Apôtre à des fidèles
« ingrats, plus attentifs à censurer la simplicité de
« son extérieur et de son langage, et *sa figure*
« *méprisable*, comme il le dit lui-même, aux yeux
« des hommes, que touchés des fatigues et des périls
« infinis qu'il avait essuyés pour leur annoncer l'É-
« vangile et pour les convertir à la foi), s'il était
« permis nous vous dirions : Mes frères, nous sou-
« tenons pour vous tout le poids d'un ministère pé-
« nible ; nos soins, nos veilles, nos prières, les
« travaux infinis qui nous conduisent à ces chaires
« chrétiennes n'ont point d'autre objet que votre
« salut. Eh ! ne méritons-nous pas du moins que
« vous respectiez nos peines ? Le zèle qui souffre
« tout pour vous assurer le salut, peut-il jamais de-
« venir le triste sujet de vos dérisions et de vos cen-
« sures ? Demandez à Dieu, à la bonne heure, pour
« la gloire de l'Église et pour l'honneur de son Évan-
« gile, qu'il suscite à son peuple des ouvriers puis-
« sants en paroles, de ces hommes que l'onction
« seule de l'esprit de Dieu rend éloquents, et qui

« annoncent l'Évangile dans un langage digne de
« son élévation et de sa sainteté. Mais quand nous y
« manquons, que votre foi supplée à nos discours;
« que votre pitié rende à la vérité dans vos cœurs
« ce qu'elle perd dans notre bouche; et, par vos
« dégoûts injustes, n'obligez pas les ministres de
« l'Évangile à recourir, pour vous plaire, aux vains
« artifices d'une éloquence humaine, à briller plu-
« tôt qu'à instruire, à descendre chez les Philis-
« tins, comme autrefois les Israélites, pour aiguiser
« leurs instruments destinés à cultiver la terre : je
« veux dire à chercher dans les sciences profanes,
« ou dans le langage d'un monde ennemi, des orne-
« ments étrangers pour embellir la simplicité de
« l'Évangile, et donner aux instruments et aux ta-
« lents destinés à faire croître et fructifier la semence
« sainte, un brillant et une subtilité qui en émousse
« la force et la vertu, et qui met un faux éclat à la
« place du zèle et de la vérité : *Descendebat ergo*
« *omnis Israël ad Philistim, ut exacueret unusquis-*
« *que vomerem suum et ligonem.*

« Et voilà, mes chers frères, le défaut opposé à
« l'esprit de foi, l'esprit de curiosité. Vous ne dis-
« tinguez pas assez la sainte gravité de notre minis-
« tère, de cet art vain et frivole qui ne se propose
« que l'arrangement du discours et la gloire de l'élo-
« quence; vous n'assistez à nos discours que comme
« autrefois Augustin encore pécheur assistait à ceux
« d'Ambroise. Ce n'était pas, dit cet illustre péni-
« tent, pour y apprendre, de la bouche de l'homme
« de Dieu, les secrets de la vie éternelle que je

« cherchais depuis si long-temps, ni pour trouver
« des remèdes aux plaies honteuses et invétérées
« de mon âme, que vous seul connaissiez, ô mon
« Dieu! c'était pour examiner si son éloquence ré-
« pondait à sa grande réputation, et si ses discours
« sontenaient les applaudissements que lui donnait
« son peuple. Les vérités qu'il annonçait ne m'intéres-
« saient point; je n'étais touché que de la douceur
« et de la beauté du discours: *Rerum autem incu-*
« *riosus et contemptor adstabam, et delectabar*
« *suavitate sermonis.* »

« Et telle est encore aujourd'hui la situation dé-
« plorable d'une infinité de fidèles qui nous écoutent,
« lesquels, chargés de crimes comme Augustin,
« liés comme lui des passions les plus honteuses,
« loin de venir chercher ici des remèdes à leurs maux,
« viennent y chercher de vains ornements qui amu-
« sent les malades sans les guérir, qui font que nous
« plaisons au pécheur, mais qui ne font pas que le
« pécheur se déplaise à lui-même. Ils viennent, ce
« semble, nous dire ce que les habitants de Babylone
« disaient autrefois aux Israélites captifs: Chantez-
« nous les cantiques de Sion: *Hymnum cantate*
« *nobis de canticis Sion.* Ils viennent chercher l'har-
« monie et l'agrément dans les vérités sérieuses de
« la morale de Jésus-Christ, dans les soupirs de la
« triste Sion, étrangère et captive, et veulent que
« nous pensions à flatter l'oreille en publiant les me-
« naces et les maximes sévères de l'Évangile: *Hym-*
« *num cantate*, etc.

« O vous qui m'écoutez, et que ce discours re-

« garde, rentrez un moment en vous-mêmes ; votre
« sort est comme déployé aux yeux de Dieu ; vos
« plaies invétérées ne laissent presque plus d'espoir
« de guérison ; vos maux pressent ; le temps est
« court ; Dieu, lassé de vous souffrir depuis si long-
« temps, va enfin vous frapper et vous surprendre :
« voilà les malheurs éternels que nous vous prédi-
« sons, et qui arrivent tous les jours à vos sembla-
« bles. Vous n'êtes pas loin de l'accomplissement :
« nous vous montrons le glaive du Seigneur sus-
« pendu sur votre tête, et prêt à tomber sur vous :
« et loin de frémir sur les suites de votre destinée,
« et de prendre des mesures pour vous dérober au
« glaive qui vous menace, vous vous amusez à exa-
« miner s'il brille et s'il a de l'éclat, et vous cher-
« chez dans les terreurs mêmes de la prédiction les
« beautés puériles d'une vaine éloquence. Grand
« Dieu ! que le pécheur paraît méprisable et digne
« de risée quand on l'envisage dans votre lumière !

« Car, mes frères, sommes-nous donc ici sur une
« tribune profane pour ménager avec des paroles
« artificieuses les suffrages d'une assemblée oisive,
« ou dans la chaire chrétienne, et à la place de Jé-
« sus-Christ, pour vous instruire, pour vous re-
« prendre, pour vous sanctifier au nom et sous les
« yeux de celui qui nous envoie? Est-ce ici une dis-
« pute de gloire, un exercice d'esprit et d'oisiveté,
« ou le plus saint et le plus important ministère de
« la foi? Et pourquoi venez-vous vous arrêter à nos
« faibles talents, et chercher des qualités humaines
« là où Dieu seul parle et agit? Les instruments les

« plus vils ne sont-ils pas quelquefois les plus pro-
« pres à la puissance de sa grace? Les murs de Jé-
« richo ne tombent-ils pas, quand il lui plaît, au
« bruit des plus fragiles trompettes? Eh! que nous
« importe de vous plaire, si nous ne vous chan-
« geons pas? Que nous sert d'être éloquents, si
« vous êtes toujours pécheurs? Quel fruit nous re-
« vient-il de vos louanges, si vous n'en retirez vous-
« même aucun de nos instructions? Notre gloire,
« c'est l'établissement du règne de Dieu dans vos
« cœurs. Vos larmes toutes seules, bien mieux que
« vos applaudissements, peuvent faire notre éloge,
« et nous ne voulons point d'autre couronne que
« vous-mêmes et votre salut éternel. Ainsi soit-il. »

Il y a ici tout ce qui manque à l'abbé Poulle; et s'il est de la critique de faire voir comment on a mal fait, il est du génie de montrer en tout comment il fallait faire. Quelle prodigieuse différence d'esprit et de langage! Mais aussi quelle différence d'effet! L'abbé Poulle se met partout en avant, fait à la fois son propre éloge et la censure des autres. Massillon s'oublie entièrement, et met tout ce qu'il peut y avoir de faiblesse et d'imperfections dans les prédicateurs, sous la protection de la charité chrétienne. Il ne gourmande point son auditoire, il ne lui conteste point *le droit* de censure : il se contente de faire sentir combien l'usage de ce droit est cruel contre celui qui parle, et insensé dans ceux qui écoutent. Il ne recommande point le ministère par l'étalage des qualités et des moyens oratoires, mais par les veilles, les travaux, les fatigues, qui, au défaut du mérite, sollicitent au moins l'indulgence. Au lieu de dire: « Eh! quel droit avez-vous sur nous? » il dit: « Eh! ne méritons-nous pas qu'au moins vous « respectiez nos peines? » L'un ressemble à l'arrogance; l'autre est d'une modestie qui désarmerait la malignité même. Au lieu d'enseigner ce que doit être l'orateur chrétien, il dit: *Demandez à Dieu qu'il suscite des ouvriers puissants en paroles*, etc. Il se garde bien de dire: *On nous force d'être orateurs*, ce qui est à la fois faux et vain; il dit avec autant de noblesse que de simplicité: « N'obligez pas les « ministres de l'Évangile à recourir, pour vous plaire, « aux vains artifices d'une éloquence humaine. » Il ne se défend pas contre la légèreté et la témérité de l'esprit de critique avec une amertume qui ne convient qu'à l'amour-propre blessé: il en déplore la folie avec une sincère et profonde douleur, qui est celle de la charité. Quoique cette folie soit très *méprisable*, il évite de prendre jamais sur lui l'expression du mépris. Il s'écrie : « Grand Dieu! que le « pécheur paraît *méprisable*, quand on l'envisage « dans votre lumière! » et avec cette tournure, le mépris même ne peut plus blesser personne. Il connaît trop les bienséances pour dire crument et grossièrement: *Vos applaudissements nous les méprisons : il nous faut des larmes*, etc. Il dit avec la plus touchante onction, et avec ces tours simples et vrais qu'elle inspire: « Que nous importe de vous « plaire si nous ne vous changeons pas? Que nous « sert d'être éloquents, si vous êtes toujours pé- « cheurs? Quel fruit nous revient-il de vos louanges,

« si vous n'en retirez aucun de nos instructions ? »
Et comme ces phrases sont précises sans être sèches, obscures ni incomplètes! S'il parle des *larmes*, c'est pour dire avec la même simplicité : « Vos larmes « seules peuvent faire notre éloge bien mieux que « vos applaudissements, et nous ne voulons d'autre « couronne que vous-mêmes et votre salut éternel. » Et c'est ainsi qu'avec les expressions connues de l'Écriture ; il ne commande pas les larmes, mais il les fait couler.

Il ne dégrade pas *la sainte gravité* du ministère jusqu'à convenir avec ses auditeurs de l'espèce d'*ornements* qu'il croit permis ; il préfère de caractériser d'une manière supérieure, et en deux phrases fort courtes, ceux qu'il ne faut pas lui demander. « Ces « vains ornements qui amusent les malades sans les « guérir, qui font que nous plaisons au pécheur, « mais qui ne font pas que le pécheur se déplaise à « lui-même. »

Si nous cherchons ici le choix des ornements convenables, qui les a connus mieux que Massillon, qui les tire presque tous des livres saints, mais en leur conservant le caractère et l'intention du genre, l'instruction? Quoi de plus ingénieux, mais en même temps de plus vrai et de plus frappant que la comparaison des curieux de sermons avec celle des *espions*, *exploratores*, qui viennent découvrir les endroits faibles de la contrée, *infirmiora terræ?* Et quel rapport de circonstances dans toutes les parties de la comparaison, comme dans celle des Israélites *aiguisant leurs instruments de labour chez les Philistins*, comparaison qui n'est pas moins heureuse que la première! Celle du glaive lui appartient, et pourrait ne paraître que de l'esprit, si tout ce qu'il y a d'esprit dans cette pensée, *vous vous amusez à examiner si le glaive brille*, ne devenait pas, indépendamment de la justesse du rapprochement, d'un sérieux effrayant après qu'il a peint le glaive prêt à frapper.

Esprit, talent, imagination, goût, onction, convenances de toutes espèces, observées avec le tact le plus délicat, et le tout sans la moindre apparence de recherche ni d'effort : voilà ce que vous avez pu voir, Messieurs, dans un morceau de quelques pages ; et tout le reste est de la même perfection, et s'élève même, quand il faut, à des beautés et à des effets du genre sublime. Beaucoup d'esprit, un talent très inégal et un goût très peu sûr, c'est tout ce qu'on peut trouver dans l'abbé Poulle, depuis les deux premiers discours par où j'ai commencé cette analyse.

La même différence se fait sentir toutes les fois que cet écrivain se rencontre dans ce même parallèle, qu'il n'a pas craint de risquer plus d'une fois. L'homélie de Masillon sur *l'Enfant prodigue* est renommée par le pathétique, et l'on sait combien l'auteur abonde généralement en cette partie, éminente dans le genre comme dans son talent. Elle est très peu de chose dans l'abbé Poulle, et se montre à peine chez lui, hors dans ce que vous avez vu sur *l'Aumône*. Ce n'est pas que sa composition soit froide ; elle a les mouvements et les tours que peut lui fournir l'imagination : ce n'est pas non plus qu'elle soit sèche, puisqu'elle n'est que trop figurée; mais elle n'est presque jamais animée de ce feu intérieur qui se répand de l'âme dans le style, et de là se communique à l'auditeur ou au lecteur. Le feu de l'abbé Poulle brille sans échauffer, parce que c'est le feu de l'esprit, et l'on peut dire aussi que ses figures ont plus souvent du vernis que du coloris parce qu'il ne sait pas les fondre, les nuancer, les graduer. Voyons-le à côté de Massillon, dans cet endroit de la parabole de l'Enfant prodigue, qui est d'un si touchant intérêt, même sans aucun secours de l'art, dans le moment où il s'écrie : *Surgam et ibo ad patrem*; et ensuite dans la réception du père de famille.

« Ah! je me lèverai, *surgam*. Voilà le langage de
« la pénitence, voilà la première expression du cœur
« nouveau que la grace vient de créer en lui. Je me
« lèverai, je tromperai la vigilance du maître impi-
« toyable qui me tyrannise, je sortirai de cette terre
« étrangère que désolent la famine et la mort: *sur-*
« *gam*. Je me lèverai malgré les railleries des liber-
« tins, malgré la révolte de mes sens, malgré les ré-
« pugnances de la nature, malgré l'ascendant de mes
« passions : *surgam*. Je me lèverai quoi qu'il m'en
« coûte ; et que m'en coûtera-t-il ? Qu'ai-je encore
« à sacrifier? Hélas! j'ai tout donné au monde, ou
« le péché m'a tout ravi. Je ne puis offrir que mes
« larmes, mes regrets et l'aveu de mes crimes. N'im-
« porte ! plein de confiance, je me lèverai et j'irai :
« *surgam et ibo*. Mais où ira ce fils infortuné, ce-

« pécheur affligé? Lui reste-t-il quelque asyle? Où
« ira-t-il? Pouvez-vous le demander? Il ira vers son
« père : *ibo ad patrem*. Quoi ! vers ce Dieu qu'il a
« outragé avec tant d'audace? Qu'il ne s'y trompe
« pas, il n'est plus son père; c'est un Dieu vengeur :
« qu'il redoute plutôt son indignation!..... Il ne craint
« que son inimitié et son absence, il ne craint que
« de ne pas assez l'aimer. — Mais comment pourra-
« t-il le fléchir?.... Que vous connaissez peu la puis-
« sance de l'amour divin qui l'enflamme ? Cet amour
« est plus fort que les habitudes les plus invétérées;
« il en brise toutes les chaînes : il est plus fort que
« le respect humain ; il le brave : il est plus fort que
« la mort; il en triomphe : il est plus fort que la jus-
« tice de Dieu ; il la désarme : il est plus fort que
« le souverain juge ; il en fait un père; *surgam et*
« *ibo ad patrem.* »

Pourquoi ce morceau, dont la marche est pressée, dont les tournures sont vives, produit-il si peu
d'émotion ? C'est que l'art s'y montre trop à découvert, et qu'ici sur-tout il fallait se laisser aller tout
entier à l'épanchement du cœur, se mettre à la place
du prodigue et du pécheur pénitent dont il est la
figure, au lieu de découper pour ainsi dire tout ce
fonds de vérité et de pathétique en dialogue, en in-
terrogations, en discussions: *Mais où ira-t-il?... Il
ira vers son père.... Mais comment pourra-t-il le fléchir?.... Que vous connaissez mal*, etc. Et ces phrases monotones et symétrisées sur l'amour divin, *Il
est plus fort, et il brave : il est plus fort, et il triomphe : il est plus fort, et il désarme!* Cela pourrait

n'être point mal ailleurs : ici tout cela est trop arrangé pour ne pas refroidir. Mais écoutez le maître, le grand-maître ; vous croirez presque que tout le monde aurait dit comme lui *quivis speret idem* ; et vous savez que, sur-tout dans le pathétique, c'est le trait de la perfection. Dès les premières phrases, où il peint les combats intérieurs du prodigue, les larmes sont prêtes à couler, tant il y a de vérité dans la peinture, tant les teintes en sont profondément tristes et douloureuses ; et dès que le prodigue parle, il est impossible que nos larmes ne se mêlent pas aux siennes.

« Combattu par ces agitations infinies qui parta-
« gent le cœur sur le point d'un changement, par
« cette vicissitude de pensées qui se défendent et qui
« s'accusent, cherchant les ténèbres et la solitude
« pour s'y entretenir plus librement avec lui-même,
« laissant couler des torrents de larmes sur son vi-
« sage, n'étant plus maître de sa douleur, baissant
« les yeux de confusion, et n'osant plus les lever
« vers le ciel, d'où il attend néanmoins son salut
« et sa délivrance, que tardé-je donc encore, dit-il
« d'une voix qui ne sort plus qu'avec des soupirs ?
« qui me retient encore dans les liens honteux que
« je respecte ? Les plaisirs ? ah ! depuis long-temps
« il n'en est plus pour moi, et mes jours ne sont
« plus qu'ennui et qu'amertume. Les engagements
« profanes et la constance mille fois promise ? mais
« mon cœur était-il à moi pour le promettre, et de
« quelle fidélité vais-je me piquer pour des créatu-
« res qui n'en ont jamais eu pour moi ? Le bruit que

« mon changement va faire dans le monde ? mais
« pourvu que Dieu l'approuve, qu'importe ce qu'en
« penseront les hommes ? Ne faut-il pas que ma
« pénitence ait pour témoins tous ceux qui l'ont été
« de mes scandales ; et d'ailleurs, que puis-je crain-
« dre du public, après le mépris et la honte que
« m'ont attirés mes désordres ? L'incertitude du par-
« don ? ah ! j'ai un père tendre et miséricordieux : il
« ne demande que le retour de son enfant et ma
« présence seule réveillera toute sa tendresse. »

Qui est-ce qui ne sentira pas combien ces seuls mots, *ah ! j'ai un père tendre et miséricordieux*, sont au-dessus de toute l'analyse dialoguée et de toutes les difinitions compassées que nous donne l'abbé Poulle sur l'amour divin ! Mais continuons.

« Je me lèverai donc, *surgam*. Je ferai un effort sur
« la honte qui me retient, et sur ma propre faibles-
« se. J'irai dans sa maison sainte, où il est toujours
« prêt à recevoir et à écouter les pécheurs, *ibo ad*
« *patrem*. Je suis un enfant ingrat, rebelle, déna-
« turé, indigne de porter son nom, il est vrai ; mais
« il est encore mon père. »

Ne semblerait-il pas que ces paroles, *Je suis un enfant ingrat*, etc., sont à tout le monde ? Gardez-vous de le croire : elles ne sont qu'au génie, car il n'y a que lui qui sache parler comme la nature, et qui obtienne aussi les mêmes effets.

« *Ibo ad patrem*. J'irai répandre à ses pieds toute
« l'amertume de mon âme ; et là, ne faisant plus
« parler que ma douleur, je lui dirai : *Mon père j'ai*
« *péché contre le Ciel et contre vous* ; contre le Ciel,

« par le scandale et le dérèglement public de ma
« conduite ; contre le Ciel, par les discours d'im-
« piété et de libertinage que je tenais pour me cal-
« mer et m'affermir dans le crime ; contre le Ciel,
« parce que, comme un vil animal, je n'ai jamais levé
« les yeux en haut pour le regarder et me souvenir
« que c'était là ma patrie et mon origine ; contre le
« Ciel, par l'abus honteux que j'ai fait de sa lumière,
« et de tous les jours qui ont composé le cours de
« ma vie triste et criminelle : *peccavi in cœlum.* »

C'est là que l'analyse n'est pas froide, parce qu'elle est toute de choses et de sentiments, et non pas de mots et de formes où il n'y a que de la recherche et de la symétrie.

.... « Quel changement et quel exemple plein
« de consolation pour les pécheurs ! La grace abonde
« où le péché avait abondé. Il semble, ô mon Dieu !
« que vous vouliez être particulièrement le père des
« ingrats, le bienfaiteur des coupables, le Dieu des
« pécheurs, le consolateur des pénitents. Aussi,
« comme si tous les titres pompeux qui expriment
« votre grandeur et votre puissance n'étaient pas
« assez dignes de vous, vous voulez qu'on vous
« appelle * *le père des miséricordes et le Dieu de toute*
« *consolation.* »

Voilà comme il convient de parler de l'amour de Dieu pour nous ; aussi ces expressions sont celles de l'Écriture : c'est là que Massillon nourrissait son génie et son éloquence, et c'est ce qui lui fournit des mouvements et des expressions qui ont bien

* Pater misericordiarum et Deus totius consolationis. (*II Cor.* I, 3.)

un autre mérite que le brillant de l'abbé Poulle: « Il semble, ô mon Dieu ! que vous vouliez être « particulièrement le père des ingrats, etc. » Cette expression est sublime, quoiqu'elle paraisse, ou plutôt parce qu'elle paraît simple, comme elle est profondément sentie. L'abbé Poulle a aussi voulu caractériser ici cet amour; mais comment ? « Le « salut, la vie, dit le prophète, voilà sa volonté, « voilà son désir, voilà sa soif, et, si nous osons le « dire, voilà sa passion. *Vita in voluntate ejus.* » L'effort n'est pas la force : ce passage suffirait pour le prouver. L'auteur exagère autant qu'il est possible les idées et les mots ; il va jusqu'à donner à Dieu de *la passion*. Et que tout cet échafaudage est loin de cette attendrissante apostrophe où Massillon invoque *le père des ingrats, le Dieu des pécheurs*, etc.! C'est l'esprit qui tâche, et le cœur qui se répand ; et si jamais ce principe que vous avez entendu chez les Anciens *pectus est quod disertum facit*, *l'éloquence est dans le cœur*, a dû se réaliser de la manière la plus sensible, c'est sans doute dans les orateurs d'une religion qui est toute dans le cœur.

L'abbé Poulle a-t-il assez consulté le sien et le nôtre dans l'entrevue du père et du fils ? Voici le morceau, dont le commencement est bien, mais dont la fin est extrêmement mauvaise. « A peine « l'enfant prodigue se montre-t-il dans l'éloigne- « ment, que son père l'aperçoit : *Cùm autem adhuc « longè esset, vidit illum pater illius*. Il ne fallait pas « moins que les yeux d'un père pour le reconnaître « de si loin et dans un état si déplorable. *Vidit*, il le

« voit, que ce premier regard est puissant! Le par-
« don est déjà dans l'âme du père; la misère lui
« fait oublier l'ingratitude. A l'aspect de cet objet
« pitoyable, ses entrailles sont émues de compas-
« sion; *la nature, jusqu'alors assoupie, se réveille*
« *comme d'un sommeil profond; elle se déclare avec*
« *toutes ses flammes; elle emporte le père vers cette*
« *partie de lui-même qui vient se rejoindre à son*
« *principe; il croit acquérir une nouvelle existence.* »

Tout est également faux, tout est également froid dans les dernières lignes de ce morceau, qui promettait plus et mieux. A quoi donc pensait l'auteur avec sa *nature assoupie* qui *se réveille*? Eh! c'est parce qu'elle a toujours veillé dans le cœur du père, c'est parce qu'elle a été si long-temps *assoupie* dans celui du fils, que l'impression de ce moment est si puissante sur tous les deux. Quelle méprise! quelle étourderie! Comme l'esprit se méprend aisément quand il se met à la place du cœur; mais aussi comme il gâte tout! Quelle *nature* que celle qui *se déclare avec toutes ses flammes*, et *cette partie qui vient se rejoindre à son principe*! Je ne saurais dire combien il y a de glace dans ces *flammes*, et combien ce jargon philosophique me fait mal. Ce n'est pas la faute de la bonne philosophie; mais déjà, comme vous le voyez, cet abus des expressions abstraites, devenu depuis une manie épidémique, une peste dans les beaux-arts, commançait à corrompre le talent même. Il est si aisé d'écrire des *flammes*. Et combien nous avons vu de *flammes* comme celle-là, et combien d'écrivains *brûlants*, et de style *brûlants*, et d'ouvrages *brûlants*, qui n'ont produit qu'un froid mortel !...... Retournons vite à Massillon, qui n'a point de *flammes* et n'en parle jamais, mais dont le cœur échauffe si doucement le nôtre.

Une heureuse chaleur anime ses discours.

disait Boileau en parlant d'Homère, et c'est la seule fois qu'il s'est servi de ce mot *chaleur*, prodigué de nos jours si abusivement, comme nous le verrons en son lieu, et devenu la poétique universelle.

« Le père de famille ne se contente pas de cou-
« rir au-devant de son fils retrouvé; il se jette à
« son cou, il l'embrasse, il le baise; son cœur peut
« à peine suffire à toute sa tendresse paternelle;
« ses faveurs sont encore au-dessous de sa joie et de
« son amour : *Cecidit super collum ejus, et osculatus*
« *est eum*. Il retrouve son fils qu'il avait perdu, *Pe-*
« *rierat, et inventus est*. Il le retrouve, à la vérité,
« sale, hideux, déchiré; mais ce qui devrait allumer
« ses foudres ne reveille que son amour; il ne voit
« en lui que ses malheurs; il ne voit plus ses crimes.
« *Perierat, et inventus est.* Il n'a pas oublié que c'est
« ici un enfant ingrat et rebelle; mais c'est ce sou-
« venir même qui le touche; il voit revivre un en-
« fant qui était mort à ses yeux; il retrouve ce qu'il
« avait perdu. *Cecidit super collum ejus, et osculatus*
« *est eum*. Image tendre et consolante de la joie
« que la conversion d'un seul pécheur cause dans
« le ciel, et des consolations secrètes que Dieu fait
« sentir à une âme dès les premières démarches de

« son retour vers lui : *Cecidit*, etc. O clémence pa-
« ternelle ! ô source inépuisable de bonté ! ô misé-
« ricorde de mon Dieu ! eh ! que vous revient-il
« donc du salut de la créature ? » C'est encore un
trait de sentiment que cette dernière phrase, un
mouvement admirable, digne de terminer cette effusion de sensibilité.

En continuant d'examiner de près les défauts du
style de l'abbé Poulle, nous trouverons qu'il manque d'harmonie et de variété. Les critiques superficiels s'imaginent trop aisément que le style qui n'est pas dur est nombreux. C'est se tromper beaucoup : l'harmonie oratoire, comme l'harmonie poétique, est une véritable science, presque toute d'instinct, il est vrai, dans le petit nombre d'écrivains heureusement organisés, mais dont leurs propres travaux, leurs études, leurs réflexions leur expliquent les règles, et dont la pratique ou l'oubli se démontrerait facilement, si ce genre d'analyse ne devenait pas trop minutieux par rapport à l'importance des objets qui nous occupent. Nous pouvions nous le permettre dans la poésie, où il est beaucoup plus sensible, parce que l'oreille demande encore bien plus au poète qu'à l'orateur ; ici nous nous bornerons à vous rappeler que l'orateur ne doit cependant pas la négliger, ni pour l'auditeur ni pour le lecteur, et que dans l'éloquence du dernier siècle vous avez vu quel était le prix et l'effet de cette partie de l'art. Elle manque à l'abbé Poulle : tout homme un peu familiarisé avec les grands écrivains qui ont connu le nombre de notre prose, la diversité de ses

tours, le mouvement de ses phrases et la grace de ses constructions, s'apercevra que l'abbé Poulle en a fort peu senti ou étudié les ressources; que la plupart de ses phrases sont coupées uniformément et comme en lignes parallèles; qu'il affectionne ou affecte beaucoup trop les mêmes formes de style, et particulièrement deux des plus faciles, l'exclamation ou l'apostrophe, et l'énumération des parties. Ces deux figures de diction sont fort belles quand elles sont ménagées à propos; mais l'art exige qu'on s'en passe communément, et qu'on ait soin de passer d'ordinaire d'une forme de phrase à une autre, et que dans une même phrase on varie encore la structure des membres qui la composent. C'est en quoi Massillon a excellé en prose, comme Racine en vers, et c'est un des charmes qui attachent à la lecture de leurs ouvrages ceux mêmes qui ne pourraient pas s'en rendre compte. Mais un orateur est obligé d'en savoir le secret et la théorie; et l'abbé Poulle n'y a guère pensé. Il n'est pas rare de trouver chez lui des apostrophes redoublées jusqu'au dernier excès : des paragraphes entiers et fort longs en sont entièrement composés. Il ne prodigue pas moins l'énumération, soit des analogies, soit des oppositions. En voici des exemples tellement abusifs, qu'ils suffiront pour prouver la justice du reproche.

« Quel débordement de corruption ! quelle agi-
« tation dans les esprits ! quelles opinions ! quels
« systèmes ! quelles mœurs ! quel avilissement ! quels
« scandales ! quelles passions ! quelles idoles ! quel

« luxe ! quelles ruines ! quels forfaits ! » Quand on procède de cette manière, il semble qu'il n'y ait pas de raison pour finir, à moins que les mots ou l'haleine ne vous manquent, et cela peut faire peur. Voici des endroits où la monotonie est encore plus fatigante, parce qu'elle se joint à l'affectation. « Ce « sentiment une fois fixé devient goût; ce goût de-« vient attrait; cet attrait devient faiblesse ; cette « faiblesse devient passion; cette passion devient « ivresse; cette ivresse devient frénésie; cette fré-« nésie n'a plus de nom : elle est tous les crimes. » Le dernier trait est beau ; car il est vrai que tous les crimes sont au moins en germe dans une passion extrême. Mais c'était une raison de plus pour restreindre la gradation antérieure à deux ou trois traits tout au plus, à ceux qui sont réellement marqués, comme faiblesse, passion, frénésie. C'est là qu'il fallait se borner. Le reste est une sorte de découpure morale, indigne non seulement de la chaire, mais de toute diction oratoire. C'est une synonymie subtile, et même fort équivoque, des mots *sentiment*, *goût*, et *attrait* : je ne sais trop si l'*attrait* n'est pas avant le *goût*, et le *goût* avant le *sentiment*; je ne me soucie pas de l'examiner, sur-tout ici ; mais je suis très sûr que cette décomposition morale est beaucoup trop alambiquée pour la chaire, et n'a rien d'instructif pour l'auditoire : il y a ici complication de fautes.

Deux pages après, même monotonie, et encore plus vicieuse, parce qu'elle tient bien plus de place : il s'agit toujours des passions. « La naissance

« n'a point de lustre qu'elles ne ternissent; l'édu-
« cation n'a point d'empreinte qu'elles n'effacent;
« le cœur n'a point de semences de vice qu'elles ne
« développent; l'état propre n'a point de décence
« qu'elles ne blessent; la pudeur n'a point de bar-
« rières qu'elles ne franchissent; la société n'a point
« de nœuds qu'elles ne rompent, l'amitié n'a point
« de lois qu'elles ne violent; la religion n'a point
« de sacrement qu'elles ne profanent; la conscience
« n'a point de cris qu'elles n'étouffent; la raison
« n'a point de lumières qu'elles n'obscurcissent; la
« probité n'a point de sentiments qu'elles n'étei-
« gnent; la nature n'a point de droits qu'elles n'im-
« molent; le ciel n'a point de foudres qu'elles ne
« bravent. »

Oh! certes en voilà trop. Comment voulez-vous qu'à la fin de la phrase on se souvienne du commencement, quand elle a fait passer si rapidement devant nos yeux cette multitude d'objets? On n'est qu'étourdi et las, et l'on ne songe qu'à respirer quand on voit que l'orateur peut enfin respirer lui-même.

Après les amas d'analogies, voici des amas d'oppositions. « (Dans le ciel) nous n'aurons besoin ni
« de justice, il n'y a point d'iniquité; ni d'humilité,
« il n'y a point d'amour-propre; ni de patience, il
« n'y a point d'épreuves; ni de zèle, tout y est saint;
« ni de tempérance, il n'y a point de cupidité; ni
« de force, il n'y a point d'obstacles; ni de pru-
« dence, il n'y a point de piège; ni de vigilance, il
« n'y a point d'ennemis; ni de compassion, il n'y

« a point de malheureux; ni de prière, il n'y a
« point de besoin; ni de foi, il n'y a point de voile;
« ni d'espérance, il n'y a point de retardement. »

J'ai souvent remarqué, aux lectures publiques de l'Académie, que cette forme d'accumulation, l'un des moyens familiers de l'élocution plus ambitieuse que saine, et l'un de ceux dont Thomas entre autres a le plus abusé, était volontiers applaudie. Elle n'en est pas moins fastidieuse en elle-même; elle l'est immanquablement à la lecture du cabinet, et jamais nos grands orateurs ne l'ont employée, au moins de cette manière. Quand ils rassemblent les objets, et que le sujet et l'art le demandent, ils évitent l'inconvénient de les faire papilloter pour ainsi dire à la vue par l'uniforme concision des petites phrases : ils les distribuent en parties proportionnées, qui se pressent sans trop se ressembler, et qui finissent par un résultat supérieur à tout le reste. Quant à l'applaudissement donné au fracas étourdissant des énumérations en incises, il est facile à expliquer : c'est que rien ne favorise plus une certaine rapidité de débit, qui entraîne l'auditeur et le parleur à la fois, et qui offre une foule de pensées en beaucoup moins de temps qu'il n'en faut pour les saisir, ce qui fait que, quand on est au bout, l'auditoire est satisfait de l'orateur et de lui, en supposant de part et d'autre plus d'esprit qu'il n'y en a; car il est rare d'ailleurs que ces énormes énumérations ne pèchent encore dans le détail; et ici, par exemple, il n'est pas vrai qu'il n'y ait dans le ciel ni *humilité*, ni *prière* : il y a humilité, parce qu'il est doux à l'être créé de sentir que, n'étant rien par lui-même, il n'est devenu tout ce qu'il est que par Dieu et en Dieu; il y a prière, parce que la charité, qui est immortelle, *prie* sans cesse dans les bienheureux, pour ceux qui peuvent l'être un jour, et de là même l'invocation des anges et des saints, à qui nous disons : *Priez pour nous.*

Ceci nous ramène aux nombreuses fautes de justesse dans la pensée ou dans l'expression, d'autant plus choquantes chez l'abbé Poulle, qu'elles sont semées en foule dans un plus petit nombre d'ouvrages. Il se propose, dans son sermon *sur le Ciel*, de nous faire voir *en quoi consiste la félicité que Dieu réserve à ses serviteurs*, et il dit pour la première partie : « Le juste, heureux dans le ciel *parce « qu'il se possède lui-même, et qu'en lui il retrouve « ses œuvres et ses vertus* » Parmi les idées qu'il nous est donné de concevoir de *la félicité* céleste, jamais, ce me semble, on n'a compté celle-là. L'explication qu'en fait l'orateur dans la suite en ôte à peu près le faux, et le ramène à la vérité sans qu'il y pense; mais l'explication même aurait dû l'avertir qu'il n'y a nulle vérité dans cette proposition fort singulière, que *la félicité du juste dans le ciel consiste d'abord en ce qu'il se possède lui-même.* L'Écriture ne nous dit rien de semblable, et rien n'est plus contraire à l'esprit de notre foi. C'est uniquement et absolument dans la possession de Dieu, que nous pouvons être et que nous serons heureux, et en cela même la foi est conforme à la philosophie. L'intelligence de l'homme, émanée de l'intelligence suprême, ne peut se reposer que dans la réunion à son principe. Elle ne peut en aucun sens *se posséder elle-même*, ou jouir d'elle-même; ce qui est la même chose : c'est l'attribut exclusif de l'être unique et parfait. Il n'est pas plus vrai qu'elle puisse être heureuse *en retrouvant en elle ses œuvres et ses vertus;* elle ne peut y retrouver que sa fidélité aux inspirations de la grace : et *ses œuvres et ses vertus*, qui se réduisent à ce seul mérite, ne peuvent pas faire sa félicité. L'Écriture y est formelle, puisque le prophète dit à Dieu : « Vous nous « donnerez la paix, car c'est vous qui avez opéré « toutes nos bonnes œuvres *. » Je sais qu'il faut absolument le concours de notre volonté; mais, si elle est toujours libre, elle est toujours mue pour le bien, par la grace, qui demeure par conséquent le premier principe de tout bien **; et c'est parce que ces deux choses sont inséparables en elle-mêmes qu'il ne fallait pas les séparer dans l'idée du bonheur que nous leur devrons. Il est impossible que dans le ciel, le juste *retrouve en lui ses œuvres et ses vertus* sans y retrouver en même temps les bienfaits de Dieu, et c'est cela même qui fera sa *félicité*, puisqu'on aime davantage le bienfaiteur à mesure que l'on connaît mieux ses bienfaits; et c'est une des vérités que l'abbé Poulle a le mieux développées dans son ser-

---

* Domine, dabis pacem nobis; omnia enim opera nostra operatus es nobis. (*Isaïe*, XXVI, 12.)

** *Sine me nihil potestis facere.* C'est Jésus-Christ lui-même qui l'a dit, et cela seul aurait dû fermer la bouche aux Pélagiens, s'il était possible que les hérétiques fussent de bonne foi.

mon. Mais, encore une fois, il soigne trop peu l'exactitude des idées et des expressions, qui, dans un interprète de la doctrine, est un devoir encore plus qu'un mérite. Sans doute il ne faut pas que le théologien se montre trop, mais il est encore bien plus dangereux qu'il manque dans le prédicateur. Qu'il nous dise, dans ce même sermon : « Ils ne seront « plus des mystères pour nous, ces liens puissants « qui unissent le monde visible au monde invisible, « la matière à l'esprit, le temps à l'éternité, la na- « ture à la grace, la terre au ciel, les hommes a « Dieu : » cela est bien rassemblé, et la précision ne nuit ni à la noblesse ni à la clarté; mais pourquoi ajouter : « Qu'il est doux d'embrasser ainsi « *d'une seule* connaissance toutes les merveilles du « Tout-Puissant, et d'en mesurer l'étendue! « *D'une seule connaissance!* Je n'en crois rien du tout; cela n'appartient qu'à Dieu, et l'abbé Poulle n'est ni plus exact ni plus fort en métaphysique qu'en théologie. C'est précisément parce que *toutes les connaissances* de l'intelligence créée sont par elles-mêmes successives, et parce que *les merveilles du Tout-Puissant* sont infinies, que nous concevons très bien que l'éternité ne sera pas trop pour les comprendre et en jouir. Et voilà que je tombe encore ici sur une terrible énumération, qui sera la dernière que je citerai. « Nous découvrirons son ardeur « dans les chérubins, son intelligence dans les esprits « célestes, sa lumière dans les prophètes, sa force « dans les martyrs, son zèle dans les apôtres, sa « science dans les docteurs, sa pureté dans les vier-

« ges, sa sainteté dans tous les élus, ses figures dans les
« patriarches, les ombres du sacrifice de Jésus-Christ
« dans les cérémonies anciennes, sa réalité dans le
« mystère de nos autels, son sang précieux dans
« les sacrements, sa vérité dans sa parole, son unité
« et son infaillibilité dans l'Église, son sacerdoce
« dans les prêtres, son autorité dans les rois, sa sa-
« gesse dans l'équité des lois humaines, sa fécondité
« dans la terre, sa justice dans les enfers, sa magni-
« ficence au-dessus des cieux. » Après tant d'exemples de cette profusion trop facile, je ne remar-
querai rien ici, si ce n'est que j'ai déjà indiqué qu'à
force de vouloir diviser pour énumérer, on distingue
ce qui n'est pas divisible; et certainement la sainteté,
la pureté, l'intelligence de Dieu, sont également
dans tous les ordres d'esprits célestes.

« Étonnement de l'âme qui *soutient sans crainte*
« *l'examen de Dieu*, et qui peut sans danger *s'ad-*
« *mirer et se servir à elle-même de spectacle!* » Toutes
ces expressions ne sont pas assez ménagées. Il ne
suffit pas de s'expliquer quatre lignes après, et dire
que *l'âme ne saurait se considérer sans retrouver
Dieu en elle*. Il faut d'abord ne pas alarmer les
oreilles par des termes qui semblent outrés quand
ils sont seuls. Si l'on veut à toute force dire que
l'âme peut s'admirer sans danger, au moins doit-
on ajouter tout de suite, parce qu'elle ne peut s'admirer qu'en Dieu; encore est-il beaucoup plus convenable de dire que l'âme admire Dieu en elle;
et qu'elle est à elle-même un spectacle, celui des
miséricordes du Tout-Puissant. C'est en ce sens que

le Psalmiste disait ces paroles si touchantes : « Ve-
« nez, entendez, ô vous tous qui craignez Dieu, et
« je vous raconterai les grandes choses qu'il a faites
« pour mon âme. » Ceux qui sont inspirés et remplis de Dieu, n'*admirent* jamais que lui, et non pas
eux-mêmes : et cela doit être encore plus, s'il est
possible, dans le ciel que sur la terre.

J'ai dit que l'abbé Poulle était sujet à outrer de
toute manière, et j'en rencontre des preuves de
tous côtés. Il dit que la corruption générale, qui
déjà s'avançait à la suite de l'irréligion, était *une
preuve de la nécessité de la foi.* Rien de plus certain.
Mais il ajoute avec son impétuosité plus poétique
que raisonnable : « Que les ministres évangéliques
« se taisent; elle n'a pas besoin d'apôtres ni de dé-
« fenseurs : sa cause est devenue celle de la société :
« l'irréligion s'est blessée de ses propres armes; les
« yeux s'ouvrent; on voit le mal, etc. » Plût à Dieu!
Il a vu vingt ans après combien il s'était trompé
là-dessus, et il en est convenu dans sa dernière prédication, comme on va le voir. Mais ce n'est pas
là qu'est la faute. L'espérance, la probabilité du
bien peut justifier le tour oratoire qui en fait une
réalité. Ce qui est trop fort, c'est de s'écrier : *Que
les ministres évangéliques se taisent.* Non, cette figure, qui serait bonne ailleurs, est hors du genre
dont elle blesse les lois. En aucun cas les ministres
évangéliques ne doivent *se taire;* et la foi, qui *n'a
jamais besoin de défenseur* pour elle-même, puisque par elle-même *elle se justifie* assez, *justificata
in semetipsâ, a toujours besoin d'apôtres* pour le

fidèles, parce que la foi ne se sépare pas de la charité.

« Prenez-y garde : dans le monde on est heureux, « *moins par son propre bonheur que par le malheur* « *des autres :* étrange félicité! » Fort étrange en effet ; si elle existait réellement, ce serait celle du méchant, et l'on sait assez que le méchant n'est point *heureux ;* la sagesse suprême y a pourvu. L'auteur a voulu dire que souvent les avantages de l'un sont au détriment de l'autre ; il répète quatre lignes plus bas ce qu'on avait dit mille fois, dans les mêmes termes, de ces *dieux de la terre, qui pour faire un heureux font cent misérables.* Soit : on entend ces expressions ; mais les siennes sont forcées et louches dans une phrase qui s'annonce pour sentencieuse par ces mots, *prenez-y garde :* on doit alors *prendre garde* soi-même à ce qu'on dit, et, quelle que soit l'origine de la fortune, ou de la puissance, ou des honneurs, il est généralement faux qu'on soit *moins heureux* par la jouissance de ces biens, quels qu'ils soient, que parce qu'ils sont enlevés à d'autres : cela ne peut arriver que dans le cas d'une rivalité haineuse, et c'est une exception. Si l'on est *heureux,* c'est par les jouissances plus ou moins illusoires que procurent ces biens, et qui seraient même souvent troublées, si l'on n'éloignait le plus qu'il est possible, l'idée des privations qu'elles peuvent coûter aux auteurs.

« Que vous prodiguera le monde ? Des plaisirs ? « Plaisirs trompeurs : s'ils sont grossiers, ils dégradent ; s'ils sont délicats, ils s'émoussent ; s'ils

« sont continus, ils fatiguent; s'ils sont outrés, ils
« détruisent; s'ils sont honnêtes, *ils ressemblent
« trop à la vertu, ils vous dégoûtent.* »

Je n'entends pas trop comment *les plaisirs s'émoussent, s'ils sont délicats* : il me semble que ce qui les émousse d'ordinaire, c'est la satiété plus que la délicatesse, et que les plaisirs *délicats* sont ceux qui *s'émoussent* le moins. Mais ce qui est bien plus inexcusable, c'est le dernier membre de la phrase. Si elle est générale (et le commencement, *plaisirs trompeurs*, indique qu'elle doit l'être), il est d'une fausseté révoltante de dire que *les plaisirs honnêtes vous dégoûtent, parce qu'ils ressemblent trop à la vertu.* Ce trait de satire violente ne pourrait s'adresser qu'à des hommes à qui l'on reprocherait le dernier excès de la corruption; encore pour ceux-là *le dégoût des plaisirs honnêtes* ne vient pas de ce qu'*ils ressemblent à la vertu*, mais de ce qu'ils n'ont pas plus le sentiment de ces plaisirs-là que de la vertu. Cette aversion pour la vertu en elle-même, caractère de quelques monstres, et par conséquent exception, n'est jamais devenue générale que dans les *révolutionnaires*, et l'on sait que c'est aussi la première fois que des exceptions monstrueuses sont devenues des généralités. J'ajoute sur ce même passage, que ni le moraliste ni le prédicateur n'ont besoin de calomnier les plaisirs pour apprendre à les craindre; il suffit de les montrer tels qu'ils sont : la Providence a eu soin de mettre assez d'amertume au fond du vase pour faire redouter l'ivresse et le poison. Il ne s'agit donc que de combattre la séduction, qui vous en présente les bords couverts de miel et de fleurs, et c'est pour cela que la sagesse élève la voix ; mais cette voix doit être celle de l'exacte vérité, qui a déjà par elle-même trop de peine à se faire entendre. Si vous l'exagérez, on ne l'écoutera même pas ; en voulant augmenter sa force, vous lui ôterez son autorité.

N'est-ce pas encore aller trop loin que de s'écrier comme fait l'abbé Poulle, à propos des espérances mondaines : « Les fondez-vous sur un mérite écla- « tant ? *Ah! vous êtes perdus*. Il excite l'envie plus « que l'admiration, etc. » *Ah! vous êtes perdus* est beaucoup trop fort, et tient trop de la déclamation. Le proverbe vulgaire a répondu fort raisonnablement à ces plaintes hyperboliques : *Il vaut mieux faire envie que pitié*. Quoi qu'en dise l'abbé Poulle, on n'est point *perdu* pour avoir *un mérite éclatant* : c'est en soi-même un moyen d'avancement en tous genres; et quant aux obstacles, aux dégoûts, aux retours fâcheux, aux disgraces éventuelles, n'avait-il pas un assez beau champ dans ce dessein de la sagesse suprême, qui a voulu qu'en ce monde ce qu'il y a de meilleur en soi fût encore assez acheté et assez précaire pour nous avertir que le bien réel n'est pas ici ? Il ne s'agissait pas de faire peur du mérite, mais d'enseigner que sa vraie récompense est dans celui qui le donne et qui *couronne ses propres dons*, pourvu qu'on se souvienne de les rapporter à lui.

L'abbé Poulle eut de bonne heure trop de réputation pour n'être pas appelé à prêcher le panégyrique de saint Louis devant l'Académie-Française : c'était une épreuve annuelle proposée aux aspirants à l'éloquence de la chaire, et une lice assez éclatante pour qu'il fût honorable seulement d'y être admis. Ce qui peut paraître singulier, c'est que, dans ce genre, qui se rapprochait beaucoup plus de son talent que le sermon, il ne se soit nullement élevé au-dessus de la portée ordinaire : il n'est qu'au-dessus de la foule, et son discours est resté au-dessous de plusieurs de ceux qui l'ont suivi. Il est médiocre en tout, si ce n'est que la diction est plus soignée et plus correcte, sans doute parce qu'il se souvint qu'il parlait devant les juges du langage. Mais la mesure des idées y est plus d'une fois oubliée comme ailleurs. « Il faut en « convenir : la sainteté la plus commune est héroï- « que dans les rois ; eux seuls font à la religion des « sacrifices dignes d'elle. » Passe pour la première proposition, qui pouvait cependant être mieux énoncée ; mais la seconde est absolument fausse, injurieuse à *la sainteté* et à la religion. Le prix *des sacrifices* est dans le cœur, et non pas dans les choses, et c'est pour cela que Dieu seul en est le vrai juge. Mais il n'est pas nécessaire d'être roi pour *sacrifier à la religion* ce que la faiblesse humaine peut avoir de plus cher, et il n'y a point de sacrifice plus *digne d'elle*. La manière dont l'auteur appuie sa pensée n'est pas plus juste que la pensée même. « Il est rare que les particuliers puissent sa- « tisfaire leurs passions. » Rien n'est plus commun ; et oublie-t-il qu'entre un roi et *les particuliers* il y a les grands, les puissants, les riches ? et ceux-là ont-ils donc tant de peine *à satisfaire leurs passions ?* « Il est plus rare qu'ils les satisfassent sans trouble « et sans amertume. » Et les rois en sont-ils exempts ? Qui était plus roi que Louis XIV ? et lisez l'histoire de ses passions. Ah ! ce n'est pas un privilége de la royauté, d'ôter aux passions ce qui en est inséparable : la nature y a mis bon ordre. Tout ce morceau n'est encore qu'une déclamation. Mais il y a une expression fort belle : « Les passions des rois sont sou-« veraines comme eux. » Oui, c'est-à-dire qu'elles sont obéies : est-ce une raison pour qu'elles ne soient pas troublées ? Le trouble est en elles-mêmes et dans leur objet, et c'est là que la *souveraineté* ne peut rien. Mais si l'abbé Poulle est souvent rhéteur, il a souvent aussi ce que peut avoir un rhéteur qui a du talent, et, ce que je remarquais dans cette dernière phrase, de l'imagination dans le style, comme dans ce qu'il dit de l'espérance : « Elle nous tient lieu « d'une sorte d'immensité par les songes infinis de « l'avenir. » Ce mérite de diction est celui qui le distingue le plus, et ce n'est guère que par-là qu'il mérite une place distinguée. Mais il n'est pas non plus exempt, à beaucoup près, de mauvais goût, même dans cette partie; il pèche trop fréquemment contre la propriété et la vérité des expressions. « Les « adversités ne laissent à l'homme que l'inflexible « et outrageuse vérité. » Le mot d'*outrage* emporte toujours l'idée d'une injustice quelconque, et la vérité ne peut s'accorder avec l'injustice. Cette critique, je l'avoue, est peut-être un peu sévère, et je ne la laisse subsister que pour mieux faire sentir combien il importe d'étudier le rapport des idées avec les expressions; c'est une des études les plus nécessaires pour se former l'esprit et le style. Mais voici des fautes bien plus palpables : « La foi le « punit d'avance par *les foudres de ses terreurs.* » J'entendrais fort bien la terreur des foudres, mais non pas *les foudres des terreurs :* ce n'est pas là une métonymie, c'est une pure confusion de mots. « La «foi épure les passions; elle les *surnaturalise.* » C'est un néologisme bizarrement recherché. La foi, comme le dit l'auteur auparavant, *règle et captive les passions* : fort bien ! mais en y substituant des affections, des espérances, des désirs d'un ordre plus relevé, d'un ordre surnaturel, et qui ne sont point des *passions* dans le sens usuel de ce mot. C'est parce que l'idée de l'auteur n'était pas juste qu'il a forcé son expression. « L'on retombe enfin par in- « clination ou par lassitude aux pieds de *l'idole* « qu'on n'avait proscrite et *blasphémée* que par de- « voir et par religion. » Assemblage de mots discordants : on ne peut blasphémer que ce qui est sacré; et une *idole* est-elle sacrée? Et comment blasphème-t-on *par devoir et par religion?* Ces mots qui s'excluent, avertissaient d'eux-mêmes l'auteur que l'idole qui a été *proscrite*, rejetée, foulée aux pieds *par devoir et par religion*, n'a pas été et ne pouvait pas être *blasphémée.* « Il vole au ciel pour « jouir, il revient sur la terre pour mériter, il revole « au ciel par toute son âme. » Ces *concetti* sont d'autant plus déplacés, qu'il s'agit d'un homme de foi ; ce qui n'invite pas à des jeux d'esprit. Mais *revoler au ciel par toute son âme* est encore pis ; c'est emphase, jargon et barbarisme. On ne vole pas plus *par son âme* que par ses ailes.

Il est beaucoup moins blâmable d'appeler de *sublimes intelligences* les sages ministres « que la con-« fiance et les bienfaits de saint Louis attachaient à « sa personne. » Mais c'est blesser sans aucun profit l'usage reçu, qui affecte cette expression de *sublimes intelligences* aux esprits célestes. Je laisse de côté quelques inélégances, comme *en droiture*, pour *directement*, que je ne remarque même que parce que cette locution familière est répétée ; des figures inexactes, comme *en butte à la dépravation* : ces taches seraient peu de chose ou ne seraient rien dans un style qui serait généralement sain. Mais il n'est pas indifférent d'observer ce qui manque à des phrases où l'insuffisance d'expression rend faux ce qui en soi-même serait vrai. « Quelque immenses, quelque *excessifs* « que soient les bienfaits de Dieu, ils sont cepen-« dant *bornés*, et par-là même ils ne suffisent pas « pour notre parfait bonheur. » D'abord *excessifs* est un mot impropre : l'*excès* est incompatible avec tout ce qui est de Dieu. Ensuite comment des bienfaits *immenses* sont-ils *bornés* ? les termes se contredisent. Je sais qu'il voulait et devait dire : Quoique par elles-mêmes les miséricordes de Dieu n'aient point de bornes, cependant ses bienfaits ont ici-bas celles de notre nature et du temps, etc.; mais il ne l'a pas dit.

N'est-il pas singulier aussi que ce même écrivain, dont le défaut est de trop laisser voir un art qu'il faut toujours cacher, quelquefois en oublie absolument les lois les plus communes? Et cet étrange oubli s'offre à nous dans son meilleur ouvrage, dans l'exorde du discours *sur l'Aumône*. Comme il établit sa division sur des vérités générales, quoique son objet particulier soit de prêcher en faveur des prisonniers, il dit fort à propos : « Si « d'abord nous paraissons nous éloigner d'eux, no« tre sensibilité nous y ramènera sans cesse : pour« rions-nous les obliger? ils sont si près de nous! » Excellent jusque-là. Il ajoute : « *Nous aurons soin* « *de marquer tous nos retours par des traits pathé-* « *tiques*, etc.» Eh! faites-le sans le dire. Quelle inadvertance! Quel orateur a jamais dit qu'il *aura soin d'être pathétique?* Cela ne serait permis qu'à l'Intimé.

N'est-ce pas aussi prendre trop ce qui devait être pour ce qui est, que de nous dire des rois : « Ils ont « les passions de l'humanité; il est rare qu'ils en « aient les vices. » Plût à Dieu! mais ce qui est *rare* partout, c'est qu'avec *les passions* on n'ait pas *les vices* qui en sont les fruits; et comme les rois ont les unes, il n'est aussi que trop commun qu'ils aient les autres, et d'autant plus que chez eux ces passions ont plus d'encouragements et moins de frein. Il faut les surmonter pour n'être point vicieux ; et cela est d'autant plus beau dans les rois, que cela est plus difficile. Un avantage de leur rang, que l'auteur aurait pu faire valoir avec autant de vérité que d'utilité, c'est qu'il est rare qu'un roi soit méchant, parce que nul n'a moins d'intérêt à l'être. Ils ne font guère que le mal qu'ils laissent faire : je dis ils font, car telle est la terrible compensation de cet avantage dont je parlais, que faire le mal ou le laisser faire est en eux presque la même chose devant les hommes, et encore plus devant Dieu.

Quoique les sermons *sur le Ciel*, et *sur l'Enfer* offrent généralement les mêmes défauts qui, dans l'abbé Poulle, se mêlent partout plus ou moins à ce qu'il a de beautés, ici pourtant ces dernières sont plus nombreuses et plus marquées; et par conséquent les autres sont plus rachetées et moins sensibles. Ces deux sujets prêtant beaucoup par eux-mêmes à l'imagination, l'auteur était là comme dans son élément : la sienne s'y montre avec autant d'élévation que de richesse; mais aussi ces deux discours souvent tiennent plus du poème, ou même du dithyrambe, que du sermon. Celui de *l'Enfer* a un autre inconvénient, c'est qu'en ce genre l'amplification trop prolongée (et une peinture de l'enfer ne saurait être autre chose) émousse enfin le trait qu'elle veut trop enfoncer; et affaiblit l'impression qu'elle veut épuiser. C'est de la terreur, et on ne la suppose pas long-temps : elle est trop pénible; c'est un extrême, et la pensée ne soutient long-temps rien d'extrême : elle se détourne d'épouvante ou de lassitude. Bourdaloue a traité le même sujet, mais selon sa méthode, en s'occupant plus d'instruire que de décrire. Massillon, dont le goût était plus exercé et plus délicat, n'a pas cru devoir faire de sermon sur l'enfer : il s'est contenté, dans celui du *Mauvais riche*, d'y faire entrer ce qu'un pareil tableau peut avoir de plus effrayant et de plus instructif, sans annoncer le dessein exprès d'effrayer pendant tout un sermon ; ce qui en soi-même doit par avance diminuer l'effroi et amener la monotonie. A proprement parler, le ciel et l'enfer sont plutôt des sujets de réflexions et de méditations fréquentes que des sujets de longues descriptions : si l'on prend ce dernier parti, il est très difficile d'y éviter la rhétorique, que dans la chaire sur-tout on ne saurait trop éviter. Massillon en est venu à bout, parce qu'il s'est sagement borné. L'abbé Poulle, au contraire, s'y est jeté à corps perdu, mais souvent aussi avec une audace heureuse : c'est là qu'il a répandu le plus d'esprit et d'ornements, et il a fait du moins de ces discours deux beaux morceaux de rhéteur. La péroraison de celui du *Ciel* est une analyse très bien faite et très oratoire du psaume *Lætatus sum*, et c'est ce qu'il y a de meilleur dans ce sermon, et ce qui est le plus beau d'un sermon. Son *Enfer* n'est que le développement de deux grandes idées, l'une de Bossuet, l'autre de saint Augustin. Bossuet a dit que Dieu, tout puissant qu'il est, n'a rien trouvé de plus terrible pour se venger du pécheur que son péché même ; et c'était la conséquence de ce qu'avait dit saint Augustin, que Dieu étant essentiellement bon, ne saurait trouver en lui de quoi tourmenter les pécheurs, et qu'il ne les punit qu'en leur restituant leurs œuvres : d'où il suit que les peines de l'enfer ne sont en substance que le péché vu tel qu'il est, et avec tous ses effets propres. Ces idées sont de cette métaphysique profonde que la religion fait trouver à l'homme dans sa raison même; et il y a là plus de vrai génie que dans les magnifiques amplifications de l'abbé Poulle, où l'esprit, malgré tous ses efforts, laisse encore apercevoir sa petitesse en contraste avec la grandeur des objets. Je ne puis en donner de meilleure preuve que de mettre en regard Massillon et l'abbé Poulle dans deux morceaux très marquants, où l'un de ces écrivains est évidemment revenu sur toutes les idées de l'autre. Vous serez à portée de juger si, en se les appropriant, il les a fortifiées et embellies. Voici comment s'exprime Massillon dans son *Mauvais riche*, sur le sort des réprouvés:

« Un mouvement plus rapide que celui d'un trait
« décoché par une main puissante, portera leur
« cœur vers le Dieu pour qui seul il était créé, et une
« main invisible les repoussera loin de lui. Ils se
« sentiront éternellement déchirés, et par les ef-
« forts violents que tout leur être fera pour se réu-
« nir à leur Créateur, à leur fin, au centre de tous
« leurs désirs, et par les chaînes de la justice divi-
« ne, qui les en arrachera et qui les liera aux flam-
« mes éternelles. Le Dieu de gloire même, pour
« augmenter leur désespoir, se montrera à eux plus
« grand, plus magnifique, s'il est possible, qu'il ne
« paraît à ses élus; il étalera à leurs yeux toute sa
« majesté pour réveiller dans leur cœur tous les
« mouvements les plus vifs d'un amour inséparable
« de leur être; et sa clémence, sa bonté, sa munifi-

« cence, les tourmenteront plus cruellement que sa
« fureur et sa justice. Ici-bas, mes frères, nous ne
« sentons pas toute la violence de l'amour na-
« turel que notre âme a pour son Dieu, parce que
« les faux biens qui nous environnent, et que nous
« prenons pour le bien véritable, ou l'occupent,
« ou la partagent. Mais, l'âme une fois séparée du
« corps, ah! tous ces fantômes qui l'abusaient s'é-
« vanouiront; tous ces attachements étrangers péri-
« ront: elle ne pourra plus aimer que son Dieu,
« parce qu'elle ne connaîtra plus que lui d'aima-
« ble. Tous ses penchants, toutes ses lumières, tous
« ses désirs, tous ses mouvements, tout son être se
« réunira dans ce seul amour ; tout l'emportera,
« tout la précipitera, si je l'ose dire, dans le sein de
« son Dieu, et le poids de son iniquité la fera sans
« cesse retomber sur elle-même, éternellement for-
« cée de prendre l'essor vers le ciel, éternellement
« repoussée vers l'abyme, et plus malheureuse de
« ne pouvoir cesser d'aimer que de sentir les effets
« terribles de la justice et de la vengeance de ce
« qu'elle aime. »

Il fallait compter beaucoup sur ces ressources
d'esprit et de diction pour joûter ici contre Massillon en redisant précisément la même chose.
L'abbé Poulle en a trouvé, je l'avoue, et cela seul
peut lui faire honneur ; mais sont-elles suffisantes
pour hasarder la comparaison? C'est ce que vous
allez voir.

« Sur la terre, c'est le pécheur qui se défend, et
« c'est Dieu qui le poursuit, qui ne peut consen-

« tir à sa perte, qui heurte à la porte de son cœur,
« qui l'appelle par sa grace, Dans l'enfer, tout ren-
« tre dans l'ordre : c'est Dieu qui se refuse, et c'est
« le réprouvé qui le cherche; son âme, dégagée des
« liens *imperceptibles* qui suspendaient la rapidité
« de sa pente naturelle, est rappelée malgré elle à
« toute sa destination; elle se porte vers lui avec
« impétuosité. Où vas-tu, âme criminelle ? Tu voles
« au-devant de ton juge ! Ni cette *considération*, ni
« les *alarmes*, ni le châtiment qu'elle se prépare,
« ne sont *pas* capables d'arrêter l'*impulsion* vive
« *qui l'entraine*. Elle s'élance par la nécessité de sa
« nature, et toutes les perfections divines qu'elle a
« outragées *s'empressent* de la rejeter; elle s'élève
« par le besoin immense et pressant qu'elle a de
« son Dieu, et son Dieu la repousse par la haine né-
« cessaire qu'il porte au péché. Également malheu-
« reuse, et quand elle s'efforce de s'approcher de
« cette source de tous les biens, et quand elle en
« est arrachée avec violence; également tourmen-
« tée, et lorsqu'elle sort d'elle-même, et lorsqu'elle
« est contrainte de s'y replonger, elle trouve son
« Dieu sans pouvoir le posséder; elle se fuit sans
« pouvoir s'éviter; elle passe successivement des
« ténèbres à la lumière, et de la lumière aux ténè-
« bres; elle roule d'abymes en abymes, d'horreurs
« en horreurs; elle porte l'enfer jusque vers le
« ciel; elle rapporte l'image du ciel jusque dans l'en-
« fer même. »

Ce qu'il y a de mieux ici pour l'expression est
à la fin, depuis ces mots : *Elle roule d'abymes en*

abymes; ce qui vaut le mieux pour la pensée, c'est le commencement, ce contraste de ce qu'est Dieu, pour le pécheur sur la terre, et de ce qu'il est dans le ciel : mais d'ailleurs et en total, quelle disproportion ! Ne comptons même pour rien les fautes de langage; la négation *pas* qui est de trop, c'est une distraction : *l'impulsion qui entraîne,* c'est une impropriété : les *liens imperceptibles,* pour dire les liens secrets ou inconnus, c'est un manque de justesse. Combien encore d'expressions froides qui nuisent à l'effet! Cette *considération,* ces *alarmes,* ces *perfections divines* qui *s'empressent!* Vous ne trouverez point cette espèce de fautes dans les écrivains supérieurs, sur-tout dans les morceaux d'effet, parce que la conception et l'expression sont alors également dans leur âme, et que l'âme est incapable de cette froideur de diction qui est une espèce de fausseté dans le sentiment : au contraire, celui dont l'imagination seule est échauffée est très susceptible de cet oubli. Mais observez sur-tout le caractère général des deux morceaux : dans l'un, l'opposition des idées principales est exprimée avec la plus grande énergie de figures et d'images ; dans l'autre, elle est répétée et multipliée dans une suite de petites antithèses de mots, dont les unes n'ajoutent rien aux autres; et, dans ce genre, répéter n'est qu'affaiblir. *Elle trouve sans posséder, elle fuit sans éviter,* et puis *la lumière et les ténèbres, et les ténèbres et la lumière :* que tout cela est petit devant ce seul tableau tracé en deux lignes, en une phrase : « Tout l'em-« portera, tout la précipitera, si je l'ose dire, dans

« le sein de son Dieu, et le poids de son iniquité la
« fera sans cesse retomber sur elle-même! » C'est là
que les mots et les choses sont dans un rapport
exact, et que le nombre de la phrase achève encore
l'effet dans cette chute imitative, *retomber sur elle-
même*: c'est là vraiment peindre à l'imagination et
à l'oreille des objets qui semblent échapper aux
sens. Massillon, bien loin de marquer et de redoubler le cliquetis de l'antithèse dans un sujet austère
et imposant, tempère cette figure quand il s'en sert,
et même en efface presque la forme par la tournure ferme et soutenue de sa phrase. *Éternellement
forcée de prendre l'essor vers le ciel, éternellement
repoussée vers l'abyme.* Il n'appuie sur l'antithèse
que dans un mot terrible, *éternellement*, et change
sur-le-champ de construction dans ce qui suit. Toute
sa composition dans ce morceau est nombreuse, variée, grave, progressive: l'abbé Poulle n'a coupé
l'uniformité de ces phrases sautillantes que par ce
seul mouvement qui mérite des éloges, *Où vas-tu,
âme criminelle?* Mais qui est-ce qui domine dans
tout le reste? qu'est-ce qu'on y sent? de l'esprit; et
quoi encore? de l'esprit. C'est trop peu devant Massillon, trop peu pour le sujet, trop peu pour le genre.

Il a du moins, comme tous les prédicateurs (et
c'est une justice qu'il faut lui rendre en finissant),
connu et déploré tout le mal que devait faire l'irréligion, affichée partout sous le nom de *philosophie;*
et la dernière fois qu'il prêcha, il crut devoir se
rendre ce témoignage, et d'une manière solennelle,
comme s'il eût voulu prendre acte de ses pressen-

timents au moment où ils étaient près de se réaliser.

« Hélas! depuis trente-cinq ans que nous exerçons
« le ministère de la parole dans cette capitale, nous
« n'avons cessé de vous annoncer tous ces malheurs,
« et de vous en montrer le principe. Sentinelle vi-
« gilante, du haut de la montagne où nous étions
« placés, nous avons sonné l'alarme à la première
« découverte de l'ennemi. Au moment que la Ba-
« bylone maudite, après avoir long-temps préparé
« son poison, vous offrit en souriant la coupe de
« l'impiété, et que vous y portâtes avidement les
« mains, nous vous criâmes : Arrêtez! qu'allez-vous
« faire? loin de vos lèvres cette coupe empoisonnée,
« vous buvez la mort. Tout est perdu, la religion,
« les mœurs, l'État. Vous ne regardiez alors nos
« prophéties que comme l'exagération d'un zèle ou-
« tré; nous-mêmes nous ne comptions pas qu'elles
« fussent sitôt accomplies. Mais un abyme attire un
« autre abyme. A mesure que l'irréligion s'est répan-
« due, l'iniquité plus hardie, s'est hâtée dans sa cour-
« se; elle a devancé nos prédictions; elle n'aura dé-
« sormais d'autres bornes que son impuissance. Que
« nous reste-t-il donc à vous prédire en descendant
« de la montagne? Nous le disons en gémissant :
« les vengeances du Ciel. Quel héritage vous lais-
« sons-nous, mes frères! Puissions-nous le détour-
« ner par nos vœux et par nos prières! »

Il n'a pas eu sa part de cet *héritage*, et n'a pas vu
les vengeances; il est mort huit ans avant la révolution, dont l'idée même n'entrait certainement pas
dans celle des *vengeances* qu'il annonçait : nul, hors

un prophète, ne peut prévoir ce qui n'a jamais été vu; et l'abbé Poulle, comme tant d'autres, n'eut d'autre inspiration que celle du zèle. Ce zèle n'a pas été trompé dans le rapport très prochain des causes aux effets. Mais quant à la nature et l'étendue des effets, rien n'en peut rendre compte que ces paroles des l'Écriture : « Seigneur*, qui peut con-« naître la puissance de votre colère, et qui aura la « mesure de vos vengeances ? ** »

La Harpe, Cours de Littérature.

PRADON (Nicolas), né à Rouen, mourut à Paris en 1698. L'époque où ce poète, dont la célébrité est devenue si malheureuse, vit le jour est restée incertaine. Il vint de bonne heure à Paris, où il suivit la carrière du théâtre, avec succès, si on veut considérer comme tels les triomphes trompeurs qui l'aveuglèrent lui-même; avec honte, si on le juge d'après la réputation qui lui est restée.

Une cabale aussi lâche qu'inepte poursuivait Racine, et eut l'idée d'opposer Pradon à ce grand homme; ce qu'il y eut de plus bizarre, c'est que quelques hommes d'esprit et d'une condition à res-

---

* Deus, quis novit potestatem iræ tuæ, et præ timore tuo iram tuam dinumerare ? (Psalm. LXXXIX, 12.)

** On peut consulter encore sur ce prédicateur l'*Essai sur l'Éloquence de la chaire*, par le cardinal Maury, et le morceau intitulé *de l'Éloquence de la chaire*, dans lequel M. Lacretelle a, suivant les expressions de Chénier, « un peu exagéré le mérite des sermons de l'abbé Poulle, habile orateur « sans doute, à qui l'on ne saurait contester de la verve et de la pompe dans « le style, mais à qui l'on peut reprocher souvent une diction retentissante « et prodigue de mots »

ter étrangers aux vaines considérations de l'envie, s'unirent aux détracteurs de notre plus grand poète. La duchesse de Bouillon et son frère, le duc de Nevers, étaient à la tête des partisans de Pradon. Sa première pièce, *Pyrame et Thisbé,* fut jouée en 1674 avec un brillant succès, dans lequel le mérite de l'ouvrage ne fut certainement pour rien. L'année suivante on vit paraître *Tamerlan* : quoique cette pièce n'obtint pas le même succès que la précédente, on lui appliqua dans le temps cette phrase, qui prouvait déjà le ridicule que les illustres adversaires et les gens de goût déversaient sur lui : *L'heureux Tamerlan du malheureux Pradon.*

Cependant on voulut opposer d'une manière plus directe les deux hommes si peu faits pour lutter ensemble. Racine fut contraint de subir cette indigne rivalité, et, à la honte des barbares, ce fut lui que la foule déclara vaincu. *Phèdre et Hippolyte*, tragédie de Pradon, jouée en 1677, eut une multitude de représentations. Madame Deshoulières, dont au surplus l'opinion était de fort peu d'importance, eut assez peu de goût pour se déclarer contre Racine, et composa un sonnet dont la suppression eût été un grand bonheur pour elle, en lui épargnant la honte de l'animosité ou d'un faux jugement. Le chef-d'œuvre nouveau de Racine fut méconnu. Indigné d'une telle injustice, l'auteur de tant de beaux ouvrages renonça au théâtre. Le triomphe d'un moment des vandales qui le persécutaient priva la France de plusieurs chefs-d'œuvre, c'est là sur-tout ce qu'il faut déplorer, et ce qui justifie trop l'animosité qu'il est difficile de vaincre quand on parle de Pradon. Je ne comparerai pas le plan des deux *Phèdres*, c'est le beau côté de la pièce de Pradon, et on peut reprocher à Racine le peu d'intérêt du rôle d'Aricie ; mais je n'en exprimerai pas moins l'opinion que, sous ce rapport même, la pièce de Racine me paraît encore mériter la supériorité. Quant au style, il y aurait blasphême à prononcer le mot de comparaison : cependant, j'engagerai à faire la lecture du récit d'Idas, à la fin de la pièce de Pradon, il n'est rien au monde de plus plaisant et de plus curieux que ce rapprochement avec le magnifique récit de Théramène.

Il serait superflu de s'étendre longuement sur chacune des pièces de Pradon, aucune d'elles n'est assez remarquable pour qu'on puisse y trouver des leçons bien profitables ; nous nous bornerons à en indiquer les titres; dans l'ordre où les présente l'édition de Paris, 1754, 2 vol in-12. *Pyrame et Thisbé* ; *Tamerlan* ou *la Mort de Bajazet*; *Phèdre et Hippolyte*, qui parut deux jours après la *Phèdre* de Racine ; *la Troade* ; *Statira* ; *Régulus*, et *Scipion l'Africain*. Le père Niceron fait mention de plusieurs autres pièces, aujourd'hui totalement inconnues : *Antigone, Électre, Germanicus, et Tarquin*. De tous ces ouvrages, la seule pièce de *Régulus* mérite une mention particulière. La conduite en est ménagée avec art, et, l'intérêt s'y soutient : on peut reprocher à Pradon d'avoir donné à l'histoire un démenti trop formel en faisant Régulus amoureux, mais doit-on se montrer si exigeant envers lui, lorsque le même reproche peut être adressé aux deux grands hommes qui ont immortalisé la scène française. On peut du moins lui savoir gré d'avoir senti l'inconvenance de cet amour : « Je n'y en pouvais, dit-il, mettre da- « vantage avec bienséance. » Tel était le goût du siècle, que Pradon se crut obligé de s'excuser d'avoir mis trop peu d'amour dans une pièce où il y en a trop. On a remarqué souvent qu'un sujet bien dessiné et des sentiments vrais élevaient l'écrivain au niveau de son sujet et de la situation ; Pradon l'éprouva dans Régulus. Le style, sans être exempt de reproches et même nombreux, est généralement plus soutenu que dans les autres ouvrages de ce poète, des tirades entières sont lues avec un certain plaisir. La pièce est restée long-temps au répertoire, et lorsque Baron la fit reprendre en 1722, elle parut avec un certain éclat. C'est le seul ouvrage de Pradon, à bien prendre, tous les autres sont absolument illisibles.

On s'est appuyé d'un quatrain assez joli, pour dire que Pradon avait du talent pour la poésie légère : il ne faut pas être poète pour faire un quatrain, et il serait étonnant qu'un homme, même d'un esprit médiocre, n'eût pas cette bonne fortune au moins une fois dans sa vie, sur-tout lorsqu'il a fait plusieurs essais. Ce quatrain est adressé à Mademoiselle Bernard (Catherine), l'amie de Fontenelle, et l'auteur des tragédies de *Brutus* et *de Laodamie*; le voici :

        Vous n'écrivez que pour écrire ;
        C'est pour vous un amusement :

Moi, qui vous aime tendrement,
Je n'écris que pour vous le dire.

Pradon était amoureux de cette femme spirituelle, et n'avait pas le bonheur de plaire, comme il le voyait trop bien par les lettres de son héroïne, qui lui écrivait pour se moquer de lui apparemment.

On peut juger de l'orgueil de Pradon par la manière dont il parle de Racine et de Boileau. L'opuscule, intitulé *Le Triomphe de Pradon*, 1684, in-12, est le monument le plus ridicule que la fatuité littéraire ait pu produire, le titre seul peut en être garant.

Il publia encore ses *Nouvelles Remarques sur tous les Ouvrages du sieur D**** in-12, 1685; *Le Satirique français expirant*, Cologne, 1689. (Ce morceau est un pamphlet de quelques pages); quelques pièces de vers contre Boileau, et une comédie contre Racine : *Le Jugement d'Apollon sur la Phèdre des Anciens*, jugement dans lequel Apollon n'est certainement pour rien.

La malheur de Pradon fut de naître dans un temps où le génie de plusieurs grands hommes souleva son envieuse médiocrité. Que ne se bornait-il à écrire en conscience, en rendant justice à ce qu'il ne lui était pas donné d'atteindre, on l'aurait jugé sur ce qu'il a fait de mieux; son rang dans notre littérature ne serait sans doute pas des plus brillants, mais il serait encore assez honorable. Graces à ses prétentions ridicules, il mit les armes à la main aux deux hommes qui maniaient le mieux le ridicule; et son nom, plus baffoué que ceux de Cassaigne et de Cotin, est parvenu jusqu'à nous comme un synonyme de la platitude et de la barbarie. Pradon lui-même ne nous apparaît plus qu'affublé d'un manteau grotesque, et avec la triste réputation d'un assez méchant homme et d'un plus méchant écrivain.

DE BROTONNE.

JUGEMENTS.

I.

Les ennemis de Racine se servirent de ce mauvais poète pour chagriner ce grand homme, et Pradon ne rougit pas de se prêter à leurs cabales. Sa tragédie de *Phèdre* n'est connue que par l'honneur qu'elle eut d'être opposée un moment au chef-d'œuvre de Racine. Jamais peut-être l'esprit de parti n'avait produit de scène plus absurde. Pradon ressemblait assez à quelques-uns de nos poètes tragiques modernes ; dénué de connaissances et d'études, versificateur trivial, et d'une fécondité malheureuse, mais plein d'orgueil, et sur-tout d'animosité contre la satire. Il eut la bêtise de croire que Boileau avait voulu faire un jeu de mots, en disant du poème de Saint-Amand :

Le *Moïse* commence à moisir par les bords.

Pradon le lui reprocha très amèrement : « Moïse « et Moisir (s'écrie ce judicieux critique) quelle « petite antithèse pour un si grand poète ! » Fréron n'était pas plus content de lui-même quand il croyait avoir découvert quelque inexactitude dans une phrase ou dans un vers de Voltaire.

Il ne faut pas cependant que nos jeunes auteurs se persuadent trop aisément qu'ils sont en droit de parler de Pradon avec irrévérence, ni de se donner mutuellement son nom dans leurs épigrammes : car enfin, ce poète est auteur d'une tragédie de *Tamerlan*, qui s'est soutenue au théâtre pendant plusieurs années, et de celle de *Régulus*, que l'on jouait encore, avec quelque succès, au commencement de l'autre siècle.

PALISSOT, *Mémoires sur la Littérature.*

II.

Depuis dix ans les immortelles tragédies de Racine se succédaient presque d'année en année. Il en passa douze dans une entière inaction depuis l'époque de *Phèdre*; on sait que ce fut celle de l'injustice. On répète sans cesse aux hommes qu'il faut avoir le courage de la mépriser : cet avis est fort bon, mais ce courage est fort difficile. Racine était sensible : il avait cette juste fierté de l'homme supérieur qui ne peut supporter une concurrence indigne. Le déchaînement de ses ennemis et le triomphe de Pradon blessèrent son âme : la mienne répugne à retracer les basses manœuvres que la haine employa contre lui. Ce tableau est odieux et dégoûtant, et d'ailleurs les faits sont trop connus. Il suffit de nous rappeler que Racine, à l'âge de trente-huit ans, s'arrêta au milieu de sa carrière, et condamna son génie au silence au moment où il était dans la plus grande force. C'est une obligation que nous avons à l'envie et à Pradon. Il y a long-temps que cet auteur n'est connu que par les traits plaisants que son nom a fournis au satirique français, et l'on rappelle souvent parmi les scandales littéraires, le triomphe passager de sa *Phèdre*. C'est la seule raison qui fasse citer ce plat ouvrage plus souvent que tant d'autres qui reposent dans un entier oubli. Voltaire s'est amusé à faire un raprochement de la déclaration d'amour d'Hippolyte dans les deux pièces ; et comme tout le monde a lu Voltaire, les vers de Pradon sont aussi célèbres par leur ridicule que ceux de Racine par leur beauté. Je n'en aurais donc point parlé, si je n'avais lu dans le *Dictionnaire historique*, dont j'ai déjà cité plus d'un passage tout aussi curieux, que, *pour avoir une Phèdre parfaite, il faut le plan de Pradon et les vers de Racine*, et si je ne m'étais souvenu d'avoir entendu répéter plusieurs fois le même jugement ; car il faut bien se persuader que tout ce qu'on écrit de plus absurde trouve des approbateurs et des échos. D'ailleurs, il paraît piquant de donner à un auteur méprisé un avantage sur un grand homme, et bien des gens ne sont pas fâchés de dire parce qu'ils l'ont lu : Ce rimailleur avait pourtant fait un meilleur plan que Racine. Ce n'est pas que ceux qui parlent ainsi aient lu la *Phèdre* de Pradon : ils redisent ce qu'ils ont entendu dire. Moi je l'ai lue, et même avec plaisir, car elle m'a fort diverti ; et je puis assurer en sûreté de conscience que le plan est de la même force que les vers. J'ai cru qu'il n'y aurait pas d'inconvénient d'en dire un mot : c'est une espèce d'intermède assez gai à placer au milieu des tragédies de Racine. Nous avons assez admiré ; il nous est bien permis de rire un moment ; et comme dit Horace : *Tout en riant, rien n'empêche de dire la vérité* *.

Mais auparavant, je crois devoir répondre sérieusement à des personnes très éclairées, qui ont paru ne pas approuver que quelquefois je réfutasse en passant des opinions qui ne leur semblaient pas mériter d'être combattues : sur quoi je prendrai la liberté de leur faire quelques observations. D'abord, dans les matières de goût, il y a tant de diverses choses à considérer, qu'il n'est point du tout étonnant que, sur plusieurs points, il y ait diversité d'avis, même parmi les gens d'esprit. Ce principe est général, et prouvé par des exemples sans nombre. De plus, cette diversité d'opinions doit augmenter dans un temps où le paradoxe est la ressource vulgaire des esprits médiocres, et même quelquefois l'ambition mal entendue de ceux qui ne le sont pas. Ajoutez à ces causes d'erreur celle qui n'est pas moins commune, la mauvaise foi et la passion qui s'efforcent d'accréditer de fausses idées, soit pour rabaisser ceux qui ont des talents, soit pour favoriser ceux qui n'en ont pas. En voilà assez pour établir le combat éternel du mensonge contre la vérité, et de la déraison contre le bon sens. Sans doute les honnêtes gens et les bons esprits sont inaccessibles à la contagion, et sans cela tout serait perdu. Mais ils auraient tort de se persuader que ce qui leur est démontré l'est également pour tout le monde. Il n'est donc pas inutile de combattre ceux

* Ridendo dicere verum quid vetat?

qui veulent tromper, et d'éclairer ceux qui se trompent. Mais la nature de ce combat doit être différente selon les choses et les personnes. Ce qui est visiblement absurde n'a besoin que d'être exposé au ridicule : c'est un amusement. Ce qui est spécieux doit être discuté ; c'est une instruction. Quand j'ai défendu le dialogue de Racine, dans la scène entre Agamemnon, Clytemnestre et Iphigénie, j'ai cru devoir raisonner. Veut-on savoir à qui j'avais affaire ? à La Motte, dont l'opinion sur cet article est assez connue ; à Thomas, qui, pour motiver lui-même sa critique, avait été jusqu'à refaire en prose la scène de Racine, telle qu'il la concevait. Dira-t-on que je répondais à des sots ?

Enfin (et cette considération est la plus essentielle), rien ne met la vérité dans un plus grand jour que la contrariété des opinions. Elle force à considérer les objets sous toutes leurs faces, et par conséquent à les bien connaître. C'est un principe dangereux, de trop mépriser l'erreur ; elle a toujours assez de crédit, et ce n'est jamais que sur ses ruines que s'établit la vérité. Je viens à la *Phèdre* de Pradon.

Il suppose d'abord que Phèdre n'est point encore la femme de Thésée : elle ne lui est engagée que par des promesses réciproques. Mais Thésée, en partant avec Pirithoüs pour une entreprise dont il a fait un secret, a laissé Phèdre dans Trézène avec le pouvoir et le titre de reine. Hippolyte s'est déjà aperçu qu'il en était aimé ; il aime Aricie, et c'est pour lui une double raison de s'éloigner. C'est ce qu'on apprend dans l'exposition qui se fait, comme dans Racine, entre Hyppolite et un confident. Cette conformité, qui n'est pas la seule, et le choix de ce même épisode d'Aricie, font présumer que Pradon avait eu quelque connaissance de l'autre *Phèdre*, qui était achevée et qui avait été lue dans plusieurs sociétés avant qu'il eût commencé la sienne. On sait que ce furent les ennemis de Racine qui engagèrent Pradon à lutter contre lui en traitant le même sujet, et qui lui promirent une puissante protection. Sa tragédie de *Pyrame*, quoique très mauvaise, avait eu beaucoup de succès, et l'envie cherchait partout des concurrents à celui qui était si loin d'avoir des égaux. Nous la verrons suivre la même marche contre Voltaire : les passions humaines sont les mêmes dans tous les temps.

On conçoit aisément que Pradon crut rendre sa Phèdre plus intéressante en la rendant moins coupable : le contraire était une idée trop forte pour lui. Il l'a donc faite infidèle, et non pas adultère : il lui donne Aricie pour confidente de son amour, comme Atalide l'est de Roxane : autre imitation de Racine. Rien n'est plus ordinaire aux mauvais écrivains que de piller ceux qu'ils dénigrent ; mais heureusement ils ne réussissent pas mieux à l'un qu'à l'autre. Pradon n'a pas manqué de mettre dans la bouche de sa Phèdre une critique de celle de Racine. Elle s'applaudit de n'être point l'épouse de Thésée :

Les dieux n'allument point de feux illégitimes ;
Ils seraient criminels en inspirant les crimes ;

Et, lorsque leur courroux a versé dans mon sein
Cette flamme fatale et *ce trouble intestin*,
Ils ont sauvé ma gloire, *et* leur courroux funeste
Ne sait point aux mortels inspirer un inceste,
Et mon âme *est mal propre* à soutenir l'horreur
De ce crime, l'objet de leur juste fureur.

Pradon, qui a voulu faire ici le philosophe, connaissait apparemment la mythologie aussi peu que *la chronologie*. Il aurait su que, dans une pièce de théâtre, les personnages doivent se conformer aux idées reçues, et que celle qu'il combat ici était généralement admise dans le polythéisme, qui mettait également sur le compte des dieux, et les égarements des hommes, et leurs vertus. Mais il faut entendre Phèdre parler de son amour :

PHÈDRE.

Aricie, il est temps de vous tirer d'erreur.
Je vous aime, apprenez le secret de mon cœur :
Et les soupirs de Phèdre et le feu qui l'agite,
Ne vont point à Thésée et cherchent Hippolyte.

. . . .

Aux ordres du destin je dois m'abandonner.
Hippolyte dans peu se verra couronner.
J'ai préparé l'esprit du peuple de Trézène
A le déclarer roi comme il me nomma reine.
De la mort de Thésée on va semer le bruit ;
Et pour ce grand dessein j'ai si bien tout conduit,
Qu'il faudra qu'Hippolyte, à mes vœux moins contraire
Reçoive cette main destinée à son père ;
Et que s'il veut régner, le trône étant à moi,

PRADON.

Il ne puisse y monter qu'en recevant ma foi.
Quoi! de ce grand projet Aricie est surprise!

ARICIE.

Madame, je frémis d'une telle entreprise,
Et je tremble pour vous.... enfin pour votre amour.
Justes dieux! si Thésée avançait son retour!
Que feriez-vous, Madame?

PHÈDRE.

Ah! ma chère Aricie!
Il est mille chemins pour sortir de la vie.
Mais mon frère dans peu viendra me secourir,
Et j'attends une armée avant que de mourir.
Je sais quelle amitié pour moi vous intéresse :
Unissons-nous ensemble, et plaignons ma faiblesse.
J'aime : je brûle.....

Comme elle *aime*, cette Phèdre! comme elle *brûle*! comme elle est à *plaindre*! comme tous ses petits arrangements sont intéressants! Au reste, c'est une très bonne femme qui veut que tout le monde soit content. Elle dit à sa chère Aricie :

J'aime Hippolyte, aimez Deucalion mon frère :
Son cœur *brûle* pour vous d'une flamme sincère.

Mais Aricie, de son côté, *brûle* pour Hippolyte qui *brûle* aussi pour elle, et tous ces amours ressemblent au style de tant d'écrivains, qui, selon l'expression aujourd'hui si fort à la mode, *brûlent le papier* et glacent le lecteur. Hippolyte déclare à la princesse qu'il veut quitter Trézène :

Eh quoi! vous n'avez rien qui vous retienne ici?
Thésée est loin de nous : vous nous quittez aussi !
Sans trouble, sans chagrin, vous sortez d'une ville
Où.... Que l'on est heureux d'être né si tranquille !

Il faut convenir que cet *où*..... fait une réticence bien heureuse. Hippolyte lui apprend qu'il n'est pas si *tranquille* qu'on se l'imagine, et fait cette belle déclaration que Voltaire a citée. La réponse d'Aricie est encore au-dessus :

Seigneur, je vous écoute, et ne sais que répondre ;
Cet aveu surprenant ne sert qu'à me confondre.
Comme il est imprévu, je tremble que mon cœur
Ne tombe un peu trop tôt dans une douce erreur.
Mais puisque vous partez, je ne dois plus me taire.
Je souhaite, seigneur, que vous soyez sincère.
Peut-être j'en dis trop, et déjà je rougis,
Et de ce que j'écoute, et de ce que je dis.
Ce départ cependant m'arrache un aveu tendre.
Que de long-temps encor vous ne deviez entendre.

Si la princesse est un peu faible, on ne l'accusera pas du moins d'ignorer ce qu'une fille bien née doit savoir, qu'il est de la bienséance de faire attendre *un aveu tendre* pendant un certain temps ; mais le départ et l'aveu d'Hippolyte l'ont troublée.

Je ne sais dans quel trouble un tel aveu me jette ;
Mais enfin, loin de vous, je vais être inquiète ;
Et si vous consultiez ici mes sentiments,
Vous pourriez bien, seigneur, ne partir de long-temps.

Voilà ce qui s'appelle une petite déclaration bien

délicatement tournée; et l'on pourrait dire comme dans *le Misanthrope* :

La chute en est jolie, amoureuse, admirable.

Arrive Phèdre, qui fait au prince les mêmes reproches de ce qu'il veut s'en aller. Il répond qu'étant fils de Thésée, il veut être un héros comme lui, et vivre pour la gloire. Mais Phèdre prétend qu'il doit vivre pour l'amour; et elle lui en fait un portrait fort touchant :

Tout aime cependant, et l'amour est si doux :
La nature, en naissant, le fait naître avec nous.
. . . .
Un Scythe, un *barbare aime*, et le seul Hippolyte
Est plus fier mille fois qu'un barbare et qu'un Scythe.

Elle conjure Aricie de s'unir à elle pour retenir le prince :

Ah princesse ! parlez, joignez-vous à mes larmes.

Et Aricie répond fièrement :

Madame pour un cœur la gloire a bien des charmes.

ce qui n'empêche pas qu'Hippolyte, qui n'a pas si grande envie de partir, ne finisse par consentir à demeurer, et l'on se doute bien pourquoi; il en est lui-même étonné.

Que ma gloire jalouse en demeure interdite !
Mais hélas ! je ne suis ni barbare ni Scythe.
Adieu, Madame.

Ce sont pourtant ces énormes platitudes qui furent applaudies pendant seize représentations, tandis que l'ouvrage de Racine était sifflé et abandonné.

On annonce à Phèdre le retour de Thésée. Elle commence à se faire quelques reproches; mais elle trouve bientôt des raisons pour se justifier à ses propres yeux; elle n'aime que les vertus d'Hippolyte; témoin cette apostrophe pathétique à Thésée :

Héros que malgré moi je quitte et je trahis!....
Mais hélas! ne t'en prends qu'aux vertus de ton fils.
Pourquoi l'as-tu fait naître avec tant de mérite?
Pourquoi te trouves-tu le père d'Hippolyte?

On sent qu'il n'y a rien à répondre, et que ce n'est pas la faute de Phèdre si Thésée *se trouve le père d'Hippolyte.*

Il se trouve aussi que dans le même moment elle s'aperçoit, au discours d'Aricie, que cette princesse est sa rivale. Elle la menace de toute sa vengeance; elle est au désespoir :

Le retour de Thésée, et m'étonne et m'accable :
Je suis dans un état *affreux, épouvantable.*
Je vous aime, Aricie, et ma tendre amitié,
Ma rage, mon amour doit vous faire pitié.
Des hommes et des dieux j'éprouve la colère.
Vous, Thésée, Hippolyte, et tout me désespère.

Thésée paraît, et veut presser son mariage avec elle; elle le conjure de différer. Sur cela il lui confie qu'il a toutes sortes de raisons de ne pas perdre de

temps, parce qu'un oracle le menace d'un rival.
Voici cet oracle, qui est dans le style des contes de
Fées :

> Tu seras, à ton retour,
> Malheureux amant et père,
> Puisqu'une main qui t'est chère
> T'enlèvera l'objet de ton amour.

Il craint d'autant plus cette main qui lui est chère, que, dans la conversation qu'il vient d'avoir avec son fils, il l'a trouvé fort différent de ce qu'il l'avait laissé : il l'a vu soupirer. Phèdre repousse ce soupçon, mais de manière à le confirmer. Thésée ne doute plus qu'Hippolyte ne soit amoureux de Phèdre, et, pour s'en assurer mieux, il charge la reine de proposer au prince la main d'Aricie; ce qui pourrait former une situation théâtrale, s'il eût été possible de s'intéresser un moment à l'amour de cette Phèdre. Mais ici ce n'est qu'un artifice usé, qu'on retrouve dans plusieurs pièces du temps, tout aussi mauvaises. Ce n'est pas assez d'amener une situation, il faut la fonder et la préparer de manière à produire de l'effet.

Phèdre rend compte au prince du dessein de son père; et par là lui arrache l'aveu de sa passion pour Aricie : imitation de la scène de Mithridate avec Monime. Celle de Phèdre est conduite de même; c'est une maladroite copie d'un excellent original. La reine éclate en reproches, et prend ce moment pour lui déclarer l'amour qu'elle a pour lui. Ce *plan*, puisqu'il est question de *plan*, est-il tolérable ? Quand la Phèdre de Racine se laisse emporter à une déclaration, du moins elle se croit libre, elle croit Thésée mort : ici c'est sous les yeux de Thésée, et à l'instant d'un retour qui devait la faire rentrer en elle-même ! Il faut bien se garder de prendre à la lettre ce qu'on prétend que Racine disait : *Toute la différence qu'il y a entre Pradon et moi, c'est que je sais écrire.* C'est une manière de faire sentir de quelle importance était le style dans les ouvrages d'imagination. Il est bien vrai qu'il y a des pensées communes à l'homme médiocre et à l'écrivain supérieur ; mais quand on examine les écrits de l'un et de l'autre, on voit que leurs conceptions sont aussi différentes que leurs facultés, et, en général, ceux qui écrivent mal ne pensent pas mieux qu'ils ne s'expriment.

Phèdre annonce à Hippolyte que, s'il consent à l'hymen d'Aricie, elle la fera périr. Le prince, effrayé, se refuse aux ordres de son père, qui demeure persuadé plus que jamais que l'amour de son fils pour Phèdre est la cause de ce refus. Dans un autre sujet, il y aurait une sorte d'adresse dans cette combinaison ; mais ce qui la rend ici très mauvaise, c'est que toute cette intrigue porte sur un fondement vicieux, sur la conduite effrontée de Phèdre, qui, telle que l'auteur la représente, n'a ni excuse ni intérêt. On voit que ce caractère et ce sujet étaient trop au-dessus de la faiblesse de Pradon. Il y a des sujets dont l'homme le plus médiocre peut se tirer : il y en a qu'un maître seul peut manier, et *Phèdre* est de ce nombre. Thésée irrité se résout à bannir Hippolyte. Il dit à son confident :

Je prévois, Arcas, qu'il faudra me défaire
D'un rival insolent et d'un fils téméraire.
Je ne réponds de rien, s'il paraît à mes yeux,
Et je veux pour jamais le bannir de ces lieux.

Pradon fait parler la nature aussi bien que l'amour. Phèdre ne peut supporter l'éloignement d'Hippolyte, et encore moins qu'il épouse Aricie. Toujours obstinée dans ses projets, elle veut perdre cette princesse :

Je me suis assurée en secret d'Aricie.
Un ordre de ma part lui peut ôter la vie.
J'ai remis ma rivale en de fidèles mains.

Et tout cela se passe à côté de Thésée! Quel rôle il joue pendant toute cette pièce! et quel oubli de toutes les bienséances! Hippolyte, inquiet de ne point voir Aricie, qui est disparue tout à coup, vient la demander à Phèdre, mais d'un ton digne du reste de la pièce :

Apprenez-moi de grace où peut être Aricie :
Je la cherche partout et ne la trouve pas.
Madame, tirez-moi d'un cruel embarras.
Vous savez l'intérêt de l'amour qui me presse :
Il faut, sans balancer, me rendre ma princesse.

Voici encore une nouvelle imitation de Racine. On se rappelle ce que dit Roxane à Bajazet, en parlant d'Atalide :

Ma rivale est ici : suis-moi sans différer.
Dans les mains des muets viens la voir expirer.

Phèdre dit précisément la même chose :

Je vais faire expirer ma rivale à tes yeux.

Mais ce qui convient à Roxane est bien dégoûtant dans Phèdre. Le prince se jette à ses pieds, et Thésée ne manque pas de l'y surprendre : situation que les circonstances rendent vraiment comique. Hippolyte sort sans accuser Phèdre. Alors Thésée s'adresse à Neptune, et prononce les mêmes imprécations que dans Racine. La reine touchée de la réserve et du silence d'Hippolyte, délivre Aricie au commencement du cinquième acte; mais pour finir son rôle aussi décemment qu'elle l'a commencé, dès qu'elle apprend qu'Hippolyte est sorti, elle court après lui, et il faut avouer qu'elle ne pouvait pas faire moins. On vient annoncer à Thésée que la reine est montée sur son char, et qu'elle a suivi Hippolyte :

Agnès et le corps mort s'en sont allés ensemble.

On peut juger du ridicule d'une pareille situation et de la contenance que peut faire le pauvre Thésée.

C'est là le plan qu'on voudrait que Racine eût suivi. Le récit est le même pour le fond que celui de Racine, si ce n'est qu'on n'a pas reproché à Pradon d'y avoir mis trop de poésie. Phèdre s'est tuée auprès d'Hippolyte : Aricie veut en faire autant, mais Thésée ordonne qu'on l'en empêche.

Cette belle production fit courir tout Paris pendant six semaines : au bout d'un an, les comédiens voulurent la reprendre, mais la mode était passée. La pièce fut abandonnée, et depuis on ne l'a pas revue ; mais en revanche, on en a vu et revu beaucoup d'autres qui ne valaient pas mieux.

La Harpe, *Cours de Littérature.*

PREUVE. Dans un discours qui tend ou à persuader ou à dissuader l'auditeur, la preuve est l'emploi des moyens propres à opérer l'effet qu'on se propose. Soit que l'orateur attaque ou se défende ; qu'il affirme, ou nie et réfute ; que la question soit de droit ou de fait, ou seulement d'opinion ; qu'il s'agisse de faire voir ce qui est juste ou injuste, digne de peine ou de récompense, comme dans le genre judiciaire ; ou ce qui est honnête ou honteux, digne de louange ou de blâme, comme dans le genre démonstratif ; ou ce qui est honorable et utile, ou nuisible et déshonorant, comme dans le genre délibératif, la preuve est toujours la partie essentielle et indispensable du plaidoyer ou de l'oraison ; et la première règle de l'art de persuader est de donner à ce qu'on affirme, ou d'ôter à ce que l'on nie le caractère de vérité, de certitude ou de vraisemblance.

Il n'y a guère qu'un genre d'éloquence qui puisse constamment se passer de preuve : c'est celui qui n'a pour objet que des actions de graces, des félicitations ou des condoléances ; et c'est ce qui distingue la simple harangue de l'oraison et du plaidoyer.

Par exemple, dans le discours de Cicéron *pour Marcellus*, il ne s'agit que de rendre graces à César du rappel de cet exilé; au lieu que, dans l'oraison *pour Ligarius*, il s'agit d'atténuer le crime de l'accusé et d'en obtenir le pardon : et quoique Cicéron, dans cet admirable plaidoyer, débute par avouer le crime et par abandonner le coupable à la clémence de César, on le voit revenir ensuite au moyen de rendre Ligarius le plus excusable qu'il est possible, et moins coupable que lui-même, à qui César a pardonné. On voit même que dans la harangue *pour Marcellus*, qui ne s'annonce que comme l'effusion de la reconnaissance et de l'admiration publique pour la clémence de César, Cicéron ne laisse pas de prendre le tour persuasif, pour engager César à ne rien négliger de ce qui peut mettre en sûreté sa vie; et en lui prouvant qu'il est de sa gloire et de son devoir de se conserver pour le bonheur de Rome, il enveloppe adroitement, dans cette espèce d'adulation, la leçon la plus importante : « Nunc « tibi omnia belli vulnera curanda sunt. »

Ainsi, toutes les fois qu'il s'agit de persuader, et dans les sujets mêmes les plus éloignés de toute controverse, la preuve peut trouver sa place. Mais tantôt elle est simplement rhétorique, et tantôt elle est dialectique.

La preuve que j'appelle *rhétorique* ne consiste qu'en récit, en exposé, en développement du fait ou de la vérité qu'on se propose d'établir. De ce genre est presque entièrement l'*Oraison pour la loi Manilia*; et de ce genre aussi sont toutes nos oraisons funèbres. Dans ces sujets il s'agit moins de raisonner que de décrire; et l'art de l'orateur consiste à exposer avec clarté, à raconter rapidement, à peindre avec chaleur, avec force, avec intérêt, selon que le sujet l'exige. Dans tel discours de cette nature, qui produit le plus grand effet, il n'y a pas un raisonnement.

Il est bien facile, disait Socrate, de louer les Athéniens devant les Athéniens : c'est devant les Lacédémoniens que cela serait difficile.

Mais comme les faits sur lesquels porte la louange sont communément avoués et déjà connus de l'auditoire, l'amplification est l'espèce de preuve qu'Aristote attribue à ce genre d'éloquence : « aptior ad « demonstrativas amplificatio. » Les exemples, dit-il, sont plus convenables au délibératif; et la raison qu'il en donne, c'est que le plus souvent l'avenir ressemble au passé : « utiliora ad concludendum « exempla; similia enim plerumque futura præte- « ritis. »

Il faut observer cependant que le meilleur usage à faire de l'exemple, c'est d'en appuyer le raisonnement; et entre les choses les plus semblables, il y a presque toujours assez de différence pour éluder la conclusion.

La plus grande force de la preuve est donc dans le raisonnement. Aristote le regarde comme le moyen dominant de l'éloquence du barreau; et en général lorsque l'objet dont il s'agit est contesté, ou qu'il peut l'être, et que le simple exposé du fait, ou du droit, ou de l'opinion, ne les met pas en évidence, ce moyen est indispensable, et c'est alors que la preuve est dialectique, mais sous les formes oratoires.

La logique est le squelette de l'éloquence; et ce sont les parties de ce squelette qu'Aristote, dans ses *Topiques*, et Cicéron dans l'extrait qu'il en a fait, nous ont décrites avec tant de soin, et nous ont appris à placer.

Que les disciples de l'éloquence ne dédaignent pas ces théories : c'est la raison qui se rend compte à elle-même de ses procédés et de ses moyens. On y voit comment l'orateur peut tirer du fond de son sujet, ou de la cause qu'il agite, ces arguments, ces formes de pensées, d'assertion et de réfutation, qui doivent composer la preuve : on y voit comment, au besoin, il peut les tirer du dehors : « aut ex suâ « sumi re atque naturâ, aut assumi foris. (*De* « *Orat.*) On y voit comment se décident ces trois grandes questions qui embrassent tout, « an sit, « quid sit, quale sit: » comment la nature des choses se développe et se fait connaître par la définition, par la division du genre en ses espèces, du tout en ses parties, par les similitudes et par les différences, par les causes et les effets, par l'opposition des contraires : comment l'existence des faits se prouve ou se débat par les indices, les témoignages, les circonstances qui ont précédé, accompagné, suivi le fait dont il s'agit; par la nature du fait même; ou par le caractère de la personne à laquelle il est imputé : comment l'espèce et la qualité du fait se détermine, ou par lui-même, ou par les circonstances qui le caractérisent, et qui font voir quelle en est la malice, l'iniquité, l'indignité, ou la bonté, l'équité, l'innocence. Lois, exemples, autorités, usages, opinion commune, mœurs publiques, mœurs personnelles, caractère et génie national, tout peut contribuer à la preuve et y trouver place.

Mais on sent bien qu'elle diffère d'elle-même, selon le genre du discours et la nature du sujet : que, par exemple, dans ses trois questions « an sit, « quid sit, quale sit, » qui conviennent également et à la thèse philosophique et à l'hypothèse oratoire, la preuve agit différemment; par conjecture dans la première, par définition dans la seconde, et par discussion de droit dans la troisième : « horum « primum conjecturâ, secundum definitione, ter- « tium juris et injuriæ distinctione explicatur. »

On sent de même que dans les causes conjecturales, selon le point dont il s'agit et selon l'état de la cause, « sitne aliquid, unde ortum sit, quæ id « causa effecerit, » la preuve doit changer de procédés et de moyens; que s'il s'agit seulement de savoir quelle est la qualité morale d'une chose, ou s'il s'agit de la comparer avec une autre et de déterminer laquelle des deux, par exemple, est la plus honnête, la plus utile ou la plus juste, la preuve embrasse plus ou moins d'étendue; que, dans les questions de droit, c'est de l'équité qu'il s'agit, « et naturâ et instituto; » que dans les causes personnelles, c'est de la volonté, de l'intention, de l'imprudence, du hasard, de la nécessité ou de la liberté, de la nature et des circonstances de l'action, des mœurs, des habitudes, des qualités de la personne, que l'accusation et la défense tirent les forces de la preuve.

On sent enfin, et ceci regarde tous les genres d'éloquence, que c'est toujours au point de la difficulté, au point où l'adversaire ou l'incrédule est en défense, « in quo primùm insistit, quasi ad « repugnandum, congressa defensio, » et qu'on a appelé pour cela *status*, la *station* ou l'*état* de la cause; que c'est là, dis-je, que la preuve doit se diriger tout entière; car c'est une déclamation oiseuse, une rhétorique perdue, que de prouver ce dont l'auditoire ne doute pas ou dont l'adversaire convient, et c'est non-seulement un vice assez commun de l'éloquence de la chaire, mais du langage du barreau, d'où il arrive que, dans un long discours, tout est prouvé, hormis ce qui a besoin de l'être.

Quant aux formes d'argumentation dont la preuve oratoire est susceptible, elle n'en refuse aucune: mais elle les déguise toutes en les enveloppant, qu'on me passe le terme, des draperies de l'éloquence. Ce n'est pas que l'orateur n'insiste quelquefois, dans une discussion véhémente, à la manière du dialecticien, et alors plus le raisonnement est serré, plus il est pressant; mais un discours où la crudité de l'argumentation ne serait jamais adoucie rebuterait son auditoire avant de l'avoir convaincu. Il est donc nécessaire de polir les formes logiques mais il faut les laisser sentir et ne jamais les énerver : ce sont elles qui donnent à l'éloquence un stature ferme, solide et régulière. Un corps désossé n'est qu'une môle de chair. Il en serait ainsi de l'éloquence à laquelle une logique austère ne prêterait pas ses appuis, ses mobiles et ses ressorts.

Mais quoique toutes les formes logiques animées par les peintures et les mouvements oratoires, développées par l'amplification, revêtues des ornements d'un style figuré, harmonieux, sensible, appartiennent à l'éloquence, il en est cependant qui semblent lui être plus favorables. J'en indiquerai quelques-unes.

L'énumération exclusive, et que les mathématiciens appellent la *preuve par épuisement* : Vous voulez être heureux, et vous ne le serez ni par l'ambition, ni par l'avarice, ni par la volupté, ni par une molle indolence, etc., etc.; essayez donc au moins de l'être par le travail et la vertu.

L'énumération collective : Demandez à tous les peuples du monde, au Gaulois, au Germain, au Carthaginois, etc., quel est celui que chacun d'eux estime le plus après lui-même, tous vous répondront : *Les Romains.*

L'opposition : Si l'homme faible et malheureux est un être sacré pour l'homme, celui qui l'insulte ou qui l'accable n'est pas seulement inhumain, il est impie et sacrilège.

L'alternative contradictoire, et à laquelle il n'y a point de milieu (ce que les anciens appelaient *dilemme* et figurément *le bélier*, comme l'argument le plus fort). Ainsi Crassus, en plaidant la cause d'Opimius, qui, en exécution d'un décret du sénat,

avait fait tuer l'aîné des Gracques : « Aut senatui
« parendum de salute reipublicæ fuit, aut aliud con-
« silium instituendum, aut suâ sponte faciendum :
« aliud consilium superbum, suum arrogans, uten-
« dum, igitur consilio senatûs.* » (*De Oratore.*)

La force du dilemme consiste à ne pas admettre de milieu, comme dans cette réponse de Xénophane à ceux d'Eloete, qui demandaient s'il fallait être en deuil en sacrifiant à Leucothoé. Si vous la croyez déesse, leur dit-il, pourquoi la pleurer ? si elle n'a été que mortelle, pourquoi lui sacrifier ?

Au contraire le vice du dilemme est de laisser un milieu dans l'alternative, comme dans celui-ci : Il n'y a point d'homme libre au monde ; car tout homme est esclave ou de ses passions ou de la fortune : à quoi l'on répond que le sage n'est esclave ni de la fortune ni de ses passions.

Tout raisonnement conditionnel est vicieux de même, si de l'antécédent au conséquent la liaison n'est pas nécessaire, et s'il peut y avoir un milieu. Ainsi ni l'un ni l'autre de ces deux Athéniens, dont l'un conseillait à son fils de ne pas se mêler des affaires publiques et l'autre de s'en mêler, n'était bon dialecticien. « Si tu proposes des choses justes, di-
« sait l'un, tu seras haï des hommes ; si des choses
« injustes, tu le seras des dieux. Si tu proposes des
« choses justes, disait l'autre, tu auras les dieux

---

* « Dans un moment où il s'agissait du salut de la république, il fallait
« ou qu'Opinius obéît au sénat, ou qu'il prît un autre conseil, ou qu'il se
« décidât lui-même. Se choisir un conseil à son gré eût été de l'orgueil,
« s'en tenir lieu était de l'arrogance. Il fallut donc obéir au sénat. »

« pour amis ; si des choses injustes, tu auras pour
« amis les hommes. »

Observons ici, comme une heureuse hardiesse, que Cicéron, qui avait bien lu Aristote, emploie en faveur de Milon le même sophisme qu'Aristote donne pour tel, et qu'il condamne dans cet exemple : « S'il méritait la mort, c'est donc avec justice qu'il a « été tué. » *Si justè mortuus, etiam justè occisus est.* Et sa réponse est précisément celle qu'on devait faire à Cicéron : « Oui, mais ce n'était pas à Milon « de le tuer. » *Verùm fortasse non à te.*

Les autres formes dont la preuve oratoire est le plus susceptible sont *la comparaison, la supposition, l'induction, le syllogisme et l'enthymème.*

La comparaison simple, comme Achille dans l'*Iliade* : « Pourquoi les Grecs font-ils la guerre aux « Troyens ? n'est-ce pas pour faire rendre Hélène à « Ménélas ? et n'y a-t-il donc au monde que les Atri- « des qui aiment leurs femmes ? »

La comparaison du plus faible au plus fort : « Si « tout homme, pour sa propre défense, a droit « d'ôter la vie à son agresseur, combien plus à un « scélérat, à un sacrilège, à l'ennemi des hommes « et des dieux, tel que l'a été Clodius ? » *Cui nihil nefas unquam fuit, nec in facinore nec in libidine.*

« Quelle fidélité peux-tu attendre des étrangers, si tu es l'ennemi de tes proches ? » disait Micipsa mourant à Jugurtha. *Quem alium fidum invenies, si tuis hostis fueris ?* (Salluste.)

Le vice de cette espèce d'argumentation est dans le manque de parité, comme si l'on disait : Puisqu'il n'est pas honteux d'emprunter à usure, il n'est pas honteux de prêter ; ou, dans la fausse supposition de supériorité qu'on donne à une chose sur une autre, comme si l'on disait : Puisqu'il est prodigue il sera libéral ; il sera vaillant puisqu'il est téméraire.

La supposition que Cicéron regarde comme un des moyens les plus féconds, et dont se servit Démosthène avec tant de force pour justifier ses conseils : « Si, par une lumière prophétique, tous « les Athéniens avaient démêlé les évènements fu- « turs, et que tous les eussent prévus, et que vous, « Eschine, vous les eussiez prédits et certifiés avec « votre voix de tonnerre, Athènes, même dans ce « cas, aurait dû faire ce qu'elle a fait, pour peu « qu'elle eût respecté sa gloire et ses ancêtres, et « les jugements de la postérité. »

C'est par cette sorte de raisonnement que Cicéron presse les juges de Milon en plaidant sa cause. « Si « cruentum gladium tenens clamaret Titus Annius « (Milo) : Adeste, quæso, atque audite, civites. P. « Clodium interfeci : ejus furores, quos nullis jam « legibus, nullis judiciis frenare poteramus, hoc « ferro et hâc dexterâ à cervicibus vestris repuli ; « per me unum, ut jus, æquitas, leges, libertas, « pudor, pudicitia, in civitate manerent : essetne « metuendum quonam modo id ferret civitas ? » *

---

* « Si Milon, tenant son épée encore sanglante, s'écriait : Venez, citoyens, « écoutez-moi. J'ai tué Clodius Ses fureurs, que les lois et la crainte des « jugements n'avaient jamais pu réprimer, ce bras, ce fer les ont repoussées « et en ont préservé vos têtes : par moi, et par moi seul, les lois, la justice, « les tribunaux, la liberté, la pudeur, l'innocence, vont être en sûreté dans « Rome : serait-il à craindre que cet aveu n'obtînt pas la faveur du peuple ? »

Et plus bas : « Fingite... cogitatione imaginem hujus
« conditionis meæ, si possim efficere ut Milonem
« absolvatis, sed ita, si P. Clodius revixerit. Quid !
« vultu extimuistis ! Quonam modo ille vos vivus
« afficeret, qui mortuus inani cogitatione percus-
« sit ! Quid ! si ipse Cn. Pompeius... potuisset aut
« questionem de morte Pub. Clodii ferre, aut ip-
« sum ab inferis excitare ; utrum putatis potius fac-
« turum fuisse ? etiamsi, propter amicitiam, vellet
« illum ab inferis evocare, propter rempublicam,
« non fecisset. Ejus igitur mortis sedites ultores, cujus
« vitam, si putetis per vos restitui posse, nolletis ! * »

Mais toutes ces formes se réduisent à l'induction
et au syllogisme.

L'induction est une manière détournée et arti-
ficieuse d'amener son adversaire ou son auditeur,
de la conviction d'une vérité reconnue ou dont on
le fait convenir, à la conviction d'une vérité dont
il ne convient pas encore ; et cela par l'analogie et
la ressemblance de l'une à l'autre : en sorte qu'a-
près avoir cédé à celle-là, il ne lui soit plus possible de résister raisonnablement à celle-ci.

---

* « Imaginez pour un moment, Romains, qu'il dépende de moi de faire
« absoudre Milon en ressuscitant Clodius. Mais quoi ! l'idée seule vous en
« effraie ! Quelle impression ferait-il donc sur vos esprits s'il était vivant ;
« puisque, tout mort qu'il est, sa vaine image vous épouvante ? Eh quoi ! si
« Pompée lui-même avait eu à choisir de mettre en jugement la mort de
« Clodius ou de le rendre à la vie, lequel des deux pensez-vous qu'il eût
« préféré ? Certes, quand même par amitié pour lui il eût voulu le rappeler
« des enfers, il s'en fût abstenu par amour pour la république. Vous siégez
« donc pour venger la mort d'un homme à qui vous ne voudriez pas rendre
« la vie, lorsque vous croiriez le pouvoir ! »

Il faut, pour donner à l'induction toute sa force, s'assurer d'abord de pouvoir rendre incontestable le premier point de la comparaison, ou, ce qui vaut mieux encore, le choisir tel que, par l'opinion déjà établie, il n'ait pas besoin de preuve; il faut de plus observer avec soin que la similitude soit parfaite, car sans cela, « nous aurions inutilement obtenu, « dit Cicéron, que l'un des points nous fût accordé, « s'il n'avait pas assez de ressemblance avec celui « qui nous intéresse pour nous le faire accorder « de même. » Et comme il n'arrive presque jamais qu'une première vérité soit d'une évidence irrésistible, il veut que l'orateur, en proposant celle qui n'est pas de la cause, mais qui doit lui servir de preuve, n'en laisse pas apercevoir le rapport et la conséquence, et qu'il amène ainsi l'adversaire à son but par un chemin qui lui soit inconnu. « Car « s'il est averti qu'en accordant ce qu'on lui pro-« pose d'abord, il s'engage inévitablement à conve-« nir ensuite de ce qui nuirait à sa cause, il com-« mencera par éluder la première question, ou par « y mal répondre. »

On sent combien cet art de cacher son dessein à un adversaire attentif et clairvoyant est difficile; combien d'ailleurs une similitude, sans quelque différence, est rare; et combien par conséquent la méthode de l'induction est périlleuse dans un genre d'éloquence sujet à la discussion. Mais autant elle est peu favorable au barreau, autant elle est propre à la chaire, où, pour me servir de la métaphore de Zénon, l'éloquence a la main ouverte, au lieu que, dans la plaidoirie, elle est souvent obligée d'avoir le poing fermé comme la dialectique. Ainsi, autant l'induction, par sa latitude et sa fécondité est favorable à l'éloquence, lorsqu'il ne s'agit que de rendre sensiblement une vérité morale déjà vaguement aperçue, autant elle me semble trop faible pour démontrer une vérité, soit de fait, soit de droit, ou inconnue, ou méconnue, ou formellement contestée. La méthode du syllogisme est plus pressante ; et l'on en va juger par l'exemple même que Cicéron nous donne de l'une et de l'autre. Cet exemple est tiré d'une cause fort célèbre parmi les Grecs. Il s'agit de condamner ou absoudre Épaminondas d'avoir désobéi à la loi, qui, chez les Thébains, ordonnait à un général de céder le commandement à celui que la république envoyait pour le remplacer ; d'avoir, dis-je, retenu son armée, et d'avoir défait celle des Lacédémoniens.

L'accusateur, dit Cicéron, pourra défendre ainsi la lettre de la loi contre l'esprit de la loi même. « Ma-
« gistrats, si ce qu'Épaminondas prétend que le lé-
« gislateur a sous-entendu dans la loi, il prenait sur
« lui de l'y ajouter et d'écrire lui-même au bas : *A*
« *moins que, pour le bien de la république, le gé-*
« *néral destitué ne juge à propos de retenir le com-*
« *mandement de l'armée*, souffririez-vous qu'il l'é-
« crivît ? Je ne le pense point. Que si vous-mêmes,
« par égard pour lui, vous ordonniez (ce qui est bien
« éloigné de votre religion et de votre justice), vous
« ordonniez que, sans l'aveu du peuple, cette
« exception fût ajoutée, le peuple le souffrirait-il ?

« Non, certes, il ne le souffrirait pas. Ce qu'on a
« donc pu ajouter sans crime à la lettre de la loi,
« on l'aura fait sans l'y avoir ajouté, et vous l'ap-
« prouverez vous-même ! Non, Thébains, non, je
« connais trop bien votre sagesse. Et en effet, si,
« dans la volonté écrite du législateur, rien n'a pu
« être altéré ni par l'accusé, ni par vous, combien ne
« serait-il pas plus honteux qu'un changement, qui,
« dans les mots serait un crime, se fût fait dans la
« chose même, et qu'il fût approuvé par votre ju-
« gement ! »

Cicéron nous présente la même accusation sous la forme du syllogisme. « C'est de la loi, dit-il aux juges,
« que vous avez juré d'être les organes ; vous devez
« donc obéir à la loi. Or quel témoignage plus cer-
« tain le législateur a-t-il pu laisser de sa volonté,
« que ce qu'il a écrit lui-même avec le plus grand
« soin et l'attention la plus sérieuse ? Si la loi n'était
« pas écrite, nous souhaiterions qu'elle l'eût été,
« pour nous faire connaître plus ponctuellement la
« volonté du législateur ; et cependant nous n'au-
« rions garde de permettre à Épaminondas, quand
« même il serait hors de cause, d'interpréter à sa
« fantaisie l'intention et l'esprit de la loi. A plus
« forte raison, quand la loi est écrite et qu'elle est
« sous nos yeux, ne permettrons-nous pas qu'il l'in-
« terprète, non dans le sens de ce qui est en écrit
« avec la plus grande clarté, mais comme il con-
« vient à sa cause. Pour vous, organes de la loi, si
« vous avez juré de lui obéir, et si, par ce serment,
« vous êtes obligés de suivre ce qui en est écrit

« quelle raison pourriez-vous avoir de ne pas juger
« qu'Épaminondas a transgressé la loi et fait ce que
« la loi condamne. »

Il est aisé de voir que cette forme de raisonnement est plus pressante que la première. On va le mieux sentir encore dans la défense d'Épaminondas, dont Cicéron nous a tracé le plan.

« Magistrats, dit-il, toutes les lois doivent se rap-
« porter à l'utilité commune ; et il faut les interpré-
« ter, non à la lettre, mais dans leur esprit, dont
« l'objet est le bien public. Car telle a été la vertu
« et la sagesse de nos ancêtres, qu'en écrivant leurs
« lois ils ne se proposaient que le salut et l'avan-
« tage de leur société politique ; et non seulement
« ils ne prétendaient lui rien prescrire à son préju-
« dice ; mais si, sans le savoir, ils lui avaient pres-
« crit quelque chose qui pût lui nuire, ils entendaient
« que, dès qu'on l'aurait aperçu, on corrigeât ce
« vice de la loi. Personne en effet ne peut vouloir
« que les lois subsistent pour l'amour des lois mê-
« mes, mais pour l'amour de la république, et parce
« que les républiques ne sont jamais si bien gou-
« vernées que par les lois. C'est donc par le même
« motif qui rend les lois inviolables, qu'on doit in-
« terpréter tout ce qui en est écrit ; et puisque tous
« nos intérêts sont subordonnés à celui de l'État,
« c'est dans ce commun avantage que nous devons
« chercher l'intention des lois et l'esprit qui les a
« dictées. On ne demande à la médecine rien que de
« salutaire au corps humain, parce que c'est pour
« lui qu'elle est mise en pratique : on ne doit présu-

« mer de même de l'intention des lois rien que d'utile
« au corps politique, puisque ce n'est qu'en vue de
« son utilité que les lois sont instituées. N'examinez
« donc plus dans cette cause quelle est la lettre de
« la loi, mais voyez la loi même dans l'esprit d'équité
« et d'utilité commune qui l'anime et qui seul a dû
« l'inspirer. Or quoi de plus avantageux pour Thè-
« bes que d'accabler Lacédémone? Quoi de plus
« important pour Épaminondas, général des Thé-
« bains, que de donner la victoire aux Thébains?
« Que devait-il avoir de plus cher et de plus sa-
« cré que d'assurer à sa patrie une gloire si grande
« et un si beau triomphe? en laissant donc la lettre
« de la loi, Épaminondas a suivi l'intention du lé-
« gislateur ; il savait assez que les lois n'étaient faites
« qu'en faveur de la république ; et il aurait re-
« gardé comme le comble de la démence de ne pas
« expliquer à l'avantage de l'État ce qui n'était écrit
« que pour le salut de l'état Si donc toutes les lois
« doivent se diriger à l'utilité publique comme à leur
« terme, si le salut commun est leur premier objet,
« Épaminondas l'a rempli. Certainement il n'est pas
« possible que, par la même action, il ait fait le plus
« grand bien à sa patrie, et qu'il ait désobéi aux lois. »

Mais pour ne pas citer toujours de l'ancien, voici un exemple moderne qui fera voir jusqu'où peut aller la force de l'induction, et qui fera sentir qu'elle n'est elle-même qu'un syllogisme adroitement tourné.

Un chanoine de l'église de Paris avait un neveu pauvre, mais libertin, et qu'il avait abandonné. Ce neveu, réduit à la mendicité, s'adresse à un philosophe éloquent, et le conjure d'aller parler à son oncle et de le fléchir. L'homme dont il avait imploré l'entremise ne connaissait pas le chanoine. Il va pourtant le voir ; mais aux premiers mots qu'il lui dit en faveur du jeune libertin, le chanoine s'irrite, lui reproche de s'intéresser pour un être indigne de sa compassion, et lui raconte avec colère tous les chagrins que ce malheureux lui a donnés. Le solliciteur, lui ayant laissé répandre l'amertume de ses reproches, reprend : « Il m'a dit tous ses torts, « il m'en a même confessé un que vous dissimulez. « Quel est-il ? demanda le chanoine. De vous avoir « un jour attendu à la porte de la sacristie, au mo- « ment que vous descendiez de l'autel ; de vous avoir « mis le couteau sur la gorge, et d'avoir voulu vous « assassiner. Cela n'est pas vrai, s'écria le chanoine, « avec horreur. Quand cela serait vrai, reprit « l'homme éloquent, il faudrait user de miséricorde « envers votre neveu, et lui donner du pain. » A ces mots tout l'emportement du chanoine fut étouffé ; son âme s'amollit, quelques larmes coulèrent, et le jeune homme fut secouru.

Des deux méthodes, celle de l'induction fut celle de Socrate et de ses disciples ; elle est captieuse et subtile, mais elle est communément faible. Celle du syllogisme est celle d'Aristote, et celle dont se servent le plus communément tous les bons orateurs ; car un plaidoyer bien composé n'est souvent qu'un syllogisme développé.

Cicéron divise le syllogisme en cinq parties, les

deux prémisses, la conséquence et les preuves des deux prémisses. Mais comme ou l'une ou l'autre des prémisses peut se passer de preuve, et qu'il peut arriver que ni l'une ni l'autre n'en ait besoin, on peut fort bien ne pas regarder comme parties de l'argument les propositions auxiliaires, qui ne servent qu'à l'étayer; on peut même sous-entendre l'une des deux prémisses, lorsqu'elle est évidente, et c'est ce qui fait l'enthymème, syllogisme abrégé, qui convient beaucoup mieux à un raisonnement rapide, et que préfère l'orateur lorsqu'il veut être véhément et pressant.

L'enthymème, dit Aristote, est le syllogisme oratoire. *Enthymema voco syllogismum oratorium.* Et les exemples qu'il donne font voir qu'il le réduit non seulement à l'une des prémisses et à la conséquence, mais plus souvent encore à une seule proposition, tantôt simple, comme dans cet exemple, « Celui qui se réjouit du mal d'autrui, et l'envieux, « ne sont qu'un même caractère, » *Idem est alienis malis gaudens et invidus;* tantôt composé, comme dans celui-ci, « Les jeunes gens sont miséricordieux « par humanité, les vieillards par faiblesse », *Juvenes ob humanitatem misericordes, senes ob imbecillitatem*; tantôt accompagné de sa raison, « Il faut « aimer son ami comme devant l'être toujours, « et non comme pouvant un jour cesser de l'être, « car cette défiance tient de la perfidie. » *Oportet amare, non, ut aiunt, tanquam osurum, sed tanquam semper amaturum : insidiatorem enim alterum est.*

On voit que l'enthymème ainsi réduit est ce qu'on appelle sentence, et que la sentence n'est qu'un syllogisme où dans une seule proposition se réunissent implicitement les prémisses et la conséquence. Ainsi, par exemple, au lieu de dire : celui qui demande une garde pour sa personne affecte la tyrannie ; or Pisistrate demande une garde, donc, etc.; l'orateur ne fera qu'énoncer la première proposition, et laissera le soin à l'auditeur d'en déduire les deux suivantes. Ceci fait entendre pourquoi le style sentencieux convient mieux à un vieillard qu'à un jeune homme ; mieux à l'orateur consommé qu'à l'orateur nouveau, dont la réputation n'est d'aucun poids encore : car l'un a plus le droit que l'autre de se dispenser quelquefois de motiver ce qu'il avance ; et il peut poser en maxime ce que l'autre a besoin de fonder en raisons.

Mais le vrai mérite de la sentence consiste à n'avoir pas besoin de l'autorité personnelle, et à porter en elle-même sa force comme sa lumière, par la justesse des rapports ou des résultats qu'elle énonce. Telle est cette pensée de La Bruyère : *Un fort malhonnête homme n'a jamais assez d'esprit;* et celle-ci de Vauvenargues : *La conscience des mourants calomnie leur vie,* et cette maxime de Corneille :

Et qui doit tout pouvoir ne doit pas tout oser.

Le sorite est une suite d'enthymèmes enchaînés l'un à l'autre, comme dans cet exemple de Montaigne : *Quiconque attend la peine la souffre,* et *quiconque la mérite l'attend.* Rien n'est plus captieux que cette espèce d'argument. L'on sait que c'est ainsi que Thémistocle, en badinant, prouvait que son enfant commandait à toute la Grèce.

J'ai vu souvent que les arguments les plus sophistiques étaient les plus familiers à l'éloquence, et singulièrement à l'éloquence des passions, qui sont elles-mêmes de tous les sophistes les plus adroits et les plus dangereux

Observons cependant que dans le plaidoyer, où l'on s'expose à la réplique, le sophisme est toujours un moyen périlleux, car un adversaire attentif, s'il a l'intelligence vive, en saisira aisément l'endroit faible; et pour le lui cacher ou pour le prémunir, c'est là qu'il faudra rassembler tous les prestiges de l'élocution. Encore ce moyen de suppléer à la saine raison n'est-il pas sûr; et un principe dont le commun des orateurs n'est pas assez persuadé, c'est que la dialectique est pour l'orateur ce que le dessein est pour le peintre; et qu'il est plus possible encore à celui-ci de se passer de correction, qu'à l'autre de se dispenser d'exactitude et de justesse. Mais je suppose que la logique a été la première étude de l'orateur, et je n'ajoute plus qu'un mot sur la théorie de la preuve : c'est qu'il ne suffit pas que l'éloquence donne de l'embonpoint, de la couleur, de la chaleur à la logique, et déguise, sous la richesse d'une parure ménagée, la sécheresse et la raideur d'une argumentation rigoureuse et pressante; et qu'il faut encore qu'il ait soin d'en diversifier les formes. Ce précepte est de Cicéron; et la raison qu'il en donne est que l'uniformité en toutes choses est la mère de la satiété : *nam omnibus in rebus similitudo est satietatis mater*.

Dans l'éloquence de la chaire, les premiers des orateurs pour la force et la solidité du raisonnement sont Bourdaloue et Saurin. Mais comme il s'agit moins, en chaire, de convaincre un auditoire déjà croyant, que de le persuader; et que ce ne sont pas les preuves des vérités théologiques, mais de profondes impressions des vérités morales, qu'il s'agit de laisser dans les esprits et dans les âmes; les raisonneurs les plus pressants et les plus forts ne sont pas les plus sûrs de produire de grands effets.(*Voyez* CHAIRE, ÉLOQUENCE, PATHÉTIQUE, etc.)

MARMONTEL, *Éléments de Littérature*.

PREVOST-D'EXILES (ANTOINE-FRANÇOIS), l'un des écrivains les plus féconds du XVIIIe siècle, naquit en 1697 à Hesdin, petite ville de l'Artois, où sa famille tenait un rang distingué. Envoyé au collège des jésuites pour y faire ses études, il prit d'abord quelque goût pour la vie religieuse, et commença son noviciat avant l'âge de seize ans; mais bientôt rebuté par les rigueurs du cloître, il voulut essayer si la carrière des armes lui offrirait plus de charmes, et quitta l'habit de jésuite pour prendre celui de volontaire. Ce second choix cependant, aussi inconsidéré que le premier, ne le rendit pas plus heureux. Il revint chez les jésuites, qui lui pardonnèrent aisément sa faute, et l'accueillirent même avec tant de bonté, que les douceurs qu'il trouva parmi eux lui tinrent, pendant quelque temps, lieu de vocation. Mais l'effervescence de son âge et de son imagination ne lui permirent pas de goûter longtemps cette vie paisible; pour la seconde fois il s'enfuit du cloître, alla reprendre son rang à l'armée, et se livra pendant quelques années à toutes les jouissances qui lui étaient offertes. Enfin un violent amour trahi étant venu empoisonner ses plaisirs et désenchanter son existence, il se crut de nouveau appelé à l'état religieux et entra chez les bénédictins de Saint-Maur, où l'étude amortit, pendant quelque temps, ses passions, sans les détruire. Il eut des succès dans l'enseignement et dans la chaire, et fut associé aux immenses travaux de ses confrères à l'abbaye de Saint-Germain-des-Prés ; mais l'image du monde et des vains plaisirs qu'il avait goûtés se reproduisait trop souvent à son imagination pour qu'il pût vivre en paix dans la solitude. Il voulut alors alléger des chaînes qu'il avait prises volontairement, et, n'ayant pu y parvenir, il s'enfuit en Hollande en 1729, et s'y fit une ressource de ses talents.

Fixé à la Haye, c'est là qu'il publia ses *Mémoires d'un homme de qualité*, dont il avait composé les deux premiers volumes pendant son séjour à l'abbaye Saint-Germain-des-Prés, et le succès qu'obtint cet ouvrage, ne fut pas moins utile à sa bourse qu'à sa réputation. Diverses raisons l'ayant engagé ensuite à passer à Londres, il y publia successivement : *Histoire de M. Cléveland, fils naturel de Cromwel; Histoire du chevalier des Grieux et de Manon Lescot*, et entreprit en même temps une feuille périodique intitulée *le Pour et le Contre*, qui fut très favorablement accueillie du public, et qu'il conduisit jusqu'au vingtième volume. Les quatre premiers seulement furent composés pendant son séjour en Angleterre; car au milieu des jouissances que lui procuraient ses talents et les agréments de sa personne, il ne tarda pas à sentir qu'il n'est de véritable bonheur qu'au sein de sa patrie, et sollicita la permission de rentrer en France, où il reparut en 1734 sous l'habit ecclésiastique séculier.

Le prince de Conti, qui s'était joint au cardinal de Bissy pour lui obtenir cette faveur, lui donna une marque particulière encore de son estime en le nommant son aumônier. Ce fut alors que Prevost jouit de la tranquillité qui l'avait fui depuis sa première jeunesse. Ses travaux littéraires se multiplièrent avec une incroyable rapidité; outre *le Doyen de Killerine*, l'*Histoire de Marguerite d'Anjou*, celle d'une *Grecque moderne*, les *Campagnes philosophiques*, ou *Mémoires de Moncal*, l'*Histoire de la jeunesse du commandeur de ....*, celle *de Guillaume-le-Conquérant*, la *Vie* et les *Lettres de Cicéron*, les *Voyages de Robert Lade*, les *Mémoires d'un honnête homme*, il entreprit, en 1745, à la prière du chancelier d'Aguesseau, l'*Histoire générale des Voyages*, qui fut continuée par Querlon et Surgy, et dont La Harpe a donné un *Abrégé* en 24 vol. in-8°. L'infatigable abbé se délassait de ce vaste travail en naturalisant, parmi nous, les romans de Richardson, et composa encore un grand nombre d'ouvrages qu'il serait trop long de citer ici.

Parvenu à sa soixante-septième année, il s'était retiré dans une petite maison qu'il avait achetée à Saint-Firmin, près Chantilly, et avait formé le projet d'y vivre dans les pratiques les plus austères, et de consacrer sa plume à la religion, afin d'expier autant qu'il était en lui les égarements de sa jeunesse; mais une mort des plus tragiques, arrivée le 23 novembre 1763, ne lui laissa pas le temps d'accomplir ses pieux desseins. Frappé d'une apoplexie soudaine en traversant la forêt de Chantilly, il fut trouvé sans mouvement au pied d'un arbre et transporté chez le curé le plus voisin, où la justice fut appelée selon l'usage pour constater l'état du prétendu cadavre. L'officier public agissant alors avec une précipitation bien déplorable, ordonne sur-le-champ l'ouverture. Au premier coup du scalpel, un cri déchirant de la victime révèle son existence, et frappe d'effroi les assistants. La main glacée de l'opérateur s'arrête; mais le coup mortel était porté, et l'infortuné ne rouvrit un moment les yeux que pour voir l'horrible appareil qui l'environnait, et mourut à l'intant même.

Les *OEuvres complètes de l'abbé Prevost* forment plus de 170 volumes. Ses *OEuvres choisies*, imprimées à la suite de celles de Le Sage, forment 39 vol. in-8.

W.

JUGEMENTS.

I

Dans les romans, comme dans nos pièces de théâtre, le vice doit toujours être puni, la vertu toujours récompensée. C'est en ce genre sur-tout que se distingua l'abbé Prevost, qui ne paraît avoir été surpassé que par le célèbre Richardson.

Le grand nombre de caractères, également vrais et bien soutenus, qui sont peints dans le *Cléveland*, prouvent à la fois la connaissance profonde que l'abbé Prevost avait des hommes, et l'heureuse fécondité de son imagination. Le début de ce roman, dans la caverne de Runmey-Hole, est une des scènes les plus attachantes dont nous ayons l'idée. Il n'est pas de lecteur qui n'ait versé des larmes sur le sort de l'infortunée Fanny, qu'un excès de sensibilité précipite dans des malheurs si cruels : l'épisode de l'île Sainte-Hélène ; le caractère de Gélin, mêlé d'audace et d'artifice ; l'influence de ce caractère sur tous les évènements que l'auteur a prodigués dans sa fable avec une richesse qui étonne ; tous ces détails d'un bel ouvrage sembleraient suffire pour assurer au nom de l'abbé Prevost une réputation durable. On avoue néanmoins que ce roman gagnerait à être réduit, et que l'auteur s'y est trop livré à la passion du merveilleux. Le voyage de Cléveland chez les Abaquis en est un exemple, aussi bien que la manière peu vraisemblable dont le même Cléveland retrouve madame Lallin, après l'avoir vu brûler vive par les Rouintons.

Les longueurs, les négligences, les aventures incroyables qui déparent un peu les romans de cet écrivain, viennent de la précipitation mercenaire avec laquelle il eut le malheur de travailler toute sa vie. Il s'était loué, pour ainsi dire, à un libraire; et l'on sent assez que, dans une pareille situation, le plus rare talent doit tomber souvent dans la médiocrité. Avec une meilleure fortune, l'auteur dont nous parlons aurait eu le loisir de perfectionner ses ouvrages; ses plans seraient devenus plus réguliers, ses personnages plus vrais, son style infiniment plus soigné.

Le chef-d'œuvre de l'abbé Prevost, c'est, de l'aveu de tous les gens de goût, l'*Histoire intéressante du chevalier des Grieux et de Manon Lescaut*. Qu'un jeune libertin et une fille née seulement pour le plaisir et pour l'amour, parviennent à trouver grace devant les âmes les plus honnêtes; que la peinture naïve de leur passion produise l'intérêt le plus vif; qu'enfin le tableau des malheurs qu'ils éprouvent et qu'ils ont mérités, arrache des larmes au lecteur le plus austère; et que par cette impression-là même, il soit éclairé sur le germe des faiblesses, renfermé, sans qu'il le soupçonnât, dans son propre cœur, c'est assurément le triomphe de l'art, et ce qui peut donner la plus haute idée du talent de l'abbé Prevost : aussi dans ce singulier ouvrage, l'expression des sentiments est-elle quelquefois brûlante, si l'on ose hasarder ce mot. Il fallait que cet auteur eût éprouvé lui-même, avec bien de la force, tout l'empire des passions, pour avoir su les peindre avec tant d'énergie et de chaleur.

Outre ses romans, l'abbé Prevost a donné une *Histoires générale des Voyages*, en 16 vol. in-4°; plusieurs histoires particulières; plusieurs traductions de l'anglais : enfin, on a de cet écrivain laborieux et facile plus de cent volumes.

PALISSOT, *Mémoires sur la Littérature.*

II.

L'abbé Prevost a autant d'imagination que Marivaux a d'esprit, et tous les deux pèchent par l'abus de leurs facultés. Le grand défaut de l'abbé Prevost, c'est de ne savoir ni borner son plan ni régler sa marche. Il s'avance au hasard, oubliant d'où il est parti, et ne sachant où il va. On s'aperçoit souvent qu'il accumule des feuilles pour les libraires, plutôt qu'il n'arrange un ouvrage pour la postérité. Un bon roman doit offrir un ensemble régulier, et marcher à un but comme le drame; comme le drame il manque son effet si l'intérêt est porté sur un trop grand nombre de personnages, si la mémoire est fatiguée, et l'attention distraite par une trop grande multitudes d'aventures. Nous verrons tout à l'heure que les Anglais, à qui l'on reproche avec raison d'avoir long-temps ignoré l'art de faire un livre, ont quelquefois connu mieux que nous la composition des romans, dont plusieurs forment chez eux un tout composé de parties distinctes, et fixent le lecteur sur un objet dont ils ne le détournent jamais. L'abbé Prevost était bien éloigné de cette méthode. Il entasse évènements sur évènements, et vous fait perdre de vue les personnages qui vous intéressaient, pour en introduire de nouveaux. Les premières parties de *Cléveland* sont très attachantes, et il n'y a personne qui n'ait frémi en suivant milord Axminster dans la caverne de Rumney-Hole. Les faits et les caractères, dans tout le premier volume, sont d'une imagination dramatique et d'une touche sombre et vigoureuse. L'épisode de l'île Sainte-Hélène commence par distraire le lecteur, et finit par s'en emparer, tant ce morceau est original et intéressant! Enfin l'auteur vous promène d'un bout du monde à l'autre; et les longues réflexions, les aventures incroyables, refroidissent la curiosité, qui d'abord était vivement excitée. On en peut dire autant des *Mémoires d'un homme de qualité*. Ils sont évidemment composés de plusieurs parties qui n'ont entre elles aucun rapport, et qui ne sont rassemblées sous un même titre que pour joindre des volumes à des volumes. C'est d'ailleurs un répertoire de toutes sortes de contes, dont plusieurs étaient connus avant que l'abbé Prevost s'en emparât. Il y a des situations pathétiques entre le gouverneur et l'élève; et c'est là le mérite de ce roman, qui serait beaucoup meilleur s'il eût été réduit de moitié, mais qui, dans tous les cas, ne vaudrait pas *Cléveland*, ni même *le Doyen de Killerine*. Il y a dans celui-ci des caractères mieux soutenus et une intrigue mieux nouée que dans tous les autres romans du même auteur, un seul excepté: mais il a, comme les autres, le défaut de ne pas tenir tout ce qu'il promet.

Le chef-d'œuvre de l'abbé Prevost est ce roman que je viens d'excepter, et qui, dans son origine, ne devait être qu'un épisode des *Mémoires d'un homme de qualité*. On voit bien que je veux parler de *Manon Lescaut*. Comment, dira-t-on, pouvez-vous mettre tant de prix aux aventures d'une fille entretenue et d'un chevalier d'industrie! C'est précisément à ce titre que l'ouvrage me paraît plus remarquable. Quel mérite a donc l'auteur, puisque avec un pareil sujet il a su attacher et émouvoir! Comment deux enfants qui se prennent de passion l'un pour l'autre à la première vue, et qui semblent d'intelligence avant d'avoir pu se parler, qui abandonnent tous deux leurs parens pour s'enfuir ensemble, sans se douter si l'on a dans la vie d'autre besoin que de s'aimer; qui se trouvent bientôt dans l'indigence, et dont l'une prend le parti de faire commerce de ses attraits, tandis que l'autre apprend à friponner au jeu; comment ces deux personnes, dont les aventures jusque-là paraissent si communes, inspirent-elles dès le premier instant un intérêt si vif, et qui à la fin est porté au plus haut degré? C'est qu'il y a de la passion et de la vérité, deux choses inappréciables dans tout ouvrage d'invention; c'est que le caractère de Manon est tracé d'après nature; que cette femme est toujours fidèle au chevalier des Grieux, même en le trahissant; qui n'aime rien tant que lui, mais qui ne craint rien tant que la misère; qui mêle un si grand charme à ses infidélités, dont l'imagination voluptueuse, les graces, la gaieté, ont pris un si grand empire sur son amant, qu'une telle femme est un personnage aussi séduisant dans la peinture que dans la réalité; c'est que l'enchantement qui l'environne sous le pinceau de l'écrivain ne la quitte jamais, pas même dans la charrette qui la transporte à l'hôpital; c'est qu'en ce moment Manon, avec ses larmes qui l'inondent, et ses beaux cheveux flottants qui la couvrent, liée par le milieu du corps, tendant les bras à son amant qui paie de quart d'heure en quart d'heure la permission de la suivre de loin, et qui attendrit jusqu'à ses impitoyables conducteurs, Manon semble séparée de ses méprisables compagnes par le prestige qui suit partout la beauté, et par cet intérêt qui naît toujours d'une grande passion; c'est que dans ce prodigieux attachement du chevalier, que les fautes et les malheurs de sa maîtresse ne font que redoubler, on ne peut méconnaître cet attrait réciproque qui entraîne et domine à jamais deux créatures nées l'une pour l'autre. Et qu'arrive-t-il à la fin ? Que cette femme, si aimable jusque dans ses torts, devient ensuite admirable par sa constance et sa tendresse, que les erreurs d'une imagination ardente font place aux vertus d'une âme sensible ; qu'après avoir été une maîtresse charmante, Manon devient une amante héroïque; qu'elle préfère la pauvreté, les dangers, la proscription de son amant à une alliance honorable et avantageuse avec un homme en place : que cette femme si délicate, si amollie par l'habitude des plaisirs, consent à fuir dans un désert avec celui qu'elle aime plutôt que de s'en séparer, et trouve enfin la mort à côté de lui, exemple frappant de cette vérité morale, qu'il n'y a point d'âme qu'une grande passion n'élève au-dessus d'elle-même, et ne rende capable de tout. Quelle situation plus déchirante que celle de des Grieux lorsque sa malheureuse amante expire à ses côtés, épuisée de douleur et de fatigue, au milieu des déserts où elle l'a suivi ! J'avoue que j'ai éprouvé rarement une émotion aussi profonde, un attendrissement aussi douloureux qu'au dénouement de cet ouvrage.

La Harpe, Cours de Littérature.

PROCLUS, philosophe platonicien, ou plutôt *syncrétiste*, né le 8 février de l'an 412 de l'ère vulgaire, mort le 17 avril 485. Nous avons encore sa vie écrite en grec, par Marinus de Sichem : c'est un tissu de visions ou d'impostures, qui ne peuvent faire tort qu'à l'historien. Une partie des ouvrages de Proclus était inédite : M. Cousin en a commencé en 1820 une édition grecque et latine, dont quatre volumes ont été publiés.

Proclus de Bysance, surnommé tantôt *Diadochus*, c'est-à-dire, successeur désigné de Syrianus son maître, tantôt *le Lycien*, de l'origine de sa famille, nous semble le premier, ou du moins le plus utile de tous les néo-platoniciens dont nous connaissons les ouvrages. Quand on étudie les monuments originaux de l'école socratique, on se félicite de l'avoir pour guide. Formé dès son jeune âge par les savants d'Alexandrie, il les surpassa tous. Son commentaire sur le *Timée*, un des plus riches trésors de l'ancienne philosophie, ouvrage écrit à vingt-huit ans, sa *Théologie de Platon*, ses explications de la *République*, du premier *Alcibiade*, du *Parménide*, attestent encore aujourd'hui l'étendue et la variété de son instruction, l'ordre et la clarté de son esprit. Initié à tous les mystères de l'Égypte et de l'Orient, il épura l'eclectisme; et l'intégrité de ses mœurs, son zèle pour la vérité, la noblesse de son caractère, le mirent à l'abri des reproches qu'on a justement faits aux suppôts de la théurgie, Apollonius, Iamblique, Maxime d'Ephèse. Ne confondons avec eux ni Plotin, qui eut de l'élévation, de grandes idées, une imagination religieuse; ni Proclus, qui, avec moins de sublimité, mais plus de science, de méthode, de sagesse, embrassa tout le cercle des connaissances et des incertitudes humaines.

Jos.-Vict. Le Clerc, *Histoire abrégée du Platonisme*.

PROLOGUE. Dans notre ancien théâtre français, le prologue était fort en usage : celui des *Mystères* était communément une exhortation pieuse, ou une prière à Dieu pour l'auditoire :

> Jésus, que nous devons prier
> Le fils de la Vierge Marie,
> Veuillez paradis octroyer
> A cette belle compagnie!
> Seigneurs et dames, je vous prie,
> Séez-vous tretous à votre aise;
> Et de sainte Barbe la vie
> Acheverons, ne vous déplaise.

Le prologue des moralités, des sottises, des farces, était, à la manière des Anciens, ou l'exposé du sujet, ou une harangue au public pour captiver sa bienveillance, et le plus souvent une facétie qui faisait rire les spectateurs à leurs dépens. Il y avait dans la troupe un acteur chargé de faire ces harangues ; c'était gros Guillaume, Gaulthier, Garguille, Turlupin, Guillot Gorgu, Bruscambille, et, dans la suite, des personnages plus décents. Les prologues de Bruscambille sont d'un ton de plaisanterie approchant de celui de nos parades, et qui dut plaire dans son temps.

Dans l'un de ces prologues, Bruscambille se plaint de l'impatience des spectateurs...... « Je vous dis
« donc (*spectactores impatientissimi*) que vous avez
« tort, mais grand tort, de venir depuis vos maisons
« jusqu'ici pour y montrer l'impatience accoutu-
« mée..... Nous avons bien eu la patience de vous at-
« tendre de pied ferme et de recevoir votre argent à
« la porte, d'aussi bon cœur, pour le moins, que vous
« l'avez présenté ; de vous préparer un beau théâtre,
« une belle pièce qui sort de la forge et est encore
« toute chaude. Mais vous, plus impatients que l'im-
« patience même, ne nous donnerez pas le loisir de
« commencer. A-t-on commencé ? c'est pis qu'au-
« paravant : l'un tousse, l'autre crache, l'autre
« rit, etc......Il est question de donner un coup de
« bec en passant à certains péripatétiques qui se
« pourmènent pendant que l'on représente ; chose
« aussi ridicule que de chanter au lit, ou de siffler
« à table. Toutes choses ont leur temps, toute action

« se doit conformer à ce pourquoi on l'entreprend :
« le lit pour dormir, la table pour boire, l'hôtel de
« Bourgogne pour ouïr et voir, assis ou debout.....
« Si vous avez envie de vous pourmener, il y a tant
« de lieux pour ce faire !...... Vous répondrez peut-
« être que le jeu ne vous plaît pas ; c'est là où je vous
« attendais. Pourquoi y venez-vous donc ? Que n'at-
« tendiez-vous jusqu'*amen*, pour en dire votre ra-
« telée ? Ma foi, si tous les ânes mangeaient du char-
« don, je ne voudrais pas fournir la compagnie pour
« cent écus. »

Dans le poème didactique et dans le poème en récit, s'est introduit aussi l'usage de cette espèce de prologue. Lucrèce en a orné le frontispice de tous ses livres ; l'Arioste en a égayé ses chants ; La Fontaine a joint très souvent de petits prologues à ses *Contes* : dans les poèmes badins rien n'a plus de grace ; dans le didactique noble rien n'a plus de majesté. Mais je ne crois pas que le poème épique sérieux admette un pareil ornement ; l'intérêt qui doit y régner attache trop à l'action pour souffrir des disgressions. Ni Homère, ni Virgile, ni le Tasse, ni Voltaire dans la *Henriade*, ne se sont permis les prologues. Milton lui seul, à la tête d'un de ses chants, au sortir des enfers, s'est livré à un mouvement très naturel, en saluant la lumière et en parlant du malheur qu'il avait d'être privé de ses rayons.

Le prologue en forme de drame était connu de nos anciens farceurs. Le théâtre comique moderne en a quelques exemples, dont le plus ingénieux est, sans contredit, le prologue de l'*Amphitryon* de Molière.

Mais l'opéra français s'en est fait comme un vestibule éclatant; et Quinault, dans cette partie est un modèle inimitable. Je ne parle pas des petites chansonnettes qu'il a été obligé d'y mêler pour animer la danse, et qui sont les seuls traits qu'on en a retenus; je parle des idées vraiment poétiques et quelquefois sublimes qu'il y a prodiguées, et dont personne ne se souvient. Obligé de louer Louis XIV, il a ennobli l'adulation par la manière grande et magnifique dont il a flatté le héros, ou plutôt l'idole du siècle. Tantôt, dans ses prologues, la louange est directe, tantôt elle est allégorique. Elle est allégorique dans le prologue de *Cadmus* : c'est l'Envie qui, pour obscurcir l'éclat du Soleil, suscite le serpent Python.

L'ENVIE.

C'est trop voir le Soleil briller dans sa carrière ;
 Les rayons qu'il lance en tous lieux
  Ont trop blessé mes yeux.
Venez, noirs ennemis de sa vive lumière ;
 Joignons nos transports furieux.
  Que chacun me seconde.
  Paraissez, monstre affreux :
Sortez, Vents souterrains, des antres les plus creux :
Volez, tyrans des airs, troublez la terre et l'onde.
  Répandons la terreur ;
  Qu'avec nous le ciel gronde ;
  Que l'enfer nous réponde ;
 Remplissons la terre d'horreur ;

Que la nature se confonde.
Jetons dans tous les cœurs du monde
   La jalouse fureur
   Qui déchire mon cœur.

(Elle s'adresse au serpent Python.)

   Et vous, monstre, armez-vous pour nuire
A cet astre puissant qui vous a su produire.
Il répand trop de biens, il reçoit trop de vœux.
   Agitez vos marais bourbeux ;
Excitez contre lui mille vapeurs mortelles :
   Déployez, étendez vos ailes ;
   Que tous les vents impétueux.
   S'efforcent d'éteindre ses feux.
Osons tous obscurcir ses clartés les plus belles ;
Osons nous opposer à son cours trop heureux.

(Le serpent s'élance dans l'air, et retombe frappé des traits du Dieu de la lumière.)

   Quels traits ont crevé le nuage,
Quel torrent enflammé s'ouvre un brillant passage !
Tu triomphes, Soleil ! tout cède à ton pouvoir.
   Que d'honneurs tu vas recevoir !
   Ah ! quelle rage ! ah ! quelle rage !
   Quel désespoir ! quel désespoir !

Dans tous les autres prologues de Quinault, la louange est directe, quoique le plus souvent la fable soit allégorique. Dans celui d'*Alceste*, la Nymphe de la Seine se plaint à la gloire de l'absence de son héros :

   Hélas ! superbe Gloire, hélas !

Ne dois-tu point être contente?
Le héros que j'attends ne reviendra-t-il pas?
Il ne te suit que trop dans l'horreur des combats.
Laisse en paix un moment sa valeur triomphante.
Le héros que j'attends ne reviendra-t-il pas?
  Serai-je toujours languissante
  Dans une si cruelle attente?
Le héros que j'attends ne reviendra-t-il pas?

LA GLOIRE.

Pourquoi tant murmurer? Nymphe, ta plainte est vaine.
Tu ne peux voir sans moi le héros que tu sers.
Si son éloignement te coûte tant de peine,
Il récompense assez les douceurs que tu perds.
Vois ce qu'il fait pour toi quand la Gloire l'emmène;
Vois comme sa valeur a soumis à la Seine
Le fleuve le plus fier qui soit dans l'univers.

 Dans le prologue de *Thésée*, on voit Mars et Vénus également occupés de la gloire et des plaisirs de Louis XIV.

VÉNUS.

Inexorable Mars, pourquoi déchaînez-vous
Contre un héros vainqueur tant d'ennemis jaloux?
Faut-il que l'univers avec fureur conspire
  Contre le glorieux empire
  Dont le séjour nous est si doux?

MARS.

Que dans ce beau séjour rien ne vous épouvante.
Un nouveau Mars rendra la France triomphante :
Le destin de la guerre en ses mains est remis :

Et si j'augmente
Le nombre de ses ennemis,
C'est pour rendre sa gloire encor plus éclatante.
Le Dieu de la valeur doit toujours l'animer.

VÉNUS.

Vénus répand sur lui tout ce qui peut charmer.

MARS.

Malheur, malheur à qui voudra contraindre
Un si grand héros à s'armer?
Tout doit le craindre

VÉNUS.

Tout doit l'aimer.

Dans le prologue d'*Atys*, c'est le Temps qui fait cet éloge du même roi.

En vain j'ai respecté la célèbre mémoire
Des héros des siècles passés;
C'est en vain que leurs noms si fameux dans l'histoire
Du sort des noms communs ont été dispensés;
Nous voyons un héros dont la brillante gloire
Les a presque tous effacés.

Dans le prologue d'*Isis*, Neptune dit à la renommée :

Mon empire a servi de théâtre à la guerre;
Publiez des exploits nouveaux.
C'est le même vainqueur si fameux sur la terre,
Qui triomphe encor sur les eaux.

Et la Renommée dit elle-même :

Ennemis de la paix, tremblez;

Vous le verrez bientôt courir à la victoire.
  Vos efforts redoublés
Ne serviront qu'à redoubler sa gloire.

Dans le prologue de *Proserpine*, on voit la Paix et les Plaisirs enchaînés dans l'antre de la Discorde.

LA PAIX.

Héros, dont la valeur étonne l'univers,
  Ah ! quand briserez-vous nos fers !
La Discorde nous tient ici sous sa puissance,
La barbare se plaît à voir couler mes pleurs.
  Soyez touché de nos malheurs ;
Vous êtes dans nos maux notre unique espérance.
Héros, dont la valeur étonne l'univers,
  Ah ! quand briserez-vous nos fers ?

LA DISCORDE.

Soupirez, triste Paix, malheureuse captive ;
  Gémissez, et n'espérez pas
Qu'un héros que j'engage en de nouveaux combats
  Écoute votre voix plaintive.
  Plus il moissonne de lauriers,
Plus j'offre de matière à ses travaux guerriers.
J'anime les vaincus d'une nouvelle audace ;
  J'oppose à la vive chaleur
  De son indomptable valeur.
Mille fleuves profonds, cent montagnes de glace.
La Victoire, empressée à conduire ses pas,
Se prépare à voler aux plus lointains climats.
  Plus il la suit, plus il la trouve belle :
  Il oublie aisément pour elle
  La Paix et ses plus doux appas...

PROLOGUE.

LA VICTOIRE.

Venez, aimable Paix, le vainqueur vous appelle :
La victoire devient votre guide fidèle ;
  Venez dans un heureux séjour.
  Vous, Discorde affreuse et cruelle,
  Portez ses fers à votre tour.

LA DISCORDE.

Orgueilleuse Victoire, est-ce à toi d'entreprendre
  De mettre la Discorde aux fers ?
A quels honneurs, sans moi, peux-tu jamais prétendre ?

LA VICTOIRE.

  Ah ! qu'il est beau de rendre
  La paix à l'univers !

LA DISCORDE.

Tes soins pour le vainqueur pouvaient plus loin s'étendre :
Que ne conduisais-tu le héros que tu sers
Où cent lauriers nouveaux lui sont encore offerts
La Gloire au bout du monde aurait été l'attendre.

LA VICTOIRE.

  Ah ! qu'il est beau de rendre
  La Paix à l'univers !
Après avoir vaincu mille peuples divers,
Quand on ne voit plus rien qui se puisse défendre,
  Ah ! qu'il est beau de rendre
  La Paix à l'univers.

LA DISCORDE.

  O cruel esclavage !
Je ne verrai donc plus de sang et de carnage !

Ah! pour mon désespoir faut-il que le vainqueur
 Ait triomphé de son courage?
 Faut-il qu'il ne laisse à ma rage
 Rien à dévorer que mon cœur?

Dans le prologue de *Persée*, c'est la Vertu et la Fortune qui se réconcilient en faveur de Louis XIV.

LA FORTUNE.

Effaçons du passé la mémoire importune :
J'ai toujours contre vous vainement combattu.
Un auguste héros ordonne à la Fortune
 D'être en paix avec la Vertu.

LA VERTU.

 Ah! je le reconnais sans peine :
 C'est le héros qui calme l'univers.

LA FORTUNE.

Lui seul pour vous pouvait vaincre ma haine :
 Il vous révère, et je le sers.
Je l'aime constamment, moi qui suis si légère :
Partout, suivant ses vœux, avec ardeur je cours.
 Vous paraissez toujours sévère,
  Et vous êtes toujours
  Ses plus chères amours.

LA VERTU.

 Mes biens brillent moins que les vôtres ;
Vous trouvez tant de cœurs qui n'adorent que vous!
 Vous les enchantez presque tous.

LA FORTUNE.

Vous régnez sur un cœur qui vaut seul tous les autres.
Ah! s'il m'eût voulu suivre, il eût tout surmonté ;

Tout tremblait, tout cédait à l'ardeur qui l'anime :
C'est vous, Vertu trop magnanime,
C'est vous qui l'avez arrêté.

LA VERTU.

Son grand cœur s'est mieux fait connaître;
Il a fait sur lui-même un effort généreux.
Il veut rendre le monde heureux;
Il préfère, au bonheur d'en devenir le maître,
La gloire de montrer qu'il mérite de l'être.

(Ensemble.)

Sans cesse combattons à qui servira mieux.
Ce héros glorieux.

Dans le prologue de *Phaéton*, c'est le retour de l'âge d'or.

SATURNE.

Un héros qui mérite une gloire immortelle
Au séjour des humains aujourd'hui nous rappelle.
Le siècle qui du monde a fait les plus beaux jours
Doit sous son règne heureux recommencer son cours
Il calme l'univers, le ciel le favorise;
Son auguste sang s'éternise :
Il voit combler ses vœux par un héros naissant;
Tout doit être sensible au plaisir qu'il ressent.
L'envie en vain frémit de voir les biens qu'il cause.
Une heureuse paix est la loi
Que ce vainqueur impose :
Son tonnerre inspire l'effroi,
Dans le temps même qu'il repose.

Dans le prologue d'*Armide*, c'est la Gloire et la Sagesse qui se disputent à qui l'aime le mieux.

PROLOGUE.

LA GLOIRE.

Tout doit céder dans l'univers
A l'auguste héros que j'aime.
L'effort des ennemis, les glaces des hivers,
Les rochers, les fleuves, les mers,
Rien n'arrête l'ardeur de sa valeur extrême.

LA SAGESSE.

Tout doit céder dans l'univers
A l'auguste héros que j'aime.
Il est maître absolu de cent peuples divers,
Et plus maître encor de lui-même.

(La même et sa suite.)

Chantons la douceur de ses lois.

LA GLOIRE *et sa suite*.

Chantons ses glorieux exploits.

(Ensemble.)

D'une égale tendresse
Nous aimons le même vainqueur.

LA SAGESSE.

Fière Gloire, c'est vous....

LA GLOIRE.

C'est vous, douce Sagesse.

(Ensemble.)

C'est vous qui partagez avec moi son grand cœur.
Qu'un vain désir de préférence
N'altère point l'intelligence

Que ce héros entre nous veut former ;
Disputons seulement à qui sait mieux l'aimer.

Dans le prologue d'*Amadis*, le plus ingénieux de tous, l'éloge de Louis XIV semblait plus difficile à amener ; et le poète l'y a fait entrer d'une façon plus adroite encore et plus naturelle que dans tous les autres. C'est le réveil d'Urgande et de sa suite après un long enchantement.

URGANDE.

Lorsqu'Amadis périt, une douleur profonde
    Nous fit retirer dans ces lieux :
Un charme assoupissant devait fermer nos yeux,
Jusqu'aux temps fortunés que le destin du monde
Dépendrait d'un héros encor plus glorieux.

ALQUIF.

Ce héros triomphant veut que tout soit tranquille.
En vain mille envieux s'arment de toutes parts :
    D'un mot, d'un seul de ses regards,
Il sait rendre à son gré leur fureur inutile.

(Ensemble.)

    C'est à lui d'enseigner
    Aux maîtres de la terre
    Le grand art de la guerre ;
    C'est à lui d'enseigner
    Le grand art de régner.

J'ai recueilli ces traits parce qu'il sont mis en oubli, que ces prologues n'ont plus lieu, et que personne ne s'avise guère de les lire, persuadé, comme on l'est, qu'ils ne sont pleins que de fades louanges et de petits airs doucereux. On y peut voir que de tous les flatteurs de Louis XIV, Quinault a été le moins coupable, puisqu'en le louant à l'excès du côté de la gloire des armes, il n'a cessé de mettre au-dessus de cette gloire même la magnanimité, la clémence, la justice et l'amour de la paix, et que, les lui attribuer comme ses vertus favorites, c'était du moins les lui recommander.

Depuis qu'on a inventé l'opéra-ballet, c'est-à-dire un spectacle composé d'actes détachés quant à l'action, mais réunis sous une idée collective, comme les sens, les éléments, le prologue leur a servi de frontispice commun : c'est ainsi que le débrouillement du chaos fait le prologue du ballet des éléments ; et le début de ce prologue est digne d'être cité pour modèle à côté de ceux de Quinault.

Les temps sont arrivés, cessez, triste chaos.
Paraissez, éléments. Dieux, allez leur prescrire
 Le mouvement et le repos.
Tenez-les enfermés chacun dans son empire.
Coulez, ondes, coulez. Volez, rapides feux.
Voile azuré des airs, embrassez la nature.
Terre, enfante des fruits, couvre-toi de verdure.
 Naissez, mortels, pour obéir aux dieux.
    MARMONTEL, *Eléments de Littérature.*

PROPERCE (SEXTUS AURELIUS PROPERTIUS), poëte latin, né à Mevania, ville d'Ombrie, aujourd'hui Bevagna, dans le duché de Spolète, vers l'an

702 (52 ans avant J.-C.), était fils d'un chevalier romain qui fut égorgé, dit-on, sur l'autel de Jules-César pour avoir suivi le parti d'Antoine pendant le triumvirat. S'il est vrai que cet ordre barbare ait été donné par Octave, on ne saurait pardonner à Properce les louanges qu'il a prodiguées au vainqueur.

Il nous reste de ce poète quatre livres d'*Élégies*. Une courtisane appelée *Hostia* ou *Hostilia*, à laquelle il donne le nom de *Cynthie*, et qui lui avait inspiré une violente passion, est le sujet de ses complaintes amoureuses.

Il mourut selon quelques biographes, vers l'an 742 (12 ans avant J.-C.). On prétend avoir retrouvé son tombeau, en 1722, à Spello, à six milles de Bevagna, sous une maison qu'on appelle la *maison du poète*.

Les *Élégies* de Properce accompagnent ordinairement les poésies de Catulle, et méritent le même reproche de licence. M. Amar en a donné, en 1821, une jolie édition dans la collection in-32 des *Classiques latins*, publiée par M. Lefèvre. Elles ont été traduites en prose en 1772 par M. de Longchamps. Cette traduction qui est estimée, a été réimprimée en 1802, 2 vol. in-8°. Nous avons encore trois traductions en vers français des *Élégies* de Properce : la première par M. Denne-Baron, la seconde par J.-P.-Ch. de Saint-Amand, et la troisième par M. Mollevaut, de l'Académie des Inscriptions, qui en a donné une seconde édition in-18, en 1821.

JUGEMENTS.

I.

Les poésies de Properce respirent toute la chaleur de l'amour, et quelquefois de la volupté ; et Ovide l'a bien caractérisé lorsqu'il a dit, en parlant de ses *Élégies, les feux de Properce*.

Et Properce souvent m'a confié ses feux.
« Sæpè mihi solitus recitare Propertius ignes. »

Mais il fait un usage trop fréquent de la mythologie, et ses citations, trop facilement empruntées de la Fable, ressemblent plus aux lieux communs d'un poète qu'aux discours d'un amant. Une chose qui lui est particulière parmi les poètes érotiques, c'est qu'il est le seul qui n'ait célébré qu'une maîtresse. Il répète souvent à Cynthia qu'elle seule sera à jamais l'objet de ses chants; et il lui a tenu parole. Cependant il ne faut pas croire qu'il ait été aussi fidèle dans ses amours que dans ses vers ; car il fait à un de ses amis à peu près le même aveu qu'Ovide: « Chacun, dit-il, a son défaut : le mien est d'aimer « toujours quelque chose.» Il convient que c'est surtout au théâtre qu'il ne peut s'empêcher de désirer tout ce qu'il voit. Il avoue même à Cynthia qu'il a eu quelque goût pour une Lycinna, mais si peu, si peu, que ce n'est pas la peine d'en parler. Après tout, à juger de cette Cynthia par le portrait qu'il en fait, elle ne méritait pas plus de fidélité. Jamais femme n'eut plus de disposition à tourmenter, à désespérer un amant; et jamais amant ne parut si malheureux et ne se plaignit tant que Properce. C'est même ce qui répand le plus d'intérêt dans ses ouvrages; car on sait que rien n'intéresse tant que la peinture du malheur. On plaint d'autant plus Properce, qu'après avoir bien reproché à sa maîtresse ses duretés, ses hauteurs, ses caprices, il finit toujours par une entière résignation : il murmure contre le joug, mais le joug lui est toujours cher, et il veut le porter toute sa vie. Il paraît que, malgré l'inconstance de ses goûts, il avait un penchant décidé pour Cynthia, et revenait toujours à elle comme malgré lui. C'est une alternative de louanges et d'injures qui peint au naturel les différentes impressions qu'il éprouvait tour-à-tour. Tantôt il la représente comme plus belle que toute les déesses ; tantôt il l'avertit de ne pas se croire si belle, parce qu'il lui a plu de l'embellir dans ses vers et de vanter l'éclat de son teint, quoiqu'il sût fort bien que cet éclat n'était qu'emprunté. Ici, il lui attribue toute la fraîcheur de la jeunesse ; ailleurs il lui dit qu'elle est déjà vieille. Enfin, après cinq ans, il perd patience, il rompt sa chaîne, et ses adieux sont des imprécations dans toutes les formes ; ce qui fait douter que cette chaîne soit en effet bien rompue; car l'indifférence n'est pas si colère. Aussi, après ses adieux solennels qui finissent le troisième livre, on voit dans le quatrième reparaître Cynthia, qui, toujours assurée de son pouvoir, vient chercher son esclave dans une maison de campagne, où il soupait avec deux de ses rivales. Elle est si furieuse et si terrible, qu'à son aspect les deux compagnes de Properce commencent par prendre la fuite, et le laissent tout seul vider la querelle. Cynthia, après l'avoir bien battu, consent à lui pardonner, à condition qu'il chassera l'esclave qui s'est mêlée d'arranger cette partie de campagne ; qu'il ne se promènera jamais sous le portique de Pompée, rendez-vous ordinaire des femmes romaines ; qu'il n'ira point dans les rues en litière découverte, et qu'au spectacle il aura les yeux baissés. On voit qu'elle le connaissait bien, et qu'elle savait de quoi il était capable. Properce se soumet à tout, et devient plus amoureux que jamais : et puis fiez-vous aux imprécations et aux ruptures !

La Harpe, *Cours de Littérature.*

II.

L'élégie, naturalisée à Rome par Catulle, avait souri aux chants un peu âpres de Gallus, et surtout à la pureté des accents si vrais et si mélodieux du mélancolique Tibulle.

Properce voulut être le premier dans l'élégie passionnée. Quintilien, qui paraît préférer le chantre de Délie, avoue que son rival partageait de son temps les suffrages ; et la postérité a long-temps hésité entre ces deux poètes, comme les Romains et les Grecs entre Philétas et Callimaque, comme les critiques du dernier siècle, entre deux autres amis, dont il n'est plus permis de séparer les noms de ceux de Properce et de Tibulle : Bertin et Parny. Aujourd'hui les rangs sont fixés ; et la place de Properce est marquée un peu au-dessous de Tibulle, mais beaucoup plus près de lui que d'Ovide, leur ami commun.

Son style, fort de mouvements et d'images, plein dans sa précision, et par sa précision même un peu obscur, manque trop souvent, nous ne dirons pas de naturel, mais de ce mol abandon qui nous charme quand nous lisons Tibulle. Il est vrai que la lyre de Tibulle n'a qu'un ton; et, si Properce a moins de sentiment, il est plus varié, plus riche en idée. « Né pour la haute poésie, dit Parny, il a peine
« à se renfermer dans les bornes du genre élégia-
« que. Il met trop souvent entre Cynthie et lui,
« tous les Dieux et tous les héros de la fable. Ce luxe
« d'érudition a de l'éclat, mais il fatigue et refroidit
« parce qu'il manque de vérité. L'âme préoccupée
« d'un seul objet, se refuse à tant de souvenirs étran-
« gers. La passion ne conserve de mémoire que pour
« elle-même. »

On a essayé de le justifier, en disant que ses allusions continuelles à la mythologie, qui sont de l'érudition pour nous, étaient pour les Romains des souvenirs de tous les jours. Mais ceux qui savent lire Properce ne peuvent s'empêcher de reconnaître un peu d'ostentation dans toute cette science dont il surcharge ses élégies; et l'on ne doit pas oublier que le même reproche a été encouru par Callimaque, celui de tous les Grecs qu'il affectait le plus de suivre comme modèle, puisqu'il se glorifie du titre de *Callimaque romain*.

Le caractère même de la diction décèle fréquemment dans Properce, l'étude des poètes grecs.

Sa versification se distingue par le retour presque habituel d'un mot polysyllabe à la fin de ses pentamètres. Ovide et Tibulle terminent presque toujours leur distique par un iambe, et, si l'on peut s'en fier au jugement d'une oreille étrangère, cette chûte a bien plus de grace et d'harmonie.

Properce a mérité un reproche plus grave, celui d'avoir outragé plus d'une fois, dans ses élégies, cette décence que Tibulle respecte toujours. On a blâmé ce dernier de n'avoir pas été fidèle à des courtisanes; mais Properce ne nous apprend-il pas lui-même que ses vers furent beaucoup plus fidèles à Cynthie que son amour? N'est-ce pas la volupté qui le ramène sans cesse auprès d'elle? Il chante ses sensations plutôt que sa maîtresse, et cette fougue ardente qui le caractérise est bien plus dans son imagination que dans son cœur. C'est cette imagination qui l'entraîne à des mouvements vraiment lyriques, soit lorsqu'il célèbre les triomphes d'Auguste, soit lorsqu'il prie pour Cynthie malade, ou lorsqu'il gémit sur le naufrage de Pétus, soit dans son dithyrambe à Bacchus (*Liv.* III, *Él.* 17), ou dans l'hymne qu'il chante à la gloire d'Hercule (*Liv.* IV, *Él.* 9). C'est encore à l'imagination flexible de Properce que l'antiquité doit les deux plus beaux modèles qu'elle nous ait transmis dans l'héroïde, celle de Cornélie à Paulus et celle d'Aréthuse à Lycotas (*Liv.* IV, *Él.* 3e et 11e).

Foisset jeune, *Biographie universelle.*

PROPERCE.

MORCEAU CHOISI.

A Cynthie.

Que ces bords sont déserts ! ce rivage tranquille !
Aucun bruit en ces lieux ne trouble mes soupirs.
D'un silence éternel ces forêts sont l'asyle,
Retraite abandonnée au peuple des Zéphyrs.
Enfin donc de mes pleurs je puis goûter les charmes;
Je puis faire éclater mes déplaisirs secrets !
Solitaires rochers, confidents de mes larmes,
Je ne crains point en vous des témoins indiscrets.

D'où viennent tes dédains, ô ma chère Cynthie,
Quel crime me condamne à pleurer ta rigueur?
Celui dont mille amants enviaient le bonheur,
Aux plus infortunés aujourd'hui porte envie !
Qu'ai-je fait? quelle injure allume ton courroux?
M'as-tu cru possédé de quelque amour nouvelle?
Ah ! si mon malheur vient de tes soupçons jaloux,
Perfide, autant que moi que n'étais-tu fidèle !
J'en atteste les dieux, Cynthie, et ta beauté;
Toi seule en l'univers as reçu mon hommage.
Hélas! que le retour de ta flamme volage
N'est-il aussi certain que ma fidélité!
Tu m'as vendu le droit d'exciter tes alarmes;
Mais je ne me sens point de colère à ce prix,
Et renonce à punir tes injustes mépris,
S'il doit à tes beaux yeux en coûter quelques larmes.

Mes transports à tes yeux seraient-ils moins ardents?
Reçois-tu de mes feux trop peu de témoignages?
Ah ! je vous en atteste, arbres de ces rivages,
Beaux hêtres, noirs sapins, aimés du dieu des champs,
Combien de fois le jour, sous votre ombre paisible,

Seul, et portant le trait dans mon cœur enfoncé,
J'occupe les échos du nom de l'insensible!
Doux nom! combien de fois sur l'écorce flexible,
D'une amoureuse main ne t'ai-je pas tracé!
Mais voudrais-tu punir des plaintes indiscrètes?
Quelques vers échappés à mes justes douleurs,
Qui n'ont eu pour témoins que les ombres muettes,
Et ce seuil vainement arrosé de mes pleurs!
Ah! que j'ai bien appris à souffrir tes caprices!
Tu m'as vu, sans murmure à tes ordres soumis,
Tout supporter, chérir jusqu'à tes artifices;
Et voilà le retour que je m'étais promis!
Pour demeure un désert, cette onde pour breuvage,
Un sommeil inquiet sur un rocher sauvage;
Et, si je veux du sort accuser les rigueurs,
Des oiseaux pour témoins et pour consolateurs.
Mais malgré tes rigueurs, malgré ta perfidie,
Malgré tous les tourments que pour toi j'ai soufferts,
Je veux à ces forêts parler de ma Cynthie;
Je veux d'un si doux nom remplir ces lieux déserts.

Élégies, I, 18, Traduction libre de Ch. Loyson.

PROSAIQUE. VERS PROSAÏQUE, STYLE PROSAÏQUE. Dans la très haute poésie, il est aisé de distinguer un vers prosaïque, et d'en indiquer le défaut. Le caractère de ce genre de poésie est si marqué par le coloris, l'harmonie, la pompe de l'expression, la hardiesse des tours, des mouvements et des images, que, lorsqu'elle descend au ton et au langage de la prose, c'est-à-dire lorsqu'elle emploie un style dénué d'harmonie et de couleur, faible d'expression, languissant ou timide dans les tours ou dans les figures, on dit : c'est de la prose ; et l'on s'y trompe rarement.

Mais lorsque la poésie se rapproche du style familier, comme dans l'épître et dans la comédie, quel est son caractère distinctif, et à quoi reconnaître le vers qu'on peut appeler prosaïque ? Citons quelques vers sans couleur, sans inversions, sans hardiesse :

> On plaît moins par l'esprit que par le caractère.....
> La honte est dans l'offense, et non pas dans l'excuse.....
> Qui n'a point de désirs est exempt de besoins.....
> L'homme toujours heureux sait-il s'il est aimé ?.....
> On affaiblit toujours ce que l'on exagère.....
> Qui méprise sa vie est maître de la mienne.....
> Le malheur n'avilit que les cœurs sans courage.....
> Nous perdons par degrés les erreurs les plus chères.....
> Il faut rendre meilleur le pauvre qu'on soulage.....
> Les bêtes ne sont pas si bêtes que l'on pense.....
> Chacun croit aisément ce qu'il craint ou désire.....
> Qu'il est dur de haïr ce qu'on voulait aimer......

Voilà certainement d'excellents vers, et d'excellentes lignes de prose, à la mesure près : nulle image, nulle licence, nulle métaphore hardie, rien qui ne soit du style le plus naturel et le plus familier. C'est ainsi que l'on parle lorsqu'on parle bien ; et cela même fait encore que ces vers sont meilleurs. Qu'est-ce donc qui distingue un vers prosaïque d'un vers qui ne l'est pas ? un seul défaut. Lequel ? Le manque d'harmonie ? Non, pas encore. Il y a de très bons vers dont l'harmonie n'est pas sensible.

PROSAIQUE.

Quand tout le monde a tort, tout le monde a raison.....
Tel est devenu fat à force de lecture,
Qui n'eût été qu'un sot en suivant la nature.....
Un sot savant est sot plus qu'un sot ignorant.....

Nulle harmonie dans ces vers : le dernier même est pénible à l'oreille et n'en est pas moins bon. Quel est donc le défaut qui fait qu'un vers est prosaïque? Le mot latin *soluta oratio* nous l'indique; et ces vers de Boileau nous le font sentir encore mieux :

Maudit soit le premier dont la verve insensée
Dans les bornes d'un vers enferma sa pensée,
Et donnant à ses mots une étroite prison,
Voulut avec la rime enchaîner la raison.

C'est l'adresse et la précision avec laquelle une pensée est enchâssée dans un vers, dont elle remplit la mesure, sans qu'on n'y aperçoive ni du vide ni de la gène, et de manière que l'expression y semble comme jetée au moule : c'est là ce qui distingue essentiellement les vers bien faits, des vers laches, des vers contraints, et enfin des vers prosaïques.

Ainsi, par exemple, les vers de Campistron et de la Grange sont souvent prosaïques, bien que le style en soit plus élevé que celui de la prose; parce qu'ils sont diffus et faibles; ainsi, ceux de Racine ne le sont jamais, parce qu'ils sont pleins; ainsi, les beaux vers de Corneille sont les plus beaux vers de notre langue, parce que la nature elle-même semble les avoir faits, et que la pensée qu'ils expriment semble être née dans la tête du poète, revêtue de son expression.

PROSAIQUE.

Quoi de plus semblable à la bonne prose, et quoi de plus heureux que ces vers ?

> Rome, si tu te plains que c'est là te trahir,
> Fais-toi des ennemis que je puisse haïr....
> Nous ne sommes qu'un sang et qu'un peuple en deux villes
> Pourquoi nous déchirer par des guerres civiles ?...
> Dis-lui que l'amitié, l'alliance, l'amour,
> Ne pourront empêcher que les trois Curiaces
> Ne servent leurs pays contre les trois Horaces....

Il y en a mille dans ce poète, mille dans Racine, mille dans Voltaire, qui, à la mesure près, sont les mêmes phrases que Bossuet ou Massillon auraient employées pour exprimer en prose le même sentiment ou la même pensée. Mais cette alliance parfaite de la justesse, de l'élégance, de la force de l'expression, avec la mesure, la cadence et la rime, procure à l'esprit et à l'oreille en même temps cette satisfaction mêlée de surprise qui naît d'une difficultée ingénieusement vaincue, plaisir expressément attaché aux bons vers.

C'est par là que ce qui n'est souvent dans les vers de Racine qu'une prose élégante et noble, telle que Bossuet l'aurait faite, ne laisse pas de former de beaux vers :

> Pensez-vous être saint et juste impunément?...
> Ce temple l'importune, et son impiété
> Voudrait anéantir le Dieu qu'il a quitté....
> Pour vous perdre il n'est point de ressort qu'il n'invente;
> Quelquefois il vous plaît, souvent même il vous vante...
> Celui qui met un frein à la fureur des flots

Sait aussi des méchants arrêter les complots ;...
Soumis avec respect à sa volonté sainte,
Je crains Dieu, cher Abner, et n'ai point d'autre crainte.

Si mon observation est juste, il n'y a point de style poétique proprement dit ; et avec de la poésie (ou ce qu'on appelle communément ainsi) on peut faire de mauvais vers comme on peut en faire d'excellents avec de la prose : rien , par exemple, de plus semblable à de la prose que ces vers de Molière, et cependant rien de mieux fait.

Qu'importe qu'elle manque aux lois de Vaugelas,
Pourvu qu'à la cuisine elle ne manque pas?
J'aime bien mieux, pour moi, qu'en épluchant ses herbes
Elle accommode mal les noms avec les verbes,
Et redise cent fois un bas et méchant mot,
Que de brûler ma viande ou saler trop mon pot :
Je vis de bonne soupe, et non de beau langage.
Vaugelas n'apprend point à bien faire un potage ;
Et Malherbe et Balzac, si savants en bons mots,
En cuisine peut-être auraient été des sots.

Au contraire, rien de plus poétique, à ce qu'on dit, que des vers où les inversions, les métaphores, les hyperboles, les épithètes éclatantes, les expressions étranges et hardies sont prodiguées; mais dans lesquels tous ces mots entassés ne font que gonfler l'expression, et promener dans un long détour une pensée faible et commune. Ainsi, ceux qui refusent le nom de poèmes aux comédies de Molière, au *Tartufe*, au *Misanthrope*, à *l'École des Femmes*, à *l'École des Maris*, aux *Femmes savan-*

tes, et qui appellent cela de la prose rimée, et ceux qui se récrient sur la belle versification d'une pièce, qui n'est souvent qu'une déclamation traînante ou qu'un pompeux galimathias, me semblent également ignorer ce qui fait les vers prosaïques et ce qui caractérise les bons vers.

Il faut observer cependant que ce qui dans la prose est incompatible avec la précision, avec le tour vif, animé, rapide et de l'expression et de la pensée; ce qui rend l'une trop diffuse et l'autre languissante; ce qui embrasse ou retarde leur mouvement et les appesantit; des formules de transitions et de raisonnements, de longs mots dénués d'harmonie, des contextures de phrases enchevêtrées ou prolongées; tout cela, dis-je, doit être exclu des vers, par la raison que, dans ce petit cercle où l'expression est renfermée, tout doit être net et pressé. Le nécessaire y doit trouver place comme dans un navire, et l'inutile en être rejeté; ou, pour me servir d'un autre image, la versification est une mosaïque dont il faut remplir le dessin : les pièces en sont presque toutes éparses dans la prose; il s'agit de les discerner, de les choisir, de les mettre à leur place, de les adapter de manière que chacune d'elles porte une nuance au tableau, et que toutes ensemble, sans laisser aucun vide, sans se gêner, sans déborder l'espace qui leur est prescrit, forment un tout, dans lequel l'industrie et le travail se dérobent aux yeux.

MARMONTEL, *Éléments de Littérature*.

PROSODIE. Ou les sons élémentaires de la langue française ont une valeur appréciable et constante, et alors sa prosodie est décidée; ou ils n'ont aucune durée prescrite, et alors ils sont dociles à recevoir la valeur qu'il nous plaît de leur donner : ce qui ferait de la langue française la plus souple de toutes les langues ; et ce n'est pas ce que l'on prétend lorsqu'on lui dispute sa prosodie.

Que m'opposera donc le préjugé que j'attaque? Dire que les syllabes françaises sont en même temps indécises dans leur valeur et décidées à n'en avoir aucune, c'est dire une chose absurde en elle-même : car il n'y a point de son pur ou articulé qui ne soit naturellement disposé à la lenteur ou à la vitesse, ou également susceptible de l'une et de l'autre; et son caractère ne peut l'éloigner de celle-ci, sans l'incliner vers celle-là.

Les langues modernes, dit-on, n'ont point de syllabes qui soient longues ou brèves par elles-mêmes. L'oreille la moins délicate démentira ce préjugé; mais je suppose que cela soit, les langues anciennes en ont-elles davantage? Est-ce par elle-même qu'une syllabe est tantôt brève et tantôt longue dans les déclinaisons latines? Veut-on dire seulement que dans les langues modernes la valeur prosodique des syllabes manque de précision? Mais qu'est-ce qui empêche de lui en donner ? L'auteur de l'excellent *Traité de la Prosodie française*, après avoir observé qu'il y a des brèves plus brèves, des longues plus longues, et une infinité de douteuses, finit par décider que tout se réduit à la brève et à la longue: en effet, tout ce que l'oreille exige, c'est la précision de ces deux mesures; et si, dans le langage familier, leur quantité relative n'est pas complète, c'est à l'acteur, c'est au lecteur d'y suppléer en récitant. Les Latins avaient, comme nous, des longues plus longues, des brèves plus brèves, au rapport de Quintilien; et les poètes ne laissaient pas de leur attribuer une valeur égale.

Quant aux douteuses, ou elles changent de valeur en changeant de place; alors, selon la place qu'elles occupent, elles sont décidées brèves ou longues : ou réellement indécises, elles reçoivent le degré de lenteur ou de vitesse qu'il plaît au poète de leur donner; alors, loin de mettre obstacle au nombre, elles le favorisent; et plus il y a dans une langue de ces syllabes dociles aux mouvements qu'on leur imprime, plus la langue elle-même obéit aisément à l'oreille qui la conduit. Je suppose donc, avec l'abbé d'Olivet, tous nos temps syllabiques réduits à la valeur de la longue et de la brève: nous voilà en état de donner à nos vers une mesure exacte et des nombres réguliers.

« Mais où trouver, me dira-t-on, le type des « quantités de notre langue ? L'usage en est l'arbitre, « mais l'usage varie; et sur un point aussi délicat que « l'est la durée relative des sons, il est malaisé de « saisir la vraie décision de l'usage. »

Il est certain que, tant que les vers n'ont point de mètre précis et régulier dans une langue, sa prosodie n'est jamais stable : c'est dans les vers qu'elle doit être comme en dépôt, semblable aux mesures que l'on trace sur le marbre pour rectifier celles que l'usage altère, et sans cela, comment s'accorder? La volubilité, la mollesse, les négligences du langage familier sont ennemies de la précision. *Fluxa et lubrica res sermo humanus*, dit Platon. Vouloir qu'une langue ait acquis par l'usage seul une prosodie régulière et constante, c'est vouloir que les pas se soient mesurés d'eux-mêmes sans être réglés par le chant.

Chez les Anciens la musique a donné ses nombres à la poésie : ces nombres, employés dans les vers et communiqués aux paroles, leur ont donné telle valeur; celles-ci l'ont retenue et l'ont apportée dans le langage; les mots pareils l'ont adoptée, et par la voie de l'analogie le système prosodique s'est formé insensiblement. Dans les langues modernes, l'effet n'a pu précéder la cause; et ce ne sera que long-temps après qu'on aura prescrit au vers les lois du nombre et de la mesure, que la prosodie sera fixée et unanimement reçue.

En attendant, elle n'a, je le sais, que des règles défectueuses ; mais ces règles, corrigées l'une par l'autre, peuvent guider nos premier pas.

1° L'usage, consulté par une oreille attentive et juste, lui indiquera, sinon la valeur exacte des sons, au moins leur inclination à la lenteur ou à la vitesse.

2° La déclamation théâtrale vient à l'appui de l'usage, et détermine ce qu'il laisse indécis.

3° La musique vocale habitue depuis long-temps nos oreilles à saisir de justes rapports dans la durée relative des sons élémentaires de la langue; et le chant mesuré, dont nous sentons mieux que jamais le charme, va rendre plus précise encore la justesse de ses rapports. Ainsi, des observations faites sur l'usage du monde, sur la déclamation théâtrale et sur le chant mesuré, de ces observations recueillies avec soin, combinées ensemble et rectifiées l'une par l'autre, peut résulter enfin un système de prosodie fixe, régulier et complet.

MARMONTEL, Éléments de Littérature.

PULCI. Trois frères de ce nom se sont distingués dans la littérature italienne, et contribuèrent avec d'autres savants à illustrer la puissance des Médicis. Bernard, l'aîné, est le premier qui ait traduit en italien les *Églogues* de Virgile; il a laissé en outre un poème sur la *Passion de J.-C.* (Florence, 1490, in-4°); mais ses ouvrages sont aujourd'hui peu connus. On lit davantage *Il Ceriffo Calvasco* (Venise, 1518, in-8°); et *Il Driadeo* (Florence, 1479, in-4°), poèmes du second des trois frères, Luca Pulci. Celui qui a le plus illustré le nom de cette famille de poètes est Louis Pulci, le plus jeune, à qui nous consacrerons particulièrement cet article.

Il naquit à Florence en 1431, et quoique plus âgé que Laurent de Médicis, il vécut avec ce prince dans la familiarité la plus intime. C'est tout ce que l'on sait de la vie toute littéraire de Pulci; on ignore même l'époque de sa mort. On est fâché de voir dans ses ouvrages que, pour amuser son illustre protecteur, notre poète se soit abaissé jusqu'à faire à Matteo Franco, de concert avec lui, et sans cesser d'être son ami, une guerre à outrance, que celui-ci soutenait bien, et qui donna lieu à un grand nombre de sonnets pleins d'injures et de grossièretés. On en a publié un recueil; et il y en a plus de cent quarante. Malheureusement ils ne s'étaient pas contenté toujours de faire rire les Médicis à leurs dépens, et ils s'étaient égayés sur des matières avec lesquelles les Romains ne plaisantent jamais. L'inquisition crut devoir venger la religion outragée par les deux poètes; la circulation du livre fut défendue; et peut-être, malgré la protection des princes florentins, aurait-on été plus loin, si Pulci, en publiant sa *Confession à la Vierge*, n'eût lui-même conjuré l'orage.

La Beca da Dicomano qu'il composa à l'imitation de *la Nencia de Barberino* de Laurent de Médicis, eut bien moins de succès que le modèle, et on ne la lit guère plus. Le seul fondement solide de la réputation de Louis Pulci est son poème du *Morgante maggiore*, le premier modèle de ces poèmes romanesques consacrés à chanter les exploits de Charlemagne et de Roland. Ginguené, dans son *Histoire littéraire d'Italie* (part. II, ch. V), en a donné une analyse détaillée et trop étendue, pour que nous la citions ici. *Le Morgante* est un poème comique entrepris pour amuser la mère et les amis de Laurent, et cependant le dénouement est quelquefois pathétique. Cet ouvrage est assez peu lu, même en Italie, si ce n'est par les philologues, curieux d'y trouver les anciens tours et les finesses natives de la langue toscane. Gravina prétend que « l'auteur du *Morgante* se proposa de jeter « du ridicule sur toutes les inventions romanesques « des Provençaux et des Espagnols : » Ginguené semble partager cette opinion ; mais selon lui le critique italien va trop loin, lorsqu'il prétend que Pulci s'est élevé dans son poème, jusqu'à dicter aux rois de sages conseils. « Sans prétendre, ajoute-t-il, « trouver dans *le Morgante maggiore* de si hautes « leçons, il faut le lire, d'abord pour étudier dans « une de ses meilleures sources, cette belle langue « toscane, et ensuite pour reconnaître dans ce poème « bizarre, où l'auteur paraît n'avoir suivi d'autre « règle que l'impulsion de son génie, les traces d'un « genre de composition poétique, déjà essayé avant « lui, genre dans lequel il a servi à son tour de « modèle à des poètes, dont l'originalité a paru être « le premier mérite. »

Il n'y a point eu d'édition complète des ouvrages de Pulci : les *Sonnets* dont nous avons parlé furent réimprimés en 1759, in-8° ; la *Confession* à laquelle ils donnèrent lieu, est de Florence, 1577, in-4° ; la *Beca da Dicomano* de 1568 : enfin, parmi les éditions du *Morgante*, on distingue comme les meilleures, celles de Venise, 1494, 1545, 1574, in-4° ; de Florence, 1732, in-4° ; de Paris, 1768, 3 vol. in-12.

FIN DU VINGT-DEUXIÈME VOLUME.

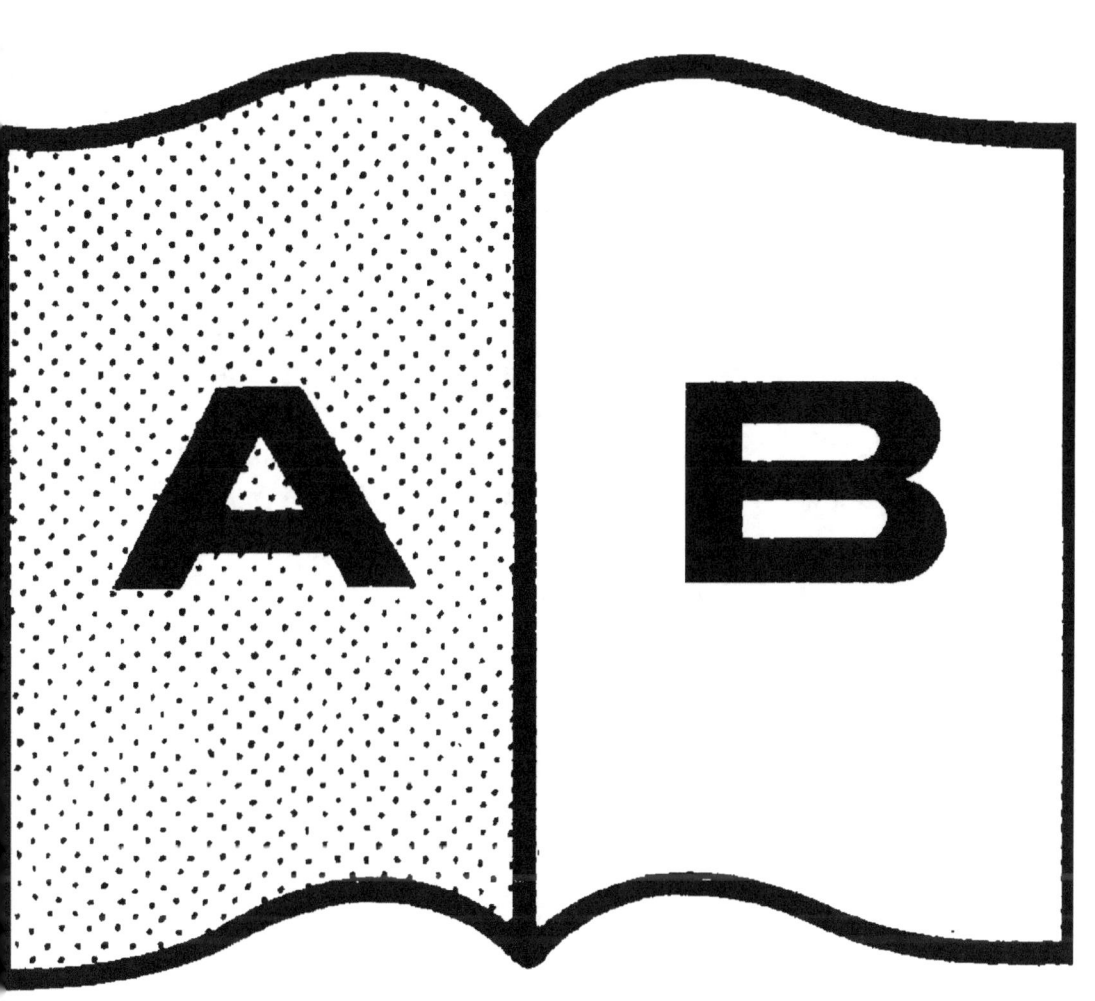

Contraste insuffisant

NF Z 43-120-14

www.ingramcontent.com/pod-product-compliance
Lightning Source LLC
Chambersburg PA
CBHW051138230426
43670CB00007B/851